国家社会科学基金年度项目"我国财政风险和金融风险'反馈循环'及其协同治理研究"(21BJY003)成果

我国财政风险与金融风险"反馈循环"及其协同治理研究

马恩涛 著

人民出版社

目 录

前 言 1

导 论 1

第一章 财政风险与金融风险"反馈循环"的形成机理 54
  第一节 财政风险产生的根源和形成路径 54
  第二节 金融风险产生的根源和形成路径 71
  第三节 财政风险向金融风险传导的动因和途径 81
  第四节 金融风险向财政风险传导的动因和途径 88
  第五节 财政风险与金融风险的交互传导 95

第二章 财政风险与金融风险"反馈循环"的实证分析 117
  第一节 我国财政风险和金融风险的整体状况 117
  第二节 财政风险和金融风险指标测度 137
  第三节 财政风险和金融风险关系的实证检验 168
  第四节 财政风险与金融风险"反馈循环"的模拟结果 181

第三章 财政金融风险危机化及其所导致的财政成本 194
  第一节 财政金融风险向财政金融危机的转变 194
  第二节 财政危机和金融危机的孪生性 209
  第三节 财政对金融的"兜底"及财政成本 219

第四章　国外应对财政风险与金融风险"反馈循环"的典型做法 ... 245
第一节　来自欧盟的典型做法 ... 245
第二节　来自瑞典的典型做法 ... 258
第三节　来自美国的典型做法 ... 266
第四节　来自哥伦比亚的典型做法 ... 273
第五节　来自智利的典型做法 ... 276
第六节　国外典型做法总结 ... 284

第五章　财政风险与金融风险"反馈循环"的协同治理 ... 294
第一节　建立现代财税金融体制 ... 295
第二节　加强对金融体系的监管 ... 307
第三节　实现对财政危机与金融危机的科学预测 ... 319
第四节　完善金融危机时期财政救助的制度安排 ... 328

参考文献 ... 338
后　记 ... 371

前　言

　　财政风险和金融风险是现代社会发展中所避免不了的两种重要风险。从二十世纪以来全球经济社会的发展史来看，无论是发达国家还是发展中国家都曾面临过或正面临着财政风险和金融风险的考验，一些国家甚至经历了由财政风险和金融风险向财政危机和金融危机转变所带来的经济和社会震荡。特别是随着经济全球化的进一步加深，一国财政金融风险和财政金融危机有可能会蔓延至其他国家甚至引发全球性财政金融危机，因此越来越多的学者开始关注财政风险和金融风险。尽管学界对财政风险和金融风险关注度越来越高，然而对财政风险和金融风险的概念却没有一个统一明确的界定。对于国外学者来说，其常常将财政风险纳入到更宽泛的金融风险范畴内来进行分析，这从国外学者对金融风险相对统一的分类就可以看出，他们一般将金融风险分为银行业风险、货币风险和主权债务风险，而主权债务风险实际上就是一种财政风险；而对于国内学者来说，财政风险和金融风险却是有着严格区分的，这种区分主要体现在风险的承担主体上，财政风险的直接承担者是政府，而金融风险的直接承担者涉及的主体要广泛得多，不仅包括政府，还包括银行、企业和居民等。

　　国内学者对财政风险和金融风险的严格区分实际上也导致了对财政风险和金融风险研究的割裂性，即研究财政风险的学者很少关注金融风险，而研究金融风险的学者很少关注财政风险。这种割裂性一定程度上也源于我国特有的学科设置。根据教育部对学科的分类，财政学科和金融学科分属于应用经济学下的不同学科，从事财政学科的专家学者由于专业背景的限制往往将研究的侧重点集中于财政风险，而从事金融学科的专家学者也常常将研究的侧重点集中于金融风险。并且，业界特别是财政风险和金融风险的监管部门，在长期的政策制定和实施中，由于不同的监管部门顾及相互间的配合会影响货币当局独立性或财经纪律等底线而"相敬如宾"，使得他们对财政风险和金融风险的分析研判、应急决策甚至是战略部署等缺乏协同性。这种协同性的缺乏在面对严峻的财政金融形势时有可能演变成不同监管部门之间的推诿。

尽管国内学者对财政风险和金融风险的分析没有在一个统一的分析框架下进行，然而还是有一些学者比较早地认识到了源于我国计划经济体制下的财政和金融两个领域所存在的"财政金融不分家"与"财政金融穿连裆裤"的本质。特别是在 2008 年全球金融危机爆发后，地方政府更是通过融资平台、政府和社会资本合作以及影子银行等将财政和金融两个领域紧紧捆绑在一起：一方面，很多应该由地方政府通过一般公共预算资金提供的公共产品和服务在地方政府财力捉襟见肘后通过金融市场来融资；另一方面，当金融市场和金融机构出现风险乃至危机时，地方政府又不得不放弃"不救助原则"而对其进行救助。从这一角度看，财政和金融又存在千丝万缕的联系，而这种实质上的联系一方面为地方政府应对金融危机、促进基础设施建设和国家战略实施做出积极贡献；另一方面也导致财政风险和金融风险的交互传导和叠加。

对于财政风险和金融风险的这一传导现象和问题，前期学者们的研究要么侧重于金融风险向财政风险或财政风险向金融风险的"单向传导"，要么侧重于金融风险向财政风险且财政风险向金融风险的"双向传导"，但本质上都是一种反向关系即财政风险和金融风险在某种程度上存在着"此消彼长"的联动关系，当金融风险向财政风险传导后，财政风险加剧而金融风险就会减轻，反之亦然。然而，财政风险和金融风险之间的彼此联动也可能进入一个同向的"反馈循环"中，在这一"反馈循环"中，财政和金融二者任何一方出现问题，其就可能被二者的联动关系以及负面影响放大，而不像"单向传导"和"双向传导"中通过风险转嫁或转移而有所降低。事实上，对财政风险和金融风险间"反馈循环"新特征的描述已经大量出现于对2008年全球金融危机进行系统分析的国外文献中，这些文献给出了2008年全球金融危机的两个新特征：一是金融危机重返发达国家；二是财政危机和金融危机之间存在着"反馈循环"。从这些文献对"反馈循环"的刻画来看，在"反馈循环"下，财政风险和金融风险彼此传染、彼此积聚和彼此叠加，如果控制不好可能引发更严重的问题。正是基于对财政风险与金融风险"反馈循环"特征的关注以及对我国相似问题的担忧，笔者于2021年成功申请国家社科基金一般项目《我国财政风险与金融风险"反馈循环"及其协同治理研究》（项目编号：21BJY003），试图对财政风险和金融风险之间的逻辑关系进行剖析和梳理并给出应对之策，以期为我国"防范化解重大风险"贡献出自己的智慧力量。本著作就是在国家社科基金项目结题报告《我国财政风险与金融风险"反馈循环"及其协同治理研究》的基础上进一步扩充完善而成。

党的十八大以来，以习近平同志为核心的党中央高度重视财政风险和金融风险。"既要高度警惕'黑天鹅'事件，也要防范'灰犀牛'事件""既要有防范风险的先手，也要有应对和化解风险挑战的高招""既要打好防范和抵御风险的有准备之战，也要打好化险为夷，转危为机的战略主动战""必须把防风险摆在突出位置，'图之于未萌，虑之于未有'，力争不出现重大风险或在出现重大风险时扛得住、过得去""切实把维护金融安全作为治国理政的一件大事""防止发生系统性金融风险是金融工作的永恒主题""防范化解金融风险，事关国家安全、发展全局、人民财产安全，是实现高质量发展必须跨越的重大关口"等一系列关于风险的论断为防范化解金融风险指明了方向。2017年，党的十九大报告提出要健全金融监管体系，守住不发生系统性金融风险的底线，并将防范化解重大风险列为三大攻坚战之首，同年中央金融工作会议也强调对金融风险的防范；2019年，习近平总书记在省部级主要领导干部坚持底线思维着力防范化解重大风险专题研讨班开班式上强调，要增强忧患意识，未雨绸缪，精准研判、妥善应对经济领域可能出现的重大风险，守住不发生系统性金融风险底线，这是我国建设现代化经济体系、实现高质量发展的必然要求；2023年的中央金融工作会议再次强调，要以推进金融高质量发展为主题，全面加强金融监管，有效防范化解金融风险，牢牢守住不发生系统性金融风险的底线。而这些都需要我们站在新的历史阶段，从财政风险和金融风险交互作用和"反馈循环"的角度来分析我国系统性金融风险的积累，以丰富财政金融风险理论、防范化解金融风险、牢牢守住不发生系统性金融风险的底线。可以说，研究我国财政风险与金融风险"反馈循环"，不仅可以为建立现代财税金融体制、完善我国财政政策和货币政策的协调搭配提供理论支持，而且通过财政金融手段进行协同治理，有效化解系统性风险，必将为中国式现代化的实现提供财政金融制度保障。

本著作的研究内容主要涉及四个方面，包括财政风险与金融风险"反馈循环"的形成机理、财政风险与金融风险"反馈循环"的实证分析、国外对财政风险与金融风险"反馈循环"的监管与控制以及对财政风险与金融风险"反馈循环"的协同治理。

首先，本著作分析了财政风险与金融风险"反馈循环"的形成机理。主要从财政风险和金融风险的产生根源以及形成路径两方面探讨了财政风险和金融风险之间的单向传导动因和途径，并使用动态随机一般均衡模型（DSGE）模型对财政风险与金融风险的交互传导进行了模型化分析。在分析财政风险金融化以及金融风险财政化的过程中，重点关注了政府的投融资体制、财政职能与金融职能交叉、政府债务期限错配以及金融行业的特殊性等因素在机制传导过程中的作用。而在财政风险与金融风险"反馈循环"DSGE模型中，重点通过对不同参与主体既定约束下最大化行为的财政和金融影响来刻画二者的风险关系，由于近几年Covid-19的影响，笔者在模型中还引入了这一冲击变量。在该模型中，假设经济系统中存在着家庭部门、生产部门、金融部门以及政府部门四个部门。其中，金融部门通过吸收家庭部门的存款向生产部门提供信贷；政府部门向银行发债并全部由银行持有，其一方面从家庭部门征收税收，另一面通过央行实现物价和利率稳定目标；生产部门进一步分为中间品生产厂商、最终品生产厂商、企业家和资本品生产商四类，中间产品生产商在银行处获得资本之后，加上劳动作为投入生产中间品，然后被最终产品生产商所购买，并将它们组合成一个单一的产出产品；该商品最终由家庭部门购买用于消费，家庭通过提供劳动力或通过存款利息等方式获取收入，在此预算约束下最大化终身效用。通过模型分析发现，商业银行资产负债表与政府债券的直接关联性对财政风险与金融风险"反馈循环"具有重要意义。银行在其资产组合中持有政府债券并受到杠杆的约束，而财政压力的增加会破坏政府债券的期限结构，进而导致更高的债券发行、更糟的主权信誉和更大的债券折扣，这会反过来增加持有政府债券银行的资本损失而政府对其进行救助的成本。与此同时，债券价值的稀释也会引起银行资产价格的下跌，资产负债表约束收紧后回对投资、消费和产出产生重大负面影响，这会导致政府必须发行更多债券来为同样的金融救助提供资金，不仅会增加政府未来必须支付的款项进而增加未来债务发行和违约概率，而且会导致这一渠道的进一步放大、债券价格的进一步下跌以及银行资产负债表损失的再次上升，"反馈循环"得以出现。

其次，本著作对财政风险与金融风险"反馈循环"进行了实证检验和结果模拟。在对我国财政风险和金融风险整体刻画的基础上，通过对财政风险指标和金融风险指标的测度刻画了财政风险和金融风险的时间趋势图，通过分析财政风险和金融风险的脉冲响应发现财政风险和金融风险确实存在"螺旋"变化和"同频同振"结构。而从银行信贷利差和政府债券利差协同变化的三维视图中也发现，无论是总冲击还是劳动供给冲击下或者政府支出冲击下，利差都呈现一种螺旋状的同增同减态势：面对疫情突然的冲击，信贷利差根据社会理性风险预期进行了调整而迅速上升60

个基点；而发生政府银行救助后，银行风险沿着救助路径从银行传导到政府，使得政府债券利差上升了 33 个基点；随着时间的推移，经济体逐渐"消化"疫情冲击，信贷利差减少，政府债券利差也随之下降，直到回到稳态水平，由此可见二者之间存在明显的联动关系。为了进一步确认财政风险和金融风险之间是"反馈循环"结构而不是"单向"或"双向"传导结构，笔者通过切断政府债务风险向银行风险转化路径进行了新的模拟，排除了财政风险和金融风险的"单向"或"双向"传导结构，验证了"反馈循环"结构的完整性。除此之外，笔者还讨论了一些缓解风险压力积聚的政策如调整政府债券期限、尝试将银行隐性债务纳入中期预算或者设立资本保护缓冲区等对财政风险与金融风险"反馈循环"的影响。模拟结果显示：如果考虑政府债券置换对长期债券的缓冲，即便拉长债务期限，长期内可能会有更好的经济结果；如果将银行隐性债务纳入预算，社会产出损失将会减少，政府债务压力同样减少而政府的税收压力并没有明显的增加，财政风险和金融风险都有不同程度的降低；如果设立资本保护缓冲区，社会产出与银行净资产虽然会出现大幅度下跌，但银行风险却显著降低，由于政府没有向银行提供救助资金，银行风险也未曾传染到主权债务，在税收压力变化不大的情况下，主权债务压力也得到了缓解。这也证明了通过调整政府债券期限、将银行隐性债务纳入中期预算以及设立资本保护缓冲区是能够切断风险"反馈循环"传导路径进而打破风险累积的。

再次，本著介绍了国外应对财政风险与金融风险"反馈循环"的典型做法。财政风险和金融风险之间乃至财政危机和金融危机之间的"反馈循环"结构是 2008 年全球金融危机的两大特征之一，因此全球金融危机发生后，很多国家特别是欧盟进行了一系列应对财政金融风险与危机"反馈循环"的制度设计。如欧元区国家于 2012 年 6 月宣布成立的欧洲银行联盟其目的就是打破主权与银行业之间的"恶性循环"。为防止欧洲银行碎片化以及向陷入困境的银行提供公共援助，其制订了包括单一规则手册

（Single Rule Book）、单一监管机制（Single Supervisory Mechanism）、单一处置机制（Sigle Resolution Mechanism）和欧洲储蓄保险计划（European Deposit Insurance Scheme）等四项不同的规则支柱。通过总结欧盟、瑞典、美国、哥伦比亚和智利等国家对财政风险与金融风险"反馈循环"控制的经验，笔者发现建立健全银行业或有债务风险管理框架，对银行业风险进行披露、量化和监控，对抑制财政风险和金融风险"反馈下循环"具有重要意义。与此同时，加强监管是维持银行业健康发展和减少纳税人在银行破产中蒙受损失的基本途径，而完善的财政政策与货币政策联动体系是扼制财政风险金融风险反馈循环的必然手段。为此，欧盟在共同体层面制定了一系列的监管体系，哥伦比亚、美国等国也纷纷出台了相关法律，对银行的潜在风险进行监控和披露，要求在编制政府预算时，必须充分考虑银行风险所产生的或有债务，并制订相应的财政政策包括设立风险准备基金，以应对政府所持金融资产的突然贬值，同时应做好中长期的财政预算编制计划，设置财政盈余指标，以应对突发的财政危机和金融危机。

最后，本著作对财政风险与金融风险"反馈循环"的协同治理给出了自己的答案。结合本著作对财政风险与金融风险"反馈循环"形成机理的分析以及实证分析所得出的结论，提出了建立现代财税金融体制、加强对金融体系的监管、实现对财政金融危机的科学预测、完善金融危机时期财政救助的制度安排等政策建议。对于建立现代财税金融体制，实际上，中央早在《中共中央关于制定国民经济和社会发展第十四个五年规划和二〇三五年远景目标的建议》中就明确提出。而从防范财政风险与金融风险"反馈循环"的需要来看，应从有利于财政和金融各自健康、可持续发展的机制体制建立以及探索风险联动机制等多角度入手，对现有机制体制中仍需强化或改革的地方进行优化升级，特别是探索财政金融风险联动机制，构建科学合理的财政金融风险监测和预警系统。这种应对财政金融风险的体制机制也可以从各省 2021 年后纷纷成立的以省委书记和省长双任组长的省财政金融风险防范化解工作领导小组得到体现。然而，尽管对财政风险与金融风险间"反馈循环"的协同治理需要从财政以及金融方面同时入手，双管齐下，但加强对金融体系的监管可以说是双管的关键，而这种监管需要从加强外部监督、内部制约以及科技监管等多方面考量。与此同时，对财政危机和金融危机的准确预测一直以来是我们梦寐以求的目标。若能够准确预测危机的发生会使我们受益良多，在危机发生前采取措施能够有效防范危机发生，在危机发生时能够将其危害降低到最小。因此，要建立健全财政和金融风险预警机制，通过对财政和金融进行实时的风险识别、风险估测和风险评估，才能及时采取相应措施来抑制或延缓财政危机和金融危机。当然，如果金融危机爆发，一个完善的财政救助制度也是非常必要的。

当然，由于财政风险和金融风险本身各自是一个复杂的问题，二者之间的交互作用以及"反馈循环"更是千头万绪且复杂有加，故尽管本著作力求对财政风险和金融风险之间"反馈循环"的研究做到足够深入全面，但也有很多自我感觉遗憾的地方。特别是由于笔者的研究水平和研究能力有限，加上如同上文所及的自身学科背景的局限性，著作中难免会存在这样或那样不尽如意的地方。然而，我们还是希望本著作能够为学界和业界研究和从事财政风险和金融风险工作的人员有所帮助、为牢牢守住不发生系统性金融风险的底线提供理论支持和政策引导，更希望本著作能起到抛砖引玉的作用，引出更多关于财政风险与金融风险"反馈循环"及其协同治理的好成果。

导 论

一、研究背景与研究意义

(一) 研究背景

2008年全球金融危机及2009年欧洲债务危机使得部分主权国家甚至是发达主权国家出现"债务悬崖"(debt overhangs), 财政困境和金融困境呈现螺旋式上升的态势, 因此, 财政风险和金融风险甚至是财政危机和金融危机之间的交互作用或"反馈循环"(feedback loop)[①] 受到越来越多学者的关注。而财政风险中的主权债务风险和金融风险中的银行业风险以及财政危机中的主权债务危机和金融危机中的银行业危机在欧洲债务危机中更是具有典型的"反馈循环"特征。一方面, 部分国家经济竞争力的削弱和顺周期的财政政策引发期主权债务危机, 特别是当国外资本流出该国后, 主权债务就落到了该国银行头上, 而该国主权信用评级的持续下跌以及政府为此对主权债务的重构直接导致该国银行业崩溃, 最典型的国家莫过于希腊; 另一方面, 部分国家面临严重的银行业危机, 如果对其处置不好就有可能引发主权债务危机, 比如欧洲债务危机期间的爱尔兰, 该

[①] 对于财政风险与金融风险或财政危机与金融危机间的"反馈循环"(feedback loop), 目前无论是国外文献还是国内文献都没有给出一个统一的界定。一般是指财政风险和金融风险之间并不仅仅是互为双向传导的反向关系, 即财政风险和金融风险间因相互转嫁而存在"此消彼长"的关系, 其甚至可能会滑入一个单向的闭循环状态, 即金融风险会恶化财政风险进而又会恶化金融风险和财政风险, 等等, 导致财政风险和金融风险彼此传染和彼此积聚。

国政府对银行业的担保和救助给爱尔兰主权资产负债表带来了一场浩劫[布罗内尔等（Broner, et al.），2014]。尽管每次债务危机发生的社会经济背景有所不同，但金融危机和政府债务危机的"孪生性"或"双重性"却未曾改变（马恩涛等，2019）。

2008年的全球金融危机与紧随而至的欧洲债务危机不仅撕碎了发达国家的金融安全体系，打破了银行"太大而不能倒"（too Big to Fall）以及"发达国家从不违约"（advanced countries do not default）"的传统，也使得"债务问题重返发达国家"（debt problem return to advanced economies）。金融风险和主权债务风险之间的"反馈循环"特征如此明显并且对一国财政和金融系统的稳定性造成严重负面影响，以至于出现了几个不同的术语包括"恶性循环"（vicious cycles）[欧盟理事会（Council of the European Union），2012]、"恶魔循环"（diabolic loops）[布伦纳迈尔等（Brunnermeier, et al.），2016]、"死亡拥抱"（deadly embrace）[法尔希和梯罗尔（Farhi, Tirole），2018]和"死亡循环"（doom loops）[卡波尼等（Capponi, et al.），2020]等来描述这一主权债务或财政风险与金融风险之间的交互作用。正是财政风险和金融风险之间的"反馈循环"会对整个金融体系安全和宏观经济稳定产生如此严重的负面影响，以至于欧盟区峰会在2012年6月29日的会后声明中明确提出"打破银行业危机和主权之间的'恶性循环'非常迫切"①。有鉴于此，一些国际机构特别是欧盟委员会等实施了一系列货币政策和监管举措，如《巴塞尔协议Ⅲ：流动性风险计量、标准和监测的国际框架》《巴塞尔协议Ⅲ：更具稳健性的银行和银行体系的全球监管框架》《巴塞尔协议Ⅲ：后危机改革的最终方案》等。

从我国目前的财政和金融形势来看，由于受全球金融危机和欧洲债务

---

① 金旼旼、许多：《各方解读欧盟峰会 欧债危机或迎来转折点》，《中国财经报》2012年7月3日。

危机的影响相对较小，故财政和金融之间的风险或危机交互作用以及"反馈循环"并不是很明显，然而由于各种不确定性因素的相互叠加，我国财政风险、金融风险和经济风险等各类风险有在相互转化中进一步扩散的趋势（刘尚希等，2018）。特别是2017年6月和2020年4月学者关于我国积极财政政策不够积极以及适度实现赤字货币化的两次争论①也一定程度上反映了我国财政和金融甚至是财政风险和金融风险上的关系。财政和金融在形式上"相敬如宾"和实际上"密不可分"的矛盾②加剧了财政风险和金融风险之间的相互转化。由于财政和金融业务分属于两个不同的部门，因此当财政风险和金融风险纠缠在一起进一步恶化时，就会出现谁为风险负责的问题。

（二）研究意义

当今社会，一个普遍被人们接受的事实是：一国银行业的健康发展与该国的经济增长、财政稳定呈正相关关系。一方面，健康的银行体系、丰富的衍生产品会促进投资的增长和经济的发展；另一方面，脆弱的金融体制、频繁的银行危机也会侵蚀经济发展、危及财政稳定。历史也告诉我

---

① 第一次争论于2017年6月由人民银行代表性学者首先发起，其基于当时我国赤字率降低以及财政收入增长较快等现象认为我国积极财政政策不够积极，呼吁中央财政更好发挥逆周期的宏观调控作用，实行真正意义的减税。而财政部代表性学者从短期风险和长期风险的角度进行了回应，强调积极财政政策实施中也要避免造成风险的后移或者累积。第二次争论于2020年4月由财政部代表性学者首先发起，其认为鉴于当前经济疲软和疫情的双重压力，可以用发行特别国债的方式适度地实现赤字的货币化，把财政和货币政策结合成一种新的组合，以缓解当前财政的困难，也可以解决货币政策传导机制不畅的问题。而人民银行代表性学者认为，中国的银行体系尽管在信贷的公平性上存在问题，但传导机制是正常的，央行也在通过再贷款对信贷结构进行调整。目前迫切需要解决的还是财政在增长、就业以及结构调整等方面的越位与缺位问题。

② 在我国长期政策的制定和实施中，由于财政政策与货币政策分属不同的主管部门，因此它们经常是"相敬如宾"，生怕相互间的配合会触及货币当局独立性或财经纪律等底线。《中华人民共和国中央银行法》明确规定：禁止中央政府向中央银行透支，也禁止地方政府向商业性银行举债。从表面形式上来看，这实际上在财政和金融之间画上了红线，使得两家"井水不犯河水"。然而，学术界对财政和金融这两个领域又一直有"财政金融不分家""财政金融穿连裆裤"等说法。特别是2008年全球金融危机爆发后，地方政府通过融资平台、PPP模式、影子银行等更是将财政和金融这两个领域绑在了一起。因此，从实际内容上来看，财政和金融之间又存在千丝万缕的联系甚至可以说是密不可分。

们，金融危机往往伴随政府债务危机，而财政风险也往往与金融风险相伴生，且二者之间会相互转化。以前学者们对二者关系的研究要么侧重于金融风险向财政风险的单向传导，要么侧重于二者之间的"双向传导"，但都是一种反向关系，即财政风险和金融风险在某种程度上存在"此消彼长"的联动关系。实际上财政风险和金融风险之间的彼此联动也可能进入一个同向的"反馈循环"中，财政和金融二者中任何一个出现问题，其就可能被二者的联动关系以及负面影响所放大，而不像"双向传导"中的通过风险转嫁而有所降低。这也就是说，在"双向传导"中，财政风险和金融风险在某种程度上存在着"此消彼长"的关系，而在"反馈循环"下，财政风险和金融风险彼此传染、彼此积聚、彼此恶化，如果控制不好可能滑向财政与金融的全面危机（理论界对财政风险与金融风险之间的传染演进见图1）。因此，从理论上来说，我们必须对金融风险和财政风险特别是银行业风险和主权债务风险之间的"反馈循环"及其导致的后果给予足够的重视，并且我们也相信通过对该问题的研究将实现对财政风险和金融风险关系理论的边际改进。

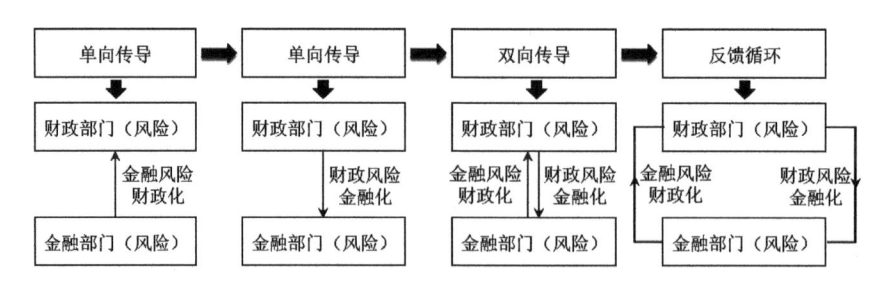

图 1　财政与金融间风险传导理论发展脉络

进入21世纪20年代，新冠疫情及其对经济的影响导致全球主权债务膨胀到前所未有的历史新高，财政政策和货币政策的超常规举措使得财政风险和金融风险之间的交互作用或"反馈循环"也日益严重，危害性也更强，如果处理不当将会直接影响到全球经济的复苏以及稳定。在对我国财政风险与金融风险"反馈循环"的研究过程中，我们认为有三个问题需要特别注意：一是理论上，我国财政风险与金融风险"反馈循环"的传导路径有哪些？相关参与主体如家庭、银行和政府在其形成机理中的作用如何？二是实践上，我国财政风险和金融风险如何量化？其相互影响的程度如何？三是制度上，如何为防范财政风险与金融风险"反馈循环"而进行顶层框架设计？如果我们能够科学回答上述三个问题，相信不仅能够丰富金融财政风险理论，而且能够为我国协同防范和治理金融财政风险提供政策支持，牢牢守住不发生系统性金融风险的底线，实现政府债务治理体系和治理能力的现代化甚至是"善治"①（good governance）。具体而言，对我国财政风险与金融风险"反馈循环"及其协同治理的研究具有如下意义。

首先，研究我国财政风险与金融风险"反馈循环"，可以为有效防范化解金融风险、牢牢守住不发生系统性风险的底线提供理论支持。党的十八大以来，以习近平同志为核心的党中央高度重视金融风险的防范和化解问题。2017 年，党的十九大报告提出要健全金融监管体系，守住不发生系统性金融风险的底线，同年中央金融工作会议也强调对金融风险的防范。2019 年，习近平总书记在省部级主要领导干部坚持底线思维着力防范化解重大风险专题研讨班开班式上的重要讲话强调，要"增强忧患意识"，"未雨绸缪、精准研判、妥善应对经济领域可能出现的重大风险"②。守住不发生系统性金融风险底线，这是我国建设现代化经济体系、实现高质量发展的必然要求。2023 年的中央金融工作会议再次强调，要以推进金融高质量发展为主题，全面加强金融监管，有效防范化解金融风

---

① "善治"（good governance）即良好的治理。20 世纪 90 年代以来，在英语和法语的政治学文献中，善治概念的使用率直线上升，成为出现频率最高的术语之一。概括地说，善治就是使公共利益最大化的社会管理过程，其本质特征是政府与公民对公共事务的合作管理，是政府与市场、社会的一种新颖关系。党的十八届三中全会提出"全面深化改革的总目标是完善和发展中国特色社会主义制度，推进国家治理体系和治理能力现代化"。从我国财政金融风险的治理实践来看，也确实也反映了我国治理体系和治理能力不断提升并且逐渐趋向"善治"。

② 《提高防控能力着力防范化解重大风险 保持经济持续健康发展社会大局稳定》，《人民日报》2019 年 1 月 22 日。

险，牢牢守住不发生系统性金融风险的底线。特别是在当前我国经济形势相对疲软的环境下，如何从理论上找到我国系统性金融风险累积的根源，是我们实践中给予防范和化解系统性金融风险的前提和基础。而从财政风险与金融风险"反馈循环"的角度来分析我国系统性金融风险的积累，不仅丰富了财政金融风险理论，而且也成为指导有效防范化解金融风险、牢牢守住不发生系统性金融风险底线的关键。

其次，研究我国财政风险与金融风险"反馈循环"，可以为建立现代财税金融体制、完善我国财政政策和货币政策的协调搭配提供理论支持。2020年11月，党的十九届五中全会通过的《中共中央关于制定国民经济和社会发展第十四个五年规划和二〇三五年远景目标的建议》率先提出建立现代财税金融体制，明确了现代财税金融体制的目标和具体路径，在此前的文件中，财税和金融的体制改革分属于不同的两个部分。而党的二十大报告提出健全宏观经济治理体系，发挥国家发展规划的战略导向作用，加强财政政策和货币政策的协调配合。可以说加强财政政策和货币政策的协调配合是今后中国完善宏观调控机制和健全宏观经济治理的重要任务，是健全国家治理体系、推动经济实现质的有效提升和量的合理增长的重要基础，也是实现终极目标建立现代财税金融体制的关键。而从财政风险与金融风险"反馈循环"的角度来分析我国系统性金融风险的积累，梳理财政风险和金融风险乃至财政和金融相互影响、相互作用的逻辑关系，把握二者协同发展的历史脉络，将有助于我们更加科学地建立现代财税金融体制。

最后，研究我国财政风险与金融风险"反馈循环"，通过财政金融手段进行协同治理，有效化解系统性风险，将为中国式现代化的实现提供财政金融制度保障。当前和今后一段时期，全球经济形势存在的不确定性和外部冲击持续加大，我国系统性金融风险有进一步加剧的可能，如我国地方政府债务压力加大，地方财政自给能力下降，地方政府债务违约风险，特别是隐性债务问题呈现出风险上升趋势；如我国房地产行业的高杠杆率问题，容易导致房地产债务违约对银行业的冲击，特别是当购房者贷款违约风险上升,也将加剧对金融等多个领域的系统性风险;等等。这些在实现中国式现代化过程中的障碍必须通过综合运用财政金融手段,协调搭配财政金融政策,防范财政金融风险间的相互传染,以金融高质量发展来予以克服。

二、基本概念的界定

要科学地回答我国财政风险与金融风险"反馈循环"间的作用机理及传导路径,离不开对相关概念及其内涵和外延的界定。鉴于我们的研究所涉及的财政领域和金融领域的专业术语相对较多,因此本节我们仅对一些涉及全局性的关键术语进行界定,局部性的专业术语的界定在后文相关内容中进行。在此,我们重点考察财政风险、金融风险、财政危机、金融危机和"反馈循环"等相关概念。

(一)财政风险与金融风险的界定

1. 财政风险

现代社会是一个风险社会,任何身处其中的主体或事物都会面临一系列的风险,金融与财政也不例外,分别存在财政风险和金融风险。尽管学者们对财政风险的研究日益增多,但对其内涵没有形成一个权威的统一界定。目前,理论界通常把财政风险依据其产生的原因划分为两大类,即内生性财政风险和外生性财政风险。内生性财政风险通常源于财政本身收支管理过程中各种不利因素所引发的风险,具体来看包括财政收入风险、财政支出风险、财政赤字风险、财政债务风险和财政管理方面风险等。外生性财政风险通常源于财政本身之外的各种不利的客观因素引发的风险,如政治因素、经济因素和自然因素等所导致的财政收支规模和效率方面的压力。在内生性财政风险中,政府债务风险是核心与关键,因为无论是财政收入风险还是财政支出风险甚至是二者所导致的财政赤字风险以及财政管理方面风险,最终结果都表现为政府的债务风险。具体来看,国外对财政风险的界定尤以世界银行经济学家为代表,他们从风险成因的视角将财政风险定义为政府不能履行或者不能完全履行支出责任的可能性,财政风险主要是政府的债务风险［布里克西（Brixi），1998；布里克西和希克（Brixi，Schick），2002］。国内关于财政风险的概念较早见于张春霖（2000）、刘尚希（2003）和郭玉清（2011）等。张春霖（2000）认为财政风险就是一国财政出现无力支付（default）或资不抵债（insolvency）的风险，其与政府债务紧密相关，反映一国政府债务的可持续性（sustainability）①。刘尚希（2003）从公共风险的视角出发，将财政风险界定为一国所拥有的公共资源无法满足其应承担的义务和支出责任，进而对社会经济稳定与发展带来损害的一种可能性。郭玉清（2011）则将财政风险界定为经济运行中各种不确定因素冲击所带来财政运行遭到破坏的可能性，其最终往往表现为政府债务这种形式，但政府债务本身是否带来财政风险取决于其能否及时清偿。鉴于我们对"反馈循环"中金融风险的研究主要是政府债务风险，因此我们还要解释一下政府债务风险特别是主权债务风险。

　　在分析财政风险产生根源的问题上，不少学者基于不同的分析视角给出了解释，其中政府的资产债务结构就是一种很好的视角。从这个视角观察，财政风险就可以视为由于政府资产债务结构不匹配造成的未来融资压力。也就是说资产和债务中任何一方出现问题都会导致财政风险的产生，由于与债务相比，政府资产在一般情况下还是比较稳定的，故国内外相关文献对财政风险的分析多集中于债务一方，即财政风险主要表现为政府债务风险。实际上，政府债务风险完全可以从作为其反面的债务可持续进行解释，而对债务可持续性的验证可以通过新古典经济学中的"非蓬齐博弈②

---

　　① 政府债务的可持续性是指政府能够保证现有的债务水平（即债务—GDP比率）不再上升，而保持相对稳定或下降。而财政的可持续性从资产—负债的角度来说是指政府有能力获得长期而稳定的财政资源，并有能力控制政府的债务。所以，在政府资产存量和财政能力一定的情况下，政府债务的可持续性等同于财政的可持续性。

　　② "蓬齐博弈"是指这样一种计划：债券发行人通过发行新债券筹得借款，并用所获得的基金去支付旧债务，即通过发行新债还旧债来永久性地滚动这些债务。该计划允许债券发行人拥有的终身消费现值超过其终身资源现值。马拴友在其《中国公共部门债务和赤字的可持续性分析》一文中对此方法进行了较为详细的阐述。参见马拴友：《中国公共部门债务和赤字的可持续性分析》，《经济研究》2001年第8期。

条件"（no-Ponzi-game condition），或政府是否满足现值借款约束条件来确定，即通过对债务负担率的年增长率与真实利率进行比较来考察政府债务的可持续性进而确定政府债务风险的高低：如果债务负担率的增长率超过了真实利率，政府公共部门的债务风险就会比较严重；反之，债务风险就比较小。当然，随着理论界将政府债务的研究对象从国债发展到政府或有债务和政府隐性债务并将其外延从表内拓展到表外，政府债务风险的内涵和外延也越来越丰富。从理论上来看，布里克西（Brixi，1998）提出了财政风险矩阵并将政府面临的债务分为直接显性债务、直接隐性债务、或有显性债务和或有隐性债务，大大拓宽了政府债务风险的研究边界；而从实践上来看，我国自2013年政府债务审计将政府债务区分为政府负有偿还责任的债务、政府负有担保责任的债务以及政府可能承担一定救助责任的债务到2014年《国务院关于加强地方政府性债务管理的意见》（国发〔2014〕43号）聚焦于政府性债务和政府或有债务以及2018年《中共中央国务院关于防范化解地方政府隐性债务风险的意见》（中发〔2018〕27号）对政府隐性债务的重视，都说明了政府债务风险特别地方政府债务风险日益严峻性。

2. 金融风险

如同学术界对系统性财政风险没有明确的界定一样，金融风险也没有一个统一明确的界定，按照中国银行间市场交易商协会教材编写组（2019）的界定，金融风险是指金融市场主体在金融活动中面临及造成的事件结果的不确定性，包括金融市场风险、金融机构风险等一切可能导致个体、机构或企业出现财务损失的风险。由于金融机构之间日益密切的关联性及金融风险的传染性，当一家金融机构出现风险时，往往会导致远超其自身损失的影响甚至对整个金融系统造成破坏，因此多数学者在开展此类主题研究时更关注金融风险的系统性层面。而关于系统性金融风险，目前学术界也没有明确的界定。早期的研究人员认为系统性金融风险是金融市场中对所有资产产生影响且无法通过投资组合来消除的风险，即不可分散风险［夏普（Sharpe），1964］。后续文献则从不同视角对系统性金融风险进行了重新定义或拓展，如明斯基（Minsky，1992）从风险后果的视角阐释了系统性金融风险的集中暴发会中断金融市场信息并导致金融功能的失效。道（Dow，2000）指出，系统性金融风险源于经济个体或经济群体的过度风险行为、激进的组织文化或对短期利润的过度追求，经济个体或经济群体乃至整个行业系统管理的集体失败以及经济个体在整个行业系统中对同一类型外部冲击或风险的过度暴露，在最常见的系统性金融风险类型中，道德风险在扰乱金融机构动机方面发挥着关键作用。由此可见，金融风险爆发的一个主要特点是多米诺骨牌效应，即一家金融机构出现问题会迅速扩散至一连串的金融机构和市场。国内学者也指出金融风险的系统性爆发指的是某个单独的金融事件会引起整个金融系统的危机，并导致经济和社会福利产生重大损失的风险（陈启清，2019）。由此可见，尽管很多学者从多角度对金融风险展开了深入探讨，但就如何界定金融风险这一问题仍存在分歧。鉴于我们对"反馈循环"中金融风险的研究主要是银行业风险，因此我们还要解释一下银行业风险。

对于银行业风险的概念界定，大多学者是从个体银行风险承担的视角来定义，认为银行风险是商业银行在自身经营过程中，受到各种因素影响而导致其经济损失的可能性，或者说是银行资产和收入遭受经济损失的可能性（江雪，2019）。也有学者认为银行风险是其各项资产、负债与本金、利息等遭受经济损失的可能性（周工，2017）。2008年次贷危机后，越来越多的学者开始关注商业银行的系统性风险。伯南克（Bemanke，2009）认为，银行的系统性风险是指一个或多个银行机构自身遭受损失后，对整个银行系统产生的影响，并最终对宏观经济体系产生冲击的银行风险事件。考夫曼（Kaufman，2009）也认为，单个银行风险的爆发只是整银行业系统性风险爆发的起始事件，伴随着风险传染机制的扩散效应，整个银行业风险蔓延并最终导致银行业危机。而根据《巴塞尔协议 III》的规定，贷款人违约产生的信用风险、金融资产价格波动产生的市场风险、银行支付能力不足产生的流动性风险、银行操作不当产生的操作风险、银行不合规行为产生的法律风险、一国特殊环境产生的国别风险、银行负面评价产生的声誉风险和银行整体战略因素产生的战略风险八个部分，共同构成商业银行风险的主要内容。

对于银行业风险产生的原因，现有的文献已经阐明了一些风险驱动因素，但明确其更深层次原因仍然是一个挑战。多年来，有关风险根本原因的理论已经有了发展。虽然基本因素如宏观经济失衡，内部或外部冲击通常被视为银行风险的原因，但仍然存在许多有关银行业风险确切原因的问题。银行业危机有时似乎是"非理性"因素所驱动。这些因素包括银行的突然挤兑，金融市场之间的蔓延和溢出、压力时期的有限套利、资产泡沫破灭的出现、信贷紧缩和膨胀，以及与金融风暴有关的其他方面。事实上，"动物精神"（animal spirits）[①] 在试图解释危机的文献中长期占据显著的位置［明斯基（Minsky），1975］。

（二）财政危机和金融危机的界定

1. 财政危机

探究财政风险与金融风险"反馈循环"离不开对财政危机和金融危机的认识和理解。就财政危机而言，其一般是指国家财政因收不抵支而发生严重的混乱和动荡。早期的财政危机理论实际上是西方马克思主义经济危机理论的一个重要流派，是西方马克思主义学者对20世纪五六十年度西方发达国家干预经济进行反思和批判的理论成果。代表性人物奥康纳（O'Connor，1974）提出了国家财政危机理论，并认为在国家经济职能日益突出的背景下，发达资本主义社会在生产、交换、分配、消费各领域出

[①] 所谓"动物精神"（animal spirits），是指人类经济决策的非理性。该词源于阿克洛夫和席勒（Akerlof，Shiller）出版的著作《动物精神》。该书的结论很明确，在一个充满了动物精神的不靠谱的世界里，政府的角色就是应该设定条件，制定游戏规则，使动物精神更好地创造性地发挥作用。那些说经济应该自由放任的人是没有充分地理解不靠谱的人们形成的这个社会是多么不靠谱！在这里，"动物精神"这种非理性被认为是全球金融危机的根源，是市场经济体系脆弱性的基础。

现新的变化，使得国家财政危机成为经济危机的新表现形式。他从剩余价值再分配的角度，分析了国家的财政困境，认为随着生产社会化程度日益提高，要求国家开支日益增大以提供更多的社会资本和社会支出，但是，资本主义的私人占有制度实质是社会剩余不断被私人所占有，故财政危机的基本原因在于资本主义生产的矛盾——即生产社会化而生产资料私有化这一事实。其后，由于财政风险主要表现为政府债务风险，故财政危机也主要表现为债务危机，越来越多的学者关注政府债务危机并将其作为财政危机的主要内容。

根据发生政府债务危机的债权人参与者的不同，可以将政府债务危机分为两类，即外债危机和内债危机。外债危机与国家间借贷理论紧密联系。鉴于现代国家"坚船利炮"（gunboats）式债权权益行驶方式的缺失以及早期政府外债"原罪"（original sin）① 的存在，当债务国拒绝履行其债务责任和义务时，债权国的权益往往无法得到有效保障和补偿，在国家之间也不存在如同一国之内政府破产或企业破产的执行机制。所以，政府外债的发放和偿还更多的是出于经济方面的而不是法律方面的考虑。债权国对债权债务关系的维护主要通过期内惩罚（intratemporal sanction）和跨期惩罚（intertemporal sanction）：一旦债务国违约，债权国对债务国未来的断贷威胁可以看作对其违约的跨期惩罚［伊顿和哥索维茨（Eaton，Gersovitz）1981］。当债权国对债务国断贷一段时期甚至是永久断贷时，债务国将不得不承担无法通过国际金融融资来熨平其异质性收入冲击的代价。这一代价是如此高昂以至于部分债务国至今还在清偿历史上所欠债务。而期内惩罚的产生源于债权国通过贸易惩罚措施将债务国排斥在国际市场之外，从而导致其创汇能力萎缩［布洛夫和罗戈夫（Bulow, Rogoff），1989］。这两种惩罚都会使得债务国对债权国比较忌惮，对债务偿还不敢

---

① 所谓政府外债的"原罪"，是指在早期的政府借债或政府债券发行时，主要是面向国外政府或国外机构，而不是面向国内机构和国内民众。这也是为什么政府债务通常被称为主权债务的原因，即其往往是凭借主权国家信用而向其他国家借的债。

掉以轻心。当然，不同类型的惩罚也表明政府外债违约的原因可能不同。如果进行跨期惩罚，债务国如果无法再次贷款融资的机会成本较低，其就会有违约的冲动，这种情形一般发生在债务国贸易环境较好且预期能够长期得以保持时，而如果是期内惩罚，在贸易环境比较恶劣时，中断贸易的成本也许是代价最小的。

一国政府的内债危机从历史上来看也非常普遍，但这些危机直到最近才受到理论界的广泛关注。传统的经济理论通常将政府内债危机赋予较小的经济影响权重，因为这些理论模型经常假定政府总是遵守其内债责任的——典型的假设是政府内债为无风险资产。这些理论模型也经常以李嘉图等价定理①为假设前提，这使得研究政府内债危机的意义不甚重大。然而，在对政府内债发展历史的梳理和总结中，莱因哈特和罗戈夫（Reinhart，Rogoff，2009）却揭示：几乎没有任何国家能够完全避免国内债务违约，且其常常引发不利经济后果的出现。由于政府可以对货币发行垄断权施以滥用，一些政府内债违约常常以通货膨胀的形式存在。例如，从历史上来看，很多国家常常会通过偷偷减少硬币含金量或转用另外一种合金硬币的方式进行货币贬值来实现其降低债务真实价值和财政压力的目的。而对于我国来说，由于政府是分级的，政府内债又分为中央政府债务即国债和地方政府债务，中央政府债务由于受到中央政府的背书，因此可以视为一种无风险资产，而地方政府债务由于自身经济和财政状况的不同而具有较低的差异性，部分地方政府债务问题非常严重。

---

① 李嘉图等价定理（Ricardian Equivalence Theorem）这一术语，最早出现在 1976 年布坎南（Buchanan）发表的题为《巴罗的〈论李嘉图等价定理〉》的评论中。李嘉图在《政治经济学及赋税原理》第十七章"农产品以外的其他商品税"中表述了如下思想：政府为筹措战争或其他经费，采用征税还是发行公债的影响是等价的。这一原理可以通过下面的例子来加以说明。假定人口不随时间而变化，政府决定对每个人减少现行税收（一次性总付税）100 元，由此造成的财政收入的减少，通过向每个人发行 100 元政府债券的形式来弥补（再假定债券期限为一年，年利息率为 5%），以保证政府支出规模不会发生变化。减税后的第二年，为偿付国债本息，政府必须向每个人增课 105 元的税收。

2. 金融危机

就金融危机而言，到目前为止，还没有一个被普遍接受的定义。明斯基（Minsky，1982）认为没有必要给金融危机下一个明确的定义，因为金融危机的主要情形五花八门，因此可以通过具体某种情形来确定。金德尔伯格和阿利伯（Kindleberger，Aliber，2011）也认为很难对金融危机进行精确的界定，因为从历史上来看其涵盖了一系列不同类型的情况，危机的种类可以被不同的标签所划分，既包括商业的、工业的、货币的、银行业的、财政的、金融的（某种程度上是指金融市场）等，也包括地方的、局部的、国家的和国际的。一个有关金融危机相对精准的界定由艾肯格林和费特斯（Eichengreen，Fetters，1992）给出，他们认为金融危机是一个对金融市场的扰动，典型地伴以资产价格的下跌和债务人与中介机构的破产，并将其通过金融体系发散出去，损害了市场配置资本的能力。这一界定适当地强调了"中介机构的破产"，应该说更侧重于本书所重点研究的银行业危机。然而这个界定对于定义金融危机来说还存在某些特征参数的模糊性。金融机构破产到什么程度才算危机？显然，一两家银行的破产不一定形成全面的金融危机。就其表现而言，金融危机是指一个或几个国家和地区的短期利率、货币资产、证券、房地产、土地价格、商业破产数和金融机构倒闭数等全部或多数金融指标的迅速、短期和超周期的恶化。金融危机在某种程度上可以看作虚拟经济和实体经济之间交互作用的极端表现。

要理解金融危机还需要对危机不同类型特别是银行业危机有充分的认识。金融危机的具体表现形式多种多样，与前面金融风险相对应，其包括货币危机、银行业危机和资本流动性危机等类型，且金融危机正日益呈现出一种混合形式，目前已有研究对其各类型危机形成近乎统一的认识和量化标准。货币危机一般被界定为因对本国货币出现投机性狙击而导致的严重货币贬值。例如，莱文和巴伦西亚（Laeven，Valencia，2013）认为若一国本币对美元汇率一年内下降30%并且贬值幅度至少比上年高10%，则该国在这一年爆发了货币危机（第二个条件是为了排除那些持续经历高通货膨胀率而没有货币危机的国家）。这时，由于货币当局在危机发生时往往会通过大规模的国际储备以及严格的资本管制来保护本国货币，故利率也会急剧上升。银行业危机又称为系统性银行危机，一般被界定为现实的或潜在的银行挤兑所导致的银行债务可转换性的滞后。莱文和巴伦西亚（Laeven, Valencia, 2010）甚至给出了银行业危机的具体条件：①银行系统出现明显的银行挤兑、银行系统亏损或银行清算等明显的金融困境现象；②为应对银行系统的重大损失，政府采取显著的银行干预政策措施。他们认为，同时满足这两项标准的年份为银行业危机的初始年份，而对于如何界定什么是显著的干预政策措施，他们认为，如果以下六项举措中至少三项举措得以采取，则可以将其界定为显著的干预政策措施：①普遍的流动性支持（至少为非居民存款和负债的5%）；②较大的银行重组成本（至少为GDP的3%）；③重要银行收归国有；④有效的重大担保；⑤大量资产购买（至少为GDP的5%）；⑥存款冻结和银行假日。

现实中，银行业危机发生比较普遍。银行在面对储户时有内生的脆弱性，且这种脆弱性使得银行之间相互协调成为金融市场所面临的一个主要挑战。当储户或投资机构仅仅出于担心其他人将回收流动性资本而采取类似行为时，协调问题就会出现。正是由于这一脆弱性，当大规模流动性或资本因预言的"自我实现"（self-fulfilling）[①] 而被回收时，银行危机就会发生；而当个别银行危机迅速传染到整个银行系统时，银行业危机就会出现。一个关于协调问题的最简单例子就是银行挤兑（bank run），而对银行挤兑产生的原因，戴蒙德和迪布维格（Diamond, Dybvig, 1983）从银行借

---

① "自我实现"（self-fulfilling）的货币危机是指，即使宏观经济基础没有进一步恶化，但是由于市场预期的突然改变，使人们普遍形成贬值预期所引起的货币危机。在自我实现的货币危机中，货币危机的发生可能是预期贬值自我实现的结果。其是奥波斯特菲尔德等所提出的"第二代货币危机模型"的核心。

短期而贷长期所导致的流动性错配角度进行了解释，这又被称为 DD 模型。在存款保险制度出现之前，银行危机实际上就是因银行恐慌（bank panic）而产生的银行挤兑。银行恐慌除非被最后贷款人所解决，否则会因货币供给的减少和金融中介的减少而严重影响实体经济。随着全球化的发展，银行业危机也越来越表现出区域性甚至全球性特征，如 1890—1891 年的巴林危机、1907 年的全球金融动荡、1931 年的安斯塔特信用危机、2007—2009 年的全球金融危机，以及其后的欧洲债务危机（马恩涛等，2019）。博尔多和兰登·莱恩（Bordo，London-Lane，2010）在考察了银行业百年发展史的基础上，将全球金融危机划分为 1890—1891 年、1914 年、1929—1930 年、1980—1981 年、2007—2008 年五大时段，在这五大时段中，银行业危机影响可谓甚大，不但相邻国家受牵连，甚至横跨几大洲。在危机蔓延期间，不同国家银行间的跨国诉求以及国外银行的困境会导致国内银行出现流动性问题甚至破产。而且，历史上曾处于世界金融中心的一些金融机构如 1890 年的英格兰银行、1929 年和 1980—1981 年的美联储，其发生的利率冲击所导致的直接或间接金融压力也开始加剧，这在新兴市场国家尤甚。

流动性危机指的是流动性的枯竭，具体可以表现为资产价格下降到其内在价值之下，或者金融机构外部融资条件恶化，或者金融市场参与者数量的下降，或者金融资产交易发生困难，等等。其通常分为国内流动性危机和国际流动性危机，国内流动性危机一般是因为金融机构资产负债不匹配即"借短放长"导致的，而国际流动性危机一般是因为一国金融体系中潜在的短期外汇履约义务超过短期内可能得到的外汇资产导致的。国际流动性危机的经典案例是 1974 年巴黎白糖期货市场的留下危机。1974 年 9 月—11 月，因为期货市场上很多对风险缺乏足够敏感和敬畏的投机者的进入，巴黎白糖期货价格迅速飙涨，在短短 3 个月内价格翻了一番。尽管风险在迅速加剧，但并没有引起交易所部分结算会员的重视，交易所也没有采取预防措施，依然按照客户的委托来进行交易，最终导致很多投资者保证金需求无法得到满足，而白糖交易员纳塔夫的失误最终导致白糖市场被法国商业部门关闭。

（三）财政风险与金融风险"反馈循环"的界定

要对财政风险和金融风险间"反馈循环"进行科学界定离不开对二者"反馈循环"研究脉络的梳理。尽管理论界对财政风险和金融风险之间的"反馈循环"研究是最近十余年的事情，但"反馈循环"现象却是由来已久，而金融机构特别是银行和主权政府之间的密切联系更是源远流长。许多银行设立之初的目的就是为了满足政府的需要，而政府也常常享有银行服务的优先权。实际上，在债券二级市场出现之前，私人银行家经常通过购买新发行的国内债券来帮助主权政府以为战争和国防安全获得融资；反过来，银行也经常获得主权政府的紧急救助如央行的流动性支持甚至必要时来自政府的直接注资［莱因哈特和罗戈夫（Reinhart，Rogoff），2009］，这也说明财政和金融之间的密切关系由来已久。第二次世界大战之后，银行通过在其资产组合中持有大规模的主权债券并允许国家对其主权债务进行展期来实现对主权政府的帮助，这也成为各国政府经常采取的一种"金融抑制"（financial constraint）[1] 行为［莱因哈特和斯布兰西亚（Reinhart，Sbrancia），2015］。尽管金融机构和主权政府乃至金融风险和财政风险之间的交互作用早已存在，但"反馈循环"这一术语却是在欧洲债务危机发生后才出现的，而对二者之间交互作用的研究尽管可以追溯到弗勒德和玛丽昂（Flood，Marion，1988）对20世纪80年代部分发展中国家金融危机的研究，但比较成系统的是20世纪末对1997—1998年东南亚金融危机及其财政影响的系统研究。其基本逻辑解释是：金融危机期间，一国政府为避免本国金融业的崩溃会对金融机构进行救助，而这会导致该国主权债务规模的扩增进而恶化

---

[1] 20世纪70年代初，肖和麦金农（Show，Mckinnon）提出了"金融抑制与金融深化"理论。所谓"金融抑制"（financial constraint）是指一国的金融体系不健全，金融的市场机制不能充分发挥作用，经济生活中存在过多的金融管制措施。金融抑制主要表现为政府对金融活动的强制干预，对金融资产价格的人为控制，最典型的就是对利率和汇率的控制。肖和麦金农认为，金融抑制势必会造成一国金融体系的扭曲，成为欠发达国家经济发展的一大障碍。要想实现经济迅速增长，就必须放松利率、汇率的限制，实现一系列的金融自由化政策，这就是所谓的"金融深化"（financial deepening）。

到本国政府的偿付能力，加剧民众对本国政府偿付能力的担忧；并且，如果政府对金融业的救助范围比较广且程度比较深，那么该国政府发行的主权债券价值就会下跌，这反过来又会加剧持有主权债券的本国金融机构的困境，引发民众对本国金融机构偿付能力的担忧，进而给经济和财政都会带来下行的压力，最终导致在金融机构和主权政府债务违约风险之间的相互反馈。不仅如此，脆弱的金融体系和恶化的财政状况之间的相互反馈使得宏观经济环境再次走向稳定也变得异常困难［阿瓦德（Abad），2018］。

　　国内学者在金融危机发生前便有前瞻性地提出了政府债务扩张会引发金融风险，并倡导财政分担这种具有公共风险属性的金融风险（刘尚希，2003）。随后国内学者从财政风险和金融风险交互作用的成因入手，探讨了二者之间的作用机理和相关关系。郭平和李恒（2005）从政府部门和金融业之间的交互关系中发现，软预算约束是财政风险和金融风险相链接的直接原因，并且主要通过"地方政府—国有企业—国有银行"这一三角关系来进行关联。一方面，软预算约束使得国有企业、国有银行和地方政府不再对成本、收益和利润有较强的敏感性，容易导致市场资本价格紊乱，影响经济安全和稳定；另一方面，软预算约束还意味着政府对国有企业和国有银行的隐性担保，这也导致国有企业和国有银行对风险的敏感性进一步降低，不利于风险的监督和管理。周世愚（2021）对分税制改革后我国地方政府债务风险的发展演变进行了梳理，其将地方政府债务风险的发展分为形成期、扩张期和治理期三个阶段，并认为隐性金融分权和隐性政府担保形塑着当前地方政府债务风险的主要特征。还有一些学者从其他角度或方面对财政风险和金融风险间"反馈循环"进行了研究，如毛锐等（2018a）侧重于金融风险和政府债务风险之间的累积迭加机制，熊琛、金昊（2018）强调了金融部门风险与地方政府债务风险之间相互传导的"双螺旋"结构特征，而刘尚希等（2018a）将金融风险和财政风险之间的作用关系视为一种因二者交织共存以及边界间的愈发模糊产生的如量子纠缠（quantum entanglement）般的"风险纠缠"现象①，并认为财政风险和金融风险之间的双向传导导致了系统性风险的过度累积。

从对财政风险与金融风险"反馈循环"的研究脉络来看，如同前文所述，对于财政风险与金融风险或财政危机与金融危机间的"反馈循环"，目前无论是国外文献还是国内文献都还没有给出一个统一的界定。如果给一个界定的话，一般是指其是指财政风险和金融风险之间并不仅仅是互为双向传导的反向关系，即财政风险和金融风险间因相互转嫁而存在"此消彼长"的关系，其甚至可能会滑入一个单向的闭循环状态即金融风险会恶化财政风险进而又会恶化金融风险以及财政风险，等等，导致两种风险彼此传染和彼此积聚。实际上，从上面对"反馈循环"的逻辑解释或界定来看，这一"反馈循环"有"正向的"（Positive）和"反向的"（negative）之分。如果财政风险向金融风险的转嫁一定程度上能够减轻财政风险，而金融风险向财政风险的转嫁也一定程度上能降低金融风险，则这种"反馈循环"就"正向的"或者说是"良性循环"（virtuous cycles）。如上文所述，银行和政府之间互助互利的历史源远流长，某种程度上也反映了这种"正向的"关系。反之，如果财政风险和金融风险彼此传染、彼此积聚，甚至滑入财政和金融的"孪生危机"乃至"多重危机"，则这种"反馈循环"就是"反向的"或"恶性循环"（vicious cycles）。遗憾的是，自2009年欧洲债务危机之后，我们所见到的财政风险和金融风险甚至财政危机和金融危机间的"反馈循环"往往都是"反向的"，这也是为什么许多国外研究财政风险和金融风险特别是政府债务风险和银行业风险间"反馈循环"的文献多冠名以"死亡拥抱"（deadly embrace）、"恶

---

① 在量子力学里，当几个粒子在彼此相互作用后，由于各个粒子所拥有的特性已综合成为整体性质，无法单独描述各个粒子的性质，只能描述整体系统的性质，则称该现象为量子缠结或量子纠缠（quantum entanglement）。在风险快速变形的新形势下，财政风险和金融风险交织共存，相互影响，深刻联系，风险结构日趋复杂，风险边界愈发模糊，不确定性日益增强的现象。

魔循环"（dalobic loops）、"恶性循环"（vicious cycles）和"死亡循环"（doom loops）等的原因。

具体而言，财政风险和金融风险之间的"反馈循环"还存在三个显著特征。第一个特征是由金融风险恶化而成的金融危机和由财政风险恶化而成的财政危机常常同时发生即危机的"孪生性"。巴尔特阿努和埃尔塞（Balteanu, Erce, 2017）识别了1975—2007年117个新兴经济体和发展中国家131场金融危机和121场财政危机，发现其中有36场为财政危机和金融危机同时发生的"孪生危机"。在这些"危机"中，有19场是财政危机先于金融危机，17场是金融危机先于财政危机，这也揭示了财政风险和金融风险之间可能存在双向因果关系。莱因哈特和罗戈夫（Reinhart, Rogoff, 2011）则考察了82场金融危机，发现其中有70场金融危机伴有主权债务危机。当然，也有学者认为财政危机和金融危机的孪生性并不是一成不变的。米奇内和特雷贝施（Mitchener, Trebesch, 2021）考察了过去200多年间（1800年以来）财政危机和金融危机的关系，发现第一次世界大战之前（1870—1913年）共存在59场金融危机和36场财政危机，但只有6场具有"孪生性"；而后布雷顿森林体系时代（1974—2008年）共存在117场金融危机和60场财政危机，却有23场具有"孪生性"；这表明"反馈循环"的频率随着时间的推移在升高。而近年来"反馈循环"之所以越来越多，一方面可能是过去银行对主权债券的暴露程度相对有限或者说是现在银行监管无意中鼓励了银行对主权债券的持有，加大了银行对主权债券的暴露程度；另一方面，也可能是市场参与者对政府救助信号的反应不同或者说对其发生的预期已经改变，这意味着金融一体化使得政府在银行危机期间增加了对银行进行救助的概率。

第二个特征是国内银行风险高度暴露于政府财政风险且这一暴露在危机期间常常更加严重。在发生银行—主权债务风险"反馈循环"的国家中，银行通常持有较大规模的国内主权债券，这使得银行更容易受到主权违约风险的冲击。真纳约利等（Gennaioli, et al., 2018）通过使用发展中国家和发达国家的数据发现，银行对主权债务的平均暴露率即银行对政府的净贷款或持有的主权债券规模占银行总资产规模的比重为9.3%，当他们聚焦于危机期间主权债务违约国家时，银行对主权债务的暴露率高达15%。卡波尼等（Capponi, et al., 2020）也发现，截至2021年3月，部分欧元区国家的银行部门持有超过15%的政府总未偿债务。特别是对于意大利而言，面对新冠疫情，一方面其严厉的关停举措导致银行资产负债表出现了更多的不良贷款，另一方面其前所未有的财政支出扩张对主权债务水平也产生了很大的压力，使得其银行对主权债务的暴露率在2021年3月超过了10%，而西班牙和希腊等国银行对主权债务的暴露率也超过了8%。很多欧元区国家不得不开始准备将对银行的救助重新提到议事日程上来。至于银行持有主权债券的原因可能是多方面的，其中一个重要的方面是中央银行或银行联盟对资本和流动性的监管要求所致［欧洲系统风险委员会（ESRB），2015；布奇等（Buch et al.），2016］。因为主权债券一般被视为零风险资产。尽管银行可以使用任何能迅速转换为现金的资产来满足流动性覆盖率的要求，但中央银行对资本和流动性的监管使得主权政府债券事实上成为实现此目的的资产。并且，持有政府债券对银行获得央行流动性支持也非常关键，因为政府债券常常被用于银行间抵押操作［阿莱格雷特等（Allegret et al.），2017］。而从欧元区国家的实践来看，源于银行在债券资产持有上的"本土偏好"①（home bias），银行对国内

---

① 在银行业危机期间，一国银行倾向于持有本国主权债券，这种现象被称为"本土偏好"（home bias）。"本土偏好"的主要原因是主权债券通常能获得相对于其他金融资产的更多优惠待遇。这一优惠待遇的影响有可能在经济下行期间被进一步放大。在面对金融部门脆弱性时，国内主权债券作为央行抵押品以及被担保的大规模资金变得越来越重要。与此同时，主权债券的供给也将大幅度增加在困境期间作为一个反周期财政政策的结果。伴随着其他资产质量的恶化，国内银行将持续吸收主权债券以保护资产负债表的健康。而且，在困境期间，私人部门的投资机会倾向于萎缩，进一步推动银行转向国内主权债券。实际上，除了在规制框架下对主权债务的优惠待遇，政府也经常采取额外的政策措施来支持银行在困境期间增加对主权债券的持有。这可能包括对银行的流动性支持，主权债券的直接购买或由央行有条件承诺回购政府债券。虽然经验上很难证实，但"道德劝告"（moral suasion）确实常被用于说服银行来购买政府债券，特别是在初级市场上。

主权债券的暴露远超过国外主权债券。

第三个特征是在银行危机期间，政府最普遍的干预方式是对资产提供担保。一般来说，在发生银行—主权债务风险"反馈循环"的国家中，政府有两种主要的干预方式，即资产担保（asset guarantees）和资本转移（capital transfers）。从采取的规模和频率上来看，资产担保毫无疑问是最主要的干预方式。使用欧盟统计局有关23个欧盟成员国2007—2019年数据，胡勒等（Hur, et al., 2021）比较了无条件情况下和发生银行危机情况下政府担保和平均资本转移对GDP的相对规模，他们发现政府担保的相对规模在无条件情况下接近0，而在发生银行危机情况下接近1.7%，二者相差1.7个百分点；而资本转移的相对规模在无条件情况下接近0.4%，在发生银行危机情况下接近0.6%，二者相差只有0.2个百分点。政府担保和资本转移相对规模变化大小的不同揭示了银行危机期间政府最主要的干预方式是资产担保而不是资本转移。欧盟委员会（European Commission, 2015）总结了全球金融和经济危机后欧盟试图恢复金融部门稳定性的主要举措，包括政府担保（government guarantees）、资本重组（recapitalizations）、资产救济介入（asset relief interventions）和其他的一些流动性措施（liquidity measures），也认为政府担保是最主要的干预方式。埃娃（Ewa, 2020）遵循这一分类甚至测算了欧元区国家对其银行救助规模在2008—2017年10年间发生的变化：政府担保从2008年的19968亿欧元降至2017年的2909亿欧元，10年间总额高达31749亿欧元；资本重组从2008年的2049亿欧元降至2017年的181亿欧元，10年间总额为6690亿欧元，资产救济介入从2008年的48亿欧元降至接近0亿欧元，10年间总额为3538亿欧元；其他流动性措施从2008年的401亿欧元降至2017年的133亿欧元，10年间总额为2043亿欧元。从这些具体数值来看，政府担保规模无论是10年总额还是分年度额显然都是首屈一指，使得其成为银行危机期间最主要的救助方式。

三、相关研究的文献综述

为了更好地理解财政风险和金融风险之间的交互作用或"反馈循环"带来的严峻挑战，我们对有关财政风险与金融风险"反馈循环"的文献进行了系统梳理和回顾。鉴于第二次世界大战以来发生于西方发达国家的金融危机相对罕见，而财政危机和金融危机同时发生的情形更是少之又少，故前期关于这一主题的研究主要集中于对发展中国家和地区如20世纪80年代的拉丁美洲、90年代的非洲以及2000年左右的亚洲债务违约，特别是1997—1998年的东南亚金融危机引发理论界和实践部门对金融危机及其财政影响的系统研究。彼时学者们普遍认为财政风险和金融风险不太可能成为发达经济体关注的重点。然而，2007—2009年的全球金融危机与紧随而至的欧洲债务危机引发了很多学者对政府债务危机和金融危机乃至主权政府和银行之间交互作用的关注，一些围绕这一主题的理论研究和经验研究也相继出现。尤其是自2017年以来，国外对财政风险与金融风险的研究又有了新的动向。一系列针对财政压力与金融压力、财政风险与金融风险乃至财政危机与金融危机间关系的文献相继出现，且研究内容全面、方法科学、数据新颖、所提出的对策措施具有可操作性。与此同时，国内防范化解重大风险战略的提出、中央银行和财政部的隔空辩论，以及新冠疫情带来的政府财政压力等更是引发财政风险与金融风险甚至是财政政策和金融政策二者关系的重新思考。为此，我们围绕财政风险与金融风险"反馈循环"的传导机制、财政风险与金融风险"反馈循环"的影响因素、财政风险与金融风险"反馈循环"的经验分析、财政风险与金融风险"反馈循环"的经济影响、财政风险与金融风险"反馈循环"的治理应对等方面进行了文献梳理并给出相应的评论。

（一）财政风险与金融风险"反馈循环"的传导机制

我们在上文对财政风险与金融风险"反馈循环"进行界定时给出了"反馈循环"传导机制的一个简单逻辑解释。如果对这一"反馈循环"的形成机理和传导渠道进一步具体化，可以说不同学者又给出了不同的解释。从整体上来看，财政风险和金融风险特别是主权债务风险和银行业风险"反馈循环"的传导既有直接渠道（微观渠道）也有间接渠道或（宏观渠道），既有内部渠道也有外部渠道。直接渠道是通过银行业风险和政府债务之间对资产负债表的影响实现的，而间接渠道是通过银行业风险和政府债务之间对更广泛意义上的宏观经济和市场情绪的影响实现的；内部渠道是通过银行和政府债务之间对国内机构或以本国货币计价资产的影响实现的，而外部渠道通过银行业风险和政府债务风险之间对国外机构或以外国货币计价资产的影响实现的。

1. 直接渠道和间接渠道

具体来看，直接渠道又可以称为资产负债表渠道，因为无论是政府对银行救助会损害公共财政的可持续性［康德隆、帕姆（Candelon，Palm），2010］、金融部门或有债务会对财政风险会产生强烈影响［格雷等（Gray, et al.），2013］，以及政府担保价值降低会加重银行业风险对政府债务风险的反馈作用［阿查里雅等（Acharya, et al.），2014］还是银行对主权债务的暴露会威胁到银行的偿付能力［努瓦耶（Noyer），2010］、公共债务风险的增加会降低政府对银行审慎监管的激励［利夫希茨和斯豪斯（Livshits，Schoors），2009］，以及银行出于对流动性冲击的规避而对主权债务的过度依赖［达拉克-帕里斯等（Darracq-Pariés, et al.），2013］等都是通过相互影响政府和银行的资产负债表来实现的。银行业风险向政府债务风险的间接渠道除了银行救助的直接成本外，还有因危机导致深度紧缩而产生的税收收入的崩溃［霍诺汉（Honohan），2008］、因金融混乱对资产价格、就业和产出的强烈负面影响［莱因哈特和罗戈夫（Reinhart，Rogoff），2009］和因用财政政策解决银行危机而导致债务和赤字的急剧上升［巴尔达奇和吉普塔（Baldacci，Gupta），2009］；政府债务风险向银行业风险的间接渠道主要是因为银行对主权债务的暴露会限制其对私人部门的贷款能力进而引发信贷紧缩［波波夫和万霍恩（Popov，Van Horen），2015；布罗内尔等（Broner et al.），2014；真纳约利等（Gennaioli, et al.），2014］以及国内银行购买主权债务会挤出私人投资［布罗内尔等（Kollmann, Roeger），2012；真纳约利等（Gennaioli, et al.），2014］。外部渠道一方面表现为银行危机有可能引发货币危机，使得政府主权无法偿还外币债务［巴尔达奇和吉普塔（Reinhart, Rogoff），2011；德保利等（De Paoli, et al.），2009］，这在中央银行使用储备或货币化来为政府救助进行融资时更容易发生，而银行危机也会通过对市场情绪的影响而导致外部融资的降低［卡瓦略和伊斯基耶多（Cavallo, Izquerdo），2009］；另一方面，主权债务违约往往也会引发资本外流和国外信贷的收紧［真纳约利等（Gennaioli, et al.），2014］以及公司和银行外部融资的"骤停"①（sudden stop）［布罗内尔等（Broner, et al.），2013；真纳约利等（Gennaioli, et al.），2014］。

2. 金融风险向财政风险的传导

如果从财政风险与金融风险"反馈循环"的传导方向来说，其又分为财政风险向金融风险的传导和金融风险向财政风险的传导。实际上，我们在上文具体分析银行业风险——政府债务风险"反馈循环"的直接渠道、间接渠道和外部渠道时也是分别按照金融机构或银行业向政府或财政和政府或财政向金融机构或银行来进行阐释的。下面我们分别按照这两个传导方向梳理相关文献对这一问题的认识。首先是金融风险向财政风险的传导。这一"反馈循环"起源于银行部门出现了问题。如果市场主体预期到银行部门的困境及随后政府可能对银行的救助，它们会将这一风险反映于主权利差定价之中，这会导致主权债券价格的下跌甚至可能导致"展期危机"（rollover crisis）。这反过来又会影响银行资产负债表，进一步扩大银行出现危机的可能性。有关风险由金融向财政传导的更加直接综

---

① 资本骤停（capital sudden stop）是指流入东道国的外国资本突然减少甚至出现逆转的现象。其形成机理的最早解释是由经济学家克鲁格曼于1979年在其国际收支危机模型中提出的，他认为国际资本流入大幅逆转的根源在于国家采取了不合理的扩张性财政和货币政策。然而，1980年后发生的金融危机大多在市场均衡下爆发，说明此模型存在一定缺陷。1994年，奥伯斯法尔德在此基础上提出了货币危机模型，认为资本骤停的原因是投资者对货币贬值的预期而做出的投机行为。

合的证据见莱因哈特和罗戈夫（Reinhart，Rogoff，2011）。他们发现，有相当部分的发达国家和新兴国家在金融危机后，综合债务占 GDP 的比率会有显著的攀升，最典型的案例莫过于 2010—2014 年的欧洲债务危机；而欧洲各国的危机应对也基本上模仿了爱尔兰政府于 2008 年 9 月对其整个金融体系的担保，这一对金融的救助却导致赤字和债务的急剧上升。也是以 2008 年爱尔兰救助为例，阿查里雅等（Acharya，et al.，2014）构建了一个三部门模型来探讨这一"反馈循环"。该模型的典型特征是金融部门具有较高的杠杆率且企业部门暴露于系统风险中。金融部门面临银行挤兑进而引发政府救助的可能。特别是，政府将通过发行新的主权债券来应对，并将主权债券收入转移给银行以维持银行信贷供给的水平。而发行新债券会导致债务稀释和更高的主权信用风险，这又通过金融部门减持政府债券和降低政府担保价值反馈回金融部门。

米奇内和特雷贝施（Mitchener，Trebesch，2021）借鉴了上述模型并从中得出两个可验证的假设，他们还通过对政府和银行信用违约互换（CDS）[①] 溢价的经验性分析对假设进行了证实：一是对金融部门进行政府救助的承诺起初会减少金融部门的信用风险，但也会增加主权信用风险；二是在政府救助之后，政府和银行信用风险之间的同频共振会更加显著，即使在控制银行自己的股权收益之后。进而他们认为作为"皮洛士式胜利"（pyrrhic victory）[②] 的银行救助短期内存在一定的收益效应，但最终却困扰了整个欧洲的国家政府。康德隆和帕姆（Candelon，Palm，2010）从更宏观方面探讨了金融压力向政府财政的传导途径并给出四点结论：首先，以政府将

[①] 信用违约互换（credit default swap，CDS），也称信用违约掉期。是国外债券市场中最常见的信用衍生产品，类似于损失保险的金融合约。在信用违约互换交易中，希望规避信用风险的一方称为信用保护购买方，向风险规避方提供信用保护的一方称为信用保护出售方，愿意承担信用风险。

[②] "皮洛士式胜利"（Pyrrhic victory）即惨胜，通常是指一个付出极大代价而获得的胜利。皮洛士（Pyrrhus）是古希腊伊庇鲁斯国王，曾率兵至意大利与罗马交战并打败罗马军队，但也付出了惨痛的代价。由此即以"皮洛士式胜利"一词来借喻以惨重代价而取得的得不偿失的胜利。

财政资金存入银行、政府提供救助资金、中央银行提供流动资金、公共资本重组,以及公共担保提供为内容的救助计划可能会损害公共财政的可持续性;其次,如果或有债务直接显性化,财政成本可能很大;再次,即使担保未被兑现,风险溢价也会增加,从而提高主权和私营部门的借贷成本;最后,金融危机伴随的信贷危机可能加剧经济衰退,导致公共收入进一步下降,赤字加深,债务上升。阎坤和陈新平(2004)认为市场经济背景下金融行业的自由性,导致放任金融风险不管,金融系统很难完成自我调节,需要通过政府来主导化解风险,但金融风险化解方式正逐渐暴露出"道德风险""逆向选择"等体制性缺陷和其他不尽合理的问题。刘蓉等(2015)也认为政府合理分摊银行风险是重要而且必要的,将风险集中于单一个体更容易产生破坏性后果,但金融风险也正是通过政府担保、救助渠道传导到财政之中。

其他的一些文献也证实了这一传导过程。例如,莫迪和山德里(Mody,Sandri,2011)对欧洲债务危机进行了溯源,他们将美国于2008年年初对贝尔斯登公司[1](Bear Stearns Cos.)的救助看作欧洲债务危机源头,这增加了政府进行银行救助会导致较高成本的市场预期;2009年1月,盎格鲁—爱尔兰银行(Anglo Irish)国有化后,政府债务风险—银行业风险间的"反馈循环"进一步恶化,导致希腊债券收益率在2010年的飞涨。阿查里雅和斯蒂芬(Acharya,Steffen,2015)揭示了欧洲外围国家如希腊、意大利、西班牙和葡萄牙等国家的银行随着欧元区危机的升级增持而不是减持国内债券引发了更剧烈的"反馈循环"。昂和朗斯塔夫(Ang,Longstaff,2013)使用美国和欧元区国家信用违约互换利差数据研究后发现,财政风险的相当一部分与金融市场条件有关而不是受宏观经济基本面的驱动。这与莫雷利等(Morelli,et al.,2021)的研究思路一致,

---

[1] 贝尔斯登公司(Bear Stearns Cos.)——曾经的全球500强企业之一、全球领先的金融服务公司,原美国华尔街第五大投资银行。成立于1923年,总部位于纽约市,主营金融服务、投资银行、投资管理。2008年美国出现次贷危机,房地产泡沫破裂。贝尔斯登公

他们揭示了 2008 年雷曼破产之后，新兴市场发行的主权债券越是被面临日益严重困境的全球银行持有，就越面临更大的价格下跌。

3. 财政风险向金融风险的传导

对于财政风险向金融风险的传导，早期的理论研究主要来自布鲁蒂（Brutti，2011）、博尔顿和珍妮（Bolton，Jeanne，2011）以及真纳约利等（Gennaioli，et al.，2014）的贡献。这三篇文献都具有相对一致的结论即当政府发生债务违约时，金融机构特别是银行对主权政府债券的持有会导致风险的外溢，而这会导致产出损失成本。布鲁蒂（Brutti，2011）为此构建了一个模型用于解释新兴市场经济体违约和银行危机在时间上的一致性。他认为，政府违约能引发流动性危机进而减少国内产出和投资，这在私人部门无法完全参与信贷市场并被迫持有政府债券的情况下尤甚。博尔顿和珍妮（Bolton，Jeanne，2011）聚焦于金融一体化经济如欧元区对此进行了模型化分析。在他们的模型中，金融一体化会促使国内银行持有跨国政府债券的多样化。这尽管会在事前因风险分散而产生收益，但也会因外国政府违约而导致成本溢出效应。

真纳约利等（Gennaioli，et al.，2014）揭示了在政府出现违约的时候，金融部门的放贷量会急剧下滑，特别是在银行持有大量主权政府债券的情况下。在其模型中，不同于早期的理论研究，政府违约的关键成本是对银行资产负债表的破坏，这会导致银行放贷的收紧进而导致投资和产出的下降。他们将其模型运用于 1980—2005 年的面板数据，实证结果发现政府债务危机倾向于被私人信贷收紧所跟随，特别是对于金融相对发达的

司由于持有大量有毒资产包括债务抵押债券（collateralized debt obligation，CDO），及投资者对其信心下降并兑现大量现金，导致贝尔斯登公司现金储备基本为 0，从而面临倒闭。时任纽约联邦储备委员会主席蒂莫西·盖特纳发现贝尔斯登公司破产具有相当大的系统性风险，便上报美联储。之后美联储决定救助贝尔斯登公司。2008 年 3 月 16 日，在美国联邦储备局（联储局）紧急出手，同意"包底"300 亿美元，贷款支持美国摩根大通公司后，摩根大通公司随即宣布将以总值约 2.36 亿美元（每股 2 美元的初步建议价格）收购次级按揭风暴中濒临破产的贝尔斯登公司。

经济体以及银行持有大量政府债券的情况。在其后的研究中，真纳约利等（Gennaioli，et al.，2018）对其经验分析进行了扩展，将银行层面上的数据扩充到191个国家，而截止时间也从2005年延伸到2012年。通过其统计分析发现，银行以政府债券形式持有的资产占其持有总资产比例的均值平均来说为9%。在20个政府违约的案例中，对那些严重暴露于政府债券的银行，其对外放贷收紧得更加严重。

索萨·帕迪利亚（Sosa-Padilla，2018）也构建了一个政府和银行密切关联模型。在该模型中，政府违约决定会通过不良政府债券持有而引发金融危机，这反过来会降低银行对私人部门的信贷供给进而导致产出损失。其理论贡献在于将政府违约所导致的产出成本进行了内生化。对于国内学者，马万里和张敏（2020ab）认为地方政府隐性债务扩张是触发系统性金融风险的重要因素，过去几年我国地方政府财政压力正是通过融资平台、影子银行①以及PPP等模式在财政、金融部门之间扩散。而这些影响风险传导的因素主要依靠的传播渠道为金融部门对地方政府债券的增持，这样可能引发银行持有期限较长的地方政府债务带来的期限错配（陈志勇等，2015）、金融部门持有地方政府债务并不断累积到临界值（毛锐等，2018b）、因金融资产特性使得债务风险向金融部门蔓延并形成金融风险集聚（陈建宇和张谊浩，2020），以及地方政府债务影响商业银行的流动性等问题。如果地方政府债务违约，则会直接导致金融危机。

布鲁蒂（Brutti，2011）、博尔顿和珍妮（Bolton，Jeanne，2011）以及真纳约利等（Gennaioli，et al.，2014）的模型有助于理解发生于高度金融一体化的经济体如西班牙和意大利等的政府偿付违约及其对金融甚至宏

---

① 按照金融稳定理事会的定义，"影子银行"是指游离于银行监管体系之外、可能引发系统性风险和监管套利等问题的信用中介体系（包括各类相关机构和业务活动）。国内的"影子银行"，并非是有多少单独的机构，更多的是阐释一种规避监管的功能。如人人贷，不受监管，资金流向隐蔽，是"影子银行"。几乎受监管最严厉的银行，其不计入信贷业务的银信理财产品，也是"影子银行"。"影子银行"最主要的存在形式有三种：银行理财产品、非银行金融机构贷款产品和民间借贷。

观经济的影响。然而，他们对未发生偿付违约国家的潜在政府债务风险溢出并没有进行过多关注和解释。因此，最新的一些研究关注于潜在违约的可信性能否充分阻断金融中介作用的发挥进而阻碍经济增长。博科拉（Bocola，2016）遵循这一思路构建了一个模型，在该模型中，政府未来可能违约的"消息"会对银行放贷和经济增长产生不利影响。当二级市场上的主权债券价格下降时，银行的净值会下降而其融资成本会上升。银行会通过减少对私人部门的放贷以应对，而这会导致资本性支出或投资的降低进而导致衰退的出现。博科拉将其称为传统的"流动性渠道"（liquidity channel），但他也模型化了第二个渠道即其称为的"风险渠道"（risk channel）。对未来发生政府违约的确信会改变银行当前向非金融企业放贷的意愿。随着银行变得越来越谨慎，它们通过增加贷款利率也向其私人部门客户传递了这一信息。特别是当银行部门发现向私人部门放贷将变得更加危险时，会减持其拥有的私人部门资产进而导致银行净值进一步下降。这两个渠道综合在一起会导致银行减少对私人部门的风险暴露，收紧对私人部门贷款，进而导致私人部门资本支出的下降以及产出的萎缩。为了更好地理解这些不同渠道的相对贡献，博科拉通过意大利债务危机数据对这一模型进行了结构化估计，实证结果发现风险渠道占据了主权风险向企业借款成本传导的45%。他还发现，如果没有政府债务困境效应，意大利的产出每年会再提高1个百分点。

（二）财政风险与金融风险"反馈循环"的影响因素

财政风险和金融风险的"反馈循环"不仅取决于财政风险和金融风险本身如上文所述的传导渠道，还受一些其他因素如财政政策和货币政策甚至是公共财政和银行结构的影响。考察清楚这些影响因素有助于我们采取有效措施打破财政风险和金融风险之间的"反馈循环"。

1. 中央银行货币政策

通常情况下，中央政府一般不会允许地方政府出现违约或破产，因为政府失信引发的社会动荡和危机其破坏程度可能会远远超过金融困境所引发的社会动荡和危机。在地方政府可能出现财政困境时，中央政府以及中央银行总会通过各种途径进行援助。其中，中央银行的普遍做法是采取"量化宽松"①（quantity easing）的政策。量化宽松会对银行和主权间的"反馈循环"产生直接或间接影响。一般认为，直接影响表现为量化宽松政策会增加银行资产负债表中政府债券的价值、减少银行持有政府债券的数量以及增加银行对无风险央行储备的持有，这会弱化金融机构和主权政府间的联系进而消除它们之间的"反馈循环"[贝奇特尔等（Bechtel, et al.），2021]。间接影响表现为其对银行资产负债表状态的影响，而不是直接与主权债券的银行持有有关，且对"反馈循环"的影响具有不确定性：一方面，政府通过量化宽松对经济活动的正面效应能减少银行的风险性，进而导致更低的信用损失准备金和更高的信贷需求，有助于银行资产状况的改善，弱化银行和主权之间的联系[阿尔塔维拉等（Altavilla, et al.），2018]；另一方面，量化宽松也会降低银行的长期收益预期并导致银行为寻求收益而从事高风险活动，这一效应将恶化银行的资产状况并将银行更多暴露于主权信用风险中[库尔茨曼等（Kurtzman, et al.），2018；达拉克－帕里斯等（Darracq-Pariés, et al.），2019；克罗西尼亚尼等（Crosignani, et al.），2019]。因此，尽管直接影响会自动弱化银行与主权之间的关系，然而间接影响却可能出现弱化和强化相互并存、相互抵消的效果，因此某种程度上来说"量化宽松"只是起到了延迟而不是取消银行和主权"反馈循环"作用的效果。

贝奇特尔等（Bechtel, et al., 2021）利用 2014 年 1 月至 2016 年 12 月的欧元区国家银行和主权信用违约互换利差数据，发现欧洲央行的公共部门购买计划（PSPP）显著地减弱了银行和主权间"反馈循环"的作用效果。在实施 PSPP 之前，主权信用违约互换利差增加 10% 将导致银行信用违约互换利差增加 1.2%，而在实施 PSPP 之后，主权信用违约互换利

---

① 量化宽松主要是指中央银行在实行零利率或近似零利率政策后，通过购买国债等中长期债券，增加基础货币供给，向市场注入大量流动性资金的干预方式，以鼓励开支和借贷，也被简化地形容为间接增印钞票。

差增加10%将导致银行信用违约互换利差增加0.2%，这也就意味着主权和银行信用风险之间的联动性在实施PSPP后降低了80%，并且这一降低主要发生在欧元区的外围国家。其他一些学者通过一些具体的"量化宽松"政策探讨了其对"反馈循环"的影响，如达拉克－帕里斯等（Darracq-Pariés, et al., 2013）通过研究发现，欧洲央行（ECB）的完全配置流动性政策（full-allotment liquidity policy）是稳定银行和财政当局螺旋式"反馈循环"的有效工具；德雷克斯勒等（Drechsler, et al., 2013）通过研究也发现，欧洲银行之间的长期再融资业务（LTROs）在弱化银行和主权"反馈循环"关系上也有积极作用。

2. 中央政府财政政策

在地方政府可能出现财政困境时，中央政府的救助途径是提供"紧急流动性支持"[①]或相应的财政政策来降低财政风险和金融风险之间的风险传导。紧急流动性支持通常是为应对金融机构的紧急需求而由中央政府或中央银行所提供的流动性供给，是政府公共部门应对严重金融风险所经常采取的工具，其往往通过金融机构的流动性供给来降低财政和金融间"反馈循环"的成本和代价。就财政政策对财政风险与金融风险"反馈循环"影响，费尔德等（Veld, et al., 2014）以欧洲财政政策为例，通过建立新凯恩斯模型进行了分析，结果表明，针对金融机构的财政扶持政策在提高产能、刺激消费和投资方面具有稳定效应；然而增加政府采购虽然有利于稳定产能，但却对消费产生了挤出效应；对家庭的转移支付尽管有利于提高个人消费水平，但却对产出和投资产生了挤出效应。由于这些

[①] 与紧急流动性支持相对应的是临时流动性支持（temporary liquidity assistance），是指中央银行为应对金融机构的历史需要而提供的流动性供给，其与紧急流动性支持的区别是不需要质押债券。中国人民银行曾于2017年1月通过启用"临时流动性便利"操作向中国工商银行、中农业银行、中国银行、中国建设银行和交通银行提供临时流动性支持，以应对春节期间暂时性的流动性紧张问题，促进银行体系流动性和货币市场平稳运行，该操作期限为28天，成本与同期限公开市场操作利率大致相同。这次临时流动性支持发生在中国人民银行向上述五大行定向降准两小时后，被认为是定向与定时相结合的降准措施。

"附带损害"的存在，中央政府的财政政策会对产出乃至税收收入产生不利冲击，而这会降低主权债券的价值，引发银行和主权政府双双陷入危险境地，加剧银行和主权之间的信用风险传导。李建强等（2020）也指出，中央政府的"肆意妄为的扩张型财政政策"（profligate fiscal policy）造成的广义信贷扩张会引发政府债务的过度积累进而使得金融杠杆高企，金融风险加剧。也有学者聚焦于银行大规模购买政府债券这一财政政策对银行和主权间风险"反馈循环"的影响［加尼翁等（Gagnon, et al.），2011；克里希纳穆尔蒂和维辛-乔根森（Krishnamurthy, Vissing-Jorgensen），2018］。

3. 政府财政和银行结构

除此之外，还有学者探讨了政府财政和银行结构的一些关键特征对银行业和政府债务风险间"反馈循环"的影响。如埃尔塞（Erce，2015）揭示了跨欧元区银行和政府间"反馈循环"效应的强度，并认为其依赖于政府财政和银行结构的一些关键特征。就政府财政和银行结构的关键特征而言，其探究了无论是有条件下还是无条件下银行和政府信用违约互换利差之间是如何相互影响的。有条件分析发现，那些通过外国信用对银行活动进行融资并伴以更多不良贷款的国家存在显著的金融风险对财政风险的"反馈循环"效应。而无条件分析尽管没有发现来自金融风险对财政风险"反馈循环"效应的证据，但却揭示了财政风险对金融风险的显著传导且这一"反馈循环"的力量和程度依赖于一国的潜在脆弱性：那些深陷更多银行对其政府债务风险暴露的国家，往往会遭受来自政府债务风险对银行风险的更大反馈效应。这揭示了政府对银行进行救助可能引发严重的"反馈循环"，也表明大规模的政府救助增加了金融风险转嫁的程度。

（三）财政风险与金融风险"反馈循环"的经验分析

从理论上来看，财政风险和金融风险之间存在如上所述的传导渠道和形成机理；那么从经验上来看，财政风险与金融风险"反馈循环"的程度到底如何？是财政风险向金融风险的传导还是金融风险向财政风险的传导？如果两种传导都存在，谁的力量又更强一些？在上文中我们已经提到一些经验上的零星结论，本部分我们将分别从金融风险到财政风险、财政风险到金融风险、财政风险、金融风险力量对比，以及经验分析方法等方面进行深入探讨。

1. 金融风险向财政风险的传导

关于从金融风险向财政风险的传导有许多经验性的分析。格拉克等（Gerlach, et al., 2010）通过分析部分欧元区国家1999年1月至2009年2月的主权信用违约互换利差发现，在综合风险较高的时期，一国银行部门越大，其主权信用违约互换利差增加越大，并且这一正向关系被银行部门更低的自有资本率所放大。阿蒂纳塞（Attinasi, et al., 2009）通过分析特定欧元区主权信用违约互换利差的决定因素也证实了在宣布使用纳税人资金进行救助后，风险从私人机构转移到政府部门。莱因哈特和罗戈夫（Reinhart, Rogoff, 2011）通过经验分析发现银行和主权债务交互作用的四个典型事实，即银行危机经常引发主权债务危机，银行危机发生前经常会出现外债高企，主权债务危机发生前公共债务规模通常持续增加，以及银行危机发生前主权短期债务规模通常会急剧上升，因此他们将银行危机视为主权债务危机的显著预警器或晴雨表。阿查里雅等（Acharya, et al., 2014）的实证分析依赖于信用违约互换利差的运用，并且将主权风险和银行风险的双向运动归因于处置政策和宏观因素。他们的结果显示，银行风险的增加会导致主权债务风险增加。

类似地，图克拉尔（Thukral, 2013）使用具有滞后回归量的面板数据框架研究了金融部门变量在确定主权信用违约互换利差方面的作用。其通过利用银行信用违约互换利差构建了一个银行风险指数后发现，即使包含财政变量，该指数也是主权债务风险溢价的显著决定因素。德拉里恰等（Dell'Ariccia, et al., 2018）对2000—2014年66个国家的数据进行分析后得出结论：银行危机发生后主权债务危机发生的概率为

51.0%，而主权债务危机发生后银行危机发生的概率只有22.3%。这实际上某种程度上说明了是银行危机引发了主权债务危机而不是相反。他们还发现了欧洲五国（葡萄牙、意大利、爱尔兰、希腊和西班牙）银行信用违约互换利差随着其对国内主权债券持有份额的增加而增加：持有10%国内主权债券份额的银行其CDS利差比没有持有主权债券份额的银行高出44.3个基准点。也有一些文献聚焦于在对银行进行外部救助过程中风险会由银行向主权进行转移。斯盖里和佐利（Sgherri，Zoli，2009）发现对银行体系偿付能力的担忧导致一些欧洲国家主权债券风险溢价的上升。艾辛和莱姆克（Ejsing，Lemke，2011）以及斯坦加（Stanga，2011）给出了进一步的支持证据。迪克曼和普兰克（Dieckmann，Plank，2012）认为一国金融体系规模越大，这一风险转移就越强烈。阿查里雅等（Acharya，et al.，2014）也揭示了由于政府对银行救助而出现从银行到主权的风险转移。

2. 财政风险向金融风险的传导

关于从财政风险向金融风险的传导也有许多经验分析。波连伦斯坦帕尼萨（Borenzstein，Panizza，2008）发现以财政违约为条件的金融危机概率远大于无条件的金融危机概率，而以金融危机为条件的财政违约概率只是稍微大于无条件的财政违约概率。这实际上在某种程度上说明了是财政或主权债务危机引发了金融危机而不是相反。阿查里雅等（Acharya，et al.，2014）使用欧洲2007—2011年主权信用违约互换和银行信用违约互换的利差进行研究后发现，欧元区国家的银行救助导致了银行信用风险的上升。相似的结果由奥尔特和许勒尔（Alter，Schüler，2012）以及于（Yu，2017）给出，他们使用欧洲信用违约互换市场数据发现主权国家对银行业的救助只是临时减弱了金融部门的危机，但却是以增加主权信用风险为代价的。马格科尼斯和楚潘基斯（Magkonis，Tsopanakis，2016）也曾指出，金融压力与财政压力之间存在密切的联系，不可持续的财政状况对银行的影响，不仅会通过与金融的联系进一步扩展到整个国内经济领域，而且还会进一步扩展到国外经济领域。并且，较大规模的公共债务存量会导致一国政府债务风险的上升和"财政缓冲区"①（fiscal buffer）的减少，加之金融对政府债务的过度暴露以及政府信用评级的下跌，政府债务风险对金融风险的反馈效应因此会更加明显。吉布森等（Gibson，et al.，2016）通过对欧元区国家主权利差和主权评级与银行股价关系的研究后发现，对主权信用违约互换利差的冲击会延展到主权评级上，进而会影响银行的股价。阿尔塔维拉等（Altavilla，et al.，2017）对2007—2015年226个欧元区银行进行实证研究后发现，对政府债务暴露更多的银行会面临更高的信用风险。特别是，如果国内主权信用违约互换溢价增加100个基准点，银行信用违约互换溢价将增加31.5个基准点。真纳约利等（Gennaioli，et al.，2014）和维尔戈特（Vergote，2016）等都得到相似的实证结果。

其他的一些学者如德保利等（De Paoli，et al.，2009）、阿查里雅等（Acharya，et al.，2018）、阿尔塔维拉等（Altavilla，et al.，2017）、德拉戈和加略（Drago，Gallo，2017），以及波波夫和万霍恩（Popov，Van Horen，2015）等不仅考察了财政风险向金融风险的传导，还进一步考察了这一传导对银行贷款、企业债务成本以及实体经济的典型影响。德保利等（De Paoli，et al.，2009）在研究了1970—2000年新兴经济体爆发的财政危机后发现，财政危机很少单独发生，它们经常伴随着金融危机。在其样本中，财政危机经常是爆发在前，与财政危机相伴随的衰退依赖于其他危机是否同时发生。单独的财政危机所导致的后果已经比较严重，而

---

① 缓冲区是地理空间目标的一种影响范围或服务范围，具体指在点、线、面实体的周围，自动建立的一定宽度的多边。财政缓冲区（fiscal buffer）就是政府在应对突发财政风险状况时的缓冲空间或时间。一般来说，公共债务和赤字是反映财政弹性或财政缓冲能力的最重要的指标。如果这两个指标比较低，说明财政缓冲区比较大，应对风险游刃有余；反之说明财政缓冲区比较小，财政腾挪空间有限。实际上，在2007年全球金融危机之前，各国以公共债务和赤字为特征指标的财政缓冲区已经非常有限，而经过十余年的发展，各国财政缓冲区更加有限。

"孪生危机"甚至"三重危机"后果会更加严重。阿查里雅等（Acharya, et al., 2018）还使用欧洲国家 2006—2012 年组合贷款数据比较了主权债危机影响银行贷款三个主要渠道即资产负债表渠道、风险信用渠道和道义劝告渠道的相对重要性。他们揭示了那些危机前与遭受财政危机国家的银行有借贷关系的欧洲企业信贷紧缩的原因以及三个主要渠道对宏观经济的影响包括更低的就业增长率、更低的投资水平和更低的销售增长率。阿尔塔维拉等（Altavilla, et al., 2017）、德拉戈和加略（Drago, Gallo, 2017）以及波波夫和万霍恩（Popov, Van Horen, 2015）还分析了银行对本国主权债券的持有、主权评级的改变以及银行对国外主权债券持有对主权向银行风险转移的影响。

3. 不同风险传导的力量对比

对于银行和主权债务之间的风险传导方向，尽管上述学者通过经验分析聚焦于某一方传导方向，然而也有许多学者侧重于"双向传导"研究并比较了不同传导方向上的力量大小。奥尔特和许勒尔（Alter, Schüler, 2012）基于欧洲市场研究了银行信用违约互换和主权信用违约互换之间的关系，其实证结果发现，在政府救助之前，金融风险主要是从银行部门扩展到主权信用违约互换市场，而在政府救助之后，溢出效应却发生了反转，即从主权信用违约互换市场扩展到了银行部门。辛格等（Singh, et al., 2016）则持有相反的观点，认为在金融危机前，风险溢出主要是由政府到银行，而金融危机的爆发标志着这一传导关系的反转，即由银行到政府。埃尔塞（Erce, 2015）通过 10 个欧元区国家信用违约互换数据对银行和主权间相关性增加背后的宏观经济原因进行了模型化分析。结果显示政府债务风险对银行业风险的反馈比银行业风险对主权风险的反馈更强烈一些。弗雷兹策尔和里特（Fratzscher, Rieth, 2019）也揭示了从政府到银行的风险反馈比从银行到政府的风险反馈更强一些。而科维和艾达姆（Covi, Eydam, 2020）的研究结论则相反，他们揭示了欧洲 2012—2014 年双向反馈过程存在较强的显著性。一方面，政府信用违约互换的 10%

增长会带来银行业信用违约互换的 0.2—0.3% 增长；另一方面，银行业信用违约互换的 10% 增长会带来主权信用违约互换的 2—3% 增长；这实际上说明了银行向政府的风险反馈力量要比主权向银行的风险反馈力量更强一些。马丁内斯（Martínez，2019）使用欧元区 2008 年 9 月—2017 年 6 月的数据对政府和银行信用违约互换进行了经验分析，通过动态条件相关模型（DCC）发现短期内欧洲外围国家如西班牙、意大利和葡萄牙比核心成员国家如法国、德国和荷兰总体表现出更高的主权—银行交互联系；通过向量误差相关模型（VFCM）发现长期内意大利和西班牙的"反馈循环"明显下降，而这种下降趋势对于葡萄牙来说不很明显；对于核心成员德国来说，政府—银行间的"反馈循环"基本上被消除，但对于法国来说是部分被消除，而对于荷兰而言基本没有被消除。尽管长期来说"反馈循环"的演变对于荷兰来说并不是很明确，但必须指出的是自 2012 年开始，荷兰的银行和政府信用风险都比较低。而阿维诺和科特（Avino，Cotter，2014）以及弗雷兹策尔和里特（Fratzscher，Rieth，2019）则认为尽管政府债务—银行风险循环会在财政危机期间得到加强，但二者没有显著的因果关系。

4. 不同经验分析方法的比较

近年来，一系列方法在研究主权信用风险和银行部门信用风险之间循环关系上得到了发展和运用。许多研究使用了时间序列计量经济工具如向量自回归模型［奥尔特和许勒尔（Alter，Schüler），2012；布拉蒂什（Bratis, et al.），2018；弗雷兹策尔和里特（Fratzscher，Rieth），2019；卡尔巴斯卡和费特库斯基（Kalbaska，Gatkowski），2012］，向量误差修正模型［奥尔特和许勒尔（Alter，Schüler），2012；阿维诺和科特（Avino，Cotter），2014；于（Yu），2017］，相关性分析［德·布鲁伊克等（De Bruyckere, et al.），2013；布拉蒂什等（Bratis, et al.），2018］，条件联合违约概率［徐等（Xu, et al.），2017］，或有索取权分析［辛格等（Singh, et al.），2016；戈梅-普伊赫等（Gomez-Puig, et al.），2019］和

STCC-GARCH模型［奇法雷利和帕拉迪诺（Cifarelli，Paladino），2020］。尽管这些文献没有抓住财政和金融风险之间的横截面相关性，但都强调了二者之间的双向关系，对于理解时间序列的联合动态非常有用。其他一些文献使用迪博尔德和伊尔马兹（Diebold，Yilmaz，2009，2012）方法［奥尔特和拜尔（Alter，Beyer），2014；克拉埃和瓦西塞克（Claeys，Vasicek），2015；戈梅-普伊赫等（Gomez-Puig, et al.），2019］、全球宏观计量经济模型（GVAR）［格罗斯和科克（Gross，Kok），2013；贝滕多夫（Bettendorf），2019］、面板VAR［格奥尔格特索斯和莫拉蒂斯（Georgoutsos，Moratis），2017］以及网络分析法［帕尔塔利迪斯等（Paltalidis, et al.），2015；贝茨等（Betz, et al.），2016；维尔戈特（Vergote），2016］试图考虑主权债务—银行风险间"反馈循环"的交叉溢出效应。这些模型对于理解和估计在"良好条件"和"恶劣条件"下以及"负向冲击"和"正向冲击"后，银行和主权二者关系的非对称性程度具有重要意义。

（四）财政风险与金融风险"反馈循环"的经济影响

欧元区债务危机促使了理论界对财政风险和金融风险间"反馈循环"后果或经济影响的重塑。有关财政风险和金融风险的新一代模型更加聚焦于宏观层面和微观层面上的效应特别是财政和金融困境给社会产出和企业甚至是家庭带来的成本。

1. "反馈循环"对宏观产出的影响

阿吉亚尔和戈皮纳特（Aguiar，Gopinath，2006）以及阿雷拉诺（Arellano，2008）对此进行了开创性研究，他们构建了一个能将"典型事实"与财政违约进行匹配的定量模型。许多学者之后进一步拓展了该模型，对违约条件下约2%的总产出损失达成一致并将其作为前提假设。而一些经验性研究看起来也证实了与违约相关产出损失的存在，该损失在违约后的几年内能占到人均真实GDP的1%—4%［波连斯坦和帕尼萨（Borensztein，Panizza），2009；富尔切里和兹杰尼克卡（urceri，Zdzienicka），2012；库夫希诺夫和齐默尔曼（Kuvshinov，Zimmermann），2019］。并且，越来越多的证据表明，债务危机的关键特征对产出损失的影响非常重要：具有更高债权人损失以及政府强制措施如债务偿付的单边叫停等特征的债务违约往往会伴随更高的产出损失和随之而来的更高的融资成本［克鲁塞斯和特雷贝施（Cruces，Trebesch），2013；特雷贝施和察贝尔（Trebesch，Zabel），2017；卡陶和马诺（Catão，Mano），2017；索努玛等（Asonuma，et al.），2019］。为了更好地理解这些关键特征的作用，一些文献已经深入到探究银行和主权风险间"反馈循环"宏观经济效应的微观渠道。例如，门多萨和岳（Mendoza，Yue，2012）构建了一个一般均衡违约模型。在该模型中，国内企业依赖于外部融资以购买来自国外的进口商品，当主权政府违约后，该国政府和企业都会被排斥在国际资本市场之外。在每一阶段，政府都会在违约引致的被国际资本市场所抛弃的成本和产出损失与未进行债务偿付所产生的收益之间进行权衡。在模型均衡中，如果主权政府选择了违约，其国内企业将不能从国际资本市场上获得融资，被迫转向国内自身市场和其他非完美替代市场，这会导致效率损失和产出下降。这一从主权风险向企业融资的传导机制，解释了模型中主权违约往往伴随着经济衰退的根本原因。

欧洲债务危机后，很多文献经常通过研究欧元区债务危机对主权违约导致产出下降的机制进行解释。使用新凯恩斯模型，科尔塞蒂等（Corsetti，et al.，2012）解释了财政风险是如何通过财政渠道影响借款条件的。他们认为，主权债券收益率的增加会导致人们的悲观预期如未来会加征税收甚至引发社会动荡，而企业融资成本的上升又会降低企业产出进而增加宏观经济波动。聚焦于希腊案例，古兰沙等（Gourinchas，et al.，2017）也揭示了主权债券收益冲击会导致财政政策的收紧，进而增加私人部门信贷违约的概率，而这会导致企业借款成本的上升，降低生产性投资积极性以及产出。基于相似情形，阿雷拉诺等（Arellano，et al.，2019）把基于微观视角的一般均衡模型和企业与银行层面的经验分析进行结合。

该模型假设企业和银行为其异质性特征，揭示了主权债券收益率的增加也会影响企业的借款利率，因为因持有主权政府债券而遭受重创的银行会对借款标准和信贷配给施以更苛刻的条件。这一主权风险传导的效果对那些具有较大借款需求的企业和持有更多政府债券的银行来说可能会更大。这些传导机制也确实被意大利银行和企业的截面数据所证实。阿雷拉诺等（Arellano, et al., 2019）发现，主权债券收益率如果增加100个基准点，企业借款利率将会增加70个基准点，产出会下降0.7%，而上述情形大多数还仅仅是源于直接效应而没有考虑间接效应。来自法律范围的相关自然试验是底特律破产案，其被查里等（Chari, et al., 2018）作为一个工具用来估计债券收益冲击对波多黎各国内经济的影响。他们通过经验分析发现，对主权违约风险的更多影响主要高度依赖于政府需求行业的就业水平。

2. "反馈循环"对微观企业的影响

在一些经验性文献中，许多学者开始使用最新方法和数据去验证主权违约风险对企业的因果效应。埃贝尔和施雷格（Hébert, Schreger, 2017）的研究值得关注，因为他们首次尝试利用自然试验来识别主权违约风险成本。使用来自阿根廷的数据，他们揭示了主权债券收益率的增加导致了阿根廷企业股票价格的下跌。特别是他们利用了阿根廷主权风险中的一个外生变量，即美国NML公司对决阿根廷过程中的一系列纽约法庭裁决[①]。关键假设包含了法官裁决的相关新闻改变了主权违约的概

---

① 自2001年11月阿根廷宣布暂停偿还其巨额外债后，阿根廷就陷入了史无前例的债务困局。经过2005年和2010年两轮债务互换后，其主权债务重组仍未完全解决。在阿根廷外债的债权人中，有NML（Neuberger Berman MLP Income Fund Inc. 的缩写）资本管理公司等少数"钉子户"，它们对阿根廷提出全额偿付债务的司法诉讼，并获得美国最高法院的支持，使得阿根廷本应在2014年6月30日对此前同意债务重组的债权人支付的资金，面临被法院冻结转而支付给"钉子户"债权人的困局。根据债券发行条款，阿根廷拥有30天宽限期，即至7月30日，如果阿根廷与"钉子户"债权人的谈判无法取得妥协，那么阿根廷将无法完成支付责任，并将再度陷入违约。2014年7月30日，阿根廷政府与"钉子户"债权人的谈判无果而终，阿根廷当日无法履行向其他债权人支付债务本息的义务，阿根廷遭遇了技术性债务违约。

率，但没有直接影响国内企业。他们发现，在违约概率上每增加10%会降低阿根廷企业市场价值6%。平均来说，对于金融类企业、外贸类企业和外资企业，这一效应将会被放大。阿尔梅达等（Almeida，et al.，2017）利用源于主权评级机构对主权等级天花板政策而导致的主权和银行等级之间差别的外生变化，得出主权等级下降会降低企业投资和融资杠杆的结论。费兰多等（Ferrando，et al.，2017）使用包括 28000 家中小规模企业信息的欧洲央行数据集以探究主权困境对信贷提供的影响。基于双重差分法，他们发现，正在经历主权困境的国家其中小企业面临来自银行贷款数量和价格的配给约束。布鲁蒂和绍伦（Brutti，Sauré，2015）以及巴哈吉（Bahaj，2020）使用描述性方法和欧洲危机期间的高频率信用违约互换数据揭示了主权风险如何跨境传染，进而增加了对国内私人部门的借款成本。

　　实际上，与财政风险和金融风险间"反馈循环"经济影响密切相关的一个问题是为什么那些曾经饱受财政负担特别是外债困扰的国家不会像企业那样进行债务违约，并且也不存在类似企业那样的破产机制。过去几十年间，学界对一国政府为什么按时偿还其政府债务的解释主要有两种观点即"声誉观"和"惩罚观"。"声誉观"认为政府违约会损害其信誉，进而导致该国可能丧失在国际资本市场上获得融资的机会进而助推其融资成本的高企［伊顿和哥索维茨（Eaton，Gersovitz），1981］；"惩罚观"认为政府违约可能会引发外交、法律或军事上的制裁，进而损害一国在国际商品市场和国际资本市场上进行贸易的能力［布洛夫和罗戈夫（Bulow，Rogoff），1989］。历史上也确实存在一些证据来佐证这两种观点。然而，历史上也经常出现一国政府在违约后仍能再次获得贷款甚至是更低利率贷款的现象，这引发了部分学者对"索赔惩罚"和"声誉效应"在抑制债务国违约效果方面的怀疑。

（五）财政风险与金融风险"反馈循环"的治理应对

　　财政风险和金融风险之间的"反馈循环"是后金融危机时代的客观

现象，反映了政府和银行之间日益紧密的联系和交互影响。对这一现象的认识实际上也是对传统上政府债务风险和金融风险间"双向传导"关系的拓展和延伸（马恩涛，2021）。这也意味着传统上对金融风险和政府债务风险的应对措施可能不再适用。财政风险和金融风险之间的"反馈循环"对整个金融体系安全和宏观经济稳定产生的负面影响如此严重，以至于2012年6月29日欧元区峰会声明中明确提出"打破银行和政府之间的'恶性循环'是非常必要的"。为此，部分国际机构特别是欧盟委员会等实施了一些举措。

1. 外部救助与内部纾困

在2007—2009年全球金融危机期间，国际上使用最普遍的违约处置程序是政府对银行的外部救助（bail-out），如美国政府对一些大型金融机构如美国银行、美国国际集团保险公司、贝尔斯登公司和花旗集团以及由美国政府发起的实体机构如房利美和房地美的救助，欧盟委员会对西班牙和希腊金融机构的救助。对于政府通过注入流动性以帮助困境中的银行偿还其债务的外部救助，往往会导致债务从私人部门转移到公共部门。实际上，如果"反馈循环"不存在，对不同关联银行的外部救助呈互补性，某种意义上来说救助一个银行会在一定程度上降低救助另外一个银行的财政成本。而在"反馈循环"情况下，如果另外一个银行持有较大规模的政府债务，那么救助一个银行也许会增加对另外一个银行进行救助的财政成本，这也就是说对另外一个银行进行外部救助可能导致"挤出"（crowding out）效应和"挤入"（crowding in）效应的同时存在［卡波尼等（Capponi, et al.），2020］。也有一些欧盟核心国家如德国要求私人部门通过内部纾困（Bail-in）的方式来解决银行部门的危机，即债权人放弃对那些深陷困境的银行进行索赔的权利。通过内部纾困可有效地实现债务在私人债权人内部之间的转移而不是将这一损失负担由债权人身上转嫁到纳税人身上。内部纾困的典型案例莫过于美国政府对长期资本管理公司①（long-term capital management）的救助。

在此背景下，各国政府特别是欧元区国家频繁采取各式各样的货币政策措施以及银行监管措施来减轻银行和主权间的"反馈循环"。就货币政策措施来看，欧洲中央银行于 2010 年 5 月开始实施主要用于临时购买主权债券目的的证券市场计划（securities market program），于 2012 年 8 月开始实施体现欧洲中央银行对二级市场上购买困境欧元区国家主权债券承诺的直接货币交易计划（outright monetary transaction program），于 2014 年 6 月开始实施长期再融资操作（targeted long-term refinancing operations），通过对储蓄工具的负利率，扩展的资产购买计划等试图增加对私人部门信贷支持和降低信贷成本的进一步举措得以实施。

2. 银行监管与欧洲银行联盟规则支柱

就银行监管来说，欧洲中央银行于 2011 年 11 月首次发布了主权对银行的压力测试结果。欧元区国家于 2012 年 6 月宣布成立欧洲银行联盟（European Bank Union），目的就是打破政府和银行间的"恶性循环"。成立之初，欧洲银行联盟试图避免欧洲银行的碎片化和对破产银行的公共救助。为此，其制定了四个不同的规则支柱。一是《单一规则手册》（Single Rule Book），其中包括《资本要求规则和指引 IV》（Capital Requirement Regulation and Directive IV）、《银行恢复和处置指引》（Bank Recovery and Resolution Directive）和《存款保险计划指引》（Deposit Guarantee Scheme Directive）。二是单一监管机制（Single Supervisory Mech-

---

① 长期资本管理公司（Long-Term Capital Management）曾经是人类历史上资金规模最大、最成功的对冲基金之一，其主要活跃于国际债券和外汇市场，利用私人客户的巨额投资和金融机构的大量贷款，专门从事金融市场炒作。合伙人包括以期权定价模型而荣膺 1997 年诺贝尔经济学奖的罗伯特·默顿和马尔隆·斯科尔斯以及前美国财政部副部长兼美联储副主席戴维·马林斯等。在其成立之初的 50 个月内，该基金的资本由最初的 12.5 亿美元上升到 48 亿美元，实现了约 40% 的年均回报率和 185% 的总资本收益率。然而，在 1998 年 3—9 月的短短 7 个月内，该基金却亏掉了整整 50 亿美元，甚至在这年 8 月的一天之内就亏掉 5.53 亿美元，最后濒临破产，连美联储都不得不出面召集由 14 家大银行组成的银团对其救助。

anism），目的是确保参加欧洲银行联盟的成员国银行监管举措的协调；三是单一处置机制（Sigle Resolution Mechanism），目的是允许欧洲银行联盟中处置实践的协调；四是欧洲储蓄保险计划（European Deposit Insurance Scheme）。

尽管上述意图减轻主权对银行风险暴露的改革措施某种程度上已经弱化了银行和政府之间的"反馈循环"，然而对于银行来说仍缺少实现主权风险谨慎管理的监管激励。在如何改善对银行的监管上存在着很多不同的观点［欧洲系统风险委员会（ESRB），2015］，但由于银行在面对监管时的应对举措存在着不确定性，因此关于哪一种监管改革占主导地位甚至是否值得进行监管改革本身还没有形成统一意见［维斯科（Visco），2016］。鉴于前文所述的银行和主权关系的资产负债表渠道，银行面临在降低投资组合的集中度（concentration）和减少银行对主权债券风险暴露之间的权衡。在巴塞尔银行监管委员会（Basel Committee on Banking Supervision, 2017）和德国经济专家委员会（German Council of Economic Experts, 2015）提出的改革理念下，面向集中度的改革实际上会降低债券持有的"本土偏好"，但却与减少银行对主权债券风险暴露相违背，而这会加剧"死亡循环"。相比之下，面向减少银行对主权债券风险暴露的改革会加剧银行投资组合的集中度，而较高的集中度即使表面上来看主权债券风险不高，但也往往伴随着严重的问题如国外主权债券的集中暴露会导致严重的风险跨国传染。许多学者如波波夫和万霍恩（Popov, Van Horen, 2015）、贝尔特拉蒂和斯图尔兹（Beltratti, Stulz, 2017）以及布雷肯费尔德和施瓦布（Breckenfelder, Schwaab, 2018）认为，尽管欧元区主权债务危机的主要特征是国内的"反馈循环"，但也有大量的证据表明危机存在跨境传染。因此，如何实现银行较低的信贷风险和较低的资产组合集中度是打破银行和主权间"死亡循环"的重要改革方向。

就银行监管改革特别是对欧洲银行联盟《单一规则手册》在如何应对主权风险暴露方面进行下一步的举措，一些学者和政策建议者已经给出了不同的思路（ESRB，2015）。并且，这些思路可以沿着两个维度进行分类。首先，银行监管改革根据其性质可以分为基于价格（price-based）的改革和基于数量（quantity-based）的改革。价格维度意味某一主权风险暴露对应一个正向的风险权重，故有助于对银行的资本要求；而数量维度意味某一主权风险暴露不能超过既定的门槛。其次，银行监管改革根据其目标可以分为降低集中度风险的改革和降低信贷风险的改革。降低集中度风险的改革主要是对特定银行而言的，即银行不要过于集中持有某个国家主权债券；而降低信贷风险的改革主要是对特定国家而言的，即各国家主权信用风险必须保持稳定。这样，根据两个维度各自不同的两种改革分类，我们可以组合得到2×2的改革策略矩阵。对于矩阵中的每一个元素，我们可根据巴塞尔银行监管委员会（Basel Committee on Banking Supervision，2017）和德国经济专家委员会（German Council of Economic Experts，2015）的思路给出特定内涵，分别是：集中度目标下基于价格的改革即风险权重被设定为银行集中度的函数，这与巴塞尔银行监管委员会（Basel Committee on Banking Supervision，2017）所指的"附加边际风险权重"是一致的；信用风险目标下基于价格的改革即风险权重被设定为信用评级的函数，这与巴塞尔银行监管委员会（Basel Committee on Banking Supervision，2017）所指的"标准风险权重"相一致；集中度目标下基于数量的改革即银行主权风险暴露面对统一的大额暴露限制，这与巴塞尔银行监管委员会（Basel Committee on Banking Supervision，2017）关于主权风险暴露免除于大额风险暴露框架相一致；信用风险目标下基于数量的改革即银行主权风险面临大额暴露限值作为主权信用风险的函数，这一方法被巴塞尔银行监管委员会（Basel Committee on Banking Supervision，2017）所讨论，但反而由德国经济专家委员会（German Council of Economic Experts，2015）所建议并由安德里茨基等（Andritzky, et al., 2016）所精心设计。

(六) 简单述评

21世纪初的全球金融危机和欧洲债务危机使得发达国家深陷债务危机泥潭，也引发学者们对政府债务危机重返发达经济体的关注，特别是本轮金融债务危机的显著特征即政府债务危机和金融危机间的"反馈循环"为各国政策制定者在应对金融危机时带来了严峻的挑战。因为相对于银行设立之初政府与银行之间相互帮助及其导致的财政风险与金融风险间"此消彼长"的"零和博弈"，越来越多的财政风险和金融风险滑入一种"螺旋式"的"囚徒困境"，针对财政风险或金融风险的监管规制或救助措施不是减缓而是加剧金融风险或财政风险。这种"恶性循环"使得很多发达国家深陷"债务魔咒"（debt spell）的境地，阻碍而不是促进宏观经济的增长，也引发了学者们对发达国家债务可持续性和"财政空间"①（fiscal space）的担忧。尽管我国尚未进入发达国家之列，但鉴于我国整体经济实力的上升以及对全球金融市场的融入，认识和理解发达国家财政风险和金融风险之间的"反馈循环"及其经济后果，对我们牢牢守住不发生系统性金融风险的底线，为经济持续健康较快发展提供一个安全稳定的金融环境具有重要意义。

从我们对"反馈循环"相关文献的梳理来看，学者们已经对财政风险和金融风险乃至财政危机与金融危机之间的交互作用有了比较清晰的认识。站在银行的角度，银行和主权债务之间的"反馈循环"很大程度上源于银行对本国主权债券的持有。由于银行责任的有限性，其在资产配置中面临较大的风险转移激励。在银行违约风险增加时，其更愿意持有本国主权债券而不是具有"原罪"的外国主权债券，因为银行股东预期这样

---

① 财政空间（fiscal space）这一新概念内涵较为丰富。从可持续性角度来看，财政空间是指政府可获得的一定预算空间，以使其在不损害财政可持续性发展的前提下，有能力为特定目标的实现提供预算资源；从发展的角度来看，财政空间是政府采取切实政策措施加强资源调动，并通过必要的改革加强治理能力，改善制度及经济环境，从而获得实现一系列既定发展目标必须的财政资源；从预算角度来看，财政空间又是指政府在年度或中期预算框架内可获得的用于支出项目的财政资金。

会获得相对来说更高的收益。而在危机出现时，预期到政府会进行救助则将风险成本转移给纳税人，而当政府发出"不救助"的可信性承诺时，则将风险成本转移给债权人。而这一风险转移意味着事前信用错配的出现以及事后"恶性循环"的到来。站在监管者的角度，我们应该阻止这种风险的转移。而很多学者提出的多元化战略也会导致一个重要的负面影响即风险的跨境传染，所以如何在信用风险和集中度之间进行权衡是下一步"反馈循环"重点研究的方向。

在财政风险乃至财政危机和金融风险乃至金融危机间"反馈循环"的研究中，风险或危机的产生是受"基本面风险"（fundamental risk）驱动即违约风险的上升源于产出的下降和债务的增加还是"非基本面风"险（non-fundamental risk）驱动即债权人相信债务不会被展期而导致危机的"自我实现"对"反馈循环"的作用方向和作用程度影响都非常大。尽管债务危机"自我实现"不是一个新话题，但其与"反馈循环"的结合以及有可能引发的多重均衡却是一个新方向。特别是当经济处于衰退期且恢复乏力时，政府是倾向于"债务能够按时偿还"还是押注于"债务危机自我实现"就显得非常关键。主权政府不得不在债务发行的收益（更多的消费平滑和更少的阵痛性调整）和成本（市场主体更有可能从事投机性攻击）之间进行权衡，这也给学者们的未来研究提供了空间。

四、研究方法和框架

（一）研究方法

在对财政风险金融风险"反馈循环"的研究中，我们主要采用理论分析和经验分析相结合、定性风险与定量分析相结合的方法。在借鉴相关学者特别是国外学者前期研究的基础上，通过国外"反馈循环"理论与国内政府债务风险和金融风险实践相结合，围绕着金融风险与财政风险"反馈循环"的形成机理、金融风险与财政风险"反馈循环的"实证分析、金融风险危机化及其所导致的财政成本、国外应对金融风险与财政风险"反馈循环"的经验借鉴和对金融风险与财政风险"反馈循环"的协同治理等方面进行系统研究，回答我们前面所提到的三个问题，即理论上给出我国财政风险与金融风险"反馈循环"的传导路径及其作用机理；实践上对我国财政风险和金融风险进行量化并考察其相互影响的程度；制度上对防范财政风险与金融风险"反馈循环"进行顶层框架设计。具体而言，本书主要采取以下几种研究方法。

1. 文献研究法

任何科学研究都是站在前人的肩膀之上。也如在前文相关研究的文献综述中所示，我们在研究中参考了大量国内外学者的学术文献。这些国内外文献既有发表在著名期刊杂志上的学术论文，也有一些学者提前发布在相关网站上的有关这类研究的工作论文，还有一些国际机构如世界银行、国际货币基金组织、欧洲中央银行和经济合作与发展组织等定期发布的一些研究报告。它们围绕财政风险、金融风险以及二者的联动等开展了大量研究工作，积累了大量的丰硕成果。特别是在2009年欧洲债务危机后，有大量的国外文献以财政风险与金融风险间"反馈循环"作为研究主题。对这些海量文献的搜集和整理不仅丰富和提升了我们对财政风险和金融风险乃至财政危机和金融危机间交互作用的认识，而且塑化了本书研究的整个理论框架体系，为本书的研究打下了坚实的基础。

2. 理论分析法

我们还分析了国内外财政风险和金融风险间"反馈循环"的理论研究成果，通过考察财政风险和金融风险的决定因素，明确了金融风险向财政风险以及财政风险向金融风险的传导渠道和作用机理，对财政风险和金融风险间"反馈循环"及其导致的政府或有债务和财政成本的积累给出了理论解释。研究中综合使用一般均衡分析、机制路径分析等将政府、金融机构特别是银行、金融市场以及宏观经济放在同一分析框架之中，推演财政体系和金融体系之间的联动机制、财政风险和金融风险的传导机制，紧围绕"反馈循环"这一逻辑主线，层层推理，逐步推进，为我国财政和金融之间的关系及其对经济的影响给出了一个圆满的回答，某种程度上也推进了财政风险和金融风险理论的拓展。

3. 统计计量分析法

在第二章"财政风险与金融风险'反馈循环'的实证分析"和第三章"金融风险危机化及其所导致的财政成本"中我们主要采用了统计计量分析的方法，在对我国财政风险和金融风险整体状况进行统计性描述的基础上，我们使用修正的 KMV 模型测算了财政风险指数和金融风险指数并依托于它们对"反馈循环"进行了计量分析，给出了实证结果。

4. 实地调研方法

财政风险与金融风险"反馈循环"及其协同治理，需要结合国家以及各地区财政金融和社会经济发展的现状展开分析和论证，因此进行实地调研极具必要性。为此，我们采取分层抽样的方式，针对财政系统、商业银行业甚至是地方政府融资平台等部门进行了实地调研，掌握了第一手资料，精准把握了我国当下财政风险金融风险状况和水平。基于对国内外现实的了解和比较，构建应对财政风险金融风险"反馈循环"的分析框架，保障了研究内容的针对性和政策建议的可行性。

（二）研究框架

1. 主要内容

本书的主要目标是实现对财政风险与金融风险"反馈循环"理论和现实上的考察。为此，本书梳理了与财政风险和金融风险相关的理论及文献，总结并提出了一种具有"双螺旋"结构的风险"反馈循环"框架，在更深层次上讨论了财政风险和金融风险的传导渠道和作用机理。通过对财政风险和金融风险进行测度，刻画了风险反馈循环的情况，反映我国财政和金融风险状况，最后在制度上实现防范治理财政风险和金

融风险恶性"反馈循环"的顶层框架设计。具体而言,本书的主要研究内容如下:

导论主要阐述了财政风险与金融风险"反馈循环"的研究背景与研究意义,聚焦于2008年全球金融危机和2009年欧洲债务危机后的相关文献,对财政风险、金融风险、财政危机和金融危机以及财政风险与金融风险"反馈循环"的概念进行了界定。归纳了国内外学者在财政风险与金融风险"反馈循环"的形成机理、影响因素、经济影响、经验分析和治理应对等方面的研究结论,给出了我们进行研究的思路框架。

第一章是"财政风险和金融风险'反馈循环'的形成机理"。本章对风险"反馈循环"的形成机理具体分析,主要从财政风险和金融风险的产生根源以及传导路径两方面探讨了财政风险和金融风险之间的单向传导并使用动态随机一般均衡模型(DSGE)模型对财政风险与金融风险的交互传导进行了模型化分析,强调了财政风险与金融风险"反馈循环"的"双螺旋"特征。该章是对财政风险与金融风险"反馈循环"进行实证分析的前提和基础。

第二章是"财政风险和金融风险'反馈循环'的实证分析"。本章主要是对财政风险与金融风险"反馈循环"进行现实考察,摸清了我国近年来政府财政风险特别是政府债务风险和金融风险的整体情况,分析了我国是否存在恶性风险反馈的隐患。继而通过著名的KMV模型及其修订对我国财政风险和金融风险进了行测算,依据并对两者反馈冲击进行了模拟,得到金融业特别是商业银行和政府部门对彼此冲击的动态响应结果。

第三章是"财政金融风险危机化及其所导致的财政成本"。尽管我们研究的主题是财政风险和金融风险之间的交互作用,但我们更多的将落脚点还是放在了金融风险向财政风险的传导以及金融风险演变为金融危机后对财政的影响,这主要是源于笔者学科专业及研究方向的限制。本章先是使用"双螺旋"的风险累积机制阐述了风险危机化特别是金融风转变为金融危机的条件和过程以及对财政的影响，然后使用财政危机和金融危机特别是政府债务、银行业危机和货币危机的孪生性甚至是"三重性"解释了财政对金融的"兜底"所产生的巨大财政成本。

第四章是"国外应对财政风险和金融风险'反馈循环'的典型做法"。财政风险与金融风险"反馈循环"在现实中以国外特别是2009年欧洲债务危机后的发达国家具有典型性，而在理论上也是以西方国家学者的研究为主，因此对我国财政风险与金融风险"反馈循环"的监管与控制有必要对国外典型国家就如何控制财政风险与金融风险"反馈循环"的典型做法进行总结。所以，本章整理了欧盟、瑞典、美国、哥伦比亚、智利等国家和经济体控制和监管财政风险和金融风险特别是二者之间交互作用以及"反馈循环"的典型做法。

第五章是"财政风险和金融风险'反馈循环'的协同治理"。结合前面各章对财政风险与金融风险"反馈循环"形成机理的分析以及实证分析所得出的结论，在借鉴国外在有关国家和经济体在空中和监管"反馈循环"经验和做法的基础上，本章提出了建立现代财税金融体制、加强对金融体系的监管、实现对财政金融危机的科学预测、完善金融危机时期财政救助的制度安排等政策建议。

2. 框架思路

为了更直观地表达出本书各章节研究内容在整本著作中的地位和作用以及相互之间的逻辑关系，我们使用了一个框架图以展示本书的框架思路，如图2所示。整个研究思路遵循问题导向，从导论在研究背景和研究意义方面提出了问题，到第一章在机理分析中呼应问题，到第二章通过实证分析所得结论回答了问题，再到第五章提出了政策建议解决了问题，层层推进，思路比较清晰，符合我们的认识逻辑。

导 论

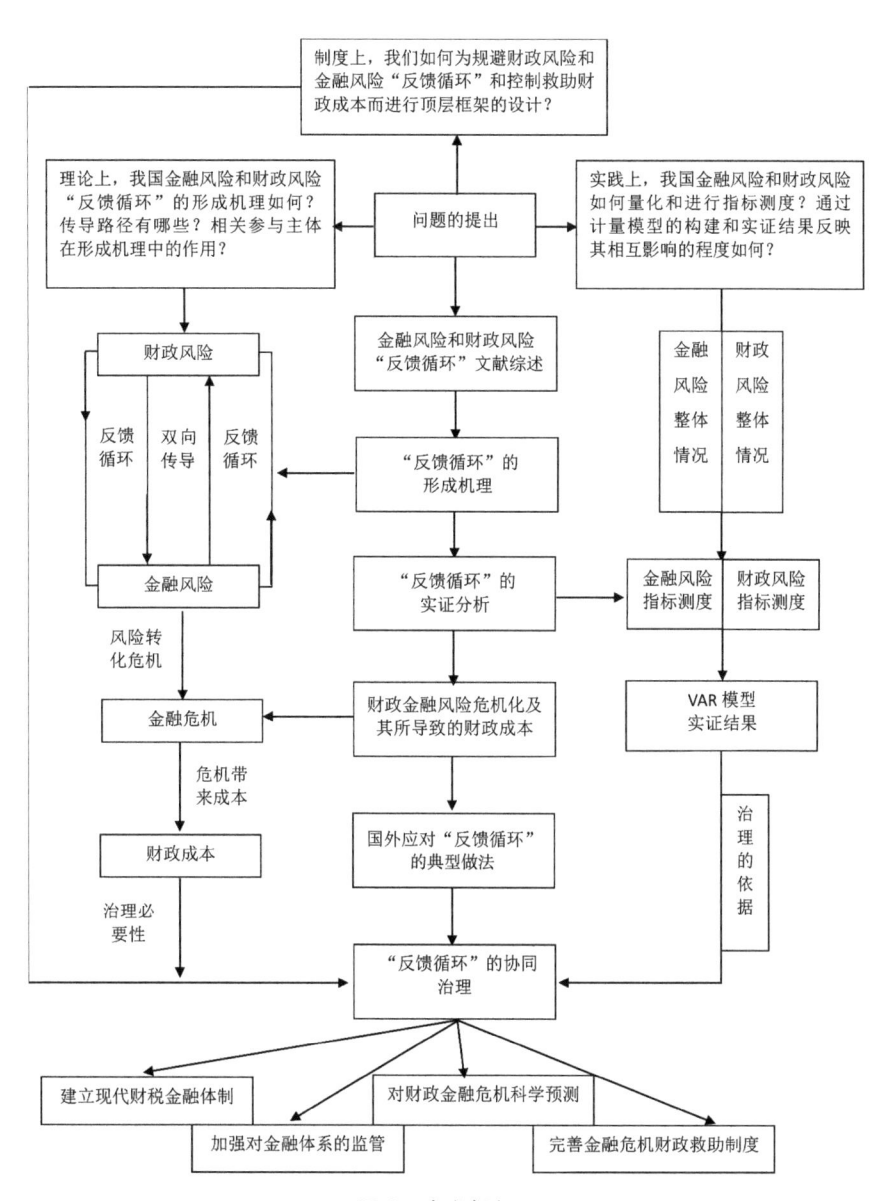

```
                        ┌─────────────────────────┐
                        │ 制度上,我们如何为规避财政风险和 │
                        │ 金融风险"反馈循环"和控制救助财 │
                        │ 政成本而进行顶层框架的设计?   │
                        └────────────┬────────────┘
                                     │
┌──────────────────────┐             │             ┌──────────────────────┐
│ 理论上,我国金融风险和财政风险 │             │             │ 实践上,我国金融风险和财政风险 │
│ "反馈循环"的形成机理如何?    │──── 问题的提出 ────│ 如何量化和进行指标测度?通过 │
│ 传导路径有哪些?相关参与主体  │             │             │ 计量模型的构建和实证结果反映 │
│ 在形成机理中的作用?         │             │             │ 其相互影响的程度如何?       │
└──────────┬───────────┘                           └──────────┬───────────┘
           │                                                   │
           │                ┌──────────────────┐          ┌────┴────┐
    ┌──────▼──────┐         │ 金融风险和财政风险  │          │金融  财政│
    │   财政风险    │         │ "反馈循环"文献综述 │          │风险  风险│
    └──┬───▲──────┘         └─────────┬────────┘          │整体  整体│
       │   │                          │                    │情况  情况│
     反馈 双向 反馈                    ▼                    └────┬────┘
     循环 传导 循环            ┌──────────────┐                  │
       │   │                  │  "反馈循环"的  │          ┌──────┴──────┐
    ┌──▼───┴──────┐           │   形成机理    │          │金融风险  财政风险│
    │   金融风险    │           └──────┬───────┘           │指标测度  指标测度│
    └──────┬──────┘                   │                  └──────┬──────┘
           │                          ▼                          │
       风险转                  ┌──────────────┐                  ▼
       化危机                  │  "反馈循环"的  │           ┌──────────┐
           │                  │   实证分析    │           │ VAR模型   │
    ┌──────▼──────┐           └──────┬───────┘           │ 实证结果  │
    │   金融危机    │                  │                  └────┬─────┘
    └──────┬──────┘                   ▼                       │
           │                  ┌──────────────┐                │
       危机带                  │财政金融风险危机化 │                │治
       来成本                  │及其所导致的财政成本│                │理
           │                  └──────┬───────┘                │的
    ┌──────▼──────┐                   │                       │依
    │   财政成本    │                  ▼                       │据
    └──────┬──────┘           ┌──────────────┐                │
        治理必                 │国外应对"反馈循环"│                │
        要性                  │ 的典型做法    │                │
           │                  └──────┬───────┘                │
           │                          │                       │
           └──────────────────────────▼───────────────────────┘
                              ┌──────────────┐
                              │  "反馈循环"的  │
                              │    协同治理   │
                              └──────┬───────┘
                ┌─────────────┬──────┴──────┬─────────────┐
                ▼             ▼             ▼             ▼
        ┌──────────────┐ ┌──────────┐ ┌─────────────┐ ┌──────────────┐
        │建立现代财税   │ │加强对金融  │ │对财政金融危机│ │完善金融危机  │
        │金融体制      │ │体系的监管 │ │科学预测     │ │财政救助制度  │
        └──────────────┘ └──────────┘ └─────────────┘ └──────────────┘
```

图 2　本书框架图

53

第一章
财政风险与金融风险"反馈循环"的形成机理

第一节 财政风险产生的根源和形成路径

尽管学术界对金融风险的界定及其产生原因的解释存在着分歧，但对于财政风险的界定还是相对统一的，如同我们在上一章对财政风险的讨论。根据风险产生的原因，财政风险可分为内生性风险和外生性风险；基于风险主体的角度，财政风险可分为中央财政风险和地方财政风险；基于财政运行的各个环节，财政风险分为收入风险、支出风险、赤字风险和债务风险等；而基于风险显露程度的角度，财政风险又可分为显性风险及隐性风险。本章将侧重从外生和内生、中央和地方两个角度来分析财政风险，前者既包含来自系统外部的事件冲击所导致的风险，又包含了构成财政系统的人员和机构在系统内部相互作用而产生的风险。通常来看，外生的巨大冲击在财政体系各机构之间的相互作用之后，它们彼此间形成恶性反馈从而放大冲击。后者则既涵盖了中央与地方政府的角色定位，又考虑到地方财政风险对中央财政风险的传导，地方政府作为我国经济发展和中央政策的执行者，如果其在财政上有了不可持续的趋势，那么地方财政的风险就会随着时间的推移而积累起来，并最终通过某种途径传递给中央政府进而影响其财政的可持续性。所以，只从一个层面去认识财政风险并不全面，需要从外生和内生、中央和地方两个层面综合性、动态性分析我国财政风险问题。

一、财政风险产生的根源

（一）内生性财政风险和外生性财政风险的成因

现代社会的最本质特征是风险无时不有、无处不在，财政也不例外。目前，理论界通常把财政风险依据其产生的原因划分为内生性财政风险和外生性财政风险。内生性财政风险通常源于财政本身收支管理过程中各种不利因素所引发的风险，具体来看包括财政收入风险、财政支出风险、财政赤字风险、财政债务风险以及财政管理方面风险等。外生性财政风险通常源于财政本身之外的各种不利的客观因素引发的风险，如政治因素、经济因素和自然因素等所导致的财政收支规模和效率方面的压力。

1. 内生性财政风险的成因

探究内生性财政风险成因需要从风险的行为主体出发，内生性财政风险是假定特定行为主体（政府、公众等）的特定行动（财政活动）引发了财政风险，行为主体的活动范围、方式、方法都会产生不同的财政风险。政府在进行财政收支的过程中也会经常采取一些机会主义行为，而这种机会主义行为常常被人们所忽略，但其引致的风险应重点关注。

财政机会主义是政府为应对短期的经济压力或某些总量指标，采取灵活且临时性的手段，如调整税收、支出等，实现暂时的财政平衡或经济刺激。布里希（Brixi，1998）、布里希和希克（Brixi 和 Schick，2002）指出，地方政府具有"财政机会主义"倾向，在面临财政赤字时，相较于具有法律明确规定的预算内手段，其更偏好于采取更为灵活的预算外手段进行融资。地方政府虽在短期内实现目标，但从长期看债务规模不断扩大，相应的还本付息压力和债务违约风险也在增加，内生性财政风险不断累积。

地方政府的财政机会主义行为具体表现为用预算外手段来替代预算内手段，用隐性和或有形式的负债来替代直接和显性形式的负债等。布里希（Brixi，1998）在研究国际货币基金组织（IMF）和世界银行（WB）计划项目下各成员国及正在努力加入欧洲货币联盟的国家行为时，发现片面地强调收付实现制条件下的预算、赤字和债务会迫使这些国家的政府延迟必要的投资和结构改革、隐藏预算外计划成本等以增加暂时性收入。为此，她认为当政府在短期内面临财政赤字和政治压力时，政策制定者往往更偏好一些预算外政策，她进而将这些预算外的短期行为称为财政机会主义。而在实践中，政府的预算外政策通常是采用国家担保、直接贷款等或有负债的形式，因此可以说财政机会主义是政府财政风险积累的重要原因。刘尚希（2004）认为普遍的预算外政府活动带来了大量预算外收支，加剧了财政风险。基金型的预算外活动虽实现部门利益，但扩大了整个政府的财政风险；政策型预算外活动在短期内摆脱了财力不足的困境，促进经济增长，但从长期看增加了政府负债，增大未来支出压力，扩大了财政风险。刘尚希（2005）把政府财政风险的实质归结为政府充当最后支付人所提供的担保和保证。比如，对企业的债务担保、对居民的基本生活保证、对下级的救助以及"财政兜底"、承担最终公共风险等，这些行为所导致的未来财政成本都是增大内生性财政风险的主要内容。

2. 外生性财政风险的成因

外生性风险是假定行为主体的活动是合理的，但该活动的最终结果要受各种客观存在的风险和不确定性因素影响，而不受行为主体控制（外生性风险）。外生性财政风险的根源通常来自于全球经济、政治、自然等方面的不可预测因素。由于这些因素大多超出了一个国家政府的直接控制，因此对财政的影响常常是突发性和外部性的。

（1）经济因素

全球经济的不稳定性是外生性财政风险的一个重要来源。全球经济增速放缓、贸易摩擦加剧以及国际资本的撤资会严重影响国家的财政收入；金融危机、国际金融市场的利率变化、汇率波动等，会影响一国的财政支出，汇率贬值或利率上升可能导致债务偿还成本急剧增加。外部技术的进步和产业结构的变动，会改变全球经济的竞争格局，进而影响国家的出口、就业和税收结构。刘尚希（2003）也指出经济结构的调整与升级往往会引发大量破产和失业,在体制转轨时期,国民对政府的诉求的增加会导致政府的支出责任和义务出现超常规增长,外生性财政风险陡升。

(2) 政治因素

国际政治动荡、地缘政治冲突、贸易争端以及经济制裁等因素,会导致一国面临巨大的外部压力,进而影响其经济和财政状况。国内政府频繁更替、政治体制不稳定时,政治压力和选举周期可能导致政府推行短期的、对长期财政可持续性有害的政策,导致政策执行不力,增加财政管理的不确定性,忽视财政收入和支出的长期平衡。戈利内利和莫米利亚诺(Golinelli 和 Momigliano,2009)通过对那些采用欧元之前的国家进行研究得出了相似的结论。政治选举看起来在长期内对其他 OECD 国家的财政平衡有影响,而政府支出看起来没有受到选举周期的影响[斯特劳钦斯基和泽拉(Strawczynski,Zeira),2009]。阿方索和豪普特迈尔(Afonso 和 Hauptmeier,2009)的研究也揭示了政治选举与财政平衡恶化之间密切相关。

(3) 自然因素

自然灾害(如地震、洪水、干旱等)和气候变化对国家财政的影响较为直接,灾后重建和紧急救援需要大量财政投入。如果灾害发生频繁且强度加大,可能导致预算无法应对,甚至影响到国家的长期财政可持续性。马恩涛等(2023)从预算平衡的视角考察自然灾害对财政运行环节中财政收入、财政支出和政府债务风险的短期影响,从自然灾害导致的连锁效应视角考察其对财政运行的长期影响,并指出自然灾害发生以后主要会通过诱发或加剧主权信用风险、金融风险及贫困风险等连锁效应造成财政风险。疫情等公共卫生事件也是外生性财政风险的重要来源。突如其来的疫情不仅带来卫生健康支出激增,还会导致经济活动停滞、失业增加、税收下降等一系列财政压力,进而产生财政风险。

(二) 地方财政风险和中央财政风险的成因

公共产品的提供一直是公共财政理论研究的逻辑起点,公共产品所具有的非排他性和非竞争性决定了其主要由政府而不是市场来提供,而公共产品受益范围大小的不同则为多级政府的存在提供了理论依据，并由此产生了财政分权。第一代财政分权理论认为，地方政府在提高公共产品的供给效率和当地居民的效用水平上比中央政府更具优势，故其存在具有合理性和必要性。现实中，无论是联邦制还是单一制国家，大多数国家都是由多级政府构成，如美国存在联邦政府、州政府和市县地方政府，日本分为都道府县政府和市町村政府，中国则有中央政府和地方政府之分，等等。正是由于公共产品的提供使得多级政府和财政分权成为必然，地方政府与中央政府共同承担财政职能，因此，在理解财政风险问题成因时必须从地方和中央两个维度来统筹考虑。按照风险承担主体来源，财政风险还可以划分为地方财政风险和中央财政风险。

1. 地方财政风险的成因

理解地方财政风险成因的根源需要从地方政府和财政分权的存在基础出发，正如前文所言，公共产品的提供问题使得多级政府和财政分权成为必然，而财政分权体制下政府间财权和事权划分不平等则导致地方政府债务规模不断膨胀，并增加了地方财政风险。

第一代财政分权理论以蒂博特（Tiebout，1956）在《地方公共支出的纯理论》中提出的"用脚投票"理论为研究起点，该理论假设地方政府比中央政府在了解居民偏好方面更具信息优势，同时地方政府之间在提供公共产品和服务上展开竞争，由于居民可以在不同地区之间自由流动，他们会根据自身对于公共产品和税收政策的偏好选择居住地点，因此这确保了地方政府和居民偏好的一致性，降低了中央政府统一供给公共产品和服务带来的非效率性。从财政的三个职能出发，马斯格雷夫（Musgrave，1959）认为，在资源配置方面，居民偏好的不同决定了公共产品的受益范围会有所差异，而公共产品的受益范围造成了差异化的公共产品应该由不同层级的政府来提供，地方政府的信息优势决定了其能更有效率地为本地区居民提供公共产品和服务，实现社会福利的最大化。奥茨（Oates，1972）的分权定理则在以社会福利最大化为线性规划的前提下，发现由

第一章 财政风险与金融风险"反馈循环"的形成机理

地方政府有差别地提供公共产品给各自居民比中央政府向全体居民等量分配公共产品的效率更高。基于"偏好误识"角度，特里西（Tresch，1981）的分权理论提出了中央政府在提供公共产品过程中的失误可能性，指出中央政府有可能错误地认识社会偏好，导致公共产品过量供给或供给不足，从而也为分权提供了理论依据。

然而，第一代财政分权理论是在仁慈政府的假设下，认为政府官员都是公共利益的守护者且政府的目标是追求社会福利的最大化，故其研究存在一定局限性，只看到了分权带来的效率改进，却忽视了分权可能造成的预算软约束和道德风险等问题。为此，第二代财政分权理论从更现实的假设出发，［布伦南和布坎南（Brennan，Buchanan），1980］假定政府官员的目的是追求自身利益的最大化，并通过引入激励相容和机制设计更加深入地探讨了财政分权的机制和效果。钱（Qian，1997）运用新厂商理论打开了政府这个"黑箱"，指出政府和政府官员的关系类似于企业和职业经理人的关系，他们都是以自身利益最大化为目标的理性经济人，政府官员只要缺乏约束就会有寻租行为。钱和罗兰（Qian和Roland，1998）提出，政府应该通过某种承诺来提供"正的"和"负的"激励，在防止政府的掠夺性行为的同时，惩罚预算软约束行为。

根据上述代表性学者的理论主张，财政分权理论确定了地方政府存在的合理性和必要性，使得地方政府既获得税收收入的权力，又明确了其承担的财政事权和支出责任义务。但是，财政分权体系下不同层级政府的财权和事权是不同的，这意味着地方政府的财权和事权划分不匹配的情况也就可能出现了。如果地方政府的事权范围大于财权范围，财政收入无法完全覆盖财政支出，这个时候就产生了财政赤字［怀尔德森（Wildasin），1996；德梅洛（De Mello），2000］。为了弥补财政赤字并更好地发展当地经济，地方政府便会增加地方政府债券的发行规模。特别是，布里希（Brixi，1998）、布里希和希克（Brixi和Schick，2002）指出，地方政府具有"财政机会主义"倾向，即当他们在面临财政赤字时通常偏好于采取预算外手段进行融资，这使其承担了严重的政府债务。随着债务规模不断扩大，地方政府面临的还本付息压力和债务违约风险会相应增加，地方财政风险不断积累。现实来看，中央和地方政府之间关于财权和事权划分不统一的情况常有发生，往往表现为地方政府承担了过多的事权和支出责任，但相应的财政资源却不足以支撑这些职责的履行。例如，在美国，尽管州政府在教育、医疗保健等公共服务领域享有一定的自治权，但他们在提供这些公共产品和服务时十分依赖于联邦政府的转移支付。在德国，各州和地方政府也时常面临着"有事无财"的困境。

在中国，1994年实行的分税制改革是对中央和地方政府间财政收支关系的一次重要调整，但由于改革存在局限性，导致地方政府的财权和事权划分不匹配，客观上造成了地方政府财政缺口不断扩大，地方政府不得不借债来弥补财政收支缺口［阿凯等（Akai et al）.，2011；潘俊等，2016］。一方面，分税制改革将增值税和其他税源较广泛的税种划归中央政府，将少量小税种划归地方政府，这使得中央财政收入占全国财政收入比重迅速提升，而地方财政收入占比却骤然下降（胡书东，2001）。另一方面，分税制改革对政府间事权的分配并不清晰明确，导致在实际执行中地方政府承担了地方公共产品供给的绝大部分支出责任，从经济建设和城镇化发展到社会保障和改善民生、环境保护等，地方政府事权范围不断扩大（王叙果等，2012）。此外，尽管分税制改革后中央还通过建立转移支付制度在一定程度上补充了地方财力，但转移支付资金存在分配不完善、管理不规范等问题，使其难以真正缓解地方政府的财政压力（周飞舟，2006）。因此，在财政分权体制下，地方政府的财权和事权不统一以及事权和支出责任划分模糊，地方政府不得不另谋出路为化解财政收支矛盾融资，这便构成了中国地方政府债务扩张和地方财政风险累积的体制根源［贾康和白景明，2002；王永钦，2015；霍等（Huo et al.，2023）］。

2. 中央财政风险的成因

第二代财政分权理论指出，单纯的财政分权会导致地方政府行为不规范，特别是地方政府在预算管理、债务管控和财政支出上存在着"软约束"问题，即地方政府在财政支出和债务管理上没有受到有效的制度约束，间接影响中央财政的稳定性［钱和罗兰（Qian，Roland），1998］，因此，对于中央政府而言，其财政风险的形成根本上是由预算软约束和隐性担保导致的。

"预算软约束"一词是由科尔奈（Kornai，1980）在其著作《短缺经济学》中提出的，用以揭示社会主义经济中普遍和长期存在的短缺现象的主要原因，即使国有企业预算约束软化的社会经济关系和制度条件。计划经济体制下，特别是社会主义经济体制中，当国有企业出现经营困难、发生亏损或面临破产困境时，政府会实施信贷支持、财政补贴等方式对其提供救助，这种收支缺乏约束的经营使得企业的财产预算具有相当的弹性，即"软约束"（Kornai，1980）。而预算软约束导致了资源浪费、债务积累以及经济效率低下等问题，这是因为政府救助的行为"软化"了国有企业原本的预算约束，使得国有企业倾向于扩张投资和支出，而不注重资金使用效率和自身生产效率的提高，一旦经营出现困难便等待吃国家财政和国有银行的"大锅饭"，从而增加了中央的财政风险（胡竹枝和李明月，2002）。

在分权体制下，预算软约束的问题不仅存在于国有企业部门而主要来自地方政府。这是因为，地方政府在自身利益最大化目的下，会设法绕开预算限制，不断扩大财政支出和举债融资的规模，当地方政府因债务风险的持续积累而无法依靠自身力量化解风险时，就会向中央政府求助和申请财政援助［布里希（Brixi），1998；布里希和希克斯（Brixi，Schick），2002］。中央政府则会为避免可能预见的地方财政风险的负外部性"买单"，故地方政府债务一旦出现风险问题，中央政府就会立刻采取各种救助行动，这也在一定程度上强化了地方政府的机会主义倾向，助长了地方政府对中央财政兜底的信心和举债发展经济的动机［翁（Ong），2012］。主要表现在，一是地方政府在地方财政收入不足时，依赖于中央政府的财政补贴、转移支付或其他形式的资金支持，地方政府的这种"救助依赖"会使其减少做出严格的财务管理和控制［麦金农和内契巴（McKinnon，

Nechyba），1997］；二是为了弥补财政缺口和推动地方经济增长，地方政府可能忽视自身的偿还能力和财务负担，而偏好过度支出和过度举债［翁（Ong），2012］；三是软化的预算约束还增加了地方政府在预算执行上的灵活性，地方政府可能更倾向于通过隐性债务的形式进行预算外支出，由于预算外资金不受预算管理与监督，因而地方政府在使用时存在着很大的随意性，导致资金使用效率和资源分配效率较低［鲍德威和特瑞布雷（Boadway，Tremblay），2005］。因此，当预算安排不能有力约束地方政府财政行为，或者中央政府在地方政府面临财政危机时会采取救助手段，就形成了地方政府的预算软约束（马恩涛和于洪良，2014）。随着地方政府债务规模不断扩张和财政风险逐渐积累，中央政府也面临越来越大的财政压力，尤其是当地方政府面临偿债困难时，中央政府不得不出手救助，导致财政负担加重，甚至引发全国性的财政风险。

在中国，中央政府同样面临地方政府的预算软约束［欧阳和李（Ouyang，Li）2021］。在过去几十年里，地方政府通过融资平台、城投债等形式累积了大量隐性债务，这些形式实际上是预算软约束的体现，因为地方政府预算中央政府会通过转移支付、财政补贴、减税等方式提供救助。而且，由于没有建立起政府破产清算机制，地方政府不能破产，在中国的单一政治体制下，中央政府必然会给予财政补贴和救助。现实中，1998年开始的中国四大银行不良资产剥离以及2009年出台的应对全球金融危机的四万亿经济刺激计划都是中央政府采取的救助措施，也都增加了地方政府的借债信心并导致了债务风险的增加。随着中央政府的一系列紧急救援行动，地方政府对中央政府的依赖性越来越大，而这种期望反过来加强了地方政府对财政的软性控制，从而导致非理性的举债行为在地方政府之间盛行。

二、财政风险的形成机理与路径

（一）基于经济发展压力的财政风险形成路径

地区经济状况会与当地政府财政收支紧密相关，一个地区的地方政府债务规模与经济发展水平呈正相关关系（魏加宁，2014）。一般来说，GDP较高的地区，政府债务的负担能力同样较高。但反过来说，政府债务也是经济增长的重要驱动力，尤其是2008年国际金融危机爆发后，发展的压力促使地方政府为获得更突出的发展绩效而积极主动举借债务，这是近年来债务持续增长的主要驱动力，其中政府在基础设施建设方面的支出表现尤甚。充足的公共投资，尤其是交通运输、环境卫生、司法、教育和社会保障等方面的公共支出，在城镇化进程以及低收入经济体转型过程中极为必要（杨志勇和张馨，2018）。地方政府承担的大量公共服务职能和基础设施建设任务对经济发展的作用在文献中得到了很好的阐释［阿绍尔（Aschauer），1989；卡尔德隆和舍温（Calderon，Serven），2003］。特别是在发展中国家，经济和社会基础设施的发展是经济增长的主要决定因素之一，对其直接投资可以助推生产设施建设并刺激经济活动，降低交易成本和贸易成本，并为社会提供就业机会。相比之下，缺乏基础设施则成为可持续增长和减贫的瓶颈。因此加大公共投资力度，为当地提供更优越的经济社会发展环境是地方政府履行发展职能的关键要义，也是地方政府"主动负债"的主要目标，尤其在基础设施建设严重依赖政府投资的地区更是如此（曹婧等，2019）。然而，这些基础设施项目通常规模大、时间长、收益低，都需要巨额财政支出，在财政收入有限的情况下，举债成为弥补财政缺口的重要手段。当各地方政府纷纷加大公共投资力度时，地区之间横向竞争加剧，地方政府面对的发展压力随之加大。已有研究从理论和实证两方面，探讨了发展压力与地方政府债务增长的联系。

理论方面，贾俊雪等（2017）构建了一个包含多维激励的理论模型，研究了发展压力下经济绩效激励、财政可持续激励、民生性公共服务激励对地方政府举债行为的不同影响。结果显示经济增长绩效仍是激励地方政府增加举债规模的重要因素。实证方面，大量研究证实发展压力是近年来地方政府债务持续扩张的主要驱动力（缪小林和伏润民，2015；罗党论和佘国满，2015）。郭（Guo，2009）和王叙果等（2012）认为政府为了向上级传达积极的经济绩效信号，会倾向于通过实施投入大、规模大、难度大的"资源密集型"工程，但公共预算收入往往无法支持地方政府在短期内安排大规模资本性支出，举借债务成为突破预算约束的重要途径。雷维里（Revelli，2005）还发现，在发展压力下还会使得地方政府在制定本地区举债融资策略时考虑其他地区的举债行为，即所谓的"举债关联性"。吴小强和韩立彬（2017）发现，在发展压力较大的地区，"举债关联性"是促使地方政府债务规模快速增长的重要诱因。

此外，中央政府的政策支持在一定程度上激励了地方政府的举债行为。例如，中央政府对基础设施建设的专项债券发行提供了政策支持，鼓励地方政府通过发行专项债券进行融资。地方政府在与中央政府的博弈中，倾向于通过举债来实现地方利益最大化。地方政府会利用信息不对称和监管漏洞，规避中央政府的债务风险管控，以获取更多的财政资源。随着社会的发展，民生和公共服务需求日益增加，地方政府需要更多的财政资源来满足这些需求。举债成为地方政府获取资金以提供更多公共服务的重要途径。

（二）基于财政体制的财政风险形成路径

制度被新古典经济学家忽视或看作是社会运行和经济发展的既定前提（黄少安和韦倩，2016）。通过导入特定的制度规则可以界定人们的选择空间，约束人们的行为，从而减少经济运行中的不确定性，增强经济系统的稳定性，财政系统也是其缩影之一。正如艾西勒（Eichler，2014）指出，更高程度的制度稳定和实施紧缩措施的权力可以显著减少主权债务风险。国外研究观察到财政体制安排的不合理会扩大地方政府债务规模。怀尔德森（Wildasin，1996）、德梅洛（De Mello，2000）发现，在转型经济体中，当地方政府的财政收入无法与财政支出同步提高时，地方政府承受的赤字和融资压力将随分权改革的深化不断增大。米纳西安和克雷格（Ter-Minassian 和 Craig，1997）认为，政府间存在的横向财政缺口和纵向财政缺口是导致地方政府债务规模不断膨胀的原因。布里希（Brixi，

1998）用"财政机会主义"解释政府债务增长。政府在面临短期财政赤字时，往往有借助预算外收入、过度积累财政风险的偏好。政策制定者利用不一定被报告的事实，倾向于不列入预算的政策，即"财政机会主义"，这种偏好只需要较少即时融资，但产生了大量政府或有债务，危及财政安全。财政机会主义的例子很多，例如在欧洲货币联盟（EMU）的国家，受到马斯特里赫特条约的财政上限以及世界银行和国际货币基金组织（IMF）调整计划的影响，不得不通过预算外债务的形势缓解财政支出压力。这种形式的政府支持引发了政府或有财政风险，其成本和现金流后果可能在许多年后才会显现。

预算软约束是导致财政风险形成的另一制度路径。预算软约束最早用于讨论计划经济体制下政府对国有企业的扶持所导致的国有企业道德风险问题［科尔奈（Kornai），1986］。随后这一概念被广泛应用于经济学领域的研究，包括政府债务。古德斯皮（Goodspeed，2002）认为，在预算软约束环境下，存在内生激励促使地方政府过度借款，而且地方政府不重视财政资金投资项目本身的质量。在德国、西班牙和意大利等发达经济体，存在地方政府不时扰乱正常财经秩序、倒逼中央政府对地方政府债务进行事后救助的情况［普列汉诺夫和辛格（Plekhanov和Singh），2006］。中国作为转型经济体，也存在某些预算软约束现象。有一些研究探讨了预算软约束问题的本源——国有企业或融资平台是否由于地方政府提供的担保得以开展与其自身收入或资产不匹配的举债行为。这方面研究的核心逻辑是，地方政府提供的担保导致金融市场低估甚至无视融资平台债务风险，融资平台得以较低的融资成本大量举债。王永钦等（2016）发现，中国地方政府债务的违约风险并没有在城投债的收益率价差中得到反映，原因是中国尚未形成一个有效的地方债发行市场，各地城投债未能根据自身违约风险形成差异化定价，融资平台发行的城投债的内在风险被金融市场广泛低估。徐军伟等（2020）提出，中国地方政府普遍动用资源禀赋（土地等）和动能禀赋（财政担保等）支持融资平台发展，导致融资平台相较于一般市场主体（包括非融资平台类的地方国有企业）更容易出现资产延伸和风险联保现象，进而导致融资平台的收益与风险不对称，产生了不合理的"金融势能"，融资平台借此在金融市场吸引大量资金，但自身盈利能力和偿债能力并未提高，滋生了债务风险。

与上述文献的背景不同，中国特色社会主义市场经济体制的建设和发展形成了特色鲜明的财政分权，构成了中国独有的地方政府债务增长的体制内因。张帆（2016）在研究了美国州和地方政府债务的现状、问题后对比两国的债务机制、监管机制，阐述了我国在中央和地方划分财权、事权的问题上存在诸多问题。自 1994 年"分税制"改革以来，中央政府通过上收财权和下放事权，提高中央财政收入占总财政收入的比重和财政收入占 GDP 的比重。通过提高"两个比重"，中央政府在与地方政府的博弈中拥有更大的话语权。对地方政府而言，一方面，财权的上收意味着本级地方财政收入减少；另一方面，事权的下放意味着本级财政支出增多。地方政府在预算平衡约束下，本级财政收入不能满足支出的需求，出现财政收支不平衡。由于地方财政收入缺乏自主性和独立性，而财政支出具有很大的政策刚性，地方政府的本级财政收支缺口有扩大的趋势（王叙果等，2012）。同时，财政转移支付制度对于缓解地区间经济发展不平衡带来的区域差异作用有限（周飞舟，2006）。贾康和白景明（2002）、王永钦等（2015）认为，以分税制为核心的政府间财政关系是地方政府债务持续增长的制度原因。

此外，财政体制还可能因"GDP 锦标赛"等导致债务的不合理扩张。改革开放以后，我国干部管理体制由过去的政治挂帅转变为注重官员在任期内的绩效。因此地方政府官员为了得到政治晋升或者避免降级，会极力追求自己任期内的政绩。在官员考核制度未完善的情况下，经济发展程度是一个官员政绩最直观的反映，理性的官员为了个人的政治前途，会不断加大经济建设的投入，致力于推动本辖区经济发展以位居兄弟辖区的前列。这会形成一种基于上级政府评价的锦标赛式的绩效竞争，而投资的资金主要依靠政府债务。在晋升竞争的压力下，官员甚至会主动谋求政府债务的扩张，而近年来很多文献进一步证明，这种债务的膨胀主要体现在隐性债务的增长（司海平等，2018；曹婧等，2019；汪峰等，2020），晋升压力通过隐性债务这一路径增大了地方政府的总体债务风险。

（三）基于政府显性担保的财政风险形成路径

政府常常提供显性担保，以承担借款人在贷款或义务无法完全履行时产生的部分或全部风险。这些担保通常涉及国家对地方政府、国有企业、公共和私人实体机构、信贷和担保基金、开发银行的支持。通过国家担保的中介机构产生的担保和信贷风险尤其高昂，因为它们执行的是政府未公开的政策决策，涉及管理激励问题，并且政府难以有效监控和控制这些风险。与相关资产的风险规模和持续时间息息相关。如果担保合同未能明确规定政府与其他各方在金融覆盖（部分或全部贷款）和风险覆盖（特定政治或商业风险，而非所有风险）方面的风险分配，那么其本身违约的可能性将大大增加。当然，通常来说政府担保会全额覆盖所有风险，这在一定程度上扭曲了市场，增加了潜在的违约风险。

政府对国有企业的担保是政府或有债务的重要来源。政府既是国有企业产权所有者又是国有企业产权保护者，这种双重身份存在着矛盾和冲突。在传统体制下，国家的主要收入来源于国有企业纳税，政府再通过直接拨款、国家银行贷款、直接补助等手段来扶持国有企业。然而一旦国有企业改制，政府将不再对其进行直接扶持，而采用保证或担保（例如以政府名义引进外国资金），这些承诺并不作为经常账户的现金支出，并不会被包含在政府预算之中，但它作为一种预算外支出或者义务，还是实际产生了隐性的财务费用，在某些情况下，会产生额外的支出。另外，由于政府对国有企业的软性预算制约，国有企业的资产负债率较高，若无政府扶持，大量国有企业会倒闭，即便有国家扶持，但若国有企业不能从根本上改善，由此产生的风险也必将成为政府财政风险。因此，由于政府与国有企业的特殊关系，国有企业经营所面临的一系列风险，都会由政府隐性担保兜底，政府给予的事前担保和事后救助会造成大量的政府或有债务和财政成本（刘尚希和赵全厚，2002），政府支持的预期也会加大国有企业的道德风险，使得国有企业为了降低陷入危机的概率而控制负债水平的动机较小，企业会进一步扩大负债规模，运营和资金使用效率也进一步降低［蒂特曼和采波拉科夫（Titman，Tsyplakov），2007］。

政府与社会资本合作关系（Public Private Partnership，简称 PPP）是显性担保引致财政风险的另一典型。PPP 是指政府和社会资本（企业、金融机构等非政府主体）之间通过风险分担、利益分配的方式鼓励社会资本参与政府项目投资的合作关系，这种融资模式是社会治理体制的一种创新，既帮助地方政府解决资金短缺的问题，还为社会资本提供了更多的投资渠道。但政府的参与模式也扩大了财政风险敞口，在一些 PPP 项目中，政府承诺购买其私人合作伙伴的产出（无论他们随后是否需要），并且在这些项目中，政府承担着价值大致等于投资成本的类似于债务的义务，在短期内财政可能不存在成本，但可能在未来某个偿付能力极低的时候面临支付的风险。PPP 的危险在于政府避免了报告眼前的债务的同时对未来的财政成本和风险也视而不见，这不仅增加了财政脆弱性，还可能导致设计不良的项目成本高于必要水平，或者在没有明确项目成本收益的情况下滥用公私合作伙伴关系。

（四）基于政府隐性担保的财政风险形成路径

或有隐性负债通常对政府构成最大的财政风险，政府隐性担保则是其最主要的触发方式。这些或有隐性负债的事件是不确定的，且政府参与的程度难以预测，因此风险价值难以评估——简而言之，识别和估计或有隐性负债的规模非常困难。如果一个国家的宏观经济框架薄弱、金融部门脆弱、监管和监督体系效率低下、市场信息披露有限，那么这些负债的规模尤其巨大。

在大多数国家，金融系统是政府最严重的或有隐性负债来源。最近的趋向显示，私人资本流动的高量、波动性以及国家对外国资本的经济依赖增加，加剧了其国内金融和企业部门的脆弱性，并隐含地增加了政府的脆弱性。特别是在转型和新兴市场经济体中，国内资产容易受外国投资者快速变化的偏好的影响。政策（高汇率和利率）、国内资产估值（资产泡沫）、中介（利率差异和脆弱的国内金融系统）、以及借款（政府和市场机构的过度借款和短期借款）等行为可能导致投资者突然抛售国内股票、债券和货币，对金融系统造成冲击。国际经验表明，如果金融系统的稳定性受到威胁，市场预期政府会提供财政援助。在金融部门破产的情况下，无论是为了确保金融系统的某些关键功能，还是为了保护存款人和特定的市场主体，政府都被迫进行超出其法律义务的财政干预，这种做法进一步加剧了金融和企业部门中的道德风险问题。并且在政府试图将市场主体破产的损失最小化以及对市场主体风险敞口的监控能力不足的经济体中，道德风险的范围尤其大。

除了金融风险向财政风险的转化，自然灾害也是增加财政风险的领域之一。博尔顿等（Bolton，et al.，2020）首次提出了"绿天鹅（Green Swans）"，用来形容气候变化（Climate Change）可能引发的极端气候灾害风险和一系列生态风险。不仅是"绿天鹅"代表的与气候变化有关的自然灾害事件会给经济和财政系统运行造成严重破坏，其他类型的自然灾害事件也对财政可持续性带来了严峻挑战。如20世纪90年代末一系列飓风导致加勒比海地区多米尼加共和国与安提瓜和巴布达发生债务危机（Mallucci，2022），2005年卡特里娜飓风、2008年汶川大地震以及2011年东日本大地震分别对美国、中国和日本政府财政产生冲击等。从风险爆发与存续演化的过程来看，自然灾害对财政风险的影响存在直接渠道和间接渠道。其中，直接渠道主要是从预算平衡的视角考察自然灾害对财政运行环节中财政收入、财政支出和政府债务风险的短期影响，间接渠道主要是从自然灾害导致的连锁效应视角考察其对财政运行的长期影响。

从自然灾害对财政风险的直接作用来看，夸雷斯马（Cuaresma，2010）研究显示热浪、极端高温天气等自然灾害越来越威胁到人类生命健康、劳动生产率提高和人力资本积累，且这一影响在不同部门［卡恩等（Kahn et al.），2019］、不同国家和地区［达斯古普塔等（Dasgupta et al.），2021］之间普遍存在。同时，自然灾害对实物资本和人力资本的破坏和损害会使企业生产经营活动所必需的资本投入来源减少，导致生产经营活动中断和社会总产出下降，从而使财政收入面临税基收窄的风险［舒勒等（Schuler et al.），2019］。博瓦等（Bova, et al.，2016）、甘珀等（Gamper, et al.，2019）以及舒勒等（Schuler, et al.，2019）通过分析政府面临的灾后紧急救助和恢复重建财政支出负担归纳了显性或有债务和隐性或有债务具体内容：自然灾害导致的显性或有债务来自于政府负责的受损公共基础设施恢复与重建支出，对国家灾害保险计划中公共或私人资产保险赔付支出，对政府与社会资本合作 PPP 项目灾难损失补偿的担保支出以及司法裁决的政府其他支出；自然灾害导致的隐性或有债务来自于政府为受灾人口提供临时住所和食物及发放救济款项等紧急救济支出，对受损房屋和其他建筑物的修缮改造或恢复重建支出，为支持灾后经济恢复的社会转移支付支出，对国有企业和私人企业的财政支持以及其他政府临时性和计划外的救助支出。从自然灾害对财政风险的间接作用来看，自然灾害发生以后不仅会因为应急和恢复过程支出需求的大量扩张而可能引发政府债务风险，还会通过诱发主权信用风险影响政府融资的条件和能力，降低债务可持续性。艾克勒（Eichler，2014）指出，自然灾害（如地震、洪水）还迫使受灾人群从危险地区向安全地区大规模移民，或将引发社会动荡并增加政治风险，进而提高了主权债券收益率。然而，对主权政府而言，与主权债券收益率一同变动的再融资成本上升将意味着，政府通过扩大债务规模来缓解财政支出压力和支持灾后中长期恢复重建投资将会受到限制，并且也会降低其对到期债务偿还和展期的能力，使主权信用评级再度下调，主权借贷成本持续上升，引致与自然灾害有关的主权信用风险与主权债务风险甚至主权信用危机与主权债务危机的"死亡循环（Doom Loop）"［泽尼奥斯（Zenios），2021］。

第二节　金融风险产生的根源和形成路径

从上一章中我们对金融风险的界定来看，其内涵比较丰富，风险类型也较多，包括货币风险、银行业风险和资本流动风险等较多类型的风险，甚至很多国外文献将主权债务风险也归纳为一种金融风险类型。为了更好地探讨财政风险与金融风险之间的关系，本书研究的金融风险重点是银行业风险或者说是系统性金融风险。由于各金融机构或银行之间关联性极强，某一风险通过信贷等途径会在整个金融系统中扩散，单个银行的风险"溢出效应"（spillover effect）会形成整个银行体系负外部性的累积，因此金融风险具有典型的传染性特征。并且，金融机构的"期限错配"①（maturity mismatch）及信贷合同的复杂性会使其保持在高风险状态下，天然地形成了"金融脆弱性②（financial fragility）"。与此同时，金融风险还存在隐匿性和复杂性的特征。及时识别金融风险本身就具有较大的困难和很高的成本，而由金融风险转化成金融危机有时也需要特殊事件的发生，这大大加强了金融风险的隐匿性。而金融风险的复杂性主要体现在其成因、累积、爆发、传染、预警和监管等方面的识别困难，整个金融系统也在不断地变化并且能够自我适应，故有时其也被称为复杂适应的金融系统（complex adaptive financial systems，CAFS），这大大增加了金融风险的复杂性。

一、金融风险产生的根源

金融风险的成因十分复杂，目前学术界还没有对此达成一致认识。包

---

① "期限错配"（matrurity mismatch）是指资产端期限与负债端期限不匹配，主要表现为"短存长贷"，即资金来源短期化、资金运用长期化。

② "金融脆弱性"（financial fragility）有广义和狭义之分。广义的金融脆弱性是指一种趋于高风险的金融状态，泛指一切融资领域中的风险积聚，包括信贷融资和金融市场融资；狭义的金融脆弱性是指金融业高负债经营的行业特点所决定的更容易失败的本性，有时也称之为"金融内在脆弱性"。

括很多学者在对金融风险乃至金融危机的认识和解释上也总想给出与众不同的观点和标新立异的答案。"这次不一样"（This time is different）成为解释金融危机不同以往的典型术语①，而最后却发现"这次还一样"（This time is indifferent again），历史总是在呈现惊人的相似和重复，这也包括下一次金融危机的爆发。金融风险形成的原因虽然错综复杂，但是总体来说，可以从以下三个方面进行分析：

（一）金融系统内在脆弱性

金融系统的内在脆弱性主要表现在三个方面：一是与其他行业相比，金融业属于高负债经营行业，这一现实情况大大削弱了金融机构抵御外来冲击的能力，从而使金融业相对于其他行业更易破产，艾森拜斯（Eisenbeis，2010）认为不稳定的银行信贷造成了金融风险。二是经济活动中有一个明显的、无法回避的周期。巴尔多夏等（Bardoscia, et al., 2017）认为市场一体化和多元化的发展会产生周期性结构，进而导致金融体系不稳定，造成金融风险。在新一轮经济周期启动后，大部分公司的负债比率均在低位，而在市场上，借款人的风险也相对较小，因此，金融市场是比较平稳的。当经济不断发展，市场愈来愈兴旺时，公司的收益预期会逐渐提高，进而引发公司的高杠杆运作，借款人的风险程度逐渐转向高风险，金融市场的稳定性会逐渐减弱，直到经济增速放缓，最后进入衰退。在经济低迷的时候，公司的利润都在下滑，有些公司甚至会倒闭。为了减少风险，金融机构通常会通过收缩信贷来降低风险，这一操作可能会触发更多依赖贷款作为融资手段的企业因为资金链断裂而破产，导致金融资产价格迅速下跌，严重时会诱使金融危机爆发。三是信息不对称造成的问题。金融交易中普遍存在的信息不对称和不完全现象造成了严重的逆向选择和道德风险问题，被认为是金融风险不断产生和积累的重要原因［伯南克等

---

① 卡门·M. 莱因哈特、肯尼斯·S. 罗格夫：《这次不一样：八百年金融危机史》，綦相等译，机械工业出版社 2012 年版。

第一章 财政风险与金融风险"反馈循环"的形成机理

(Bernanker, et al.), 1996]。信息不对等一方面使得金融机构既不能确保有效的甄别和监管借款人的还款能力和还款行为,另一方面也不能使存款人对金融机构保持充分的信心,从而避免挤兑行为的发生。

(二) 金融市场的非理性

在实际情况中,"有效市场假设"几乎不可能成立,随着公司信息披露和经济周期的改变,金融资产的价格也会产生波动。究其原因,市场主体投资行为的"羊群效应"(herd effect)致使其偏离理性选择,即一些市场参与者在进行投资时,并不遵循收益最大化的原理,而只是盲目地跟随其他市场参与者,这样的集体影响会导致金融资产的价值变动。在经济发展过程中,由于市场主体对投资的要求越来越高,金融资产的价格就会产生很大的偏差,资产泡沫随之产生。当经济出现下滑情况时,投资者们对未来的预期越来越低,他们会通过抛售资产来降低自己的损失,金融资产的供需失衡迫使其价值断崖式下跌,加剧了市场资金的匮乏,金融危机就这样形成了。人性的贪婪和恐惧造成了金融市场的不合理性,这种现象是不可避免的。因此,金融危机有时似乎是由"非理性"因素驱动的[克莱森斯等(Claessens, et al.), 2013]。这些因素包括银行的突发挤兑、金融市场之间的蔓延和溢出效应、压力时期的有限套利、资产泡沫破灭的出现、信贷紧缩和膨胀,以及与金融风暴有关的其他方面。事实上,"动物精神"[1](作为金融市场运动的来源)的想法在试图解释危机的文献中长期占有重要作用[凯恩斯(Keynes), 1930;明斯基(Minsky), 1975;金德尔柏格(Kindleberger), 1978]。如何预防和减少非理性市场主体的盲目决策进而降低对金融市场造成不利的影响,甚至充分发挥其利好作用,从而对金融市场形成有利的影响,是当前监管机构需要解决的

---

[1] 动物精神是什么?说到底,它就是人类经济决策的非理性,它是全球金融危机的根源,是市场经济体系脆弱性的基础。《动物精神》是乔治·阿克洛夫的著作,该书以"动物精神"阐述宏观经济理论,其结论很明确,在一个充满了动物精神的不靠谱的世界里,政府的角色就是应该设定条件,制定游戏规则,使动物精神更好地创造性地发挥作用。

问题。

(三) 外部环境的冲击性

外部环境的冲击也是造成金融系统的稳定性下降的原因之一。金融体系对于外界环境变化非常敏感性，宏观经济指标、军事因素和政治因素等的改变都会给金融体系带来冲击进而导致系统性风险的出现。历史上也确实出现过很多次源于货币政策失当、战争爆发和政治斗争的系统性金融风险。货币主义者认为紧缩的货币政策和货币供应量的减少是金融系统性风险发生的主要原因。弗里德曼和施瓦茨（Friedman，Schwartz，1963）认为金融动荡的根源在于货币政策的不稳定。进一步地，"货币存量增速"理论认为货币存量增速不稳定导致金融危机。现实中，美国在2007年实行紧缩性的货币政策，是造成其次贷危机进而引发全球金融危机的罪魁祸首，而此时不适当的宏观调控往往会使金融体系出现更大的危机。随着金融经济改革进程的推进和国际化发展，开放经济体特征和国际市场的政策不确定性也成为金融风险产生和传染的主要影响因素之一。博斯坦奇和伊尔马兹（Bostanci，Yilmaz，2020）通过计算 Diebold-Yilmaz 指标分别构建了2009—2014年38个国家/地区的每日 SCDS 收益率和波动率网络，指出国际因素是影响收益和波动的主要原因，新兴市场国家是主权信用风险关联冲击的主要来源。从市场层面来看，经济政策不确定增加了系统性金融风险出现的频率，进一步提高了金融机构的风险传染性及自身的脆弱性（李洋等，2021）。杨子晖等（2020）认为在经济政策不确定性的影响下，风险沿着"股票市场→经济政策不确定性→外汇市场"的途径扩散，股票市场和外汇市场分别是风险的主要输出方和接受者，并且境外金融市场会对中国金融市场产生显著的风险传染，美国资本市场和经济政策的不确定性会对全球造成明显的风险冲击，是引发全球金融市场震荡的重要因素。

同时金融监管的缺乏也是造成金融体系风险上升的重要因素，美国2007年的次贷危机前所实施的大部分金融管制措施都是为了保证金融机构的稳定性，认为只要保证它们自己的市场风险符合规定的标准，就可以减少整个系统的系统风险，而不需要进行宏观审慎监管①（macroprudential regulation）。但事实证明，如果只采取微观审慎监管措施，会对整个金融系统造成一定的消极作用，风险无法得到有效分散，金融机构趋向于相似的风险偏好，金融市场同质性大大提高。除此之外，金融监管政策的失当导致了金融市场的过度创新，进一步提高了金融体系的风险。在现实中，对外部因素有效地控制是降低系统性金融风险的最佳方法，如何正确地认识到这些外部因素对整个金融系统的影响将会成为今后的系统性金融风险监管工作的重点和难点之一。

二、金融风险的形成机理与路径

（一）基于金融网络拓扑结构的金融风险形成路径

所谓系统的网络拓扑结构，是指一个体系中的各个部分以及各个环节的相互关系。它总结了系统与外部、内部以及系统与系统之间的所有关系。在一个复杂、多变的金融体系中，各金融机构的关系就是彼此的风险敞口，而且由于资产负债表的异质性，各机构的利益都会产生连锁反应，而一个强有力的金融体系则会把金融系统中的利益和风险结合起来，形成一个整体的风险传导机制。在整个金融体系中，不同的交易合约或合同起着连接各节点的作用。虽然可以通过心理预期来传递系统性的财务风险，但在金融体系中，真正的"恐慌传导"却很少见。

联动风险是系统性金融风险的重要组成部分（陈志刚，2018），金融体系中存在两种不同的内在联系：直接联系（债权债务联系）和间接联系（共同风险暴露）。相对应地，直接传导和间接传导也是金融风险在金融系统中的两种基本传导方式。通过银行间市场、衍生品市场、支付体

---

① 宏观审慎监管（macropudential regulation）是为了维护金融体系的稳定，防止金融系统对经济体系的负外部溢出而采取的一种自上而下的监管模式。目的是防范金融危机，关注金融系统风险的部分内生性特征而不仅仅只重视外生性风险。

系、直接贷款、衍生工具、回购协议等多种形式，各个金融机构之间发生债权债务关系是形成金融风险直接传导的物质基础，金融体系中某一环节的缺失，甚至是该环节的断裂都会造成风险直接传导的发生。而间接传导的条件是金融机构拥有共同资产或者高度类似的资产负债表。在外界冲击的影响下，一家或多家金融机构为偿付债务而被迫出售资产，而当卖出的规模达到一定程度时，或根据不对称的资讯，给其他金融机构造成该交易的规模足够大的错觉时，金融资产的价值会受到很大的影响。进一步，其他受牵连的金融机构也被迫进行资产冲销，由于资金管制和流动性的限制使得它们不得不出售自己的资产，得市场状况将变得更加糟糕。直接的和间接的传播常常是交互的并且是相互加强的。

　　同业拆借市场、票据市场和债券市场等都属于银行间市场，是现代金融体系不可或缺的一部分，也是金融体系正常运行的一个重要组成部分。从微观角度来看，银行间市场可以对个别银行的流动性过剩或不足进行调整，从宏观上看，它可以反映金融市场整体的资金供需情况，对货币的流动和供给起到调控作用。但是，银行间的交易必然会增加银行间的风险敞口。参与银行间债券市场中，债权债务关系错综复杂，如果某一家银行突然遭受打击而倒闭，其债权银行因未能及时履行其债权而导致资产受损，而一旦其损失超过其核心资本，则将面临破产。由于双方的债务关系网络是多方面的，一家银行的倒闭会造成多家银行倒闭。因此，一些学者通过网络分析法研究银行间的风险传染，马君潞等（2007）采用最大熵方法我国银行双边敞口网络，同时考察网络系统中单一重要银行倒闭和多个普通银行同时倒闭所引发的系统性风险。[厄珀和沃姆斯（Upper, Worms），2004]以德国银行间市场为研究对象，研究一家银行的倒闭是否会引发传染危机，研究发现储蓄银行和合作银行的机构担保的金融安全网大大减少了但没有消除传染病的危险。即使这样，一家银行的倒闭也可能导致高达15%的银行系统资产崩溃。

(二) 基于信贷紧缩的金融风险形成路径

信贷快速增长是金融危机爆发前的另一个共同的主线。通过迅速的信贷扩张，与资产价格上涨相呼应，杠杆化和风险往往在加重危机之前（尽管通常只有后见之明）。早期和更多最近的危机事件典型地见证了信贷（和外部融资）的大幅增长的时期，接着就是信贷市场的破产以及资产价格的大幅调整。例如，澳大利亚 1880—1990 年的繁荣和萧条与最近发生的金融不稳定局面相适应。同样，20 世纪 90 年代后期的东亚金融危机之前的模式与北欧国家早先的模式类似，随着与房地产投资相关的的信贷迅速增长，银行体系崩溃。美国在 20 世纪 20 年代末和 20 世纪 30 年代初的经验表现出一些类似于近期全球金融危机爆发前的特征，除了资产价格和土地投机的快速增长，（家庭）杠杆的大幅增长。

在现代经济中，金融是最重要的经济核心，而资本则是公司的命脉。金融系统内部风险的传导给金融系统带来损失甚至导致其破产，使金融市场资源配置功能无法发挥作用或完全失灵，从而影响到企业的生产、运营，从而使金融系统的整体金融风险向实体经济传递。在实际中，系统性金融风险的传导主要是通过信贷紧缩来实现。具体而言，其包含两种情形：一是银行主动撤回贷款，减少放贷；二是银行提高放贷门槛，甚至不愿意放贷。

从信贷紧缩的成因来看，有以下几种解释：一是坏账增加。不良资产不断增加，银行提高了借贷条件，降低了信贷供给。由于信息不对称导致的反向选择，比如借贷利率提高，信贷水平较低的公司就会更愿意举债，从而加剧了信贷紧缩。二是系统性的紧缩，主要表现为收紧货币政策、加强金融监管等。金融创新、衍生产品市场的发展，使我国商业银行的信用方式发生了根本性的变化，过去是以存款为基础，根据存贷率和资本管制来发放贷款，因此，银行的放贷能力取决于其吸纳存款的能力。但在次级抵押贷款危机前，美国的银行采用了"发起—分销"的方式，即银行将贷款与其他资产捆绑起来，然后在金融市场出售，以获取更多的资金。在此模型中，银行贷款的能力不再依赖于储蓄，而是依赖于金融市场的流动性。正是由于这种信用方式的存在，才导致了信贷规模的扩大和系统性金融风险积累，进而带来了信用危机。

从信贷危机的传导途径来看，最重要的途径是在信用危机的影响下，企业尤其是中小企业的融资困难日益凸显，这会使经济发展放缓。实体经济衰退导致公司运营艰难，拖欠比率增加，进而导致更多的资产减值，从而使得银行等金融机构恶化对未来的展望，进一步导致信贷紧缩，形成恶性循环。除此之外，还有一些学者指出了其他可能的传导途径：一是银行危机通过影响金融服务质量（或者信用中介成本），银行业危机会影响实体经济。二是银行业危机造成了正常的债权债务链断裂，对公司的运营、业务结算产生不利影响。三是金融危机给公司和居民带来了消极的影响，使公司和居民对未来的经济前景和收入的改变有消极的预期，从而降低了当期的消费和投资，从而降低了产量。

（三）基于经济全球化的金融风险形成路径

受经济全球化的影响，民族和国家的边界已经无法阻止人类的经济活动参与到全球资源的分配、国际分工中来，是世界经济发展的必然选择。现代信息技术的进步推动了世界范围内的金融体系的迅速发展，进一步扩大了世界各国的经济和金融体系之间的关联性。经济全球化和金融一体化使得金融风险突破时间和空间的限制，展现出跨市场和地域传染的特性（张晓朴，2020）。因此，一国的金融风险不仅会在国内传导，往往也会溢出国门。20 世纪的金融危机，基本上都是由发端国家向邻近国家和具有相似关系的国家传递，并在一定程度上引发地区乃至全球的金融危机。在过去的数十年里，各国学者都非常重视金融危机和金融风险的国际传递。

国际上的金融风险可以通过实体经济的纽带来传递，其中最重要的途径是外贸和投资。在贸易渠道上，若发生危机的国家为进口国，一方面因本国的实体经济遭受重创、国家资产缩水、信贷规模急剧缩小、那么消费者会对未来的预期变得悲观，从而使进口量大幅下降。相对应地，一些出口导向型国家会面临需求显著下降的情况下,很可能会影响到其经济发展。根据估计,美国经济增长率每下降 1%,我国对美出口就会下降 5%—6%(杨晓艳,2009)。另一方面,若危机发生的国家为出口国,金融风险的传导通常会引起货币市场的波动,从而使货币价格下降,从而影响到具有类似经济结构国家的竞争力。另外,由于担心自己的经济前景,以及为了保护自己的工业,这些国家的贸易保护主义越来越强烈,很有可能会遭到贸易伙伴的报复,出口额也会降低。从投资渠道的角度来看,金融危机的突然爆发造成了金融机构的巨额亏损,迫使它们从投资国撤出资金。大量的资金,特别是投机性"热钱"的退出,会给投资国资本市场带来混乱,给发展中国家带来灾难。

金融风险的跨国传导也会在国际金融市场上发生。一方面,在国家危机的影响下,国际金融体系的整体风险增加,导致了无风险利率的升高和国际金融市场的收缩。通常工业化国家先上调本国基准利率,使得无风险利率提高,最终波及全球金融市场。比如,德国汇率的上升,是在 1992—1993 年欧洲货币危机爆发之前,而在 1994—1995 年巴西危机之前,美国的利率也在不断上涨,在亚洲经济危机之前,日元兑美元不断下跌。而在另一种情况下,某一国的危机促使国际金融市场就会向同类国家提供更高的风险溢价,以便获得更高的收益。这将使除危机国家之外的其他国家,特别是发展中国家,在国际资本市场上的融资成本增加。从国际金融市场来看,金融风险在国际股票市场间存在明显的外溢效应和传染效应,且呈现波动增长的趋势(宋玉臣和吕静茹,2021);在货币和外汇市场中,持续宽松的货币环境会导致金融市场与实体经济的复苏脱节,从而增加国际金融市场风险隐患(苗文龙等,2021)。此外,何德旭等(2021)发现,金融风险还可能通过全球金融网络外溢到其他国家,冲击其他国家的外汇、货币等金融市场,并可能会在全球网络中产生放大效应,进而形成全球金融危机。

（四）其他领域各种风险的传导转嫁

当前，虽然整体的金融风险在相对安全的范围内，但由于经济发展的新常态，经济供需失衡和发展动力不足的矛盾越来越突出，加之疫情导致的经济下行和互联网经济持续发展的大背景下，实体经济的盈利能力大幅下滑、负债增多、产能严重过剩而陷入亏损，各种复杂的因素使得我国的金融风险随时都有可能转化成金融危机。目前，我国的高负债、影子银行、汇率波动、房地产信贷、地方债务危机等都会对当前的金融风险造成一定的冲击。

一是非金融公司的高杠杆风险。最新公布的一份杠杆率报告表明，非金融公司的杠杆比率逐年上升，其绝对水平比美国、日本都要高。① 由于产量放缓，产能过剩，库存周转率降低，从而导致公司负债增加，造成公司的利润每年减少，公司的杠杆率也越来越高。另外，我国曾经出现过两次"僵尸企业"②（zombie companies）和"产能过剩"现象，当地政府为了维持当地经济的发展，没有采取积极措施稳妥的解决问题，不仅没有减少对僵尸企业的贷款，甚至还在继续发放贷款，造成资源的严重失衡，使得僵尸企业难以适应市场的发展，形成恶性循环。

二是由影子银行引起的不良贷款。影子银行是一种脱离了银行监管的金融机构，以信贷中介的形式进行着与银行相似的经营活动。在我国，典当行、人人贷、小贷公司、地下钱庄等都是通过信托贷款、委托贷款、银行承兑汇票等方式来规避金融监管，以获取利润。我国影子银行与常规商

---

① 根据国家金融与发展实验室国家资产负债表研究中心、中国社会科学院经济研究所 2019 年 5 月 28 日发布最新的中国杠杆率报告，非金融企业部门杠杆率从 2018 年年末的 153.55% 上升至 156.88%，上升了 3.33 个百分点；政府部门杠杆率由 2018 年年末的 36.95% 上升至 37.67%，上升 0.72 个百分点，其中地方政府杠杆率上升 1 个百分点，中央政府杠杆率下降 0.3 个百分点；居民部门杠杆率由 2018 年年末的 53.2% 升至 54.28%，上升了 1.08 个百分点。

② 僵尸企业（zombie companies）是经济学家爱德华·J. 凯恩（Edwrd J. Kane）提出的一个经济学概念，就是指那些丧失自我发展能力，必须依赖非市场因素即政府补贴或银行续贷来维持生存的企业。尽管这些企业不阐释效益，却依然占有土地、资本、劳动力等要素资源，严重妨碍了新技术、新产业等新动能的成长。

业银行之间保持密切联系［陈等（Chen，et al.），2018］，具有提供信用、期限、流动性转换等"类银行"功能（李香花等，2021）。一方面，由于缺乏法律法规的约束和最终放款人的保护，影子银行的发展速度会更快，同时也会产生大量的信用泡沫，如期限错配、流动性风险、信用转换风险和高杠杆，导致金融风险增加；另一方面，由于影子银行与商业银行之间业务往来、信息联动、资产—负债等方面具有较强的关联性，商业银行资金链一旦发生断裂，将迅速推动金融风险的集聚和扩散，并产生一系列的风险溢出和共振效应，冲击整个金融系统的稳定性，引发系统性金融风险（倪健惠和阮加，2023）。

三是金融系统的道德风险。道德风险对金融机构的经营和发展构成了极大的威胁，利用信息不对称和个人权利，违反《公司法》对于董事、监事和高级管理人员的忠实勤勉义务要求，侵吞公司财产，损害公司利益，导致公司资产受到损失，从而致使资不抵债，导致金融机构出现巨额亏损甚至走向破产的风险（陈思萌，2023）。商业银行的过度扩张、代理机构的短期管理、政府在隐性担保下的过度投资和消费，以及社会公众对风险的认识不够深刻等，这些因素都会使其面临更大的危险。例如，2021年包商银行破产案，其本质便是金融监管缺位，导致银监局部分监管人员甚至与包商银行沆瀣一气，共同实施贪污贿赂等违法犯罪行为，造成国有资产的大量流失，最终道德风险"爆雷"导致包商银行破产清算。此外，金融系统的道德风险也已渗透到社会的基层代理人中，其影响也是不容忽视的。

第三节 财政风险向金融风险传导的动因和途径

银行救助可能会造成道德风险问题，救助的成本和道德风险密切相关，但仅仅考虑救助在未来产生的成本也是不全面的。有形的救助资金在发生时会计入政府的借贷成本，提高了信贷风险，进一步削弱了金融部门。经验证明，持有主权债券的金融部门隐性和显性的担保会使得政府信用风险反馈到金融部门。这种反馈不仅由银行持有政府债券产生，也会通过中央银行、融资平台、悲观性预期等方式实现。随着2014年《预算法》的修订，政府发债从法律上得到承认和接纳，这也标志着国家开始着手规范管理地方债务问题，以债务风险为代表的财政风险便逐渐成为研究财政风险和金融风险关系的起点。目前，我国已实现由传统财政配给式的融资体制向现代市场化经济融资制度的转型，但在此过程中由于地方政府投融资体制的异化、地方债券市场不完备，以及"金融创新"①冲动等问题的存在，造成了财政风险隐蔽地向金融系统转化的现象，这些地方政府隐性债务扩张是触发系统性金融风险的重要因素，实际上过去几年地方政府财政压力正是通过融资平台、影子银行和PPP等模式在财政、金融部门之间扩散，地方政府债务长期影响商业银行的流动性等问题，如果地方政府债务违约，则会直接导致金融风险。

一、财政风险向金融风险传导的动因

（一）政府投融资体制不顺畅

如同前文对地方财政风险的阐述，地方政府债务扩张受政府间财政关系影响较大。中央与地方政府之间财权和事权不匹配，往往导致地方政府财政收入相对较少，而支出责任却不断扩大，财政缺口也逐渐增加（徐长生等，2016）。借助于融资平台、影子银行等途径，地方政府将其巨大的融资需求压力转移到银行系统，通过对金融机构进行干预，地方政府融资使区域内的金融资源财政化，转变成了可支配的财政能力，导致金融资源配置功能的扭曲，致使金融机构承担了相应的债务风险（张军，2016）。这种金融部门的准财政活动，存在投融资尚存在的法治不健全、

---

① 金融创新（financial innovation），是变更现有的金融体制和增加新的金融工具，以获取现有的金融体制和金融工具所无法取得的潜在利润，它是一个为盈利动机推动、缓慢进行、持续不断的发展过程。广义的金融创新是指发生在金融领域的一切形式的创新活动，包括金融制度创新、机制创新、机构创新、管理创新、技术创新和业务创新。狭义的金融创新主要指金融工具和金融服务等业务创新。通常说的创新主要是指狭义的金融创新。

投融资平台建设不规范、监督机制不健全等问题,是引致地方政府隐性债务较重,从而对金融信贷体系产生不良影响的原因(马海涛等,2010)。例如,商业银行在办理政策性贷款时,不能严格遵守审慎经营和严格审查的原则,贷款的风险大大增加。因此,一些学者认为,融资体制的扭曲会造成生产过剩、有效投资不足等问题,金融风险也会增加,货币政策传导机制不能正常发挥作用,货币政策的扩张效应大打折扣。在不完善的投融资体制下,仅仅依赖投放货币和财政虽然可以暂时提高经济发展速度,但会损失更多的效率,金融风险不断累积,民间投资也不能得到有效增长。同时,各地方政府利用投融资平台进行举债已近饱和甚至超出全年的财政总收入,投资结构不合理,渠道过于专一,主要集中在基础设施项目上面,增大了银行贷款的风险(祝小宇,2014)。

(二)政府财政与金融职能发挥混乱

政府财政与金融职能发挥混乱也是财政风险向金融风险传导的重要原因。一方面,当面临财政收支压力和发展经济建设的资金供求矛盾时,地方政府将会产生干预当地金融机构以获得金融资源来弥补融资需求的强烈动机。虽然随着金融体制改革的不断深化,地方政府的这一干预程度已经有所下降,但无论作为重要股东,还是掌握的财政存款、财政补贴、高管任免权等资源,地方政府依然能够对金融机构经营施加影响力,致使信贷资源更多配置到本地国有经济部门以及基础设施建设相关行业(徐忠,2018;祝继高等,2020)。因而地方政府在参与经济活动过程中与金融机构之间信用关系的不协调实际上会把原本应由财政承担的支出责任转移到金融市场主体身上,由于监督和纠错机制的缺乏,这又会造成地方政府隐性债务规模不断增加,债务不可持续风险由此转化为金融风险(吴盼文等,2013)。另一方面,地方金融机构与地方政府之间存在利益关联和共同的短期绩效目标,由于市政基建贷款项目附有地方政府信用背书,风险较低,相关的融资平台公司存在较高的"金融势能",商业银行等金融机构也更偏好此类贷款业务,从而主动为地方政府提供应债资金而忽视了其财政风险，加剧了财政风险的金融化（徐军伟等，2020；张甜和曹廷求，2022）。此外，财政与金融关系的不协调使得中央银行承担了一些"财政职能"，流动性的释放等操作虽然为政府性债务融资提供便利，在一定程度上降低了财政风险，但实际上这些风险并未消失，只是转移到了金融体系中。

（三）预算软约束和金融创新冲动

财政风险转化成金融风险会让政府预算约束软化，财政收支的预算平衡缺乏强硬的约束机制导致财政支出效率不能得到有效提高。长期以往，财政风险慢慢累积越来越大，促使政府不得不采取金融手段化解财政风险。然而实际上，这种处理方式只能暂时抑制危机的发生，不可能从根本上消除财政风险，随着时间的推移和经济的发展，风险不断酝酿并被放大，待时机成熟，新一轮更高水平的财政风险将会出现，在机会主义心理的影响下，政府又会采取财政风险金融化的措施。卓娜（2015）认为现实经济中广泛存在软预算约束，这促使金融体系的脆弱性增加，金融风险的不断积聚并放大，市场参与者的激励机制被扭曲，道德风险的产生和金融的过度创新等都是导致金融风险不断放大的原因。地方政府融资的正规融资渠道已经不能满足其需求，非正规融资在不断创新，政府的融资不仅仅局限于银行贷款或者信托产品，甚至是多家金融机构共同参与，是一种集体行为。金融市场缺乏有效的信用定价机制，信息不对称和信用缺失等，让地方政府债务受到金融机构的追捧，形成了"影子银行"，产生了隐匿于监管之外的"金融创新"。银行通过投资业务、同业业务等手段，将贷款资产转为影子银行，以满足地方融资平台公司的刚性资金需求（孙国峰和贾君怡，2015）。

二、财政风险金融化的传导机制和途径

（一）政府债务违约导致偿付性风险

从长期来看，政府性债务的增加，会对经济增长产生不良影响，从而引发政府税收基础的不可持续性，这也就意味着政府偿付能力的降低，导致政府债务违约风险的上升。政府债务违约会从直接和间接两个方面对金

融稳定产生影响。一方面,地方债与城投债是金融机构的主要资产,地方债与城投债违约将直接造成金融机构持有的债券资产损失,降低金融机构资产质量(史亚荣和赵爱清,2020)。财政风险上升还会引起政府债券价格下跌,直接导致金融机构资产减少,因其资产负债表缩表,甚至减少金融机构可获取的流动性,导致融资成本和违约概率相应升高,增加金融系统脆弱性〔特雷贝施(Trebesch),2021〕。在现实中,城投债的发行主体是地方融资平台,城投债很大部分是由银行进行承销、持有,由于债券发行时受到了地方政府的隐性担保,地方政府和城投公司的负债情况银行不能完全掌握,很多城投公司可能存在亏损情况,缺乏稳定的现金流用于偿还债务,或者一些不符合贷款条件的项目也被列为融资平台进行融资,作为承销商的银行自身持有城投债并与通过银信理财和自营账户等间接持有其他银行的城投债,一旦这些债务发生违约情况,风险就会从政府转移到银行机构。此外,市场对政府隐性担保的预期还取决于地方政府财政实力和经济发展情况,若市场预期发生变化,投资者对融资平台的投资意愿降低,极易引起相关债券的大幅抛售和价格骤降,冲击债券市场的稳定性,由于债券市场和股票市场之间的联动性,前者的剧烈波动还会引发股票市场波动,诱发系统性金融危机(张甜和曹廷求,2022)。另一方面,从间接影响的角度来看,造成金融危机的原因之一是信息不对称所带来的不确定性和信心的缺失,这就使得政府债务违约风险上升的间接冲击更加复杂(史亚荣和赵爱清,2020)。在投资者对政府部门资产负债非充分了解的情况下,个别政府债券或政府担保债券违约可能会带来市场恐慌,波及范围也会通过金融系统从一个县、市或省上升到全国范围,最终系统性的财政或金融危机将会随之产生(缪小林和伏润民,2013;严文浩,2017)。因此,地方政府债务的迅速扩张又反作用于银行的信贷风险,为以后金融体系的不稳定性埋下隐患(胡援成和张文君,2012)。

(二)政府债务期限错配造成流动性风险

在地方政府债务规模快速扩张和积累的同时,还存在地方政府债务期限错配问题。从资金投向来看，地方政府为了推动当地经济增长和发展，其会把债务资金主要投向市政基础设施建设项目，这类公益性投资往往无法产生经营性现金流，且收益性低、资金回流速度普遍较慢、投资周期较长，导致债务资金使用效率难以提高（卫志民，2014）。从偿债能力来看，除了难以依靠投资项目本身的经营收益充当还债资金，依赖土地财政作为债务偿还重要保障的模式则受限于土地财政的不可持续性和中央对房地产行业宏观调控的政策不确定性，这都会使地方政府难以保持稳健的偿债能力（杨林和侯欢，2015）。地方政府债务存在的这种期限错配问题增加了地方政府的偿债压力和违约风险（张同功，2015），由于地方政府债务的资金来源主要来自当地银行贷款，一旦地方政府出现债务违约，那么由地方政府债务引发的风险将不可避免地传递至当地金融机构，加大银行贷款信用风险和资金流动性风险（毛锐等，2018a）。

地方政府债务的持续性扩张造成的期限错配问题会引发不可预见的后果。除了国有企业资产之外，地方政府借助我国特有的城市土地和矿产源产权制度下，实际上所掌握的资产规模可能是全球独一无二的，虽然近年来土地和矿产资源价格上涨趋缓，但相比于巨额的国有资产，政府总债务在全球范围内很可能是最低的。基于此，有学者提出，我国政府部门和家庭部门并不受困于偿付性风险，但面临着严重的流动性风险（马建堂等，2016）。

（三）政府债务货币化引发通货膨胀风险

政府性债务扩张影响通胀的一个重要机制是政府性债务的货币化。中央政府向中央银行借款或者透支等直接融资，会直接创造货币量，但随着1995年《中国人民银行法》的第二十九条和第三十条规定的实施，央行不能向政府透支和贷款①。中央银行通过市场业务购买国债，是政府间接

---

① 《中华人民共和国中国人民银行法》第二十九条：中国人民银行不得对政府财政透支，不得直接认购、包销国债和其他政府债券。第三十条：中国人民银行不得向地方政府、各级政府部门提供贷款，不得向非银行金融机构以及其他单位和个人提供贷款，但国务院决定中国人民银行可以向特定的非银行金融机构提供贷款的除外。

融资渠道，以货币增发维系政府性债务扩张，加大通胀压力。国债规模的不断扩张，会造成资本市场资金供不应求，市场利率也会随之上升。土地、房地产等资产价格上升带来的资产价格泡沫累积是另一个政府债务扩张影响通胀的重要机制。各级政府扩大债务规模获取融资资金后，交由融资平台公司及国有企业实际使用，在这个过程中，资金除了用于基础设施建设外，还流向房地产等热门行业，也就造成了"地王"的频频出现。在此机制下，地方政府债务扩张会加大通胀风险进而影响金融机构资产业务的实际收益率，并通过推升土地、房地产等资产价格加速资产价格泡沫累积，最终危及金融机构的各类不动产抵押信贷业务（史亚荣和赵爱清，2020）。周陈曦（2016）通过政府债务的融资和使用两个方面阐明了政府举债行为密切影响不同类型的通货膨胀。在没有财政限制的条件下，尚航（2016）认为采取货币手段来平衡政府债务会影响通货膨胀，货币政策对于通货膨胀来说将会失去作用。

（四）"金融创新冲动"带来风险外溢

随着地方政府债务融资规模的不断扩张，各种创新性金融工具也逐渐增多，地方政府的融资方式日益多样化。金融科技的颠覆性创新实质上具有一定破坏性，其进一步扩大了金融风险的传染范围，且其产生的风险具有较强的渗透性、系统性和破坏性，会持久性地动荡影响某一区域或国家，这对金融监管提出了更高的要求［马克西米利安等（Maximilian, et al.），2020］。商业银行的表内风险除了如银行贷款类产品造成的风险外，还包括"自营非标准债权投资"（self-running non-standard investment）这类与财政风险相关的产品，包括信贷资产、信托贷款、带回购条款的股权性融资等，缺乏统一的交易场所，风险性较高，并且风险由银行直接承担，这种自营投资的背后是房地产和融资平台。而银行表外产品的创新大多也是为了满足融资平台需求而产生的，其特点是自主灵活、受到的监管较少，最典型的业务是银信理财资金。银行发起后，信托公司通过银信平台募集个人和机构客户资金代其投资，投资的方向就包括城投债和融资平台，银行作为机构投资者承担了所有的信用风险。因此，商业银行的表内、表外科目和融资平台都有着直接和间接的关系，形成了新型的财政风险转化成金融风险的路径（张路，2020）。这种传导方式使得银行业风险不断的累积并且也更为隐蔽和复杂。因此，当政府债务风险增加时，相关的银行系统就会面临严重的经营风险，最终造成严重的系统性金融风险，危害整个金融系统的安全。

第四节　金融风险向财政风险传导的动因和途径

现实中，金融风险在一定意义上来说就是财政风险的一种形式，无论是公众的期望还是政府职责所在，金融危机一旦爆发，政府必定出面救助，充当最后贷款人的角色。因此，金融机构的不良资产很可能转化成政府的或有债务，微观金融风险的累积最终会转化成宏观的财政风险。现实问题的起点决定了研究角度，从国外一系列金融危机来看，金融风险向财政风险传导的最直观表达为危机爆发后金融风险的扩散传染，而政府部门是被金融风险传染的部门之一，因此国外的研究大多从金融方面出发，讨论金融风险向财政风险传导的过程。国外学者关于对财政风险和金融风险联动的研究大多始于2008年金融危机与2009年欧债危机，接踵而至的两次危机不仅给生产生活带来了极大的冲击，更是在很大程度上摧毁了人们对信贷行业的信心。这种灾难性的破坏吸引了学界的注意，寄希望于从金融风险的扩散过程中找到财政金融体制中存在的漏洞。

一、金融风险向财政风险传导的动因

（一）财政制度及金融行业的特殊性

政府不仅仅是一个经济主体，更重要的是其还具有公共主体这个身份。这就从内在本质上决定了政府既和企业、个人等经济主体一样有维护

自身产权和平等地位的权利，又要承担起法律和合同规定之外的一些责任，例如提供制度基础、化解公共风险和维护公众的合法利益等。人类社会进化的过程中形成了财政这种制度安排，其作为一种组织结构，是社会制度中的重要一部分，从本质上来说，它是公共风险的最终承担者。因此，作为化解公共风险的一种方法，当政府在为金融行业进行担保时，会有意识地抑制和回避金融风险。但财政制度也并非绝对完美，其存在一定的缺陷，金融与财政的不独立、边界不清晰、职能模糊等问题使得政府或有债务大量产生，大量的或有债务转化为现实债务时，财政风险不断累积，进而导致财政危机的发生。

我国实行的是市场经济体制，主要依靠市场进行资源配置，当出现市场失灵的情况时，政府需要进行必要的维护和干预，两种方法相互结合，两个主体分工协作，最终实现资源的优化配置。政府作为化解危机的最后一道屏障，因承担风险而造成的或有债务是不可避免的。在现实生活中或者金融危机时，政府对银行业进行担保或救助的必要性体现在两个方面：一是银行业具有一定的脆弱性。银行正常运营的基础是资本金充足和公众的信任，一旦银行资金流转出现问题，或者公众预期发生改变，丧失信心发生恐慌时，就会引发严重的挤兑行为，引发银行业危机甚至是经济危机，这就体现了银行业的脆弱性。金融业的脆弱性是由其区别于其他行业的特征所决定的，这也是对金融危机进行救助的特殊意义所在（赵静梅和吴风云，2008）。恐慌不会自生自灭，政府必须进行事前担保和事后救助来降低银行业的脆弱性。二是银行业危机具有极大的传染性。银行业与其他经济部门之间存在极强的关联性，而各个经济体之间也存在千丝万缕的联系。由于银行处于支付体系中的核心地位，这一领域的衰退很容易通过经济中的其他领域或部门传播出去，殃及其他私人部门和公共部门，银行业危机可以从单纯的金融行业传染到实体行业，因此政府有强烈的意愿来避免银行或金融系统出现问题（马恩涛，2020）；也可以从一个国家或地区蔓延到其他国家和地区，演变成全球性危机，这对经济发展和人民生活造成的危害是巨大的，正如 2008 年爱尔兰和 2012 年西班牙发生的银行业危机所揭示，银行业的流动性和偿付能力问题会被迅速转变成财政负担，而这些负担又是如此之大，以至于引发政府债务危机并需要通过外部援助才能应对。

（二）作为主观原因的"财政机会主义"[①]

政府为了降低财政赤字率和财政风险，会采取一系列措施进行财政政策的调整，这种调整包括总量调整和质量调整两个方面，但现实中，各国的实践证明，政府往往仅注意总量调整而忽略了质量调整。布里克西（Brixi，1998）指出政府在短期内为实现预算目标，往往会采取预算之外的活动提前获得财政收入或延期支付财政资金，这些政策通常包括政府担保或直接贷款等或有债务的形式。因此，财政机会主义过度积累了或有财政风险，主要的应用原则就是：直接债务或有化、显性债务隐性化（刘慧芳，2013）。

金融部门是财政机会主义主要作用的领域之一，政府通过对银行体系提供担保的方式来延缓解决银行业危机就是推迟支出的一种方法。例如，1985 年美国法律要求政府降低财政赤字，且必须在 1991 年实现收支平衡，美国政府为达到要求采取了一系列预算外的活动。通过大幅增加政府担保贷款的规模、对银行部门危机的延期救助等措施，虽然在一定程度上降低了政府短期直接债务，但从长期来看，政府的或有债务大幅上升，财政可持续性[②]降低，政府处于较大的财政风险暴露之中。

[①] 财政机会主义是指在财政调整过程中，为满足某些总量指标如减少传统意义上的财政赤字，政府将财政支出项目向后延期，而将财政收入项目向前推移，或政府用预算外手段来替代预算内手段等行为，而这些行为都会导致政府或有负债的增加。为此，布里克西（Brixi，1998）甚至将财政机会主义定义为"过度积累或有财政风险的偏好"。

[②] "财政可持续性"（fiscal sustainability）从资产—负债的角度来说是指政府有能力获得长期而稳定的财政资源，并有能力控制政府的债务；而政府债务的可持续性是指政府能够保证现有的债务水平（即债务—GDP 比率）不再上升，而保持相对稳定或下降。所以，我们认为在政府资产存量和财政能力一定的情况下，财政的可持续性等同于政府债务的可持续性。

因此，受财政机会主义的影响，政府不同的策略选择使得或有债务形成的规模也有所不同。政府在面对银行危机时，对救助的时机、救助的方法要进行抉择，不同的选择将会带来不同的财政成本，如果处理不当，不仅不会降低危机的负面影响，还会增大政府或有债务风险。例如，在处理问题银行的时候，政府是选择当期直接救助即采取注资或剥离不良资产等方式还是选择"展期"策略①即采取其他策略使其维持下去，两种方法带来的财政成本是不同的。采用第一种方法时，政府当期的财政成本肯定会明显增加，而展期则意味着短期内政府财政支出没有改变，但这种隐藏手段会使或有债务在未来显现，甚至会爆发更大的危机。

（三）政府或有债务管理体制有瑕疵

政府或有债务虽然有其存在的必要性，但是在债务管理上却存在很大的问题，政府不能对担保形成的债务规模和债务风险进行有效的评估和控制是金融风险转化成财政风险的重要原因之一。首先，政府对是否能完全"兜底"，如何承担起担保责任及债务进行偿还都没有一个明确的计划。其次，缺乏对政府或有债务的预算约束机制。我国的预算模式是一年一预算，该模式不仅不能全面反映较长时间内的财政活动，也使得分析政府担保带来的后续风险变得困难。同时，我国预算采取收付实现制的会计核算基础，对于政府的或有负债信息，政府会计系统更是没有反映。一项或有债务只有当已经成为现实义务，并且只有当这一债务形成了现金的实际流出的时候，才被反映到政府的预算收支平衡表中去。由于政府形成的或有债务并没有被即时反映到政府的预算收支平衡表中，政府对这部分或有债

---

① 所谓"展期"策略，即政府或是银行监管层在对待一些出现严重资本不足，甚至已经资不抵债银行的问题上，采取"姑息"的态度，既不马上对这些有问题的银行注资，又任其继续存在下去。"展期"策略可以具体表现为政府或是中央银行对有问题的商业银行提供短期的流动性支持，使其在资本不充足的情况下保持流动性，以此来稳定银行体系；或者给予有问题的银行以政策上的优惠（税收减免），增加其经营利润，希冀银行通过自己的力量增加资本基础，消化不良资产。

务就不会进行有效监控，实质上是将当前的财政风险向后推移。因为没有有效的监控，风险将会越积越大。最后，我国还缺乏对金融行业政府或有债务测算、评估、报告、信息披露和风险预警机制，这往往会造成严重的突发性财政危机。

（四）道德风险和信息不对称

道德风险及信息不对称是促使金融风险转化成财政风险的重要因素。政府对银行业进行担保所带来的道德风险问题体现在两个方面：一是银行认为在发生危机时，政府会对其采取救助措施使其摆脱困境，为了实现自身利益最大化的目标，银行不再遵循谨慎性原则，将投资从无风险领域转移到高收益且高风险的项目，银行风险偏好的转变使其违约的概率非正常的提高，政府将承担更大的信用风险，或有债务的规模也随之增加。麦金农和皮尔（Mckinnon，Pill，1996）指出政府对银行的担保会扭曲了银行的运作行为，它们大量举借债务并进行高风险投资，这些投资甚至具有一定的赌博性质，但银行自身却承担很小的风险。二是有了政府的担保，储户就会对银行过度信任，不会担心银行存款的安全性问题，也就不再严格监督他们的银行。因此，银行就会在一个相对宽松的外部环境下运营，其流动性风险、内部操作风险、财务风险等都会自然而然地增加，这些风险最终都有可能转化为财政风险。

信息不对称加剧了委托—代理问题，信息不透明让政府处于劣势地位。有了政府担保，银行会隐藏自身经营中存在的各种风险问题，采取一些过度冒险行为如将投资转向高风险高收益领域，同时，政府监督的困难会造成更严重的道德风险，一旦银行经营不善，风险累积到一定程度，银行又可以利用信息优势将这些风险转移给政府来承担。

二、金融风险财政化的传导机制和途径

（一）政府对金融机构的直接支持

政府对问题银行注资是救助银行恢复市场信心最直接、最有效的方

式，世界各国都普遍采取此方法。"政府注资"不仅仅是指财政部门对银行注入资本金，还包括运用以政府信誉为担保发行政府债券、征税等所获得的资金来购买问题机构发行的债券及股票，或者将政府所持有的债券转为股权，以实现充实银行资本金的目的。1998年的亚洲金融危机中，我国政府发行了2700亿元国债用来向银行注资，同时，中国投资有限责任公司旗下的中央汇金公司还买入了大量中国银行、建设银行和工商银行的股票；类似地，韩国政府在这次危机中也对本国最大的两家商业银行注入了约占当年本国5%GDP的资金。1990年左右，北欧一些国家遭受了严重的银行业危机，挪威、瑞典和芬兰分别向国内数十百家的商业银行注入了294亿挪威克朗、650亿瑞典克朗及542亿芬兰马克。2008年的全球金融危机中，美国政府对本国主流银行实行了不同程度的注资，使得这些私人银行的国有化程度增大。

政府对金融机构的直接支持还包括很多形式：直接冲销商业银行的呆账坏账；成立投资者保护基金，在证券公司或者上市公司出现危机时，直接向其投资者赔偿；对于因国际金融危机而面临破产倒闭无法承担偿还责任的金融机构，中央政府代为偿还的就会直接转化成主权债务，如果由其他金融机构接手，还会为其减免一定的再贷款利息；政府也有可能直接减免问题银行对政府的债务及税费；对符合标准的农村金融机构提供财政补贴。

(二) 政府对金融机构的间接支持

政府对金融机构的间接支持也会使得金融风险转化成财政风险，剥离不良资产是最常见的方式之一。一国政府用所有的现金或债券购买银行的不良资产，再转交给资产管理公司处置。历史上，采取这种方式救助银行的例子比比皆是。1989年，美国为缓解储贷危机，设立了清债信托公司（RTC）接管问题机构，总资产超过3900亿美元；20世纪90年代，瑞典政府除向银行注资外，还建立了塞克拉姆（Securum）公司负责银行业的不良资产；1999年开始，我国财政部使用400亿元资金分别成立了四大资产管理公司①，用于购买处置四大行和国家开发银行的不良资产，从银行剥离的不良资产转移到国有资产管理公司，再加上四大资产管理公司本身可能的违规收购、低价处置和财务管理混乱等问题，更加大了财政风险；在亚洲金融危机中，韩国和印度尼西亚政府也均设立了资产管理公司，其中，韩国政府耗费了 32.5 万亿韩元，约占当年 GDP 的 7.2%；2008 年的金融危机中，美国政府在次年建立了公私合作投资基金收购了主要银行 1 万亿美元左右的问题贷款及证券。另一种方式是金融监管机构要求有实力的商业银行收购问题银行的不良资产或拆入资金，同时监管机构为问题银行债务偿还提供担保，若被救助银行不能按时还款，监管机构会承担相应的责任。1998 年，中国人民银行宣布海南发展银行破产时，就指定工商银行对其全部资产负债进行接管；2008 年的全球金融危机中，美国政府分别对摩根大通、美国银行和富国银行注资 250 亿美元以促使它们收购贝尔斯顿银行、华盛顿互惠银行、美林证券和美联银行。

此外，为了帮助商业银行等金融机构渡过难关，特别是对中小金融机构的救助，中央银行还会通过票据贴现等再贷款或通过公开市场操作，购买问题银行的国债等方式，将信用贷款或资金发放给困难的金融机构，其中部分受到了地方政府担保，当这些贷款难以收回时就会转化成中央银行的不良资产，最终由政府兜底。

（三）金融危机爆发推升财政成本

金融危机爆发，市场的风险溢价上升，银行放贷活动受到严重影响，会破坏消费、投资、就业等经济活动，降低了实体经济的总需求，导致宏观经济衰退，税收大幅降低，这就使得财政收入降低，同时，政府又要增加财政支出解决失业和企业困难的问题，财政预算收支平衡受到冲击。而

---

① 国家为了处置四大行的不良资产，分别对口成立了中国东方资产管理公司、中国信达资产管理公司、中国华融资产管理公司、中国长城资产管理公司四家资产管理公司（AMC），由财政部为四家资产管理公司分别提供巨大资本金，由央行提供巨大再贷款。同时允许四家 AMC 分别向对口的四大行发行了固定利率为 2.25% 的 8200 亿元金融债券，用于收购四大行的不良资产。

政府对陷入困境的银行业等金融机构的救助行为，又会产生巨额的财政成本。根据世界银行的统计，1997年，匈牙利、波兰、瑞典、阿根廷和意大利等国对银行体系支持的财政成本约占其GDP的10%，美国、英国、新加坡、希腊和菲律宾等国约占其GDP的10%至20%之间，中国、朝鲜、马来西亚、泰国和捷克等国约占其GDP的30%以上（马恩涛等，2019）。实际上，自2007年开始，全球就已爆发过大约25起系统性银行危机，且这些危机大多数发生于发达国家并产生了巨额财政成本。以冰岛和爱尔兰金融危机为例，两国政府为解决其问题银行而进行干预的财政成本超过了两国GDP的40%，五年间两国公共债务增加都超过了本国GDP的70%［莱文和巴伦西亚（Laeven，Valencia），2010］。可以说，2007年后的金融危机与之前金融危机相比，其所导致的财政成本量级非比寻常。为应对2008年全球金融危机，欧盟从该年第一季度到2012年第三季度对银行业的担保所致财政成本为2011年欧盟GDP的30%，爱尔兰为其GDP的250%［科雷亚和萨普里让（Correa，Sapriza），2014］。

第五节 财政风险与金融风险的交互传导

理论和现实都告诉我们，财政风险和金融风险并不是割裂的，而是相互转嫁的。一方面，金融危机中的政府救市政策会导致地方政府债务规模的迅速扩张；另一方面，地方政府债务风险也会通过银行对政府债券的持有而转化到金融部门，导致金融体系的不稳定。图1-1直观地表达了财政风险与金融风险的"反馈循环"的传导路径。为具体化呈现财政风险与金融风险的"反馈循环"机制，本节使用地方政府债务风险与银行业风险分别代表财政风险与金融风险进行阐述。当银行业风险上升，或银行资产价值遭到损害时，有两条路径导致地方政府债务风险的提升。一方面，如果银行成本巨大而无法债务重组，这时政府可能会对银行进行"救助"，并且不得不依赖于通过发行债券来提供救助资金。然而，过度的发债又会产生两个问题：一是政府现有债务规模越大，其紧急救助的能力越低，因为政府为偿还债务而提高税率的空间也是有限的；二是由于新增债务一定程度上会对原有债务形成"稀释效应"，进而降低了政府债券的价格，这又给持有大量政府债券，并且依赖于或明或暗政府担保的金融部门造成了一些"附带损害"。另一方面，如果政府选择不救助危机中的银行，银行资产的减值势必导致生产投资的减少，会对就业和产出带来负面影响，进而使社会生产下降，经济增长放慢。银行风险通过对税收收入的影响会给财政带来额外压力，且随着经济活力的下降这一压力会更加严峻。最终伴随着政府为缓解财政压力而进行债务发行，银行资产价值再次遭受损害。

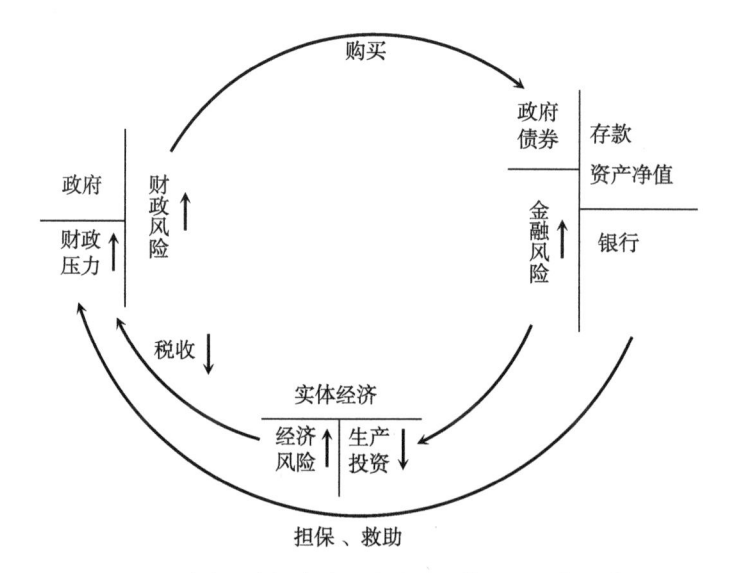

图 1-1 财政风险与金融风险的"反馈循环"传导路径

一、动态随机一般均衡（DSGE）模型简介

动态随机一般均衡（dynamic stochastic general equilibrium，DSGE）模型是现代主流宏观经济理论的基本研究范式，不仅在学术领域中占据主导

地位，也在中央银行的政策分析和经济预测中发挥巨大作用。动态随机一般均衡模型的三大特征分别是动态（dynamic）、随机（stochastic）和一般均衡（general equilibrium）。其中动态是指模型的本质是各经济部门主体会基于其偏好、技术和约束条件等求解跨期最优化问题，以探讨各宏观经济变量的动态变化情况；随机是指模型中会存在刻画现实经济中存在的不确定性情况的随即冲击；一般均衡则是指模型中各市场同时出清，以分析经济主体和经济变量之间的相互联系与相互影响。按照发展阶段和模型设定的不同，动态随机一般均衡模型大致可分为两大类：真实经济周期（real business cycle，RBC）模型和新凯恩斯主义（New Keynesian，NK）模型。关于经济波动的争论两个学派目前均被广泛使用，通常根据研究目的的不同而选择采用相应的模型：古典学派强调优化私人经济行为体，调整相对价格以实现不受约束的市场的效率的供需平衡。凯恩斯学派认为，理解经济波动不仅需要研究一般均衡的复杂性，还需要在大范围内认识市场失灵的可能性。真实经济周期理论是经济波动古典观点的最新体现。它假设技术变革的速度有很大的随机波动。为了应对这些波动，个人会合理地改变他们的劳动力供应和消费水平。根据真实经济周期理论，唯一能引起经济波动的力量是那些改变瓦尔拉斯均衡（Walrasian Equilibrium）的力量。瓦尔拉斯均衡只是一组数量和相对价格，它们同时等同于经济中所有市场的供应和需求。许多类型的宏观经济扰动原则上会在实际商业周期模型中产生波动，例如，政府购买水平或投资税收抵免的变化改变了对商品的需求，从而影响了瓦尔拉斯均衡。石油相对价格的变化改变了劳动力在替代用途之间的均衡分配。

真实经济周期理论强调商品和休闲的跨期替代［巴罗（Barro），1987］。它首先指出，政府采购的增加扩大了对商品的需求。为了实现商品市场的均衡，实际利率必须上升，这会减少消费和投资。实际利率的上升也导致个人在不同时间内重新分配休闲时间。特别是在更高的实际利率下，今天工作比未来工作相对更有吸引力，劳动力供给的增加又导致均衡就业和产出的增加。新凯恩斯主义理论与真实经济周期理论具有许多相似的核心假设：一个无限期生存的代表性家庭在跨期预算约束下，试图最大化基于消费和闲暇的效用；大量厂商具有相同的、并且服从外生随机变动的技术；均衡具有随机过程的形式，在给定家庭和厂商的目标和约束条件下，经济中所有的内生变量与家庭和厂商的最优跨期决策相一致，同时所有市场出清。

新凯恩斯主义理论则在真实经济周期理论的基础上增加了一些不同于古典模型的关键假设：垄断竞争即价格和工资由经济个体最大化其目标函数来决定，而非由匿名的瓦尔拉斯拍卖者按照瞬时出清所有竞争性市场来决定；名义刚性即厂商在调整商品价格的频率方面受到一些约束，或者说，厂商可能面临一些价格调整成本，同样的摩擦也适用于工人，当出现黏性工资时；货币政策的短期非中性即由于存在名义刚性，短期内名义利率（无论是由中央银行直接决定，还是由货币供给和需求的变动所导致）并不会与预期通货膨胀率同等变化，从而导致实际利率发生变动。实际利率的变动引起消费、投资、总产出和就业的变动，因为厂商会调整产品供给以满足新的需求水平。但是在长期中，所有的价格和工资都将调整，经济将回归到其自然均衡。

上述假设导致真实经济周期理论模型与新凯恩斯主义模型具有不同的经济和政策含义：（1）经济对于冲击的反应通常是无效率的；（2）由于存在名义刚性而导致的货币政策非中性，使得货币当局纠正市场扭曲、增进社会福利的干预措施有了用武之地；（3）模型适用于不同货币政策的分析和比较，而不受卢卡斯批判的制约。

二、基于财政风险和金融风险交互传导的 DSGE 模型设计

从以上分析可以看出，政府救助与银行持有政府债券为风险"反馈循环"搭建了桥梁，我们试图将这一桥梁模型化，并融入一个包含银行和地方政府风险传导路径的 DSGE 模型。经济系统中存在家庭部门、生产

部门、金融部门和政府部门四个部门。在我们的模型中，金融部门通过吸收家庭部门的存款向生产部门提供信贷，但也在其资产负债表上持有政府部门发行的债务。对于政府部门，我们引入了长期地方政府债务和政府支出受新冠疫情冲击的情况。政府向银行发债并全部由银行持有，且债券具有违约风险。政府从家庭部门征收税收，为其支出提供资金，并履行现有的本息偿还义务，同时央行的目标为维持物价和利率稳定。除此之外，我们还假设生产部门又分为中间品生产厂商、最终品生产厂商、企业家和资本品生产商四类，中间产品生产商在银行处获得资本之后，加上劳动作为投入生产中间品，然后被最终产品生产商所购买，并将它们组合成一个单一的产出产品。最后，该商品由家庭部门购买用于消费，家庭通过提供劳动力或通过存款利息等方式获取收入，在此预算约束下最大化终身效用。为了将风险、风险反馈结构与经济部门联系起来，在这里我们引入三个模型的基本假设：（1）当银行业风险上升时，忌惮于风险对经济的破坏，政府会对银行进行救助，直接向银行提供资金，以缓解银行的资产状况。但银行在接受救助资金后的偿还存在滞后或者折减，这部分的损失将由政府部门承担。此外，政府发行的债券全部由银行持有，两者构成了"反馈循环"结构的风险传导途径。（2）银行弱主观能动性。在我国，主要的商业银行都是国有的，即便随着金融体制的改革，国家放松了对金融体系的直接控制，政府依然对金融行业有很强的控制力。因此，在我们的假设中，政府债券由银行被动持有，银行无法自由的调整其资产组合以获取自身收益最大化，在均衡状态下生产投资收益主要由银行与企业的信贷合约决定，且不等于政府债券收益率。（3）理性风险预期。理性风险预期是指社会对市场利率进行预期的时候，人们会最大限度地利用现有的市场信息准确的预测利率，使得资本投资和政府债券的实际收益率不同于票面收益率。这一假设将风险与经济的动态均衡联系起来，进而可以实现财政风险与金融风险的动态对比分析，成为我们研究风险"反馈循环"结构的基石。

（一）家庭部门

家庭部门的模型构建比较简单，我们遵循 DSGE 模型的两个基本的假设：一是终身消费假设，每个家庭生活为无限期；二是家庭同质假设，即每个家庭 i 都表现出相同的偏好和资产禀赋，每个家庭成员都有相同的消费模式，家庭总计为 1 个单位。所有的家庭由工人、企业家、银行家组成，在 t 时期末，家庭都从工人的劳动、企业的利润和银行的储蓄中获得收入，家庭再使用这些资金购买消费品或将其存入银行，以形成下一期的社会投资，为了更简单地研究政府与银行之间的关系，我们简单地假设家庭仅通过银行储蓄的方式进行间接投资，而不会直接购买政府债券等金融产品。为了更真实地捕捉家庭的消费动态，本书使用消费习惯函数构建家庭的效用函数，家庭的效用水平取决于上期消费与本期消费的相对大小。家庭部门最大化其贴现效用为

$$\max_{c_t, h_t, d_t} E_0 \sum_{t=0}^{\infty} \beta^t [\ln(c_{i,t} - \xi c_{i,t-1}) - \zeta \ln(1 - h_{i,t-1})]$$

其中，$c_{i,t}$ 为每个家庭在 t 期的消费，$h_{i,t}$ 为每一期的工作时间，β 为家庭的主观贴现因子，实现了未来效用的现期折减。家庭预算约束为

$$c_{i,t} + d_{i,t} + T_{i,t} = w_t h_{i,t} + R_t^D d_{i,t-1} + \Pi_{i,t}$$

每个家庭以 w_t 的工资水平获取劳动收入、以 R_t^D 的存款利率获取银行利息以及从企业获取的股利分红 $\Pi_{i,t}$ 支撑每期的消费。尽管我国以企业税为主，但本书假设企业都由家庭所有，所以政府还会在每期对家庭征收一次性税收 $T_{i,t}$。在每期末，家庭将会把所有的剩余的资金 $d_{i,t}$ 存入银行，但该部分资金不属于家庭所有。可以通过一阶条件分别得到欧拉方程、劳动供给方程、债券供给方程，其中，λ_t^h 是预算约束的拉格朗日乘数：

$$\frac{1}{c_t - \xi c_{t-1}} = \lambda_t^h + \beta \xi \frac{1}{c_{t+1} - \xi c_t}$$

$$\lambda_t^h w_t = \frac{\zeta}{1 - h_t}$$

$$\beta \lambda_{t+1}^h = \lambda_t^h \frac{1}{R_t^D}$$

(二) 生产部门

生产方面以标准的 NK 方式建模。生产部门主要由中间品生产商、最终品生产商、企业家和资本品生产商四部分组成。在每一期开始时，中间品生产商通过劳动和资本进行生产，然后由最终品生产商进行打包并进行销售。在每一期末，中间品生产商会将其剩余的资本出售给资本品生产商，由资本品生产商调整投资以转换为下一期中间品生产商所需的资本，最后企业家决定着投资的成功与否，他们从银行处获得贷款并投入生产，并偿还本息。同样地，我们假设每一类型的所有厂商 $i \in (0,1)$ 各自是同质的。

1. 最终品生产商

在 t 时期，完全竞争的最终品生产厂商以一定替代弹性将中间产品打包生产为最终产品 Y_t。打包成本为零，生产函数采用 CES 形式：

$$Y_t^e = \left[\int_0^1 y_{i,t}^{(\epsilon-1)/\epsilon} dj \right]^{\epsilon/(\epsilon-1)}$$

其中，ϵ 为中间品的常替代弹性，$1 < \epsilon < \infty$，反映了中间品生产商的垄断能力。$y_{i,t}$ 为中间品的数量，其价格为 $p_{i,t}$，假设最终产品的价格为 P_t，最终品生产商的利润可以表示为

$$P_t Y_t - \int_0^1 p_{i,t} y_{i,t} di$$

最终品生产商要最大化其利润：

$$\max_{y_{i,t}} P_t Y_t - \int_0^1 p_{i,t} y_{i,t} di$$

$$\epsilon \max_{y_{i,t}} P_t \left[\int_0^1 y_{i,t}^{(\epsilon-1)/\epsilon} dj \right]^{\epsilon/(\epsilon-1)} - \int_0^1 p_{i,t} y_{i,t} di$$

由此可以得到一阶条件：

$$p_{i,t} = P_t \left[\int_0^1 y_{i,t}^{(\epsilon-1)/\epsilon} dj \right]^{1/(\epsilon-1)} y_{i,t}^{-1/\epsilon}$$

由此可以得到第 i 厂商的产品需求函数：

$$y_{i,t} = Y_t \left(\frac{P_t}{p_{i,t}}\right)^{\epsilon}$$

在完全竞争条件下，最终品生产商利润为零，则：

$$P_t = \left[\int_0^1 y_{i,t}^{1-\epsilon} di\right]^{1/(1-\epsilon)}$$

最终品生产商还会将打包好的最终产品进行销售，其具有一定的定价能力。假设最终品生产商根据卡尔沃（Calvo，1983）提出的交错定价模型调整价格，在每一期，最终品生产商可调整价格的概率为 $1-\varphi$，因此每期中有 $1-\varphi$ 比例的厂商调整价格，φ 比例的厂商价格保持不变。最终品生产商会以随机贴现因子 $\beta \Lambda_{t+1} = \beta \frac{\lambda_{t+1}}{\lambda_t}$ 在 t 期最大化其贴现利润：

$$\max_{p_{i,t}^*} E_t \sum_{s=0}^{\infty} (\beta\varphi)^s \Lambda_{t,t+s} \left(\frac{p_{i,t}^*}{P_{t+s}} - mc_{t+s}\right) y_{i,t+s}$$

$$s.t. \quad y_{i,t+s}^* = Y_t \left(\frac{p_{i,t}^*}{P_t}\right)^{-\epsilon}$$

将产品需求函数代入可得：

$$\max_{p_{i,t}^*} E_t \sum_{s=0}^{\infty} (\beta\varphi)^s \Lambda_{t,t+s} \left[\left(\frac{P_{t+s}}{p_{i,t}^*}\right)^{\epsilon-1} - mc_{t+s}\left(\frac{P_{t+s}}{p_{i,t}^*}\right)^{\epsilon}\right] Y_{t+s}$$

最高定价的一阶条件为

$$E_t \sum_{s=0}^{\infty} (\beta\varphi)^s \left[(1-\epsilon)\frac{p_{i,t}^{*-\epsilon}}{P_{t+s}^{1-\epsilon}} + \epsilon \frac{p_{i,t}^{*-\epsilon-1}}{P_{t+s}^{-\epsilon}} \epsilon mc_{t+s}\right] Y_{t+s} = 0$$

$$p_{i,t}^* = \frac{E_t \sum_{s=0}^{\infty} (\beta\varphi)^s \Lambda_{t,t+s} \epsilon P_{t+s}^{\epsilon} mc_{t+s} Y_{t+s}}{E_t \sum_{s=0}^{\infty} (\beta\varphi)^s (\epsilon-1) P_{t+s}^{\epsilon-1} Y_{t+s}}$$

以通货膨胀的形式可以表示为

$$\pi_t^* = \frac{p_{i,t}^*}{P_{t-1}} = \frac{\epsilon}{(\epsilon-1)} \epsilon \frac{E_t \sum_{s=0}^{\infty} (\beta\varphi)^s \Lambda_{t,t+s} (P_{t+i}/P_{t-1})^{\epsilon} mc_{t+s} Y_{t+s}}{E_t \sum_{s=0}^{\infty} (\beta\varphi)^s \Lambda_{t,t+s} (P_{t+i}/P_{t-1})^{\epsilon-1} Y_{t+s}} =$$

$$\frac{\epsilon}{(\epsilon-1)}\frac{\Xi_{1,t}}{\Xi_{2,t}}$$

将 Ξ_1、Ξ_2 写成递归的形式：

$$\Xi_{1,t} = \pi_t^\epsilon mc_t Y_t + \beta\varphi \Lambda_{t,t+s} \pi_t^\epsilon \pi_{t+1}^\epsilon \Xi_{1,t+1}$$

$$\Xi_{2,t} = \pi_t^{\epsilon-1} Y_t + \beta\varphi \Lambda_{t,t+s} \pi_t^{\epsilon-1} \pi_{t+1}^{\epsilon-1} \Xi_{2,t+1}$$

最优通胀率可以写为

$$\pi_t^* = \frac{\epsilon}{(\epsilon-1)} \frac{\pi_t^\epsilon (mc_t Y_t + \beta\varphi \Lambda_{t,t+s} \pi_{t+1}^\epsilon \Xi_{1,t+1})}{\pi_t^{\epsilon-1}(Y_t + \beta\varphi \Lambda_{t,t+s} \pi_{t+1}^{\epsilon-1} \Xi'_{2,t+1})} = \frac{\epsilon}{(\epsilon-1)} \pi_t \frac{\Xi'_{1,t}}{\Xi'_{2,t}}$$

根据 $P_t = \left[\int_0^1 p_{i,t}^{*1-\epsilon} di\right]^{1/(1-\epsilon)}$，可以通过 Calvo 加总得到实际通胀率水平：

$$P_t^{1-\epsilon} = \varphi P_{t-1}^{1-\epsilon} + (1-\varphi)(P_t^*)^{1-\epsilon}$$

$$\epsilon \pi_t^{1-\epsilon} = (1-\varphi)(\pi_t^*)^{1-\epsilon} + \varphi$$

2. 资本品生产商

在生产的每一期的期末资本品生产商会以 P_t^k 的价格从中间产品生产商那里购买剩余的资本存量，它们通过付出一定的调整成本，在吸收新的投资后将这些资本转换成下一期所需要的资本，以 P_t^k 的价格重新卖给中间品生产商，则资本累计方程为

$$K_{t+1} = (1-\delta)K_t + I_t - \frac{\kappa}{2}\left(\frac{I_t}{K_t} - \delta\right)^2 K_t$$

本书考虑到新冠疫情期间产品需求的变化，我们假设调整成本 $\Gamma = \frac{\kappa}{2}(x-\delta)^2$ 是一个凸函数，这使得总投资水平改变的成本很高，这样能够能准确地反映新冠疫情冲击对生产环境的影响。最后资本品生产商的目标是最大化预期贴现利润：

$$\max_{I_t} E_t \sum_{s=0}^\infty \beta^{t+s} \Lambda_{t,t+s} P_{t+s}^K \left[I_{t+s} - \frac{\kappa}{2}\left(\frac{I_{t+s}}{K_{t+s}} - \delta\right)^2 K_{t+s}\right] - I_{t+s}$$

可以得到资本品生产商的一阶条件：

$$P_t^k = \left[1 - \kappa\left(\frac{I_t}{K_t} - \delta\right)\right]^{-1}$$

3. 企业家

此外，受新冠疫情的影响，企业的持续经营面临挑战，这意味着生产投资面临着异质性风险 $\eta_{i,t}$，我们借鉴伯南克等（Bernanke, et al., 1999）关于金融加速器模型的研究，假设生产投资由企业家负责，他们与银行签署债务合约，以 R_t^E 的贷款利息从银行处获取贷款 d_t，结合自有资产 Ne_t 进行投资生产，第 i 个企业家的总资产可表示为

$$P_t^K k_{i,t+1} = Ne_{i,t} + d_{i,t}$$

异质性风险 $\eta_{i,t}$ 独立同分布，分布函数不随时间变化，均服从于对数标准正态分布 $ln(\eta_{i,t}) \sim N(0, \sigma_\eta^2)$，记作 $F(\eta_{i,t})$，令 $E(\eta_{i,t}) = 1$。若生产投资的风险 $\eta_{i,t}$ 大于风险临界值 $\bar{\eta}_{i,t}$，则企业偿还本息 $R_{t+1}^E d_{i,t}$；若 $\eta_{i,t} < \bar{\eta}_{i,t}$，则企业申请破产清算，但清算成本比例为 $\in$，银行将得到 $(1-\in)\eta_{i,t} R_{t+1}^K P_t^K k_{i,t+1}$。其中，风险临界值可自然定义为 $\bar{\eta}_{i,t} R_{t+1}^K P_t^K k_{i,t+1} = R_t^E d_{i,t}$，即投资收益刚好等于企业家向银行还本付息时的异质性风险的大小。假设贷款不存在风险溢价，则投资收益可表示为

$$R_{t+1}^\eta = \int_0^{\bar{\eta}_{i,t}} (1-\in) \eta_{i,t} R_{t+1}^K P_t^K k_{i,t+1} dF(\eta_{i,t}) + \int_{\bar{\eta}_{i,t}}^\infty R_{t+1}^E d_{i,t} F(\eta_{i,t}) =$$

$$(1-\in) R_{t+1}^K P_t^K k_{i,t+1} \int_0^{\bar{\eta}_{i,t}} \eta_{i,t} dF(\eta_{i,t}) + [1 - F(\eta_{i,t})] \bar{\eta}_{i,t} R_{t+1}^K P_t^K k_{i,t+1}$$

企业家资产最大化条件为投资成功的收益减去投资成功的成本：

$$Ve_{i,t} = \max_{\bar{\eta}_{i,t}, k'_{i,t}} E_t \left\{ \int_{\bar{\eta}_{i,t}}^\infty \eta_{i,t} R_{t+1}^K P_t^K k_{i,t+1} dF(\eta_{i,t}) - [1 - F(\eta_{i,t})] \bar{\eta}_{i,t} R_{t+1}^K P_t^K k_{i,t+1} \right\}$$

$$s.t. \ (1-\in) R_{t+1}^K P_t^K k_{i,t+1} \int_0^{\bar{\eta}_{i,t}} \eta_{i,t} dF(\eta_{i,t}) + [1 - F(\eta_{i,t})] \bar{\eta}_{i,t} R_{t+1}^K P_t^K$$

$k_{i,t+1} = R_t d_{i,t}$

约束条件为银行零利润条件，因为在模型中银行是完全竞争的。通过变量替换，$F_t = F(\eta_{i,t})$，$U_t = \int_0^{\bar{\eta}_{i,t}} \eta_{i,t} dF(\eta_{i,t})$，$\Gamma_t = U_t + \bar{\eta}_{i,t}[1 - F(\eta_{i,t})]$ 可以将目标函数化简为

$$Ve_{i,t} = \max_{\bar{\eta}_{i,t}, k'_{i,t}} E_t\{(1 - \Gamma_t) R_{t+1}^K P_t^K k_{i,t+1}\}$$

s.t. $(\Gamma_t - \in U_t) R_{t+1}^K P_t^K k_{i,t+1} = R_t(P_t^K k_{i,t+1} - Ne_{i,t})$

则一阶条件为

$\Gamma_t' = \lambda_t^e(\Gamma_t' - \in U_t')$

$(1 - \Gamma_t) R_{t+1}^K P_t^K + \lambda_t^e[(\Gamma_t - \in U_t) R_{t+1}^K P_t^K - R_t R_{t+1}^K]$

$(\Gamma_t - \in U_t) R_{t+1}^K P_t^K k_{i,t+1} = \lambda_t^e R_{t+1}^E (P_t^K k_{i,t+1} - Ne_{i,t})$

设企业 i 的杠杆率 $L_{i,t}^e = \dfrac{P_t^K k_{i,t+1}}{Ne_{i,t}}$，则一阶条件可改写为

$$\dfrac{(\Gamma_t' - \in U_t')}{\Gamma_t'}(1 - \Gamma_t) + (\Gamma_t - \in U_t) = \dfrac{R_t}{R_{t+1}^K}$$

$$(\Gamma_t - \in U_t) \dfrac{R_{t+1}^K}{R_t} = \dfrac{L_{i,t+1}^e - 1}{L_{i,t+1}^e}$$

最后我们可以得到在均衡状态下的企业价值为

$Ve_t = (1 - \Gamma_t) R_{t+1}^K P_t^K k_{t+1}$

在每一期企业家的消费为

$C_t^e = (1 - \xi^e) Ve_t$

企业净资产则有企业家自有工资与消费剩余的资产组成：

$Ne_t = \xi^e Ve_t + w_t^e H_t^e$

4. 中间品生产商

中间品生产商使用简单的柯布—道格拉斯（Cobb-Douglas）生产函数进行生产。生产商从银行部门借款以购买生产所需的资本 K_t，从家庭雇佣劳动力 H_t，H_t^e 劳动则来自企业家。生产函数为

$$y_{i,t}^e = A_t k_{i,t}^\alpha (\nu_t h_{i,t}^\omega (h_{i,t}^e)^{1-\omega})^{1-\alpha}$$

通过以价格 P_t^y 出售产出和以资本价格 P_t^k 出售折旧资本收益，企业向工人支付工资，并向银行偿还贷款，假设银行和中间品生产商之间不存在金融摩擦，则中间品生产商 i 的利润最大化决策为

$$\max_{k_i,h_i} \Pi_{i,t} = \max_{k_i,h_i} P_t^y y_{i,t}^e - w_t h_{i,t} - R_t^k P_{t-1}^k k_{i,t} + P_t^k (1-\delta) k_{i,t}$$
$$s.\ t.$$

其中，A_t 表示全要素生产率，ν_t 代表了疫情对劳动力产生的冲击，在新冠疫情初期，疫情对经济的影响主要通过减少劳动力供给进而造成产出的下降。两个冲击均服从 $AR(1)$ 过程，ε_t 服从均值为零、标准差为 σ 的正态分布：

$$A_t = \rho^a \nu_{t-1} + \varepsilon_t^a \quad \varepsilon_t^a \sim N(0, \sigma_a^2)$$
$$\nu_t = \rho^h \nu_{t-1} + \varepsilon_t^h \quad \varepsilon_t^h \sim N(0, \sigma_h^2)$$

可以得到一阶条件：

$$w_t h_{i,t} = (1-\alpha) \omega P_t^y y_{i,t}^e$$
$$w_{i,t}^e h_{i,t}^e = (1-\alpha)(1-\omega) P_t^y y_{i,t}^e$$
$$P_t^y = \alpha^{-\alpha} (1-\alpha)^{\alpha-1} [w_t^{1-\alpha} [P_{t-1}^k R_t^k - P_t^k(1-\delta)]]^\alpha$$

假设生产企业完全竞争，在均衡状态下，中间品生产者超额利润为零，将工资代入可以得到投资收益率：

$$R_t^k = \frac{\alpha P_t^y y_{i,t}^e}{P_{t-1}^k k_{i,t}} + \frac{P_t^k (1-\delta)}{P_{t-1}^k}$$

5. 生产部门的加总

通过运用卡尔沃（Calvo, 1983）的基本假设，消除模型的异质性，由此可以计算价格离散方程：

$$\Theta_t = \int_0^1 \left(\frac{P_t}{p_{i,t}}\right)^\epsilon di = \int_0^{1-\varphi} \left(\frac{P_t}{p_{i,t}^*}\right)^\epsilon di + \int_{1-\varphi}^1 \left(\frac{P_t}{p_{i,t-1}^*}\right)^\epsilon di$$
$$= (1-\varphi)(\pi_t^*)^{-\epsilon} + \varphi \pi_t^\epsilon \Theta_{t-1}$$

将所有厂商 $y_{i,t}$ 累加得到：

$$Y_t^e = \int_0^1 y_{i,t} \mathrm{d}i = Y_t \int_0^1 \left(\frac{P_t}{p_{i,t}}\right)^\epsilon \mathrm{d}i = Y_t \Theta_t$$

则加总的实际生产函数为

$$Y_t = A_t K_t^\alpha (\nu_t H_t^\omega (H_t^e)^{1-\omega})^{1-\alpha} / \Theta_t$$

（三）银行部门

本书按照格特勒和考拉迪（Gertler, Karadi, 2011）的模型对金融市场进行建模。银行吸收家庭的存款用以生产投资和购买政府债券，然后使用投资收益向家庭支付利息，通过投资收益与存款付息之差实现净资产的累积。

1. 单个银行

在我国，银行在金融市场中处于绝对领导地位，因此我们使用银行市场替代金融市场进行建模。假设银行市场是完全竞争的，且与生产部门一样，所有银行都为同质的，则单个银行 $i \in [0, 1]$ 的资产负债为

$$v_{i,t} = n_{i,t} + d_{i,t}$$

每一期第 i 家银行将动用其从家庭获取的存款 $d_{i,t}$ 与自身的净资产 $n_{i,t}$ 分别以 P_t^k 和 P_t^B 的债权价格进行投资，则银行资产方还可以表示为

$$v_{i,t} = P_t^K k_{i,t}^s + P_t^B b_{i,t}^s$$

$b_{i,t}^s$ 是银行 i 获得的政府债券数量，在 $t+1$ 期收益率为 R_{t+1}^B。中间产品生产商在 $t+1$ 期需要支付给银行本息 $R_{t+1}^\eta P_t^K k_{i,t+1}^s$，在扣减银行的负债 $R_{t+1}^D d_{i,t}$ 后可以写出银行的净资产累计方程：

$$n_{i,t+1} = R_{t+1}^\eta P_t^K k_{i,t+1}^s + R_{t+1}^B P_t^B b_{i,t+1}^s - R_{t+1}^D d_{i,t} + s_{i,t} - \tilde{s}_{i,t}$$

$$= (R_{t+1}^\eta - R_{t+1}^D) P_t^K k_{i,t+1}^s + (R_{t+1}^B - R_{t+1}^D) P_t^B b_{i,t+1}^s + (R_{t+1}^D + \iota_{t+1} - \tilde{\iota}_{t+1}) n_{i,t}$$

我们参考夸克和威恩伯根（Kwaak, Wijnbergen, 2014）的设定，用 $s_{i,t}$ 表示政府向银行 i 提供的救助资金，$\tilde{s}_{i,t}$ 表示银行偿还上一期获得的政府救助。ι_{t+1} 与 $\tilde{\iota}_{t+1}$ 分别表示政府救助银行资金和银行偿还资金占银

行净资产的比例。我们可以将其理解为将政府对银行破产的担保救助分摊到每一期，或者理解为政府对每一期的银行损失都进行担保：因为银行的资产损失会直接影响到社会经济投资，因此模型中政府对银行每期损失都担保是合理的。不论哪种理解，都是对现实情况的一种简化表达，不会影响整体的均衡。银行将预期利润最大化，为了避免银行完全运用累积的自有资本运营，这里假设银行在每一期以 $1-\theta$ 的概率破产退出金融市场，在这种情况下，该银行的净资产 $n_{i,\,t+1}$ 清算后作为运营资本继续进入金融市场，而 θ 也就是银行将被允许继续经营的概率。假设银行仅在退出时支付股息，则银行会发现在退出之前积累留存收益是最佳策略。

这里通过一个道德风险问题引入金融摩擦，由于政府对银行的担保，银行可以在每一期期初挪用部分资产，进行高风险的投资。我们假设这部分风险投资坏账概率极高，忽略该部分的收益，如果发生这种情况，只能收回银行剩余的资产。如果银行的市值低于资产价值的一定比例，银行则会宣布破产。为了保证银行的有效运营，这会产生下述流动性约束：

$$V_{i,\,t}(n_{i,\,t}) \geqslant \mu^K P_t^K k_{i,\,t+1}^s + \mu^B P_t^B b_{i,\,t+1}^s$$

μ^K 与 μ^B 为银行的流动性约束，表示银行可挪用用于投资和用于购买政府债券的资产的比例。在前文我们还作了银行弱能动性的假设，在我国银行与政府紧密联系的背景下，政府监管对于金融市场有更强的约束力，银行挪用政府债券投资的比例小于生产投资 $\mu^K > \mu^B$，银行在 t 期末的目标是衡量未来终期股息支付的预期现值：

$$V_{i,\,t} = E_t \sum_s^\infty \left[\beta \Lambda_{t,\,t+s} (1-\theta) \theta^{t+s-1} n_{i,\,t+s} \right]$$

银行通过随机贴现因子 $\beta \Lambda_{t,\,t+1} = \beta \dfrac{\lambda_{t+1}}{\lambda_t}$ 贴现这些结果，银行最大化自身资产贴现值的目标也可以通过递归的贝尔曼方程（Bellman Equation）

形式给出：

$$V_{i,t} = \max E_t\{\beta \Lambda_{t,t+1}[(1-\theta)n_{i,t} + \theta V_{i,t+1}]\}$$

为求解方程，我们首先猜测价值函数在银行投资组合结构中是以下线性形式：

$$V_{i,t}(n_{i,t}) = X_t n_{i,t}$$

将其代入贝尔曼方程后可得：

$$V_{i,t}(n_{i,t}) = X_t n_{i,t} = \Lambda_{t,t+1}(1-\theta+\theta X_{t+1})n_{i,t+1}$$

根据包络线定理，将最优解代入目标函数，其一阶条件也同样满足最优化条件，于是银行最优问题可以重写为

$$V_{i,t}(n_{i,t}) = \max_{k^s_{i,t+1}, b^s_{i,t+1}} E_t[\Lambda_{t,t+1}(1-\theta+\theta X_{t+1})n_{i,t+1}]$$

s.t. $n_{i,t+1} = (R^\eta_{t+1} - R^D_{t+1})P^K_t k^s_{i,t+1} + (R^B_{t+1} - R^D_{t+1})P^B_t b^s_{i,t+1} + (R^D_{t+1} + \iota_{t+1} - \tilde{\iota}_{t+1})n_{i,t}$

$$V_{i,t}(n_{i,t}) \geqslant \mu^K P^K_t k^s_{i,t+1} + \mu^B P^B_t b^s_{i,t+1}$$

由于弱能动性的假设，银行无法自由地调整自身的投资结构以获取收益最大化，银行投资收益与政府债券收益不相等，求一阶条件可得：

$$\frac{(R^\eta_{t+1} - R^D_{t+1})}{(R^B_{t+1} - R^D_{t+1})} = \frac{\mu^K}{\mu^B} = \mu$$

$$\lambda^s_t(X_t n_{i,t} - \lambda^K P^K_t K_{t+1} - \lambda^B P^B_t B_{t+1}) = 0$$

λ^s_t 是流动性约束相联系的拉格朗日乘子，显然我们要令流动性约束存在，则 $\lambda^s_t \neq 0$，则一阶条件可以写为

$$\Omega_{t+1} = \Lambda_{t,t+1}(1-\theta+\theta X_{t+1})$$

$$X_t = \frac{\Omega_{t+1}(R^D_{t+1} + \iota_{t+1} - \tilde{\iota}_{t+1})}{1 - \lambda^s_t}$$

$$\lambda^s_t = 1 - \frac{\Omega_{t+1}(R^D_{t+1} + \iota_{t+1} - \tilde{\iota}_{t+1})n_{i,t}}{\lambda^s_t \mu^K P^K_t k^s_{i,t+1} + \lambda^s_t \mu^B P^B_t b^s_{i,t+1}}$$

2. 银行加总

在 t 时期结束时,行业内的银行中只有 θ 比例的银行将继续经营,而剩下的 $1-\theta$ 的银行家将自然破产成为工人,由于银行家只有在退出银行业务的那一刻才发放股息,因此,持续经营的银行家在期末的总净值等于：

$$N_t^o = \theta[(R_{t+1}^\eta - R_t^D) P_{t-1}^K K_t^s + (R_t^B - R_t^D) P_{t-1}^B B_t^s + (R_t^D + \iota_{t+1} - \tilde{\iota}_{t+1}) N_t]$$

退出的银行家将他们的净资产纳入家庭收入,虽然每个时期有固定比例银行家离开金融业,但我们假设在下一时期,同样比例的家庭将进入金融业。这部分家庭会将提供一部分家庭财产构成新银行的起始净值,其相当于银行总资产的固定比例,新银行家的净值将等于：

$$N_t^y = \omega V_{t-1}$$

在随机决定银行自然破产后,在 t 期结束时银行的总净资产为

$$N_t = N_t^o + N_t^y$$

$$= \theta[(R_{t+1}^\eta - R_t^D) P_{t-1}^K K_t^s + (R_t^B - R_t^D) P_{t-1}^B B_t^s + R_t^D N_t] + \omega V_{t-1} + \theta(S_t - \widetilde{S}_t)$$

受理性风险预期的影响,社会对银行收益率的预期可能存在偏差,我们借助债券定价公式来实现,其中, P_t^{K*} 表示均衡时的资产价格, t^k、t^e 分别表示贷款期限和待偿期,假设与政府债券期限一致,则银行信贷实际收益率为

$$R_t^e = \frac{P_t^{K*}(1 + R_t^K * t^k)}{P_t^K * t^e}$$

3. 银行违约与救助

一旦银行陷入危机,政府必然会对其进行救助,根源在于不进行救助所产生的最终财政成本高于救助所产生的成本。在本书的假设中,当银行违约时,政府将对这部分损失进行全额担保,政府对银行提供的支持将与银行前期的净资产成比例：

$$S_t = \iota_t N_{t-1}$$

其中, ι_t 是一个比例因子,与银行违约概率有关,我们假定一个银行的违

约的概率服从 logistic 分布，且受银行实际资本收益率的影响：

$$\iota_{t+1} = P(x=1) = \frac{e^{M_{t+1}}}{1+e^{M_{t+1}}}$$

$$M_t = (1-\rho^m)M^* + \rho^m M_{t-1} + \rho^r log\left(\frac{R_t^\eta}{R_{t-1}^\eta}\right) + \varepsilon_t^m$$

令 $Z_t = e^{M_{t+1}}$，那么

$$\iota_{t+1} = \frac{Z_t}{1+Z_t}$$

$$\ln Z_t = (1-\rho^m)\ln Z^* + \rho^m \ln Z_{t-1} + \rho^r log\left(\frac{R_t^\eta}{R_{t-1}^\eta}\right) + \varepsilon_t^m$$

而 $\widetilde{S}_t = \chi S_t = \chi \in \iota_t N_{t-1}$ 表示银行需要偿还上一期获得的政府救助，χ 表示银行需要偿还政府资金的程度，当 $\chi = 0$ 时，救助是政府的无偿义务。$\chi = 1$ 表示政府救助是提供给银行零息贷款，而 $\chi > 1$ 则意味着银行必须为上期获得的资金支付额外利息。

（四）政府部门

1. 地方政府

这一部分介绍地方政府的行为。首先我们假设短期政府债券的供应为零，在财政压力逐步增大的背景下，短期政府债券将相对造成更大的偿债压力，因而地方政府现在纷纷转而发行长期债券。长期政府债券结构如伍德福德（Woodford, 2001）所述，我们将长期政府债券解释为所有可能到期的债券组合，在 t 时期出售的长期债券在 $t+s+1$ 时期支付 $\gamma^{t+s}m$ 美元（$j \geq 0$，$0 \leq \gamma \leq 1$）。其到期结构的权重由 $\gamma^{T-(t+1)}$ 给出。改变 γ 的大小会改变债券组合的平均到期日：当 $\gamma = 0$ 时，所有债券只有一期付息，当 $\gamma = 1$ 时，所有的债券都是每个时期支付 j 单位的等额债券。在价格稳定的环境下，这种公共债务的久期为 $1/(1-\beta\gamma)$①。我们只考虑一种债券在每期的均衡

---

① 计算公式为 $\sum_{s=1}^{\infty} s\beta^t(\gamma^{t-1}m) / \sum_{s=1}^{\infty} \beta^t(\gamma^{t-1}m)$。

价格，则债券的收益率为

$$R_t^B P_{t-1}^B = E_t(m + \gamma P_t^B)$$

地方政府选择主要通过预算盈余 M_t 和新一期的政府债券的价值 $P_t^B B_t$ 支付未偿债务的本金和利息。地方政府的基本预算约束可表示为

$$P_t^B B_t + M_t = R_t^B P_{t-1}^B B_{t-1}$$

关于政府预算盈余，假定地方政府财政收入仅依靠对家庭征收一次性税收实现，在家庭部门模型的构建中提到，在我们的模型中，企业归家庭所有，所以即便企业税是我国税收体系的主要税种，但仍征收主体仍为家庭。而政府的财政支出则主要与社会经济水平相关，并受债务压力的制约。税收规则简单地参照博恩（Bohn，1998），设定为

$$T_t = T^* + \tau^b(B_{t-1} - B^*) + \tau^s S_{t-1}, \ \tau^b \in (0, 1), \ \tau^s \in [0, 1]$$

τ^b 为税收对债务压力的反应系数，τ^s 控制着政府救助时的融资方式。如果 $\tau^s = 0$，则救助由新债务提供资金。$\tau^s = 1$ 意味着额外支出完全由增加一次性税收负担。财政支出则根据 $AR(1)$ 的随机过程给出：

$$\ln G_t = (1 - \rho^g) \ln G^* + \rho^g \ln G_{t-1} - \rho^b \ln\left(\frac{B_t}{B_{t-1}}\right) + \varepsilon_t^g$$

ρ^g 为持续性参数，反映了新冠疫情冲击对政府财政支出的冲击，ρ^b 代表了政府支出对债务压力的动态反映，当债务压力增大时，政府会适当减少支出，G^* 为稳态的财政支出水平。此外，政府会向银行提供援助 S_t，并且政府可以得到上期银行支持的回报 $\widetilde{S}_t$，政府部门最终的预算约束为

$$P_t^B B_t + T_t + \widetilde{S}_t = G_t + S_t + (m + \gamma P_t^B) B_{t-1}$$

2. 中央银行

存款的名义利率 R_t^n 则根据简化的泰勒规则设定，中央银行通过调整名义利率控制通货膨胀，参数 π^* 为目标通货膨胀率：

$$\ln(R_t^n) = \varphi_\pi \ln\left(\frac{\pi_t}{\pi^*}\right) + \varepsilon_t^r$$

而短期实际利率则由费雪方程与绑定名义利率绑定：

$R_t^d = R_{t-1}^n / \pi_t$

3. 政府债券违约

迄今为止，对地方政府债务风险与银行业风险的分析往往忽略了政府债务折减的问题。西班牙和爱尔兰通过发行新的公共债务和对私人债权的公共担保进行大规模商业银行救助的经验表明，这种债务融资的银行救助确实削弱了资本市场对公共部门及其债务的信心。这反过来可能会危及政府对银行最初的救援行动，因为这些银行在资产负债表上持有主权债务。

为进一步规范地方政府债务管理，防范和化解财政金融风险，根据《中华人民共和国预算法》、《国务院关于加强地方政府性债务管理的意见》（国发〔2014〕43号）和《财政部关于对地方政府债务实行限额管理的实施意见》（财预〔2015〕225号）有关要求，中央为地方政府设立了政府债务限额，规定各地方政府债务余额不得超过上级政府确定的限额。针对于这一现实情况，我们在模型中进一步假设地方政府存在一个最高的债务水平，超过这个水平，税收在财政上不再可持续，就像沙贝特和威恩伯根（Schabert，Wijnbergen，2011），或者像达维格等（Davig，et al.，2011）中所述"财政限额"，当冲击引发的债务水平高于"财政限额"所指示的最高债务边界时，就引入了违约的可能性。这个债务限额由中央政府规定，因此不是内生的，我们可以通过假设引入 B_t^m。在没有违约的前提下，只要政府需要发行的债务水平 $\widetilde{B}_t$ 小于债务的最高水平 B_t^m，则实际政府债务 B_t 将等于政府债务的无违约水平 $\widetilde{B}_t$。但当债务水平 $\widetilde{B}_t > B_t^m$，则存在政府拖欠其未偿债务，实际期末债务降至 B_t^m：

$$B_t = \begin{cases} \widetilde{B}_t, & \widetilde{B}_t \leqslant B_t^m \\ B_t^m, & \widetilde{B}_t > B_t^m \end{cases}$$

重新编写地方政府债务水平：

$$B_t = \min(\widetilde{B}_t, B_t^m) = B_t^m - \max(B_t^m - \widetilde{B}_t, 0)$$

假设政府债券的债权人有理性的预期，他们知道无法从政府获取超过其债务限额从的债券，当系统受到随机冲击，政府债务可能直接或者通过税收和财政支出间接受到影响。一旦政府的债务需求超过其上限，政府部门违背了其债务合约，债券利率会因此折减 Δr。值得一提的是，这里并非是指政府实质上的违约，只是体现了市场对政府债券价值的预期。显然，关于 B_t 的函数在 $\widetilde{B}_t = B_t^m$ 处没有定义导数，为了解决可微性问题，我们参考克莱森斯和威恩伯根（Claessens, Wijnbergen, 1993）在评估墨西哥布雷迪（Brady）债务重组计划时使用的期权定价模型，将多期的政府债券违约视为看跌的期权，使其可微且连续：

$$B_t = B_t^m - [\widetilde{B}_t N(d_1) - B_t^m N(d_{2,t}) e^{-rT}]$$

$$d_1 = \frac{\ln(\widetilde{B}_t / B_t^m) + (r + \frac{1}{2}\sigma_A^2)T}{\sigma_A \sqrt{T}}$$

$$d_2 = \frac{\ln(\widetilde{B}_t / B_t^m) + (r - \frac{1}{2}\sigma_A^2)T}{\sigma_A \sqrt{T}}$$

我们对看跌期权的收益结构进行了近似，该公式给出了平均到期日 T 时的基础价格 $\widetilde{B}_t$、看跌期权的价格 B_t^m、复合无风险利率 $r = R_t^d - 1$ 和波动率 σ，$N(\cdot)$ 为标准正态分布。

当然，这种违约过程对政府预算限制有影响。当 $\widetilde{B}_t \leq B_t^m$ 时，$\Delta r = 0$ 时，但当 $\widetilde{B}_t > B_t^m$ 时，旧政府债务 B_{t-1} 通过将旧债券转换为新债券进行重组，折扣高到足以避免超过最高债务水平。息票支付和所有现有债券都减少了 $1 - \Delta r$。这意味着政府在新债券发行上减少了相当于

$\Delta(m+\gamma P_t^B)B_{t-1}$ 的金额。因此，t 时期政府的预算约束变为：

$$P_t^B B_t + T_t + \widetilde{S}_t = G_t + S_t + (1-\Delta)(m+\gamma P_t^B)B_{t-1}$$

主权债务违约的定义对持有政府债券的银行资产回报率产生直接影响，因此新银行净资产累积式为

$$N_t = \theta\left[(R_{t+1}^\eta - R_t^D)P_{t-1}^K K_t^s + \left(\frac{(1+\Delta)(m+\gamma P_t^B)}{P_{t-1}^B} - R_t^D\right)P_{t-1}^B B_t^s + R_t^D N_t\right]$$

$$+ \omega V_{t-1} + S_t - \widetilde{S}_t$$

（五）市场出清条件

对于任意连续统变量 $\{X, x\}$ 都存在：

$$\int_0^1 x_{i,t}\,\mathrm{d}i = X_t,\quad \int_0^1 x_{j,t}\,\mathrm{d}j = X_t$$

假设政府发行的政府债券全部由银行持有，私人部门无法购买。此外，均衡要求银行拥有的债权数量必须等于社会总资本：

$$B_t^S = B_t$$

$$K_t^S = K_t$$

商品市场清算要求总需求等于总供给：

$$Y_t = C_t + C_t^e + I_t + G_t + \frac{\kappa}{2}\left(\frac{I_t}{K_t} - \delta\right)^2 K_t$$

通过求解各部门最优化方案，我们可以借助新冠疫情所产生的经济冲击模拟真实经济增长情况。作为研究主权债务和商业银行救助之间相互作用的前奏，我们首先强调了金融的脆弱性，其自身存在违约的可能性，金融风险由政府的救助与对经济产出造成的影响向财政风险传染，转化为巨额财政成本。我们在模型中指出了商业银行的资产负债表与政府债券直接关联的局限性。银行在其资产组合中持有公共债务，并受到杠杆约束。财政压力的增大破坏了政府债券的期限结构。更高的债务发行量破坏了主权信誉，从而导致更大的主权债务折扣，进一步增加了被干预银行主权债务持有的资本损失。债券价值的稀释引起了银行资产价格下跌，资产负债表

约束收紧，随后对投资、消费和产出产生重大负面影响。这也引发了动态问题：政府必须发行更多债券来为同样的干预提供资金，这增加了政府未来必须支付的款项，从而再次增加了未来的债务发行和违约概率，导致进一步地放大渠道，债券价格进一步下跌，银行资产负债表损失再次上升。虽然本部分使用理论模型探讨了从文献从中提取的一种机制，但也需要进行进一步的实证评估。

第 二 章
财政风险与金融风险"反馈循环"的实证分析

第一节 我国财政风险和金融风险的整体状况

在上一章中，我们虽然着重解释了财政风险与金融风险的相互传导途径与形成机理，并对现实中的风险反馈情况进行了研究，但总体上停留在定性讨论阶段，本章我们要实现风险从定性到定量的研究。在这一过程中必须厘清的是财政风险和金融风险的形成及规模扩大过程中的三个关键因素：首先，金融系统信贷规模的扩张反映了风险的累积；其次，政府债务的估值反映了违约前景的不确定性；最后，社会经济的波动对金融风险造成的冲击极大，且政府有救助陷入偿付能力问题银行的动机。经济冲击与资产市场的脆弱性紧密相关，而政府则积极扮演"最后贷款人"[①]（lender of last resort）角色，这会引发政府财政风险危害进一步扩大。反过来政府财力的减弱使得对政府违约的预期损害了银行的资产负债表，继而诱导了政府救助银行以防止它们倒闭。其"反馈"机制依赖于这样一个事实，即银行持有本国政府的债务，并且没有发行足够的股权来保护其偿付能力，使其免受政府债务价格下跌的影响，数据显示事实上银行确实倾向于

[①] 最后贷款人（lender of last resort）一词据说是在法兰西斯·巴林爵士于 1797 年出版的 *Observations on the Establishment of the Bank of England* 一书中提出的，是指在商业银行发生资金困难而无法从其他银行或金融市场筹措时，向中央银行融资是最后的办法，中央银行对其提供资金支持则是承担最后贷款人的角色，否则便是发生困难银行的破产倒闭。在财政理论和实践中，经常用其表示政府的隐性担保和最后兜底功能。

持有政府债务。倘若政府选择不予担保，又将导致金融违约的可能性增加，更高的成本使得政府别无选择。

一、我国财政风险的整体情况

（一）政府财政缺口扩大与赤字率增加

尽管财政风险与金融风险关系密切，但国内的一些研究表明，两者的"反馈循环"在我国的影响还不够明显。确实在1978年改革开放之前的很长一段时间里，我国实行平衡预算政策，既没有积累国内债务，也没有积累外债，政府债务风险还是空中楼阁。20世纪80年代，我国的政府债务规模仍非常小，到了90年代初，中央政府通过了《中国人民银行法》，禁止财政部通过向中央银行借款来为其赤字融资，这导致了政府债务随后开始迅速增加。1997年的亚洲金融危机后迫使我国从1998年到2003年采取了扩张性财政政策，财政赤字实现新的爆发式增长。图2-1显示了1980年至2022年我国政府的财政收支缺口及赤字率。在2000年以前，我国政府财政缺口很小，且基本保持稳定。1986年财政缺口为82.9亿元，1990年为146.5亿元，到2000年后财政缺口便扩大到2499.3亿元。2003年以后，我国政府逐年减少赤字，2007年甚至实现盈余1540亿元。然而，2008年突如其来的全球性经济危机使得我国不得不再次实施积极的财政政策，这直接导致政府预算赤字从2008年1260亿元跃升至2009年的7400亿元，2010年继续增高到10500亿元。2014年以来，我国经济发展步入新常态，经济增长速度由过去的高速转变为中高速，经济下行压力逐年加大。在政府收支上，一方面，我国正处于产业转型升级期，供给侧改革要求减税降费，为此，中央政府在全面推行营业税改增值税并降低增值税税率的同时也对《个人所得税法》进行了修订，这些减税政策的实行必然会减少地方政府预算内收入。另一方面，在财政收入增幅下降的同时，我国的财政支出特别是地方政府财政支出增速却没有显著降低，新经济时代产业转型需要地方政府的扶持，社会保障等公共服务也对地方政府支出提出了更高的要求。因此，这种"减收增支"的扩张性财政政策，在调整产业结构、改善民生的同时却伴生了地方政府收支矛盾进一步加剧。实际上，我国大部分地方政府的财政赤字水平已经连续多年达到《马斯特里赫特条约》规定的3%的警戒线，财政的刚性收支赤字需要用地方政府举债来解决，而长年积累的债务问题也逐渐凸显，如果继续处于实施积极的财政政策的大背景下，可能令财政风险更难处理。尽管《马斯特里赫特条约》的相关规定对我国来说并非适用，但总体上财政缺口仍是非常巨大的。

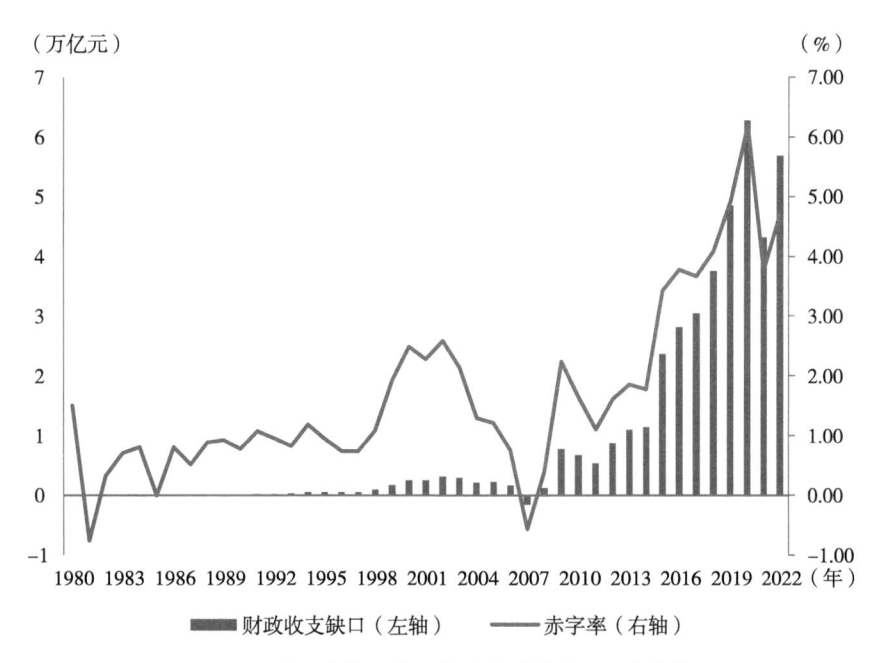

图 2-1 我国改革开放以来政府财政缺口及赤字情况

数据来源：国家统计局网站，见 http://www.stats.gov.cn/。

（二）政府债务的快速增长

多年来的预算赤字导致国内政府债务的增加。由于过去部分年份地方政府债务余额不可查，我们可以从中央债务大致看出我国政府债务的变化。表 2-1 展示了 2005 年至 2022 年中央财政债务余额。在经历了 20 世纪 90 年代和 21 世纪初的债务积累后，我国政府债务余额规模已经很大，特别是到 2007 年为止，我国政府债务高达 51467.4 亿元，占 GDP 的 20%。在经过 2008 年金融危机期间的扩张后，政府债务在 2009 年达到 59740 亿元，占 GDP 比率居高不下。此后政府不断调整化解债务存量，到 2012 年为止，中央政府债务余额占 GDP 的比率已经下降到 14.28%，但自此之后债务又重新开始膨胀，2015 年国内政府债务超过 10 万亿元，到了 2018 年，国内政府债务已将近 15 万亿元，而债务率却没有明显下降。政府债务增加导致利息支付增加，这为政府财政带来极大的压力，使政府债务风险不断拔高，2022 年中央财政债务余额占 GDP 的比率达到 21.12%。

表 2-1　2005 年至 2022 年我国中央财政债务余额

年份	国内债务（亿元）	国外债务（亿元）	国内债务/GDP（%）	国外债务/GDP（%）
2005	31848.59	765.52	17.00	0.41
2006	34380.24	635.02	15.67	0.29
2007	51467.39	607.26	19.06	0.22
2008	52799.32	472.22	16.54	0.15
2009	59736.95	500.73	17.14	0.14
2010	66987.97	560.14	16.25	0.14
2011	71410.8	633.71	14.64	0.13
2012	76747.91	817.79	14.25	0.15
2013	85836.05	910.86	14.48	0.15
2014	94676.31	979.14	14.71	0.15
2015	105467.48	1132.11	15.31	0.16
2016	118811.24	1255.51	15.92	0.17
2017	133447.43	1322.72	16.04	0.16
2018	148208.62	1398.79	16.12	0.15
2019	166032.13	2005.91	16.83	0.20
2020	206290.31	2615.56	20.35	0.26

续表

年份	国内债务（亿元）	国外债务（亿元）	国内债务/GDP（%）	国外债务/GDP（%）
2021	229643.71	3053.58	19.98	0.27
2022	255591.55	3101.21	21.12	0.26

数据来源：国家统计局及历年《中国统计年鉴》。

2014年新预算法的实施，使得地方政府债务得到了公开，但从数据上看地方政府债务却不容乐观。首先从地方政府债务的增速上来看，自中央政府表达了要合理控制、规范管理地方政府债务的意愿后，地方政府债务余额增速却不降反升逐年提高，到2020年，地方政府债务余额增速达到了20%，即便近两年地方政府债务得到了一定的控制，但增速仍保持在15%以上。相比之下，我国的GDP增长速度却不容乐观，债务增长率反映了各地方政府债务增长速度，通常情况下该数值不应超过同期GDP增长率，否则意味着GDP的增长中有一部分是靠债务支撑的。而地方政府债务依存度也在2019年后出现了回弹，且保持增长的状态。债务依存度是指当年的新增债务与财政支出的比值，用于衡量地方政府财政支出对债务收入的依赖度，显然这是财政风险恶化的征兆之一。我国地方政府债务增长情况见图2-2。

了解完地方政府债务的增长情况，继而可以观察债务的规模特征，即经济社会对地方政府债务存量情况的负担能力，首要考察的指标为债务负担率，债务负担率是指当年债务余额占GDP的比例，虽然整体上保持上升的趋势，从2015年到2021年共上升了7个百分点，但变动不大，通常来说发达国家的债务负担率一般在45%左右，地方政府债务的规模还在可控的范围内。类似地，债务率为当年债务余额与综合财力的比值，它反映了政府财政实力对债务的负担能力，同样波动不大。但是从偿债率来看，地方政府债务不容乐观。偿债率是指地方政府当年的债务还本付息额与当年可支配财力的比例关系，它反映了利息风险、即期支付风险和公共

(％)

40.00
35.00
30.00
25.00
20.00
15.00
10.00
5.00
0.00

2015　2016　2017　2018　2019　2020　2021　2022（年）

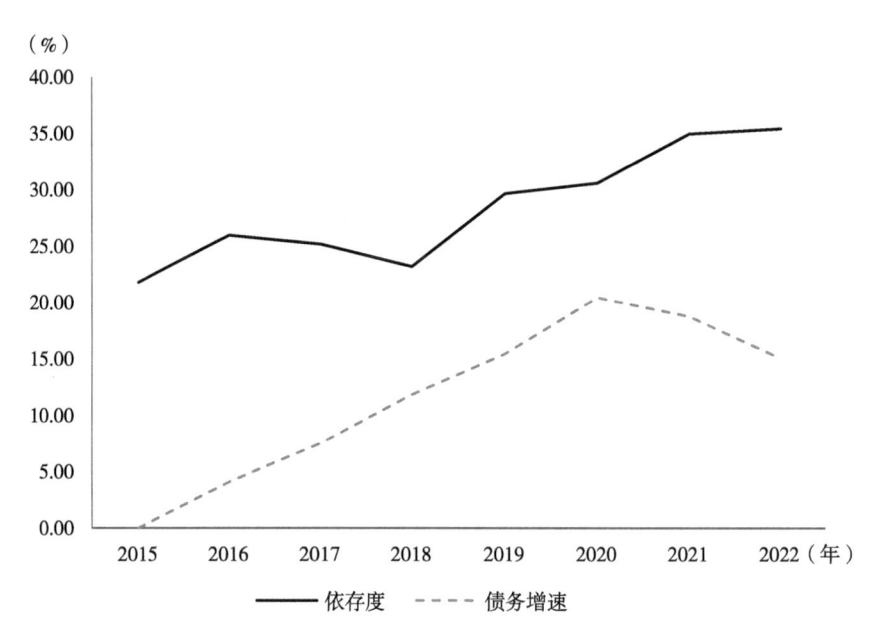

—— 依存度　---- 债务增速

图 2-2　2015—2022 年地方政府债务增量情况

数据来源：中国地方政府债券信息公开平台，见 http://www.celma.org.cn/。

支出挤出风险（李吉栋，2017），偿债率与地方政府的偿债能力呈反比关系，在近几年的时间里，偿债率从 1% 增长到了 9%，说明了地方政府财政自由调度的能力逐年减弱，并深受债务存量的拖累。总体上来说我国地方政府债务规模仍处于可以控制的范围内，但是从增长趋势来看，这一控制力正逐年减弱。近几年我国地方政府债务存量情况见图 2-3。

当然有几个我国独有的特定因素可以在短期内缓解风险。与许多其他新兴经济体一样，经常账户盈余和小额外债减少了典型的外部融资危机的可能性。低银行贷存比率也有助于防止国内资金危机，尽管债务总额迅速增加，但公司资产负债表也受益于资产价值而增长超过负债。政策缓冲还可以缓解潜在冲击的影响：政府可以利用其财政资源支持金融系统，中国人民银行可以提供流动性，资本控制可以制止资本外逃。

强大的外部地位、持续的经常账户盈余、低外债、国内高储蓄率及低

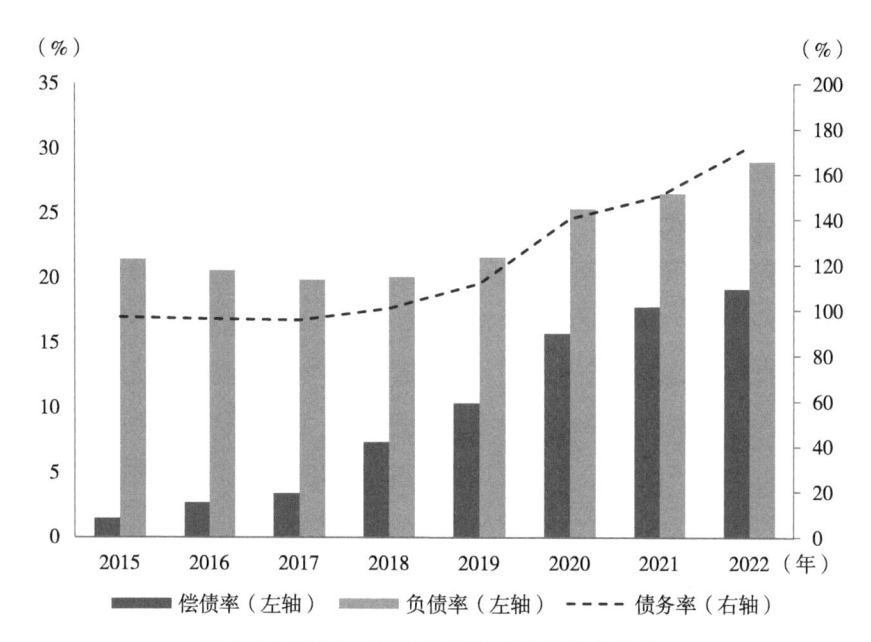

图 2-3 2015—2022 年地方政府债务存量情况

数据来源：中国地方政府债券信息公开平台，见 http://www.celma.org.cn。

银行贷存比可能有助于防止国内融资危机。可能有助于避免像许多其他新兴市场那样突然停止外部资本流动引发的典型外部资金危机。然而，尽管存在经常账户盈余和外债很少，但各国经历的信贷繁荣最终都以危机结束，因为在没有外国资金风险的情况下资金危机仍可能发生，如果金融机构在流动性充裕的情况下依靠短期融资来扩大资产负债表，那么资金紧缩仍可能实现，20 世纪 80 年代的美国储蓄和贷款危机、1997 年的日本银行业危机，以及 2008 年的美国和英国金融危机都是这样的例子，不涉及任何大规模的外国资金逆转。

秦海林（2014）采用一个最优化的数理模型证实了我国金融风险财政化与财政风险金融化的行为都存在，但是从实际出发，金融风险财政化对经济增长的抑制作用并不突出，相反财政风险金融化则对经济增长具有非常显著的抑制效应。财政风险金融化会让政府预算约束软化，降低财政支出效率，长期依赖金融手段来化解财政风险，使得总风险在两部门直接传导的过程中不断累积。他同时也指出，尽管目前来看金融风险财政化短期内效果不明显，但在长期内必然会催生政府的道德风险行为，增加政府财政支出压力，加剧财政风险，而金融业却可以毫无顾忌地在高风险的"钢丝"上跳舞。无独有偶，杨艳和刘慧婷（2013）认为在地方政府通过成立融资平台公司进行筹资，把财政风险转化为金融风险的时候，原则上会受到金融机构和中央政府的双重约束，然而，在《预算法》《担保法》等法律制度和当前财政金融体制下，金融机构对地方政府的信用约束和中央政府对地方政府的预算约束都不具有强制性，它们将这种信用软约束和预算软约束统称为地方政府"双边软约束"。可以看出，预算软约束成为我国财政风险与金融风险"反馈循环"的重要诱因。总结上述研究结果，在我国虽然还未产生严重的风险恶性循环，但潜在的风险不容忽视。

二、我国金融风险的整体情况

改革开放以来，我国 GDP 保持了较高的增长速度。与此同时，我国金融市场也从无到有，整个金融环境也发生了翻天覆地的变化。虽然我国的 GDP 增长速度相对较高，但随着我国金融市场的发展，金融状况对 GDP 增长的影响也在增加。2008 年全球金融危机后，我国的金融状况也不乐观，GDP 增长放缓。可以看出，经过长足的发展，金融业对 GDP 增长的影响不容忽视，尤其是在极端金融状况发生时更为明显。阿德里安等（Adrian, et al., 2019）研究了美国经济的不对称分布，认为金融状况指数是未来 GDP 增长分布的良好预测指标。此外，与 GDP 增长的上行风险相比，金融状况能够更好地预测下行风险。作为一个新兴经济体，我国 GDP 增长背后的机理虽然与美国有很大不同，但金融系统的重要性仍不言而喻，而目前，我国的金融业埋藏着潜在的风险点。2022 年年底，我国的信贷规模与 GDP 之比就已达到 261%，杠杆率为 151.6%。此外，我国的金融风险还体现在系统性金融风险、地方政府债务、房地产泡沫等方面。本书研究我国金融风险与财政风险的关联性，研究对象选择为金融风险领域中对财政风险有直接影响的部分，主要包括政府负有担保救助责任的银行业风险、政府直接成立的投融资平台产生的风险等，而实际上银行业也的确是金融业最主要的组成部分，银行业风险能很好地反映金融业风险。纵观金融数据的变化，可以发现我国金融风险呈现很强的规律性：一是受外部冲击影响很大，二是比较依赖财政支持。

(一) 信贷规模快速扩张

在全球金融危机后，我国经历了一段经济快速增长的时期，部分学者认为这种繁荣得益于信贷蓬勃发展［舒拉里克和泰勒（Schularick，Taylor），2010］。陈和康（Chen，Kang，2018）曾分析过信贷增长对我国经济发展的强劲推动作用，并认为我国的信贷增长正走在危险的道路上，尽管国内高储蓄，经常账户盈余，小额外债和各种政策缓冲可以在短期内为风险买单，但如果风险问题得不到解决，这些缓解因素并不会消除最终的危机，而会使信贷更为繁荣，信贷扩张持续时间更长，因此，需要采取果断的政策行动来安全地缩小信贷繁荣。图 2-4 显示了我国近几年信贷规模的相对比重及其变化趋势。

自 20 世纪 80 年代的经济改革使得私营部门蓬勃发展，其改革的核心是双轨制，允许国有企业和私营企业共存。双轨制通过最大限度地减少对私营企业创建和发展的政治阻力，催生了 2000 多万家私营企业。此外，双轨制培养的许多私营企业与地方政府有着密切的联系，这有助于消除进入壁垒，减少烦琐手续，并提供财政支持。事实上，我国惊人的增长在很大程度上是由私营企业的增长推动的［宋等（Song, et al.），2011；勃兰特等（Brandt, et al.），2012］。从图 2-4 中可以看出，自 20 世纪 90 年代以来，我国的相对信贷规模已然翻倍，其中经历了几个快速增长期。私营部门的繁荣迫使国家提高国有企业的效率，90 年代中期开始的"抓大放小"巩固了国有部门，关闭或私有化小型国有企业，并将大型国有企业公司化。转型的成功使得大型国有企业相对于私营企业提高了生产率。更

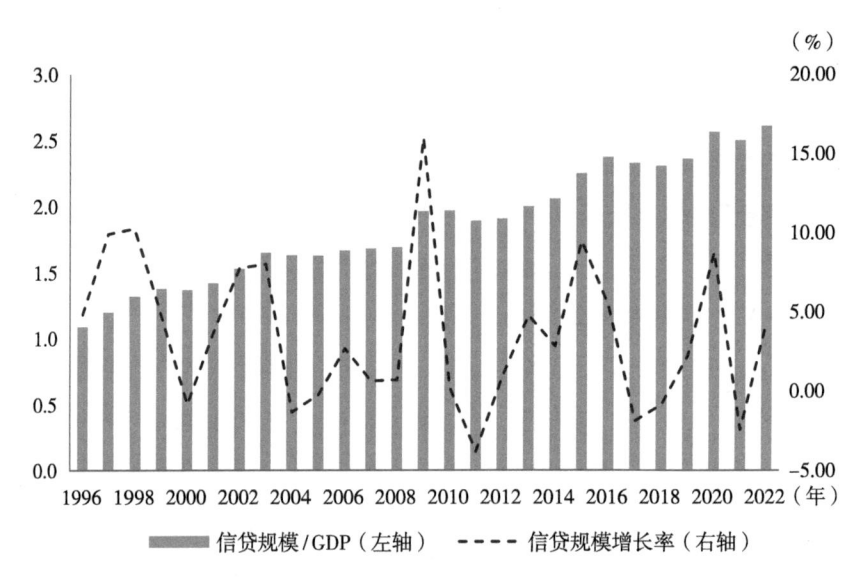

图 2-4　1996—2022 年我国信贷规模的快速增长

数据来源：中国金融年鉴和国家统计局网站。

重要的是，1994 年的分税改革和 1995 年的预算法收紧了地方政府预算，使得中央政府能够通过国有企业有效地控制和配置经济中的关键资源，如自然资源、公用事业、交通、电信和金融。凭借其调动这些重要资源的能力，中央政府有着无与伦比的能力来实施其经济政策，例如投资大型资本密集型基础设施项目，以升级全国的道路、桥梁、公路、机场和港口。在这一阶段国内信贷规模的扩张主要依靠实体经济发展推动。而 1997 年亚洲金融危机后国内开始重视金融体系在增长中发挥的重要作用。在金融体制改革前，国内金融体系主要是为效率低下的国有部门提供支持，而不是为蓬勃发展的私营部门提供资金。为了使商业银行更加独立，中央出台了一系列新的规章制度。此后，对国有企业的偏爱在我国金融体系中得以缓解，资源配置得到改善，投资再次快速增长［朱（Zhu），2012；齐利博蒂（Zilibotti），2017］。但无论如何，金融系统支持国有企业的特殊使命对金融系统的效率和风险都产生了深远的影响。

（二）全球经济冲击巨大

进入 21 世纪后，令人始料未及的金融危机打断了全球经济发展的势头。我国的 GDP 增长率也从 2007 年的 14.23% 下降到 2008 年的 9.65%。投资需求成为拉动经济增长的重要因素，图 2-5 显示，2008 年后，居民储蓄率（私人投资）上升的趋势出现了转折，开始下降，消费重新增长，与此相应的 GDP 增长放缓。为了应对金融领域产生的这一巨大冲击，国家在 2008 年末启动了规模达 4 万亿元的大规模刺激计划，虽然刺激了投资，但大多流向了国有企业。实际上，这些资金本可以用来促进市场资源更合理的分配。地方政府融资工具和国有企业增加了投资，但挤出了效率更高的私人投资，总投资确实增加了，但配置不当情况恶化了。从近期来看，造成能源、交通、主要原材料供应紧张，加剧了一些行业的盲目扩张和重复建设；从长期来看，增加了金融风险，危及我国经济的持续快速协调健康发展。

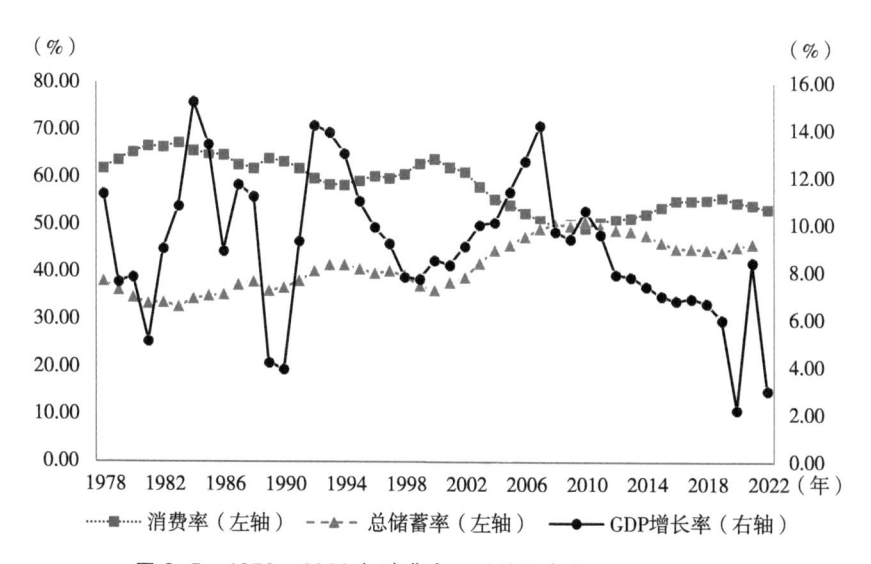

图 2-5　1978—2022 年消费率、总储蓄率与 GDP 增长趋势

注：这里使用总储蓄率反映投资率的情况。
数据来源：CEIC 中国经济数据库。

金融领域内的波动还不仅如此，2015年国内的股市暴跌导致了3万亿美元的市值缩水。在股票市场达到顶峰之前，巨大的杠杆作用是股市的强大推进器。随着市场开始下跌，曾经的高杠杆如今成了股票流转抛售的毒药，导致杠杆较大的投资者被迫先发制人地进行清算，一度威胁到金融体系的稳定性。证监会不得不组织一支由金融公司组成的国家团队购买价值超过1万亿元人民币的股票来拯救不断下跌的股市。汇率市场上，2015年8月，人民币出现了贬值；2016年，人民币对美元贬值10%，对一篮子贸易加权货币贬值15%，尽管接下来汇率稳定下来，但这是以更严格的资本管制为代价的。随后2018年美国突然对价值500亿美元的我国商品加征25%的关税，我国采取了相应的反制措施，中美贸易摩擦初现端倪，在之后的一年多的时间里，中美两国的多轮磋商极大地冲击了汇率市场的稳定。从这一过程里也可以看出，金融市场很大程度上受政府行为的影响。2019年年末，新冠疫情在全球的蔓延令本就处于下行压力中的全球经济雪上加霜。随着疫情后全球局势更加的动荡，汇率市场也呈现明显的波动。图2-6展示了我国近几年的人民币汇率指数。

图2-7揭示了20世纪90年代以来我国全社会从金融部门获取的贷款增量，伴随着几次冲击的出现，在2008年、2015年、2018年与2020年四个时间点的社会贷款增量明显高于其他年份。显然这种信贷增长是不可持续的，与金融危机密切联系的债务迅速上升和信贷效率的恶化引发了人们对金融稳定性的担忧，也会拉低人们对金融体系中其他部门的信心。一系列相关文献也提供了信贷的不确定变动会影响金融稳定性的经验证据，信贷供应的大幅增加被视为金融或银行业危机的关键预测指标［古兰沙和奥布斯特费尔德（Gourinchas, Obstfeld），2012］。这种急剧信贷积累的后果往往可能造成经济萧条，有时会造成更长期的影响。我国传统投融资体制是国有银行贷款给国有企业的体制。但是最近随着非银行金融系统的快速发展，社会融资结构也发生了变化。特别是信托公司、私募基金、金融租赁公司、小额贷款公司、新型在线金融公司等呈现出快速发展的态

第二章 财政风险与金融风险"反馈循环"的实证分析

图 2-6 人民币汇率指数：CFETS 货币篮子

数据来源：CEIC 中国经济数据库。

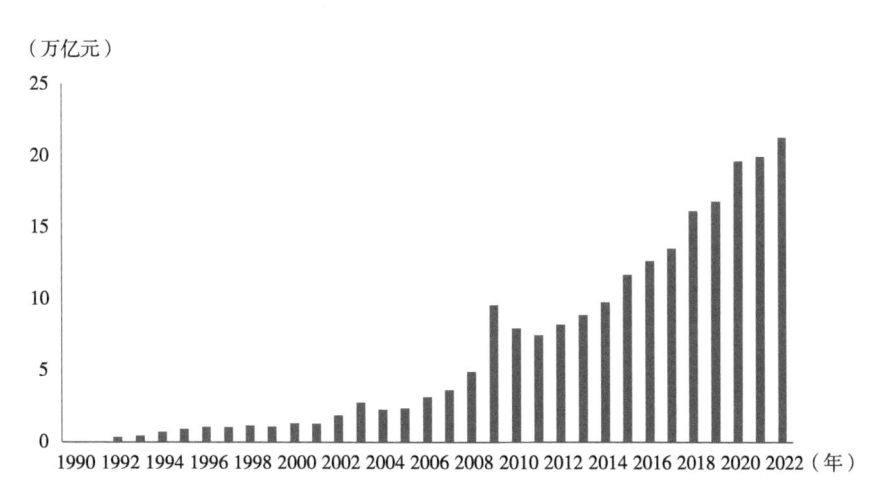

图 2-7 1990—2022 年金融机构新增贷款

数据来源：RESSET 金融研究数据库。

129

势，在融资方面，除了银行贷款以外的融资规模也在迅速扩大，其中蕴含的风险不言而喻。

伴随信贷规模的扩大，国内银行金融机构资产负债表同样快速增长并日趋复杂。从 2008 年开始，在过去的 13 年中，国内银行金融机构的资产负债表已经扩大了 50 个百分点以上，占国内生产总值的 300%以上（见图 2-8），高于发达经济体平均水平，几乎是新兴市场平均水平的三倍，而银行业是其中最主要的组成部分。规模庞大的银行却很容易受到资金冲击，它们作为我国信贷中介的主要联系纽带，任何银行业的资产负债表压力都会影响更广范围的经济情况及其增长前景。特别地，资产和负债之间的期限不匹配还产生了一种额外风险：大多数银行仍然是银行间市场的净借款人，借贷期限大多数为短期，相比之下，它们资产的到期时间往往要长得多。与此同时，金融业内越来越紧密的相互联系预示着流动性紧缩可能会迅速蔓延到更广泛的金融体系。例如，银行理财业务将其一半以上的资产投资于固定收益市场。由于普遍共识认为银行

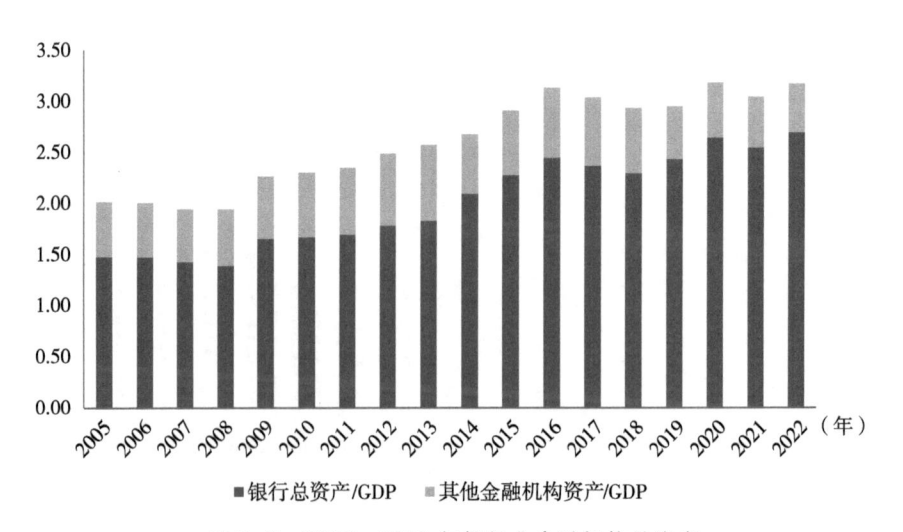

图 2-8 2005—2022 年银行业金融机构总资产

数据来源：中国银行保险监督管理委员会网站，见 https://www.cbirc.gov.cn。

会为其理财产品提供隐性担保，理财产品所遭受的债券市场损失可能导致银行资产负债表压力。此外，如果融资流出现中断，银行不仅会面临清算压力，而且损失可能会影响到其他金融产品和机构以及其他银行部门。

（三）影子银行发展迅速

我国目前拥有世界上最大的银行体系之一，近年来的资产扩张不仅反映在对实体经济和金融公司的信贷增加上，还扩展到银行间市场和理财产品。随着金融自由化和利率自由化，我国商业银行面临激烈的竞争，存款不足以应对日益增长的贷款需求。然而，银行却面临资产负债表上的贷款限制，包括资本比率要求和贷存比率限制，贷款不得超过存款总额的75%。这种对存款的竞争导致理财产品的兴起，并在我国的金融体系中得到了发展。理财产品是一种不受存款利率上限限制的储蓄工具，追求利润的银行开始从事这种不受监管的活动，是我国影子银行的主要组成部分。无担保理财产品的产生，可能会将贷款和存款移出资产负债表。这导致大量的影子银行活动［哈希姆和宋（Hachem，Song），2016］。

为了给难以获得外部融资的企业提供信贷，早期银行往往采取银信合的办法，随着2010年刺激计划的结束，地方政府融资工具继续增长，并且为了偿还银行贷款，更多的理财产品投资于市政债券。展期压力促成了影子银行系统的快速增长，地方政府融资工具通过影子银行系统能够展期其债务。图2-9中绘制了理财产品存续额占GDP的百分比，从2007年的1.8%增加到2016年的35.5%。2008年年底，有56家银行发行了4784种理财产品，筹集资金2.3万亿元，而截至2016年年底，已有497家银行发行了74219种理财产品，募集资金达到29.05万亿元。这一数量的理财产品对实体经济和银行本身产生了重大影响。与此同时银行间市场的交易也同步扩张，图2-10中显示全国银行间债券市场质押式债券回购交易额占GDP的百分比，从2002年到开始，如今已经几乎扩大了10倍，截至2021年年底，质押债券回购成交额达到1040.5万亿元，其中主要的增长

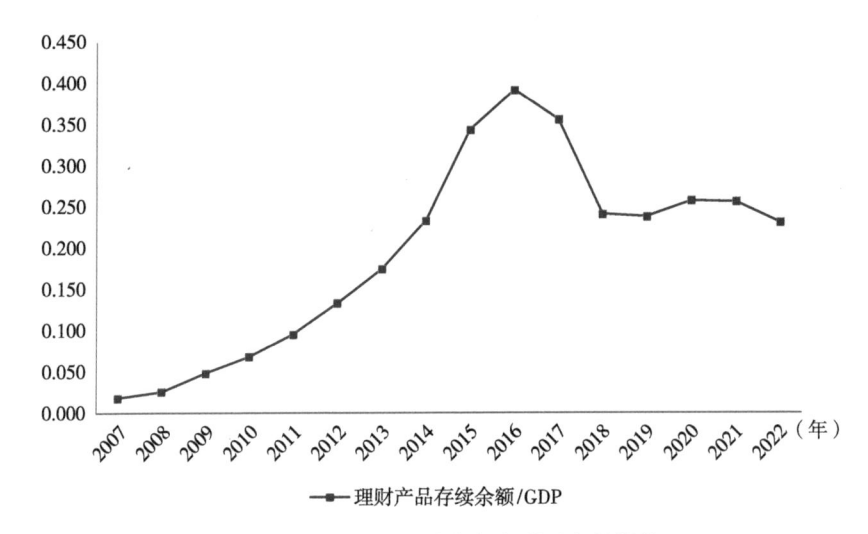

图 2-9　2007—2022 年银行理财产品规模

数据来源：中国银行业理财市场历年年度报告。

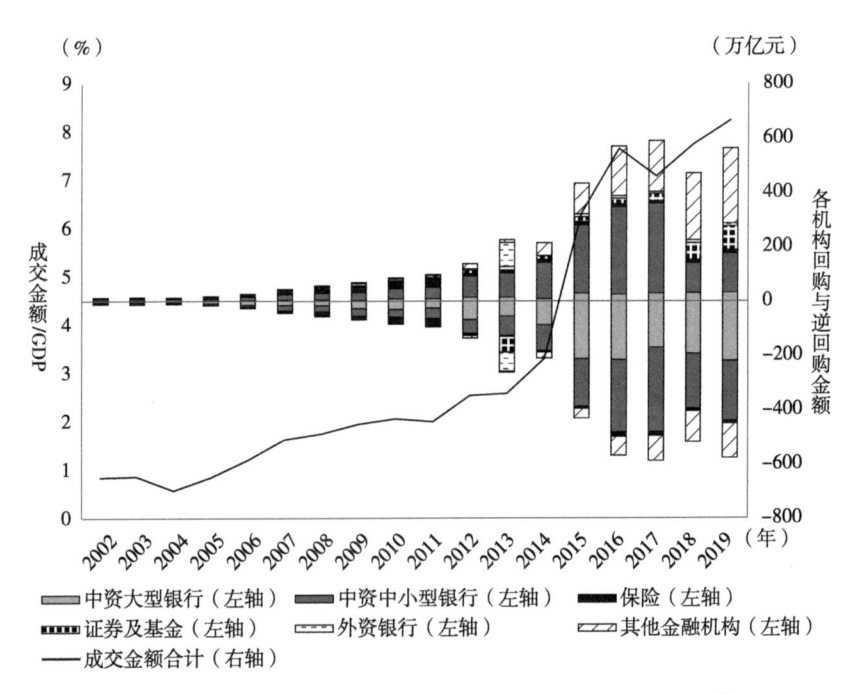

图 2-10　2002—2019 年银行间市场质押债券回购交易规模

数据来源：2003—2020 年中国金融年鉴。

期同样为 2008—2016 年。可以发现这一阶段是银行资产扩张的爆发期，在这期间资产在急剧增长的过程中资金结构愈加复杂，并且资金通过实体的互联网络提供，使得各个部门直接的资产联系更加密切。这些风险敞口的规模、复杂性和相互关联性的增加导致了风险的急剧上升。

尽管影子银行最近发展迅速，但其总体规模仍在可以控制的范围内。近几年，我国政府在金融体系去杠杆化方面的努力也取得了显著进展。2017 年理财产品的净发行量转为负值，理财产品规模已经大幅缩减，并保持在一个稳定的水平上，占 GDP 的比重约为 25%，占 2021 年银行总资产的 10.05%，金融业总资产的 8.41%。而银行间回购市场债券成交额增长也开始放缓，在 2017 年成交额规模已经下降，尽管 2018 年略有回升，但增长率仅有 9.37%，明显低于之前的年份。这其中有部分原因是中央政府收紧了监管，将影子银行活动纳入了中国人民银行的宏观审慎政策框架，从而向银行征收了此类活动所需的资本金。

银行理财产品是一种典型的影子银行业务，其理财资金的最终投资标的都是非标准化债权资产①，而"非标准化债权资产的融资方主要是地方融资平台以及房地产行业。银行理财资金借道其他银行或非银行金融机构流向地方政府基建项目等资金需求侧，最终形成了影子银行业务向地方政府债务的渗透。而理财产品要求"短期回报"的特点与地方基础设施项目投资周期长的矛盾产生了期限错配，就形成了流动性风险，一旦发生资金链断裂使得资金池模式②无法继续，就会间接影响地方政府债务。

我国的影子银行体系是在利率尚未完全市场化、资本积累不够充分、

---

① 非标准化债权资产是指未在银行间市场及证券交易所市场交易的债权性资产，包括但不限于信贷资产、信托贷款、委托债权、承兑汇票、信用证、应收账款、各类受（收）益权、带回购条款的股权性融资等。

② 资金池模式是指集团公司将下属单位的资金统一汇总在一个资金池内，由集团统一调度使用资金，并上划资金的下属单位支付利息，同时向使用资金的下属单位收取利息的资金管理活动。

市场规则不够完善的条件下发展起来的，不同于欧美等发达经济体，我国的影子银行主要以商业银行为主导，所以很多研究将其称为"银行的影子"。"影子"一词体现了其规避监管的特性，实际上，影子银行正是在金融创新与金融监管博弈的过程中发展起来的。一方面，对金融监管的规避是影子银行产生并迅速发展的直接原因。随着金融市场的减少，我国货币当局加强了对传统银行信贷业务的监管，通过银行贷款利率、受存贷比、资本充足率的约束限制了银行传统信贷规模以利润最大化为目标的商业银行便会纷纷将资金移出表外，以信托、证券等非银行金融机构为通道，实现放贷。另一方面，对于影子银行资金的新需求成为影子银行业务发展的间接原因。地方财政的羸弱，加之从银行正规渠道贷款面临诸多困难，使得地方政府部门不得已通过地方融资平台方式获取影子银行资金。

影子银行的快速发展产生了宏观调控效应。影子银行的崛起对我国的货币政策提出了挑战。我国的货币政策采用了以数量为基础的框架，中间政策目标是货币增长。由于银行对资产负债表外活动的全面核算困难，中国人民银行一直大力推动利率市场化，这是其最终采用以价格为基础的货币政策框架作为自动稳定器的必要基础。这种金融体系中的利率自由化可能会导致更多的资本流向国有部门或影子银行。为了让银行面临更多的市场竞争，中国人民银行一直在积极推动债券市场，该市场近年来增长迅速，主要交易由中央政府和地方政府以及国有企业和上市公司发行的债券。

影子银行的发展带来了流动性风险、期限错配和赎回风险。虽然国家先后出台一系列措施规范影子银行相关业务，但是依然存在监管的不足。围绕理财产品展开的我国影子银行业务杠杆率高、期限错配严重，而又因其不受传统存款保险制度以及中央银行贴现窗口的支持，很容易产生流动性危机，影子银行的内在脆弱性给我国金融体系带来了很大的潜在风险。而政信合作、银行理财、融资租赁等传统影子银行业务以及 PPP 资产证券化等新的影子银行模式与地方政府债务的密切联系也给地方财政带来了很大的风险隐患，甚至可能成为地方债务危机的导火索。

2008 年金融危机对我国金融市场的影响低于国外更开放的市场，但随着我国进入新常态时代，影子金融成为今后对我国经济产生重大影响的风险因素之一。然而，许多人认为虽然风险令人担忧，但不太可能导致我国出现与西方国家相同的金融危机，我国特定因素可以使我国与国外历史先例区别开来，比如对外国融资依赖较少，家庭储蓄率高，更重要的是有国家控制［陈和康（Chen，Kang），2018］。我国是一个以银行为基础的金融体系，金融部门由国有金融机构主导，大多数银行都是国有的，2021 年年底仅六大国有银行就占金融行业资产总额的 40%以上。强政府可以通过地方政府、银行系统、国有企业和相关的私营企业控制大量资源。尽管国有企业的效率仍然低于私营企业，但自 20 世纪 90 年代末以来的重组极大地提高了当时濒临崩溃的国有企业的生存能力。一些国有企业甚至通过在"战略性"行业建立垄断地位而实现了高额利润。但强政府采取的措施并非是天衣无缝的，一旦风险没有得到及时的化解，累积超过临界值就会造成链式反应，产生危害巨大的金融与财政双重危机。

（四）预算软约束后果

从金融行业与政府部门的交互关系中可以发现，软预算约束是金融风险与财政风险相连的直接原因。预算软约束一词源自科奈尔对社会主义计划经济和转型经济的研究。他将企业在预算内的支出定义为硬性预算约束（hard budget constraint，HBC），超出预算约束的支出定义为软性预算约束（soft budget constraint，SBC）。软性预算约束过去是在企业的预算和支出之间的关系中定义的，但最近被扩大到地方政府的预算和支出之间的关系。在我国，国有企业、国有银行、地方政府皆享有软预算约束：一是对国有企业的偏爱在我国金融体系中无处不在，国有企业可以按规定利率借款并优先上市，而大多数私营企业必须依靠内部融资或以更高的利率从非正式渠道借款［艾伦等（Allen, et al.），2005］，而国有银行又有责任支持国有企业的软预算约束，这也是20世纪90年代和21世纪初国有银行存在大量不良贷款的主要原因。同时，政府通过显性和隐性补贴提供的软预算约束，同样导致国有企业和私营企业在获取资源的不对称，这对企业的生存至关重要。二是所有主要的商业银行都是国有的，它们本身享有预算软约束。他们的利润来自中国人民银行设定的基准银行存款利率和贷款利率之间的利差。在过去20年中，这一差距一直保持在3%左右。20世纪90年代和21世纪初，当这一差额不足以覆盖这些银行的不良贷款时，政府就对它们进行了两次资本重组，最终将它们全部在上海证券交易所和香港证券交易所上市。三是各级地方政府也受到中央政府的软预算约束，在20世纪80年代体现为财政分权允许地方官员保留财政盈余，这些盈余可以用来支持地方项目。自20世纪90年代分税制改革后，土地财政扩大了地方财政能力，同时地方政府融资平台的发展同样为政府提供了表外资金。2008年后的"金融放松管制"进一步放松了地方政府的预算约束，使地方官员能够更灵活地影响信贷分配。

预算软约束对财政风险和金融风险的直接影响是国有企业、国有银行和地方政府不再对成本、收益、利润有更高的敏感性。例如，2010年危机引发的经济刺激计划结束后，尽管中央政府明确指示地方政府缩减许多项目，银行停止为这些项目提供资金，但地方政府仍一意孤行扩大而不是减少投资，并设法以更高的成本从影子银行系统获得资金［陈等（Chen, et al.），2017］，这很容易造成市场资本价格紊乱，不利于金融市场的稳定。软预算约束对财政风险和金融风险的另一种含义是隐性政府担保。当国有企业、国有银行和地方政府面临巨大的财务损失时，其债权人具有政府或者中央政府会出手相救的预期，因此不会影响债权人继续提供信贷，使其不再严格遵循谨慎性原则，受自身风险承担激励的影响改变其风险偏好，将资产继续投资于高风险领域，进一步提高杠杆。这种隐性政府担保引起的委托代理问题和道德风险问题是理解我国财政风险和金融风险的关键。

如今,我国政府放松了对金融体系的直接控制,金融支持也扩展到了私营企业。然而,信贷分配仍通过或明或暗的担保对国有企业和其他关联私营企业产生影响。面对正变得越来越复杂的金融体系,地方政府部门也处于一种"摸着石头过河"的状态,一旦处理不善,这种预算软约束最终是可能会导致财政风险和金融风险恶性循环,拉低经济增长速度,并从长远来看可能产生更大的危害。

第二节 财政风险和金融风险指标测度

一、财政风险测度

2014年以来,我国经济发展步入新常态,经济增长速度由过去的高速转变为中高速,经济下行压力逐年加大。在政府收支上,一方面,我国正处于产业转型升级期,供给侧改革要求减税降费,为此,中央政府在全面推行营业税改增值税并降低增值税税率的同时也对《个人所得税法》进行了修订,这些减税政策的实行必然会减少地方政府预算内收入;另一方面,在财政收入增幅下降的同时,我国的财政支出特别是地方政府财政支出增速却没有显著降低,新经济时代产业转型需要地方政府的扶持,社会保障等公共服务也对地方政府支出提出了更高的要求。因此,这种"减收增支"的扩张性财政政策,在调整产业结构、改善民生的同时却伴生了地方政府收支矛盾进一步加剧。实际上,我国大部分地方政府的财政赤字水平已经连续多年达到《马斯特里赫特条约》规定的欧元区财政赤字3%的警戒线,财政的刚性收支赤字需要用地方政府举债来解决,而长年积累的债务问题也逐渐凸显,如果继续处于实施积极的财政政策的大背景下,可能令政府债务风险更难处理。

以此为背景，我国中央政府针对地方政府债务管理作出了一系列部署。《国务院关于加强我国地方性政府债务管理的意见》（国发〔2014〕43号）可以说表明了我国整治地方政府债务的决心。它赋予了地方政府适度举债权并规范了地方政府举债融资机制以控制债务规模和化解债务风险，为债务管理构建了明晰的政策框架。《地方政府性债务风险应急处置预案》（国办函〔2016〕88号）则确立了地方政府债务风险的处理方法，逐步建立起我国管理地方政府债务的政策体系，进一步强调建立地方政府债务风险评估及预警机制，并定期评估各地方政府债务风险。在多项措施并行下，我国地方政府债务管理政策成效到底如何？地方政府债务风险是否得到控制成为大家普遍关心的问题。因此，对地方政府债务风险进行经常性的动态监督与测度就显得非常必要。而要实现对地方政府债务的动态监督与测度，科学的评判标准和具有较强可操作性的风险评估和预警系统又显得十分迫切。然而，就现有地方政府债务风险量化研究而言，大多只注重对经济指标的考察，不仅忽略了制度因素所导致的债务风险，而且很少考虑到一些隐性债务风险产生的影响。本书通过吸纳不同债务风险指标构建一套涵盖经济因素、财政因素和债务因素的全方位地方政府债务风险测度体系。在此基础上利用层次分析法（AHP）—理想解法（TOPSIS）方法对我国省级地方政府债务风险进行测度，以期为化解地方政府进行债务风险提供参考。

地方政府债务风险的测度离不开测度指标体系的构建，然而，由于指标选取具有一定的主观性，同时也存在着统计误差，通过债务风险指标体系来测算债务风险大小始终会具有一定的局限性。本书力图在遵循科学性、可比性、可行性等原则的前提下，结合新常态后我国财政和经济社会发展情况，借鉴国内外学者的成果，综合考虑我国地方政府债务现状和制度环境，建立了一套包含经济因素、财政因素和债务因素的债务风险测度指标体系，以科学研判我国地方政府债务风险状况。

（一）指标体系构建

为了保证指标体系具有层次性，本书将诸多影响地方政府债务的因素分为三大类，即经济因素、财政因素和债务因素。经济因素是讨论政府债务风险的首要角度，主要包括经济环境因素与发展潜力因素，它可以影响到风险大小的上限与下限，一个经济稳定、发展潜力高的地区风险必然好于经济动荡、发展潜力低的地区；财政因素则是广义上的财政定义，包括了财政制度因素与财税实力因素，它间接地体现了政府的债务扩张能力与偿付能力，是影响政府债务风险的重要因素；而债务因素包括政府的显性债务和隐性债务，显性债务包括了政府的负债情况与偿债能力，直接反映了政府债务风险的大小；隐性因素也是影响政府债务风险的一个重要因素，包含了金融风险、PPP项目风险、社会保险收支风险等，是影响政府债务风险不可忽视的因素之一。表2-2汇总了影响地方政府债务风险的23个指标，其中目标层为地方政府债务风险，准则层与子准则层分别为一级与二级指标，解释了指标的类别，指标层为具体的23项指标，变量定义显示了23项指标具体计算方法，最后指标属性解释了该项指标对地方政府债务风险的影响方向，正向表明该指标为效益型指标，其与债务风险成负相关关系，负向指标则为成本型指标，与债务风险成正相关关系。

1. 经济因素

（1）经济环境。因为地区经济状况会与当地政府财政收入紧密相关，一个地区的地方政府债务规模与经济发展水平呈正相关关系（魏加宁，2014）。一般来说，GDP较高的省份，政府债务余额同样较高。这是由于一方面，良好的经济环境会吸引更多的政府投资，而政府投资往往与政府债务的扩张息息相关，势必会对地方政府债务风险产生影响；另一方面，健康的经济环境创造了稳定的政府偿债环境，使地方政府对偿债前景更为乐观。基于此，本书选取了与经济发展相关的4个指标来衡量地区经济发展水平，用地区GDP增速、规模化工业企业的资本增速、GDP与固定资产投

表 2-2 地方政府债务风险测度指标体系

目标层	准则层	子准则层	指标层	变量定义	指标属性
地方政府债务风险 (A)	经济因素 (B_1)	经济环境 (C_1)	经济增速 (D_1)	GDP 增长率	正向
			经济发展稳定性 (D_2)	规模化工业企业资本增长率	正向
			经济发展效率 (D_3)	GDP 空格/固定资产投资	正向
			劳动力资源 (D_4)	城镇登记失业率	负向
		发展潜力 (C_2)	产业结构优度 (D_5)	三大产业投入比例与各产业贡献率加权平方和	正向
			科技创新能力 (D_6)	R&D 经费投入强度	正向
	财政因素 (B_2)	制度环境 (C_3)	晋升压力 (D_7)	干部外部更替压力	负向
			财政依赖度 (D_8)	中央补助收入/一般公共预算总收入①	负向
			财政分权 (D_9)	地方税收收入/中央税收收入	正向
		财政实力 (C_4)	财政收入增速 (D_{10})	一般公共预算收入增速	正向
			财政支出增速 (D_{11})	一般公共预算支出增速	负向
			赤字依存度 (D_{12})	（一般公共预算支出-一般公共预算收入）/一般公共预算支出	负向
			财政稳定性 (D_{13})	税收入/一般公共预算收入	正向
	债务因素 (B_3)	显性债务 (C_5)	债务增速 (D_{14})	年末债务余额增长率	负向
			债务负担率 (D_{15})	债务余额/GDP	负向
			债务依存度 (D_{16})	新增债务/一般公共预算总支出②	负向
			债务率 (D_{17})	年末债务余额/财政总收入	负向
			偿债率 (D_{18})	还本付息/一般公共预算收入	负向
		隐性债务 (C_6)	城投债增长规模 (D_{19})	城投债发行规模/GDP	负向
			银行持有政府债券规模 (D_{20})	银行持有政府债券发行规模/一般公共预算支出	负向
			风险溢价 (D_{21})	社会融资增量/GDP	负向
			政府性基金 (D_{22})	（政府性基金支出-政府性基金收入）/GDP	负向
			社会保险基金 (D_{23})	（社会保险基金支出-社会保险基金收入）/GDP	负向

① 一般公共预算总收入主要包括：一般公共预算收入、中央补助收入、地方政府一般债券收入、调入资金、上年结余等内容。

② 一般公共预算总支出主要包括：一般公共预算支出、上解中央支出、地方政府一般债券债务还本付息支出、结转下年支出等内容，从数值上约等于一般公共预算总收入。

入的比率分别衡量地区经济发展速度、规模效益与效率；劳动力供给也可以用于衡量各地区经济发展的情况，我们将失业率纳入该项指标之中。

（2）经济发展潜力。一个地区经济发展的潜力关系到该地区未来的经济实力，进而影响未来潜在债务状况。衡量地区发展潜力的重要判断标准之一就是各省份产业结构是否合理，创新驱动力是否强劲，对各省未来经济实力和抵御债务风险的能力有莫大的影响。为了衡量产业优度指标，我们综合考虑三大产业投入比与对 GDP 的贡献刻画产业结构优度，将 HHI（Herfindahl-Hirschman Index），即产业集中度的综合指数，推广到三大产业，使用加权平方和 $w_1 p_1^2 + w_2 p_2^2 + w_3 p_3^2$ 计算各地区的产业优度，其中 w_i 和 p_i（$i=1$，2，3）分别是三大产业的 GDP 产出贡献率和投入比，产业结构越优化的地方，产业结构优度值越大。而创新能力则使用 R&D 经费投入强度来衡量。

2. 财政因素

（1）制度因素。制度被新古典经济学家忽视或看作社会运行和经济发展的既定前提（黄少安和韦倩，2016）。通过导入特定的制度规则可以界定人们的选择空间，约束人们的行为，从而减少经济运行中的不确定性，增强经济系统的稳定性。近年来，更多的研究则是通过计量分析方法来定量分析制度的绩效（杨友才和俞宗火，2013），然而对其量化研究则是实证研究的热点和难点。为了量化制度因素，本书首先遵循"经济人"假设的普适性，即认为政府干部与市场上的普通人一样，都是个人利益最大化者，他追求个人利益时考虑的主要因素是薪金、社会名望、权力、晋升等。改革开放以后，我国干部管理体制由过去的政治挂帅转变为注重干部在任期内的绩效。因此地方政府干部为了得到政治晋升或者避免降级，会极力追求自己任期内的政绩。在干部考核制度未完善的情况下，经济发展程度是一个干部政绩最直观的反映，理性的干部为了个人的政治前途，会不断加大经济建设的投入，致力于推动本辖区经济发展以位居兄弟辖区的前列。这会形成一种基于上级政府评价的锦标赛式的绩效竞争，而投资的资金主要依靠政府债务。在晋升竞争的压力下，干部甚至会主动谋求政府债务的扩张，而近年来很多文献进一步证明，这种债务的膨胀主要体现在隐性债务的增长（司海平等，2018；曹婧等，2019；汪峰等，2020），晋升压力通过隐性债务这一路径增大了地方政府的总体债务风险，基于此本书构建晋升压力指标来测算政府债务风险。对于这一指标的设计，我们参考了王贤彬和徐现祥（2010）的研究成果，对省级干部外部更替压力进行了计算。

在各地方政府财政支出具有一定自主性的前提下，地方政府支出与中央政府转移支付带来的道德风险对于债务风险的影响很大，本书使用地方政府接受中央财政补助和转移支付大小来衡量各省的财政依赖度。除此之外，财税体制失衡导致财权与事权不对称是地方政府债务风险形成的主要影响因素之一（后小仙，2016）。对于财政分权变量的选择，财政收支分权指标的使用最为广泛，但在财政依赖度指标中，本书考虑到了中央财政补助和转移支付对地方政府债务风险的影响，如果使用财政收支作为财政分权的度量方法，可能会产生数据重复利用的问题。而税收分成指标虽然存在其反映财政分权程度的精度不够的原因（毛捷等，2018），但考虑到财政分权作为子指标纳入风险测算体系中的得分权重，精度的偏差对整体测算结果影响不大，两相权衡本书选择税收分成指标作为财政分权指标的替代变量。

（2）财政实力。因为政府资产包含大量难以短时间变现的固定资产，故以财政收入来作为政府偿债资金的替代变量更具有一定的可信度，这意味着财政实力越强的辖区政府偿债能力越强。具体来说，本书选取一般公共预算收入增长率代表地方政府财政收入增长水平，使用一般公共预算支出代表政府的财政支出扩张，另外使用财政赤字依存度考察财政收支差额情况；最后通过税收收入占一般公共预算收入的比重观察财政收入的稳定性。

3. 债务因素

（1）显性债务。对于债务状况的描述，本书选择了债务增长率、债务负担率、债债务率、债务依存度、偿债率五个指标。债务增长率反映了各地方政府债务增长速度，通常情况下该数值不应超过同期 GDP 增长率，否则意味着 GDP 的增长中有一部分是靠债务支撑的；债务负担率与债务率是对地方政府债务规模特征的测度，前者指当年债务余额占 GDP 的比例，后者为当年债务余额与综合财力的比值，它们分别反映了地区经济实力与政府财政实力对债务的负担能力；债务依存度是指当年的新增债务与财政支出的比值，用于衡量地方政府财政支出对债务收入的依赖度；偿债率是指地方政府当年的债务还本付息额与当年可支配财力的比例关系，它反映了利息风险、即期支付风险和公共支出挤出风险（李吉栋，2017），偿债率与地方政府的偿债能力成反比关系。

（2）隐性债务。显性债务对于政府来说是确定的，可以进行管理核算，因而其风险容易防范和控制；而隐性债务却恰恰相反，其结构复杂，且易受环境影响，很难进行预测，管理难度极大。关于政府隐性债务风险，金融风险是最主要的组成部分之一，在过去几十年中，发生过几次大规模的全球性金融危机如亚洲金融危机、俄罗斯金融危机以及最近的次贷危机和欧债危机，它们都有一个共同的特征：在风险偏好增加的时期，金融机构陷入破产边缘，伴随着政府对金融机构的救助和资本重组，金融风险开始向财政风险传导，金融危机进而转变成财政危机。阿查里雅等（Acharya，et al.，2014）研究了爱尔兰在金融危机期间的所表现的情况验证了金融风险对隐性债务风险的重要影响。在金融危机后，爱尔兰银行信贷违约率持续大幅上升，随着政府进行银行救助，从 2008 年 9 月底到 2008 年 10 月这一个月内，数据显示银行 CDS 价格显著下降，而各国主权债务 CDS 价格相应增加，表明银行救助将违约风险从金融部门转移到政府部门，表明欧洲政府债券和银行 CDS 价格在危机期间表现出显著的共线性，但它们在危机前几乎没有相关性，可以说这是研究金融风险与政府债务风险联系的一个典型事实证据。从世界各国金融危机期间对银行业的救助来看，尽管措施不同，但最终都会形成政府或有债务，更广泛意义上来看，不仅金融危机，与金融相关的领域与活动所导致的风险最终都可能转嫁到政府头上，形成政府的债务风险（马恩涛，2021）。从实证数据上讲，也有很多学者对其进行了充分的论证［布拉蒂什等（Bratis, et al.），2018；戈梅斯-皮格等（Gomez-Puig, et al.），2019；奇法雷利和帕拉迪诺（Cifarelli, Paladino），2020］。放眼国内，马万里和张敏（2020a）通过对风险传导机制的讨论，也认为地方政府隐性债务扩张与系统性金融风险息息相关，实际上过去几年地方政府财政压力正是通过融资平台、影子银行和PPP等模式在财政、金融部门之间扩散。李玉龙（2019）还另辟蹊径，从地方政府债券和土地财政的视角分析了地方政府债务风险诱发系统性金融风险的潜在机制，研究提到由于土地财政因素的存在，地方政府偿债压力可能增大，导致系统性金融风险增大。而这些影响风险传导的因素主要依靠的传播渠道为金融部门对地方政府债券的增持，这样可能引发银行持有期限较长的地方政府债务带来的期限错配（陈志勇等，2015）。

  隐性债务的主要来源除金融风险外，PPP项目风险、社会保险收支风险也是其重要组成（张平和王楠，2020；薛惠元和王雅，2020）。为了衡量金融风险，本书一是使用城投债发行的规模数据对地区金融风险环境进行模拟，城投债由地方投融资平台发行，主要用于地方基础设施建设或公益性项目，盈利能力低但利率却很高，负债规模急剧扩大且十分依赖银行贷款，一旦发生债务风险需要政府来兜底，因此是政府隐性债务风险的重要组成，这是国内衡量国内政府债务风险相关的金融风险的重要指标。二是使用银行持有的政府债券发行规模衡量银行业风险。真纳约利等（Gennaioli, et al., 2014）认为银行的债券持有使主权债务的危机直接传播到银行，并且影响政府的关于救助和战略违约的决定，它们间接地决定了政府或有负债的大小。三是使用风险溢价指标表示社会的风险偏好。伊塔马尔等（Itamar，et al.，2018）指出，中央银行会通过改变名义利率来控制流动性溢价。较低的名义利率导致较低的流动性溢价，这种关系具有很强的实证支持。反过来，低流动性溢价也会降低杠杆成本，增加风险承担，从而降低风险溢价和经济中的资本成本。而社会融资规模增量的变动会反映货币供给量的变化，间接反映了利率的变化，因此该指标能在一定程度上反映风险溢价情况。关于PPP项目风险的估测，由于PPP项目数据公开程度低，数据搜集困难，本书使用各省政府性基金预算粗略的反映PPP项目风险的对地方政府隐性债务风险的影响。至于社会保险收支风险本书使用地方政府社会保险基金预算收支情况来体现。

（二）层次分析法—理想解法评价方法

在构建好地方政府债务风险测度指标体系的基础上，我们下一步就是根据这些反映地方政府债务风险的不同指标汇总成一个整体指标，而这就需要对不同指标进行权重赋值。指标的权重赋值方法有很多，主要分为客观评价和主观评价两个大类。国内文献里常用的客观评价方法，比如熵权法，在标准化数据的过程中，数值本身的大小被抹杀了，不能用来纵向比较不同年份的情况。与之相对的是主观评价方法，虽然主观定权可能导致一定的数据失真，但本书选取的层次分析法层次分析法可以通过对标度的选择而优化权重的精确性。此外，这种方法尤其可用于对多目标、多准则以及多时期的系统进行评价。

对于加权方法的选择，现有研究中广泛采用的是非线性方法。该方法相比于线性加权方法具有一定的时期扩展性和预期性，常用的有模糊综合评价法、主成分分析法、数据包络分析法和理想解法等。模糊综合评价法可以根据模糊数学的隶属度理论把定性评价转化为定量评价，但对指标权重矢量的确定主观性太强；主成分分析法不仅会因降维导致变量的解释具有模糊性，且难以解决因子负荷的符号的正负问题；数据包络分析法多用于处理多指标投入和多指标产出的效率评价方面；理想解法虽然会因权重信息提前给定导致结果具有一定的主观性，但我们可以通过层次分析法求得权重减少主观误差。然而理想解法有个重要缺点是在测算不同年份的风险时，会因归一化与理想解独立的原因使得测算结果无法准确反映风险的时间纵向变化。为解决这一问题，本书创新地从指标设计和模型设计两方面入手：一是在指标的选取方面选择同一量纲数据；二是在理想解的选择方面综合了历年数据，不同年份的风险测算会受到历史期数据的影响，最终使得观测风险的纵向变化变得可行。

1. 层次分析法计算权重

本书使用层次分析法研究地方政府债务风险的指标权重，该方法的基本思路与对一个复杂决策问题的剖解过程类似。首先，建立层次结构，在深入分析实际政府债务问题的基础上，将相关的各个指标按照不同属性自上而下地分解成五个层次，同一子层的指标从属于上一层指标。最上层为目标层，即地方政府债务风险指标；最下层为对象层，研究对象为全国30个省份；中间分为三个层次，即准则层、子准则层和指标层，具体见上文地方政府债务风险测度指标体系表（对象层未列出）。

其次，需要构造判断矩阵。构造判断比较矩阵是层次分析法的核心，判断矩阵元素的值反映了人们对各元素相对重要性的认识。这种认识通常是根据对客观实际的模糊判断，我们因此邀请了政府债务领域的专家进行了重要性标度。在某一准则下，对处于同一子层次的各指标重要性进行两两比较，直到最下层。通过建立的这种递阶层次结构，分析评价系统中各基本要素之间的关系。

2. 理想解法统计模型构建与测算

现给定了 m 个省份 $X=\{x_1, x_2, \cdots, x_m\}$（$m=30$），用于衡量地方政府债务风险高低的指标为 $Y=\{y_1, y_2, \cdots, y_n\}$（$n=23$），则第 i 个省份中的 n 个指标构成的向量为 $[a_{i1}, a_{i2}, \cdots, a_{in}]$，代表该省的唯一的评价属性集。设年份为 t，则 a_{ij}^t 为 t 年第 i 个省份的第 j 个指标数据。结合层次分析法计算得出的各指标权重，得到加权规范矩阵 $C^t=(c_{ij}^t)_{m \times n}$，其中 $c_{ij}^t =$

$w_i \in b_{ij}^t (i = 1, 2, \cdots, m, j = 1, 2, \cdots, n)$。由于理想解法是通过求出各地区各项指标与正、负理想值之间的加权欧氏距离来作为评价风险大小的标准，为此需要确定正理想解 c_j^+（第 j 个指标的正理想解）和负理想解 c_j^-（第 j 个指标的负理想解），将指标属性不同的指标正向化后，得到的理想解为

$$\begin{cases} c_j^+ = \min c_j (j = 1, 2, \cdots, n) \\ c_j^- = \max c_j (j = 1, 2, \cdots, n) \end{cases}$$

需要提到的是，为直观地显示风险的变化情况，本书将指标统一调整为负向（成本型）指标，即指标数值越大，债务风险测算结果越大。据此可计算各地区政府债务风险到理想解的距离。到正理想解的距离为

$$S_i^+ = \sqrt{\sum_{j=1}^n (c_{ij} - c_j^+)^2}, (i = 1, 2, \cdots, n)$$

同理，到负理想解的距离为

$$S_i^- = \sqrt{\sum_{j=1}^n (c_{ij} - c_j^-)^2}, (i = 1, 2, \cdots, n)$$

则 i 省的地方政府债务风险大小为

$$T_i = \frac{S_i^-}{S_i^+ + S_i^-}, (i = 1, 2, \cdots, n)$$

在获得地方政府债务风险测算值后，为了对地方政府债务风险状况做出清晰的量化判断，避免人为划分的主观因素对债务风险大小区间所带来的影响，采用谱聚类方法对债务风险测算值进行进一步的分区间处理。

（三）财政风险测算结果

1. 数据来源

考虑到可获得性，本书数据选取 2016—2020 年时间段内除中国香港、澳门、台湾省、西藏以外的 30 个省级行政区作为评价对象。这些数据来源于国家统计局、中国地方政府债券信息公开平台、历年《中国统计年鉴》《中国财政年鉴》《中国税务年鉴》和各省份的财政收支决算表，部

分数据来自中国人民银行、Wind 数据库等。① 最后，鉴于代表影响债务风险的诸多测度指标对地方政府债务风险的影响存在一定时滞，同时考虑到测度指标与债务风险值的内生问题，我们将测度指标的样本数据前置一年处理。

2. 使用层次分析法计算权重

首先影响到层次分析法准确性的一项重要工作便是标度方法的选择。简单的三标度法虽然可以提供较高的一致性，但得到权重的精确度较低，学界一般采用 1—9 及其倒数的线性标度方法（Saaty 标度法）。而对于多种标度方法的比较，弗劳奈克和克雷斯塔（Franek, Kresta, 2014）认为在提高一致性方面，根式标度法与对数标度法有较好表现，几何标度法与指数标度法更能突出最优先的标准，而线性法与平衡法则为相对综合的标度法。然而，巴尔肯伯格（Balkenborg, 2009）以消费者选择理论为基础对最优选择进行仿真模拟，结果显示线性标度法、几何标度法与指数标度法拟合效果很差。由于本书根据准则层内容而新设置了子准则层，减少了单层指标数量，解决了一致性问题，故考虑倾向于突出优先权价值的标准。综上，本书选择平衡标度法就每一层次的指标相对重要性给出定量的表示。当相互比较因素的重要性能够用具有实际意义的比值说明时，判断矩阵 S 相应元素的值则取这个比值 u_{ij}，即 $S = (u_{ij})_{p \times p}$，$i, j = 1, 2, \cdots, p$，其中 $u = \{u_1, u_2, \cdots, u_p\}$ 表示子层评价指标集，p 表示指标个数。接下来以准则层为例进行说明，具体判断矩阵如表 2-3 所示，其他判断矩阵由于篇幅原因暂不列出。

---

① 需要说明的是，由于各地方政府信息公开程度不同，2016 年黑龙江省，2016—2018 年江西省的社会保险基金预算收入并未公布，本书对其差额取零计算；另外 2018 年的河南省、湖南省，2019 年的重庆市与贵州省的银行持有政府债券发行规模并未公布，针对该情况本书取前后两年数据进行平均处理，2016—2019 年的数据误差仅为 0.29%、0.14%、0.43% 和 0.29%。

表 2-3 准则层的判断矩阵

A－B	经济因素	财政因素	债务因素
经济因素	1	9/11	7/13
财政因素	11/9	1	2/3
债务因素	13/7	3/2	1

根据萨洛和哈马莱恩（Salo，Hämäläien，1997）提出的平衡标度方法，$s = \dfrac{w}{1-w}$，$w = \{0.5, 0.55, 0.6, \cdots, 0.9\}$，可以得到如下取值含义表（见表 2-4）。在进行地方政府债务风险评价时，即期指标比环境风险指标稍微重要，而环境指标又比潜在指标重要一点（比稍微重要的程度低），该排序说明即期风险指标是影响地方政府债务风险最关键的因素。

表 2-4 判断矩阵取值含义

B_{ij}	1（$w=0.5$）	3/2（$w=0.6$）	7/3（$w=0.7$）	4（$w=0.8$）	9（$w=0.9$）
取值含义	B_i 与 B_j 同样重要	B_i 比 B_j 稍微重要	B_i 比 B_j 重要	B_i 比 B_j 明显重要	B_i 比 B_j 极端重要

注：期间各数具有类似的含义，表示两个标准之间的折中度量。

我们可以使用这些判断矩阵按如下步骤计算各指标权重：（1）采用方根法（几何平均值法），按公式 $\overline{W}_i = \sqrt[n]{\prod_{j=1}^{n} b_{ij}}$（$i = 1, 2, \cdots, n$）求得单个指标的分量；（2）将各分量权重归一化处理，$W_i = \overline{W}_i / \sum_{j=1}^{n} \overline{W}_i$；（3）使用各层指标权重系数依次与子层相应指标权重相乘，即可得到最下层指标权重系数（见表 2-5）。各指标权重系数最大值为 0.0709，表示债务率对政府债务风险的影响最大。整体上显性债务因素、隐性债务因素以及政府财政实力对政府债务风险影响占比更大。

表 2-5　各指标权重计算结果

目标层	准则层	权重	子准则层	权重	指标层	权重	总权重
地方政府债务风险 A	B_1	0.2453	C_1	0.55	D_1	0.4302	0.0580
					D_2	0.1799	0.0243
					D_3	0.2749	0.0371
					D_4	0.1150	0.0155
			C_2	0.45	D_5	0.6000	0.0662
					D_6	0.4000	0.0442
	B_2	0.3011	C_3	0.35	D_7	0.3459	0.0364
					D_8	0.2296	0.0242
					D_9	0.4245	0.0447
			C_4	0.65	D_{10}	0.2732	0.0535
					D_{11}	0.3381	0.0662
					D_{12}	0.2732	0.0535
					D_{13}	0.1156	0.0226
	B_3	0.4536	C_5	0.60	D_{14}	0.1413	0.0385
					D_{15}	0.2124	0.0578
					D_{16}	0.2124	0.0578
					D_{17}	0.2605	0.0709
					D_{18}	0.1735	0.0472
			C_6	0.40	D_{19}	0.3243	0.0683
					D_{20}	0.2358	0.0485
					D_{21}	0.1269	0.0339
					D_{22}	0.1628	0.0307
					D_{23}	0.1502	0.0273

为进行判断矩阵的一致性检验,须计算一致性指标 $CI = \dfrac{\lambda_{max} - n}{n - 1}$,用 Matlab 软件计算判断矩阵 S 的最大特征根 λ_{max},及其对应的特征向量 A,此特征向量就是各评价因素的权系数分配。当随机一致性比率 $CR = \dfrac{CI}{RI} <$ 0.10 时,认为层次分析排序的结果有满意的一致性,即认为权系数的分配是合理的,其中 RI 表示平均随机一致性指标值。相关结果显示,各判断矩阵一致性比率都远小于 0.1,最大特征根 λ_{max} 都稍大于矩阵阶数,说明判断矩阵符合一致性要求。

3. 使用理想解法对风险进行测算

我们将 2016—2020 年 30 个省份数据导入 Matlab 软件,最终得出的各省(自治区、直辖市)地方政府债务风险结果如表 2-6 所示。

表 2-6　2016—2020 年各省(自治区、直辖市)政府债务风险测算结果

省(自治区、直辖市)	2016 年	2017 年	2018 年	2019 年	2020 年	均值
北京	0.3026	0.2795	0.2378	0.2522	0.2636	0.2671
天津	0.5630	0.5916	0.6494	0.6733	0.7578	0.6470
河北	0.5548	0.5760	0.6238	0.6413	0.6288	0.6049
山西	0.5227	0.4048	0.3419	0.4383	0.4653	0.4346
内蒙古	0.5632	0.6188	0.5881	0.6093	0.6163	0.5991
辽宁	0.4029	0.3987	0.3946	0.3802	0.3650	0.3883
吉林	0.5722	0.5913	0.6198	0.6376	0.6640	0.6170
黑龙江	0.5266	0.5550	0.5755	0.6203	0.6095	0.5774
上海	0.2417	0.2278	0.2069	0.2152	0.2505	0.2284
江苏	0.5107	0.5366	0.5467	0.5578	0.5494	0.5402
浙江	0.4923	0.5068	0.5317	0.5396	0.5412	0.5223
安徽	0.5545	0.5776	0.5919	0.6132	0.6363	0.5947
福建	0.5347	0.5532	0.5705	0.5855	0.5954	0.5679
江西	0.5645	0.5884	0.6015	0.6297	0.6928	0.6154

续表

省（自治区、直辖市）	2016 年	2017 年	2018 年	2019 年	2020 年	均值
山东	0.5351	0.5588	0.5801	0.5802	0.6039	0.5716
河南	0.5247	0.5396	0.5590	0.5682	0.5842	0.5551
湖北	0.5188	0.5486	0.5976	0.6217	0.6589	0.5891
湖南	0.5669	0.6087	0.6369	0.6514	0.6640	0.6256
广东	0.3716	0.3853	0.4145	0.4272	0.4314	0.4060
广西	0.5911	0.6114	0.6337	0.7291	0.7511	0.6633
海南	0.5746	0.5908	0.5947	0.5752	0.5898	0.5850
重庆	0.5371	0.5585	0.6100	0.7041	0.7110	0.6241
四川	0.5438	0.5675	0.5782	0.5719	0.5865	0.5696
贵州	0.6787	0.7018	0.7165	0.7324	0.7749	0.7209
云南	0.6093	0.6265	0.6490	0.6567	0.6828	0.6449
陕西	0.5833	0.6158	0.6524	0.6327	0.6424	0.6253
甘肃	0.5545	0.5429	0.5590	0.5719	0.5958	0.5648
青海	0.6003	0.6389	0.6528	0.6797	0.6680	0.6479
宁夏	0.5943	0.5934	0.6321	0.6622	0.6642	0.6292
新疆	0.5465	0.5700	0.5771	0.5812	0.6187	0.5787
均值	0.5279	0.5422	0.5575	0.5780	0.5955	—

4. 测算结果的横纵向比较分析

结果直观地显示，来我国地方政府债务风险正在逐年上升，从2016年的0.5279上升到2020年的0.5955，上升了0.0676，增加了12.8%，并且债务风险增长并未放缓，有继续增长的趋势。近几年中央不断发文强调地方政府要防范控制地方债务风险，可以看出化解债务风险到了势在必行的地步。从各省份数据来看，各个地区债务风险差异度大，风险最高的地区（贵州）比最低的地区（上海）高出了215.6%，整体上经济实力较强的省份政府债务风险较低，但也有例外，比如天津市作为我国直辖市之一，债务风险达到0.6470，重庆市也达到了0.6241；而山西、辽宁等经济相对不强的地区风险表现相对良好，平均水平都保持在 0.4500 以下。为了解决各地区债务风险问题，需要研究各省份具体指标的优劣势，以便对症下药。本书使用谱聚类①的方法对风险测算结果进行聚类分析（图 2-11）。根据风险相似度将 30 个省份分为四类，并结合测得的地方政府债务风险将其由低到高排序，如表 2-7 所示。同时，为分析各省份债务风险特征，本书将各省份指标汇总计算了均值，压缩为截面数据。

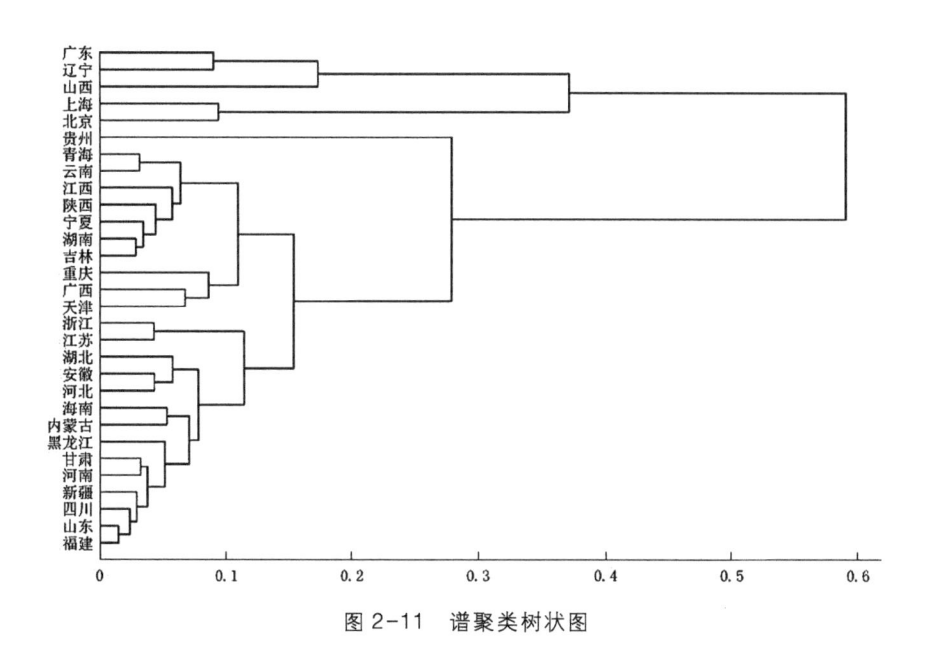

图 2-11 谱聚类树状图

表 2-7 各地方政府债务风险分类情况

政府债务风险水平	省份
低风险地区	北京、上海
较低风险地区	广东、辽宁、山西
中风险地区	江苏、浙江、湖北、安徽、河北、海南、内蒙古、黑龙江、甘肃、河南、新疆、四川、山东、福建

---

① 由于各省份风险测算结果样本数据不大，谱聚类对样本的要求小，因此在这里使用谱聚类的方法进行聚类分析。

续表

政府债务风险水平	省份
较高风险地区	青海、云南、江西、陕西、宁夏、湖南、吉林、重庆、广西、天津
高风险地区	贵州

如表 2-7 所示，能够称得上低风险地区的只有北京与上海两大直辖市，这不仅因为两地有较高的经济发展水平以及高额、稳定的财政收入能够有效保障政府的支出行为，而且直辖市通常地域小，政府管理成本低，可控程度高，管理体制也更为完善，因此能够有效的监督合管控风险。广东省强劲的经济实力拉动了政府的债务负担能力，为债务风险提供了更高的波动区间，保持经济的稳定发展能有效地防范债务风险。但地方政府债务风险并不是与经济发展水平简单地呈线性关系。可以看出，山西省与辽宁省经济规模虽然相对不强，但债务风险较低，经观察发现主要得益于隐性债务少，其五项指标均低于平均水平。中风险的省份分布较为分散，虽然造成风险增大的原因各不相同，但总体上这些省份的债务水平都处于一个较高的位置，尤其是债务率，除新疆、甘肃、湖北、河南四省（自治区）外，其余省份债务率均高于平均水平 88.97%，如果不尽快采取措施化解债务存量，就有恶化的趋势。处于高风险地区的几个省份主要位于中部、西南部地区。我们先讨论除天津、重庆和湖南外的其他省份，首先吉林、青海、云南、江西、陕西、宁夏、广西这些地区的主要特征是财政实力薄弱，有些省份十分依赖中央补助，除天津市外财政依赖度基本上都超过了 40.00%，青海、宁夏、广西更是超过了 50.00%，财政实力制约着地方政府对债务的负担能力与偿债能力，考虑如何提高财政实力是这些省份化解政府债务风险的首要目标；对于天津、重庆和湖南三个地区来说，债台高筑是其风险水平高居不下的主要原因，尤其是天津市，近几年债务平均增长率达到 23.18%，远超 12.69% 的平均增长率，平均债务率达到

122.50%，在 2020 年天津市债务率已经达到 194.80%。重庆和湖南两个地区的债务指标大多数也都高于平均水平，控制债务的增量，减少债务存量是其控制风险的有效办法。从测算数据来看，只有贵州省处于高风险地区，债务指标是贵州省最为严重的指标，其近几年的债务负担率、债务依存率、债务率、偿债率的平均值分别为 62.82%、32.02%、139.14%、40.96%，而 2020 年各项指标分为 61.66%、35.50%、154.65%、87.81%，可以看出贵州省的债务指标比较严重，需要引起当地政府的重视。

5. 地方债务风险来源结构分析

通过对测算结果的横纵向比较分析，可以了解到各地方政府风险的分布空间特征以及风险特点，便于地方政府针对性的采取措施调控风险。进一步地，本书将债务风险来源进行拆解并计算各指标风险大小随时间变化情况，对其分析可以有效的观察到风险结构特征的变化情况。

表 2-8　子指标风险测算结果

债务风险结构	2016 年	2017 年	2018 年	2019 年	2020 年
经济实力	0.7551	0.7623	0.7726	0.7594	0.7083
发展潜力	0.6943	0.7188	0.7188	0.7229	0.6898
制度环境	0.5429	0.4427	0.3670	0.3462	0.4385
财政实力	0.3031	0.5769	0.5873	0.5825	0.5549
显性债务	0.3624	0.3786	0.4157	0.4738	0.5361
隐性债务	0.4998	0.3999	0.2829	0.3044	0.4279

从表 2-8 中可以看出一些有意思的结果，有三个指标存在比较突出的特征，分别是财政实力指标、显性债务指标、隐性债务指标，其风险随时间变化情况如图 2-12、图 2-13 和图 2-14 所示。从图 2-13 中可以看出我国地方政府财政实力从 2017 年开始总体压力突然增大，并一直维持着较高的压力水平，随着减费降税政策的推行，该政策确实一定程度上影响

到了地方政府的财力。与此相对应，地方政府为了维持财政的运转，显性债务的一路走高不可避免，这是近年来地方政府显性债务加大的直接诱因之一。然而，从隐性债务风险变化的情况来看，初期地方政府的风险是下降的，自 2014 年新《预算法》修订以后，政府债务得到了规范化的治理，许多隐性债务被翻上了台面，着手处理这些"烫手山芋"是政府工作的重要目标，随着遗留隐性债务的处理与新债务的需求提升，隐性债务从"混乱"增多到"有序"增多成为我国地方隐性债务变化的特征之一。

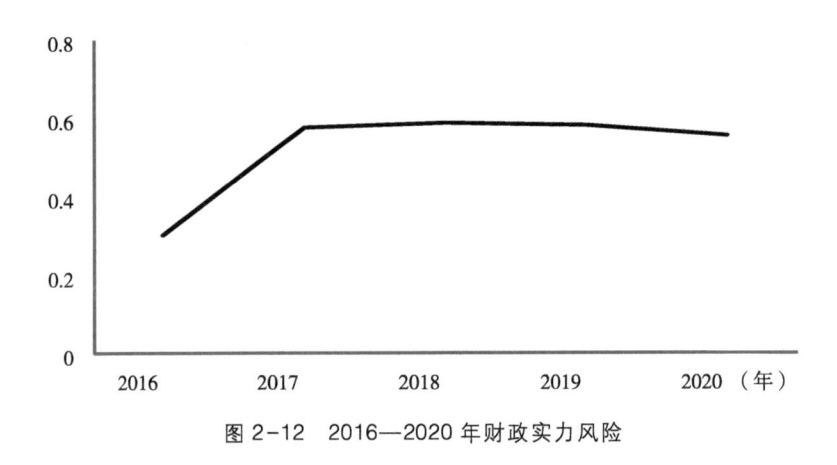

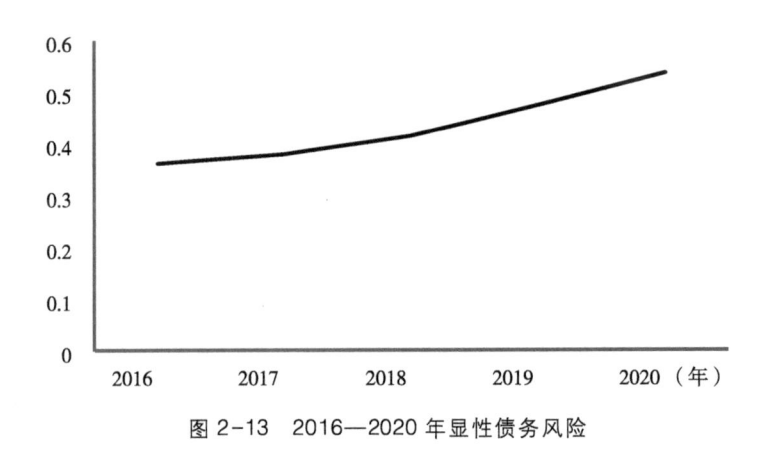

图 2-12　2016—2020 年财政实力风险

图 2-13　2016—2020 年显性债务风险

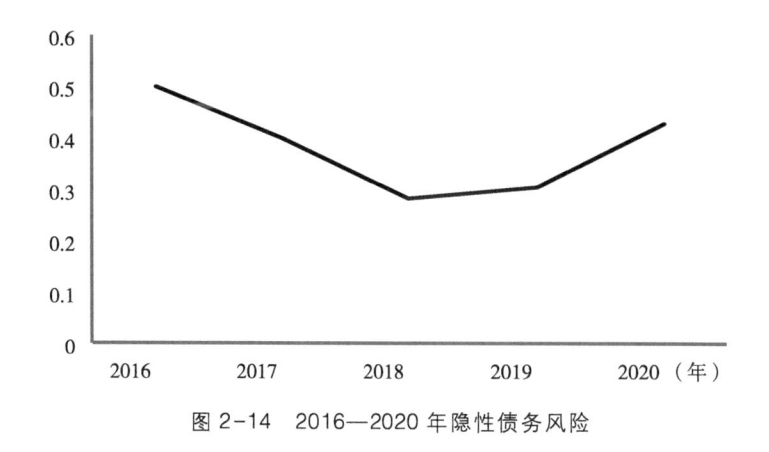

图 2-14 2016—2020 年隐性债务风险

通过考察影响地方政府债务风险的各类变量实现对地方政府债务风险的科学研判。在充分考虑这些影响地方政府债务风险因素的情况下，结合已有研究对各省级政府债务风险进行静态测度和横纵向对比分析，发现我国地方政府债务风险水平自 2016 年以来逐年提升，并且没有缓和的迹象，从空间分布上来看，中部地区、西南部地区风险相对更高，通过对风险结构进行拆解来看，发现推动地方政府债务风险水平不断拔高的主要原因是地方政府财政压力的增大以及债务状况的不断恶化。

二、金融风险测度

(一) KMV 模型发展演变[①]

在竞争日益激烈的金融业中，由于信用衍生品和企业债券产品的创新，信用风险评估成为一个重要的世界性研究课题。违约预测是一种常用的信用风险评估方法，对金融机构的贷款决策和盈利能力有重大影响。因此，准确的破产预测模型受到各利益相关者（即股东、经理、贷款人、投资者和其他利益相关方）的欢迎。目前有两种方法用于估计违约概率，

---

① KMV 是 Kealhofer（基利霍费尔）、McQuown（麦奎恩）和 Va-sicek（瓦希切克）的缩写

一个涉及评级违约概率的校准，另一个涉及市场违约概率的校准。对于前者认为违约概率与评级有关，如标准普尔（S&P）、穆迪投资者服务公司或惠誉评级公司；后一种方法可以更为细致地反映企业的违约水平。其中著名的信用风险度量模型有两种，分别为 1993 年穆迪（Moody's）基于布莱克—肖尔—默顿（Black-Schole-Merton）的期权定价模型而推出的 KMV 模型、1997 年摩根基于资产组合而提出的 Credit Metrics 模型。尽管瑞士信贷银行和麦肯锡公司综合宏观因素的影响分别将 Credit Metrics 模型拓展补充为 Credit Risk+模型和 Credit Portfolio View 模型。但相比于 KMV 模型仍存在对违约风险因素假定过于苛刻的缺点。Credit Metrics 模型的本质是通过信用评级机构测量的违约率和信用转移矩阵研究出资产组合价值的变化，根据价值波动的幅度判断信用风险的大小，但是该模型没有考虑市场风险，其采用的违约率是历史年份违约率的算术平均值得来，并未根据不同阶段对各违约率的影响而赋予不同的权重。同时，该模型信用等级变化遵循前提假定是存在一个稳定的马尔科夫过程，这显然是非常严格的。Credit Risk+模型同样充分发挥了其计算优势，通过风险发生的概率和风险发生后的损失计算企业违约风险，但其没有考虑到债务人资本结构变化而产生的信用降级风险，对于期权和外汇互换等非线性金融产品也不适用，因此该模型的应用受到了一定限制。Credit Portfolio View 模型使用失业率、政府支出、汇率和 GDP 增长率等宏观因素建立多因子模型对资产的信用风险和评级转移进行分析，虽然该模型充分考虑到社会经济发展对企业的影响，但忽略了在现实中存在的影响违约率和信用评级的微观因素，使结果有一定的偏差。相比之下，KMV 模型的优势更加突出：首先，它采用上市公司的股票交易数据和财务数据，可对任何已上市的企业进行信用风险评估，应用更为广泛。其次，它作为一种动态模型，可以根据股价的变化而改变，可以随时获得各企业最新的预期违约概率，进而及时反映它们的信用状况。最后，它具有一定的预测功能，KMV 模型将违约概率与股价联系在一起，不仅能反映出各企业的历史和当前状况，还能合理预期未来的风险,实现一定的预测功能。

KMV模型特别适用于默顿(Merton,1974)的框架。默顿利用布莱克-苏尔茨(Black-Sultz)期权定价理论,导出了债务不履行风险下的风险债券定价公式。到期时,如果企业的资产价值大于负债的面值,股票持有者就会支付负债,使企业存续下去。如果企业的资产价值低于债券的面值,股票持有者就会宣布不履行债务。假定不履行债务的费用是没有的,这意味着在破产时,资产将按照债券的偿还优先级进行分配,此时股票价值将为零,而股票持有者将只承担有限责任。默顿模型根据这些股票所具有的有条件的请求权性质,预测了企业破产的可能性,并将股价作为包含其他所有信息的唯一变量,模型的结果受股价的顺时针变动趋势和波动性的影响大于当前时点的绝对股价水平。默顿主张将股份资本视为以资产为基础资产(标的资产),以负债为行使价格的期权,可以计算市值总额以及资产或负债的市场价值。这里利用期权定价模型可以求出到期日不执行期权的概率,这个概率意味着到期日资产价值小于负债价值的概率,从概念上可以用破产可能性的概率来解释。

在随后的几年里,KMV模型由信用风险咨询公司KMV公司持续开发,2002年4月穆迪收购了该公司和KMV模型。过去20年来,金融研究人员和实践者的大量工作检验了KMV模型的准确性和贡献。麦奎恩(McQuown,1993)指出,财务报表代表一家公司的历史状况,而股票价格反映其未来趋势,而KMV模型同时应用了这两种方法,从而提高了预测精度。克罗斯比和博恩(Crosbie,Bohn,2003)从多个角度介绍了KMV模型的框架,他们对假设进行了一些修改后总结了KMV违约概率模型。例如,他们应用了Merton模型的一种变体,根据股权价值计算公司资产的市场价值和波动性,以提高其获得违约距离的准确性,这给了我们一个对模型更加全面的理解。希勒盖斯特等(Hillegeist,et al.,2004)将KMV模型与阿尔特曼(Altman,1968)的Z评分模型和奥尔森(Ohlson,1980)的逻辑回归模型进行了比较。他们的测试表明,基于市场的故障率度量比基于会计的两个度量提供了更多的信息内容。因此，KMV 模型在违约预测方面超过了其他两个模型。在瓦萨洛和邢（Vassalou，Xing，2004）的研究中，KMV 模型首次用于估计单个公司的违约措施，以检验违约风险对股权回报的影响。结果表明，KMV 模型中的违约度量值得引入资产定价的实证检验。巴拉斯和沙姆韦（Bharath，Shumway，2008）将 KMV 模型与一个简单的替代方案进行了比较，后者不仅更容易计算，而且比简化模型和 KMV 模型的性能稍好。

综上所述，虽然现有的财务报表变量存在难以即时应用信息的缺点，但是 KMV 模型作为每一个时刻都在运行的股价信息，通过导出预期违约概率，可以快速地识别企业的资产负债状态。因此在投资指标或企业风险管理方面，其效用较高。从这个角度出发，本书通过基于布莱克-苏尔茨（Black-Sultz）期权定价理论的 KMV 模型来衡量金融业的风险大小。实际上，根据中国人民银行公布的数据可知，近年来中国银行系统总资产占了金融业总资产 90% 以上，因此研究我国银行业风险的大小可以大致反映我国金融业风险状况。

（二）KMV 模型的构建

使用 KMV 模型测算银行的风险大小，可以将银行的股权看作一种看涨期权，执行价格是银行的负债，标的物为银行的资产价值。当银行的资产价值小于负债时，银行将会违约，否则不违约。该模型虽然存在一定的局限性，如模型的假设条件比较严格，如模型假定利率在期限内固定不变，忽略了利率风险；假定银行资本结构不变以及资产价值业不可能完全服从正态分布等。但仍不能否认该模型的有效性。国内有很多学者也对 KMV 模型在我国的适用性进行了实证分析，如程鹏和吴冲锋（2002）、杨星和张义强（2004）、杨秀云等（2016），他们均认为该模型基本能够识别我国上市公司的信用状况，也具有较强的预测能力。

KMV 模型的主要思想，首先利用布莱克-肖尔（Black-Scholes）期权定价公式，根据企业股权的市场价值及其波动性、到期时间、无风险借贷利率及负债的账面价值估计出企业资产的市场价值、资产价值的波动性。其次，根据公司的负债计算出公司的违约实施点，计算借款人的违约距离。最后，根据企业的违约距离与预期违约率之间的对应关系，求出企业的预期违约率。其需要用到的主要变量如下：

1. 股权价值 V_E

在估算银行业的资产价值之前，需要先计算银行的股权价值，由于本书选取的银行均完成了股权分置改革，不存在非流通股，即总股数等于流通股票数，由此可得股权价值 V_E 为

股权价值＝股票收盘价×流通股票数

股票的前复权收盘价和流通的股票数来自 RESSET 数据库。

2. 股权价值波动率 σ_E

资产的价格一半是不确定的、波动的，因此常常使用价值波动率来反映金融资产价值的这一特性，进而可以反映金融资产的风险水平。波动率越高，金融资产价值的波动越剧烈，不确定性就越强。目前根据计算方法和应用的不同，波动率的估测方法一般分为两种：隐含波动率法和历史波动率法。前者主要通过将期权等衍生品的市场价格代入其理论价格模型，反推市场对于未来波动率的预期，由于期权的市场价格本身蕴含的大量市场前瞻性信息可以直接实现对标的资产未来波动率的预测。后者则是基于对历史时期的资产价格进行分析，观察趋势的变化规律，从而估测未来的波动率。

波动率方法的选择上一般认为市场波动率估测方法的选择取决于市场环境的成熟度和预测时间的长短，期权隐含波动率估测的准确率会随着期权市场的发展得到显著提高［科拉多和米列尔（Corrado，Miller），2005］，当时间序列长度较短时，隐含波动率估测的准确率会低于历史波动率法。相关研究可以根据研究对象的特性自由选择隐含波动率法或历史波动率法估测市场的波动率，但本书对银行风险的测算的目的是为了对比分析金融风险与财政风险的联动变化，因此考虑到财政风险的数据长度，

测算金融风险的数据长度也相应的缩短，如此使用历史波动率法更适用于估测银行业股权价值的波动率。

最常见历史波动率法首先假设银行股票价格服从对数正态分布，然后用股票的日波动率来推算其年或月波动率。股票的日对数收益率可以表示为

$$\mu_i = \ln\left(\frac{P_i}{P_{i-1}}\right)$$

其中，P_i 代表第 i 日的股票收盘价，P_{i-1} 代表第 $i-1$ 日的股票收盘价。此时，银行股票的日收益率的波动率为

$$\sigma_* = \sqrt{\frac{1}{n-1}\sum_{i=1}^{n}(\mu_i - \bar{\mu})^2}$$

其中，$\bar{\mu}$ 为日平均收益率，$\bar{\mu} = \frac{1}{n}\sum_{i=1}^{n}\mu_i$。每月的总交易日为 t 日，则月收益率的标准差即股权价值波动率可表示为

$$\sigma_E = \frac{\sigma_*}{\sqrt{\frac{1}{t}}} = \sigma_* \cdot \sqrt{t}$$

近年来学界对于历史波动率的计算方法给予更多的青睐。恩格尔（Engle，1982）提出的自回归条件异方差（autoregressive conditional heteroskedasticity，ARCH）模型，经过波勒斯勒夫（Bollerslev，1986）对其进一步推导，提出 generalized ARCH 模型，也即 GARCH 模型，他在 ARCH 模型的基础上加入了对过去时期的预测方差，能更好地反映数据的长期记忆性质，使其更适用于波动性的分析和预测，相比于传统的计算方法该模型具有更高的准确率。王佳妮和李文浩（2005）用 GARCH 模型对外汇市场的波动性进行了评估，证实了 GARCH 模型比 ARCH 具有更好的估测效果；黄海南和钟伟（2007）也使用相反方法，以上证指数收益率为数据样本，使用 GARCH 模型对其波动率进行预测，并通过 M-Z 回归和损失函数对 GARCH 模型的估测结果进行评价，得到了肯定的结果。

对于时间序列 $\{a_t\}$，如果满足：

$$a_t = \sigma_t \varepsilon_t, \quad \varepsilon_t \sim i.i.d. \, N(0, 1)$$

$$\sigma_t^2 = \alpha_0 + \sum_{i=1}^{Q} \alpha_i a_{t-i}^2$$

则可以称 $\{a_t\}$ 是一个 ARCH（Q）序列，其中，a_t 为 t 时刻的收益或者收益残差，σ_t 为波动率的标准差，ε_t 为服从独立标准正态分布的随机变量，σ_t^2 就为序列的波动率，Q 为序列的阶数。

波勒斯勒夫在 ARCH 模型的基础上，再加上 σ_t^2 的自回归部分，得到 GARCH（P，Q）的模型，设定为

$$a_t = \sigma_t \varepsilon_t, \quad \varepsilon_t \sim i.i.d. \, N(0, 1)$$

$$\sigma_t^2 = \alpha_0 + \sum_{i=1}^{Q} \alpha_i a_{t-i}^2 + \sum_{j=1}^{p} \gamma_j \sigma_{t-j}^2$$

在实际研究中，发现 GARCH（1，1）模型最能准确预测波动率的大小。邹建军等（2003）选用移动平均法、GARCH（1，1）模型和 Risk Metrics 分别预测上海证券交易所日收益率的波动性，其结果显示，GARCH（1，1）模型是在所选的预测方法中效果是最为精确的，能最好地反映上海证券交易所的风险。同样地，郑振龙和黄薏舟（2010）对香港恒生指数期权市场波动率进行研究时发现，在预测期限较短时，GARCH（1，1）模型更适用于价值波动率的计算。根据经验可以选择 GARCH（1，1）模型计算波动率

3. 资产价值 V_A 与资产价值变动率 V_A

在得到股权价值与股票价值波动率的基础上，根据布莱克—肖尔—默顿（Black-Scholes-Merton）期权定价模型，企业资产价值 V_A 和股权价值 V_E 的关系为

$$V_E = V_A N(d_1) - DN(d_2) e^{-rT}$$

其中，$d_1 = \dfrac{\ln\left(\dfrac{V_A}{D}\right) + (r + \dfrac{1}{2}\sigma_A^2)T}{\sigma_A \sqrt{T}}$，$d_2 = d_1 - \sigma_A \sqrt{T}$；D 为企业的负债；T 为

企业债务剩余期限，假设其为一年，即 $T=1$；r 为无风险利率；$N(d)$ 为标准正态累积分布函数。

同时，根据企业的股权价值波动率与资产价值波动率的关系：

$$\sigma_E = \frac{V_A}{V_E} N(d_1) \sigma_A$$

可以将上述两个方程联立，就可得到资产价值 V_A 及资产价值波动率 σ_A。

4. 无风险利率

由于 2021 年的无风险利率数据暂时空缺，本书使用指数平滑法对 2021 年的月度无风险利率数据进行估算。指数平滑法是生产预测中常用的一种方法，常用于中短期指标发展的趋势预测，所有预测方法中，指数平滑是用得最多的一种。指数平滑法包括三种不同形式：一是针对没有趋势和季节性的序列的一次指数平滑法，二是针对有趋势但没有季节性的序列的二次指数平滑法，三是针对有趋势也有季节性的序列的三次指数平滑法。可以根据当地经济发展是否呈周期性变化的趋势来选择指数平滑法的具体形式。

（1）一次指数平滑法。

$$S_t = a y_t + (1-a) S_{t-1}$$

式中，S_t 为时间 t 的平滑值，即 $t+1$ 期的预测值；y_t 为 t 期的实际值；S_{t-1} 为期的平滑值，也是 t 期的预测值，a 为平滑常数，其取值范围为 [0，1]，通常来说，一般当时间序列比较平稳，a 取值在 0.05~0.2 之间，当时间序列有波动，呈一定的随机变化，a 取值在 0.1~0.4 之间，当时间序列波动大，数据的随机性较大，a 取值应在 0.5 以上，以消除更多的噪声。则第 i 期预测值为：

$$S_i = a y_i + (1-a) S_{i-1}$$
$$= a y_i + (1-a) [a y_{i-1} + (1-a) S_{i-2}]$$
$$= a y_i + (1-a) \{a y_{i-1} + (1-a) [a y_{i-2} + (1-a) S_{i-3}]\}$$

$$= \cdots$$
$$= a \sum_{j=0}^{i} (1-a)^j x_{i-j}$$

（2）二次指数平滑法。

二次指数平滑法是对一次指数平滑值的基础上再做一次指数平滑的方法。它不能单独地进行预测，需要与一次指数平滑法配合。在一次指数平滑的基础上得二次指数平滑的计算公式为

$$S_t^{(2)} = a S_t^{(1)} + (1-a) S_{t-1}^{(2)}$$

式中，$S_t^{(2)}$ 为第 t 周期的二次指数平滑值，$S_t^{(1)}$ 为第 t 周期的一次指数平滑值，$S_{t-1}^{(2)}$ 为第 $t-1$ 周期的二次指数平滑值，二次指数平滑数学模型为

$$\hat{y}_{t+T} = a_t + b_t T$$
$$S_t^{(2)} = a S_t^{(1)} + (1-a) S_{t-1}^{(2)}$$
$$a_t = 2 S_t^{(1)} - S_t^{(2)}$$
$$b_t = \frac{a}{1-a}(S_t^{(1)} - S_t^{(2)})$$

其中，T 表示从当期开始要预测的期数，$\hat{y}_{t+T}$ 表示第 T 期。

（3）三次指数平滑法。

三次指数平滑是在二次指数平滑的基础上再进行一次平滑，其计算公式为

$$S_t^{(3)} = a S_t^{(2)} + (1-a) S_{t-1}^{(3)}$$

三次指数平滑的预测模型为

$$\hat{y}_{t+T} = a_t + b_t T + c_t T^2$$
$$a_t = 3 S_t^{(1)} - 3 S_t^{(2)} + S_t^{(3)}$$
$$b_t = \frac{a}{2(1-a)^2}[(6-5a) S_t^{(1)} - 2(5-4a) S_t^{(2)} + (4-3a) S_t^{(3)}]$$
$$c_t = \frac{a^2}{2(1-a)^2}[S_t^{(1)} - 2 S_t^{(2)} + S_t^{(3)}]$$

由于无风险利率数据呈现明显的周期性变化特征，本书使用三次指数平滑的预测模型对月无风险利率数据进行了估测，其走势图如图 2-15 所示。

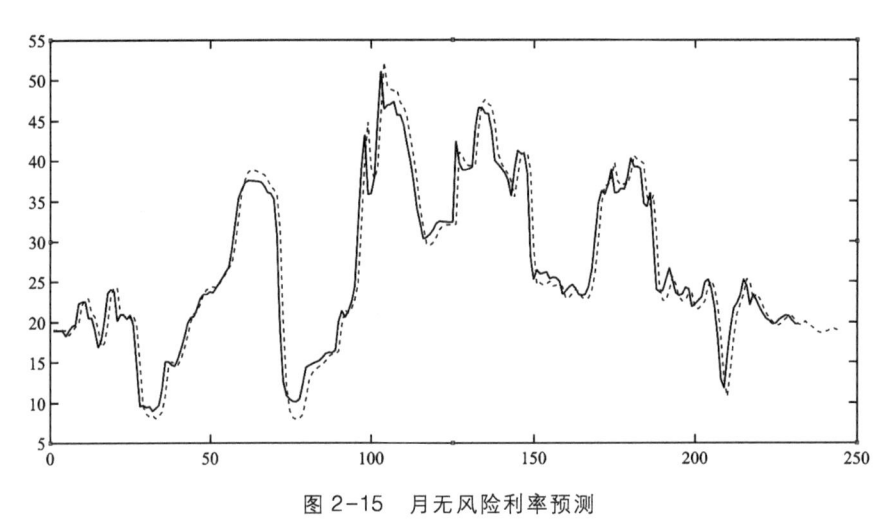

图 2-15 月无风险利率预测

数据来源：RESSET 金融数据库。

5. 违约距离 DD 及违约概率 P

KMV 模型的实质是利用相对债务规模与债务人的相对偿债能力及其波动性构建债务人的违约距离，是企业的资产价值在风险期限内由当前水平降至违约点的相对距离，可以表示为

$$DD = \frac{V_A - DP}{V_A \sigma_A}$$

其中，DP 为违约点，理论上来说，企业的资产价值低于负债面值总额时，就会发生违约，但是，长期负债往往能缓解企业的偿债压力，穆迪评级公司根据大量的实证检验，发现违约最常发生的临界点为短期负债与长期负债的一半之和，其中，STD 为短期负债，LTD 为长期负债。

$$DP = STD + 0.5LTD$$

DD 即为债务人的违约距离，依债务人的违约距离，并在地方政府财

政收入符合对数正态分布的假定下估计地方政府债务的违约概率,政府债务的违约概率的计算可以表示为

$$P = N(-DD) = N(-\frac{V_A - DP}{V_A \sigma_A})$$

(三) 金融风险测算结果

本书首先利用 GARCH (1, 1) 方法计算 12 家上市银行日收益的波动率,使用的数据为 2017—2021 年股票的日对数收益率,在此基础上计算月收益率的标准差,即为股权价值波动率,最后将其转换为月股权价值波动率。将计算得出的股权价值、股权价值波动率、月无风险利率代入布莱克—肖尔—默顿 (Black-Scholes-Merton) 期权定价模型,建立联立方程式解出银行的资产价值及其月资产价值波动率,最后使用该数据可以计算企业的违约距离与违约概率。这一过程是通过 Matlab 软件实现的,使用的数据来源于 RESSET 金融数据库。由于篇幅问题,表 2-9 仅列出各个银行测算结果的平均值 (详细测算数据见附录 A)。

表 2-9 2017—2021 年 12 家上市银行的风险测算结果均值

	V_E	V_A	σ_E	σ_A	DD	P
工商	1.86636E+12	2.96560E+13	0.0655	0.0290	9.7875	6.3704E−23
建设	1.42950E+12	2.48538E+13	0.0769	0.0047	7.5688	1.8834E−14
农业	1.17240E+12	2.40440E+13	0.0578	0.0030	8.7226	1.3594E−18
中国	9.72814E+11	2.17192E+13	0.0508	0.0024	8.4698	1.2291E−17
交通	3.71672E+11	9.63364E+12	0.0567	0.0023	5.2436	7.8737E−08
招商	9.75884E+11	7.79340E+12	0.1028	0.0127	7.8229	2.5810E−15
兴业	3.78659E+11	6.99214E+12	0.0732	0.0040	6.9490	1.8394E−12
浦发	3.10318E+11	6.70951E+12	0.0953	0.0044	4.5479	2.7092E−06
中信	2.45191E+11	6.38704E+12	0.0727	0.0030	3.9558	3.8139E−05
民生	2.35027E+11	6.13880E+12	0.0588	0.0024	4.5077	3.2767E−06
光大	1.91585E+11	4.66793E+12	0.0795	0.0034	4.2595	1.0244E−05
平安	2.80659E+11	3.89014E+12	0.1247	0.0088	4.9200	4.3272E−07

纵向比较表中数据，首先明显可以发现我国银行业主要由国有银行主导，5家国有银行股权价值占比达到12家银行的68.95%，这决定了我国金融行业与政府有着密切的联系，为金融风险与财政风险的互联打下了制度基础。从表2-9内可以看出国内头部银行间的波动率差异明显，大型商业银行在各个年份的稳定性整体上明显强于中小型商业银行，体现了其抵御经济冲击的强劲的实力，当然这与大型商业银行雄厚的经济实力息息相关，结果就是相比于大型银行，中小型银行往往违约距离近，违约概率高，应该在接下来的银行风险管理工作中重视对中小型银行的监管，可以提高风险防范效率。最后，为获得整体金融风险数据，本书按照各银行资产规模对各银行违约距离按资产规模比例进行加权，得到金融风险序列。

第三节 财政风险和金融风险关系的实证检验

一、使用修订的KMV方法测算财政风险

在定量的估测财政风险和金融风险后，为进一步对政府债务风险与银行业风险进行相互关系的检验，需要选取对两类风险测算同时适用的风险测算方法，在这种情况下，对数据要求较为宽裕的KMV模型符合本书对测算政府债务风险的需求。KMV模型根据其机理特性，经过多年的延展与讨论，可以较好地解决两者指标不匹配的问题。选取两类风险测算同时适用的方法对财政风险与金融风险进行测算并对反馈关系进行检验，有利于回归结果的准确性。

21世纪以来，国际学术界开始关注主权债务违约风险的测度，并取得了一系列的成果。哈里斯等（Harris, et al., 2006）通过对美国市政债券市场16.7万个一年期样本数据进行回归分析，探究了市政债券信用风险受交易成本的影响程度如何。穆迪公司前总监约菲（Joffe, 2012）认为相比于评级违约概率方法，市场违约概率方法更适合主权债务风险的估

算,这样可以通过分析财政数据的时间序列和建立未来收支的预测系统分析政府的违约概况。

近年来,随着国内政府债务规模的迅速扩张,我国学者对这个政府债务风险领域也投入了更多的关注。沈沛龙和樊欢(2012)基于资产负债表的研究颇具代表性,他们先编制了一个简化的政府资产负债表,通过计算资产负债的几何距离来判断违约概率,进而测算地方政府债务风险,这种方法与KMV模型的原理不谋而合。而利用KMV模型评价政府债务风险的研究就更多了,韩立岩等(2004)首先用地方财政收入替换了KMV模型中的企业资产价值变量,进而构建了地方债券信用风险测度模型。蒋忠元(2011)利用KMV模型研究了2009年江苏省地方政府债券的合理发行规模及相应的违约概率等。由于无法估算政府的资产价值,他们普遍的做法是使用财政可支配收入替代该变量进行计算。马亭玉和刘泽龙(2012)基于信用利差数据,检验了影响上海、浙江、广东、深圳四个试点自主发债省(市直辖)信用风险的因素,在此基础上使用KMV模型确定了样本省(市直辖)的最优发行规模和违约距离。李腊生等(2013)曾利用KMV修正模型表明我国地方政府债务不太可能存在经济上的债务违约风险,但地方政府债务却存在道德风险。张海星和勒伟凤(2016)也尝试使用KMV方法构建地方政府信用风险度量模型,并将财政收入进行滞后回归后估算了地方政府债券安全发行规模,以此预测其未来年度发生信用风险的可能性。

当然,KMV模型最开始是被用于企业中测算其违约风险,简单地将KMV模型生搬硬套用于测量政府债务风险的测度是不够准确的,需要对其进行一定的修正,以符合本书对债务风险测算的需求。修正的KMV模型可以理解为:由于用于政府偿债的财政收入具有波动性,有时会使得政府的财政收入小于到期应偿还的债务,从而导致政府违约,用于偿债的财政收入与债务额之间的差额可以简单的认为是政府债务的违约距离,以此距离来测算政府债务风险。

按照修正的 KMV 模型的思想，政府债务违约距离 DD 和违约概率 P 的公式表达如下：

$$DD = \frac{\ln\left(\frac{F_T}{E_T}\right) + \mu \in t - \frac{1}{2}\sigma^2 \in t}{\sigma\sqrt{T}}$$

$$P = P[F < E] = P[\ln F < \ln E] = N\left(-\frac{\ln\left(\frac{F_T}{B_T}\right) + \mu \in t - \frac{1}{2}\sigma_g^2 \in t}{\sigma_g\sqrt{T}}\right)$$

$$= N(-DD)d$$

其中，$\in t$ 为所考察的债务的期间，$\in t = T - t$，而 t 为当前的时期，即 $t = 0$，所以 $T = \in t$，F_T 为 T 时期地方政府用于偿还债务的财政收入，B_T 为地方政府所需偿还的债务，μ 为财政收入的增长率，σ_g 为地方政府财政收入的变动率。

由政府债务相关数据的可得性，本书选取 2017—2021 年我国政府的相关月度数据为作为 KMV 模型的样本数据，基础数据来源于财政部及国家统计局公布的数据。同样，由于篇幅问题，表 2-10 仅以年份为单位列出测算结果（详细测算数据见附录 B）。

表 2-10 我国财政风险测算结果均值

指标	μ	σ_g	DD	P
均值	0.0707	0.3407	10.0850	3.21697E-24

由于月度政府债务数据长度较短，因此不适合使用 GARCH 方法计算财政收入的波动率，指数加权移动平均方法可以有效解决这一问题。但由于模型本身的限制，政府月财政收入变化程度很大，可以发现财政波动率明显大于银行。从风险测量结果中可以看出，通过修正的 KMV 模型计算政府债务风险，我国政府的债务风险水平明显小于金融风险水平，这与我

国政府经济实力强劲，公信力强息息相关，尽管可能因为模型的原因导致测算结果存在偏差，但本书着重比较两者的变化信息，对结果的大小并没有严格的要求。在测算出财政和金融风险的具体数值后，可以将两者进行回归，以便准确地描述两者的定量关系。

二、计量模型的构建

VAR 向量自回归模型是最早由克里斯托弗于 1980 年提出的一种 AR 模型的推广形式。它通过对当期变量与其他变量的滞后变量进行回归，来估计各个变量之间的联动关系，而国外学者早已使用 VAR 模型对财政风险和金融风险的相关关系进行了非常充分的实证分析。阿查里雅等（Acharya, et al., 2014）的研究表明欧洲政府债券和银行信贷信用违约互换价格变化在金融危机期间表现出极大的相似性，但在它们危机前却几乎没有相关性。当政府和银行资产负债表紧密相连时，它们的违约概率也变得高度相关，他通过使用 VAR 模型研究银行和主权信用违约互换利差的一般动态变化发现了主权和银行压力之间存在双向反馈。虽然这项研究给出的结果非常具有参考意义，但因为其选择的变量完全依赖于时间序列维度，没有提供反馈效应驱动因素的经济解释。类似地，图克拉尔（Thukral, 2013）使用具有滞后回归量的面板数据框架来研究金融相关变量对主权信用违约互换利差的影响，他使用银行信用违约互换利差构建银行风险指数以及其他财政变量，结果显示金融风险指数毋庸置疑是主权债务风险的显著决定因素。根据穆迪（Moody's, 2014）通过 MS-VAR 模型研究政府和银行信用违约互换利差间关系得出的结论同样可以看出，欧元区遭受的不仅仅是一次金融危机，而是一系列的金融危机，在这期间存在着危机的扩散。根据其研究结果，欧元区在遭受金融危机后，冰岛发生了金融风险向财政风险蔓延的情况，希腊和意大利风险传导方向正好相反，而对于其他的国家来说，风险的传导在两个方向上都存在。而莫迪和山德里（Mody, Sandri, 2011）没有使用银行信用违约互换利差数据，而是将银行股票市值作为衡量银行体系风险的指标,对比主权债务利差的变化发现,在政府增加对银行担保和救助后,主权债务利差明显开始上升,特别是在增长前景疲软和债务水平高的国家。

为直观地了解VAR模型对本书的适用性,图2-16刻画出了我国财政风险和金融风险的时间趋势图,首先可以发现,财政风险的测算准确度相对于金融风险较差,其违约距离的测算结果波动很大,这可能是因为修正的KMV模型本身不够严谨。但不失一般性地,我们可以初步认为财政风险与金融风险存在极强的相关性,财政风险会随着金融风险变动而滞后几期变动,在这一过程中可能实现了金融风险向财政风险的转化,故可以尝试使用VAR模型进行分析这一现象。本节以VAR模型为基础,通过平稳性检验、格兰杰因果检验、脉冲响应函数和方差分解分析我国金融风险与财政风险间的关联度,探究通过对结果的分析研究财政风险和金融风险反馈是否存在以及强度如何。

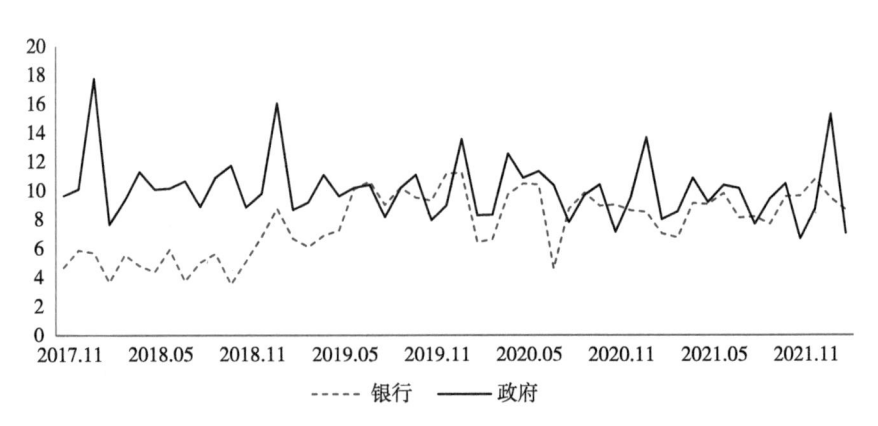

图2-16 我国财政风险和金融风险的时间趋势图

对于两个时间序列变量 $\{y_{1,t}, y_{2,t}\}$,其中, $y_{1,t}$ 表示 t 期金融风险, $y_{2,t}$ 表示 t 期的财政风险,作为两个方程的被解释变量,而解释变量则为 p 阶滞后值,考虑到如下风险增长过程:

第二章 财政风险与金融风险"反馈循环"的实证分析

$$\begin{cases} Bank_t = \alpha_0 + \alpha_1 Bank_{t-1} + \cdots + \alpha_p Bank_{t-p} + \gamma_1 Gov_{t-1} + \cdots + \gamma_p Gov_{t-p} + \varepsilon_{1,t} \\ Gov_t = \beta_0 + \beta_1 Bank_{t-1} + \cdots + \beta_p Bank_{t-p} + \theta_1 Gov_{t-1} + \cdots + \theta_p Gov_{t-p} + \varepsilon_{2,t} \end{cases}$$

其中,$\{\varepsilon_{1,t}\}$ 和 $\{\varepsilon_{2,t}\}$ 为白噪声,本书假设由于金融市场本身具有较强的波动性,存在初始风险,$\alpha_0 \neq 0$,$\beta_0 \neq 0$,合并两方程后得:

$$\begin{pmatrix} Bank_t \\ Gov_t \end{pmatrix} = \begin{pmatrix} \alpha_0 \\ \beta_0 \end{pmatrix} + \begin{pmatrix} \alpha_1 & \gamma_1 \\ \beta_1 & \theta_1 \end{pmatrix} \begin{pmatrix} Bank_{t-1} \\ Gov_{t-1} \end{pmatrix} + \cdots + \begin{pmatrix} \alpha_p & \gamma_p \\ \beta_p & \theta_p \end{pmatrix} \begin{pmatrix} Bank_{t-p} \\ Gov_{t-p} \end{pmatrix} + \begin{pmatrix} \varepsilon_{1,t} \\ \varepsilon_{2,t} \end{pmatrix}$$

同时,考虑到国外的经济冲击与国内通货膨胀的影响,本书将全球冲击变量(Exr)与通货膨胀变量(Inf)纳入模型当中,国外的经济冲击会明显影响金融市场的稳定性,使用的主要数据为人民币汇率指数(CFETS货币篮子)。同时,货币政策的变化同样会对金融风险产生不可忽视的影响,由于时间长度较短,价格指数变动幅度小,不足以反映其对风险产生的冲击,因此本书使用货币供应量(取对数)反映通胀情况。

三、实证结果

(一)VAR模型最优滞后阶数的确定

VAR模型需要确定最优滞后阶数来提高模型的显著性和准确性,确定最优滞后阶数常用的方法为使用FPE、AIC、HQIC和SBIC多项准则进行综合判断。本书运用Stata确定VAR模型阶数时发现不同信息准则所选择的滞后阶数并不一致(见表2-11)。如果根据FPE、HQIC和SBIC准则,需要滞后2阶,而根据AIC准则则至少需要滞后6阶,但根据吕特克波尔(Lutkepohl,2005)所述,AIC准则可能高估滞后阶数。同时,考虑到本书算选时间序列较短,过高的阶数会损失太多参数,因此选择2阶作为滞后阶数。

表 2-11 VAR 模型最优滞后阶数选择

Lag	LL	LR	DF	p	FPE	AIC	HQIC	SBIC
0	-262.526				1.639	11.846	11.906	12.006
1	-167.478	190.100	16	0.000	0.049	8.332	8.632	9.135
2	-134.812	65.330	16	0.000	0.024*	7.592	8.130*	9.037*
3	-122.989	23.648	16	0.097	0.030	7.777	8.556	9.865
4	-104.285	37.407	16	0.002	0.029	7.657	8.675	10.387
5	-88.442	31.687	16	0.011	0.034	7.664	8.921	11.037
6	-64.699	47.485*	16	0.000	0.031	7.320*	8.817	11.335

注：*表示最适合的滞后期。

（二）单位根检验与平稳性检验

时间序列是否平稳是 VAR 分析的前提，所以 VAR 模型可以不需要进行协整检验，但一定要判断稳定性。在时间序列中，非平稳的变量会产生误导作用，进行平稳性检验可以避免伪回归，因此使用时间序列之前需要先进行平稳性检验，而检验平稳性最为常用的方法是单位根检验，其中包括 DF 检验、ADF 检验、PP 检验和 DF - GLS 检验等，ADF 检验为 DF 检验的拓展，因为 DF 检验只有当序列为 AR(1) 时才有效。如果序列存在高阶滞后相关，这就违背了扰动项是独立同分布的假设，可以根据施韦特（Schwert, 1989）的最大滞后阶数公式 $p_{max} = 12 \times (t/100)^{1/4}$，或 AIC 和 SBIC 准则判断滞后阶数，依此进行 ADF 检验。此外还有 PP 检验以及 DF - GLS 检验等方法。

从单位根检验结果来看（见表 2-12），首先从 PP 检验的结果来看，金融风险序列与财政风险序列统计量均小于5%的临界值，而财政风险序列更是小于1%的临界值，故可认为该序列是平稳的。从 DF - GLS 检验结果来看，金融风险在合适的滞后阶数内并没有通过单位根检验，相反财政风险则通过了检验。至于 ADF 检验，在滞后了10阶过后，两者皆没有通过检验，即便检验一般会高估不平稳的程度，但依旧有很大可能存在单位根，就其图像来看，金融风险过程可能存在时间趋势。为此可以进一步验证风险的一阶差分是否为单位根过程。

表 2-12 单位根检验结果

变量	检验类型	检验统计值	临界值 1%	临界值 5%	临界值 10%	结论
Bank	ADF	-2.323	-3.587	-2.933	-2.601	不平稳
Bank	PP	-3.092	-3.579	-2.929*	-2.600	平稳
Bank	DF-GLS	-2.541	-3.762	-3.120	-2.822	不平稳
Gov	ADF	-1.698	-3.587	-2.933	-2.601	不平稳
Gov	PP	-9.616	-3.579*	-2.929	-2.600	平稳
Gov	DF-GLS	-3.600	-3.762	-3.120*	-2.822	平稳

注：*表示在该临界值下拒绝存在单位根的原假设，即序列为平稳的。一般来说 ADF 统计量无法在 5% 的水平上拒绝原假设，即可认为存在单位根。

显然财政风险和金融风险的一阶差分序列是十分平稳的，其中财政风险一阶差分过程通过了滞后 9 阶的 ADF 检验，而金融风险一阶差分过程通过了滞后 6 阶的检验，尽管没有通过施韦特建议的最大滞后阶数，但考虑到 AIC 和 SBIC 准则的建议以及其他检验的结果，可以接受财政风险和金融风险的一阶差分序列为一阶单整过程。将财政风险和金融风险的一阶差分过程绘制成趋势图（见图 2-17）后可以发现，两者仍呈现出很强的相关关系。

接下来继续通过 AR 根图表验证 VAR 系统的稳定性，检验结果如图 2-18 所示。可以看出，所有的特征根均在单位圆之内，故此 VAR 系统也是稳定的。

由于 VAR 模型的参数众多，因此无法解释其经济含义。故在此不汇报 VAR 的回归系数，而着重分析其变量的因果关系与脉冲响应函数。在此之前，需要检验残差是否存在自相关，即检验残差是否为白噪声。表

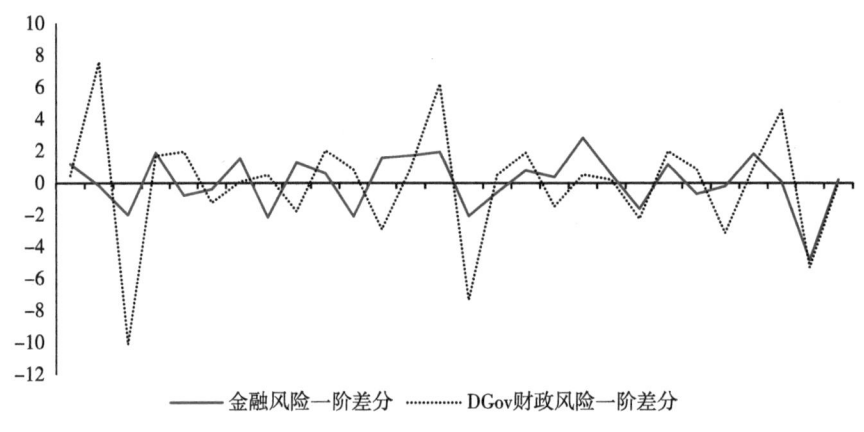

图 2-17 财政风险和金融风险一阶差分趋势图

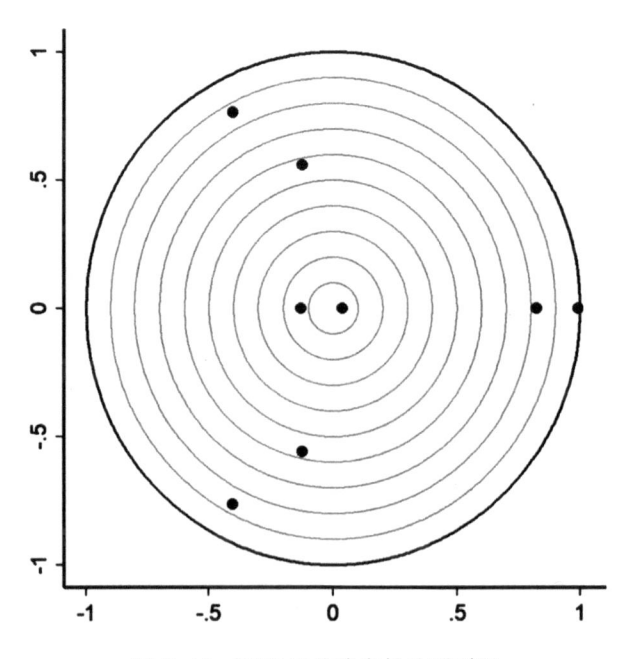

图 2-18 VAR 系统稳定性的判别图

2-13 结果显示，可以接受残差无自相关的原假设，即认为扰动项不存在自相关。

表 2-13 残差自相关检验

Lag	Chi2	Df	P
1	17.944	16	0.327
2	13.900	16	0.606

（三）格兰杰检验

格兰杰检验是计量经济学中用来检验变量之间是否存在因果关系的一种常用的方法，本质是测试一个变量的滞后变量是否可以引入其他变量的方程并影响该变量，如果存在，则称变量之间就存在格兰杰因果关系。在将金融风险数据、财政风险数据、全球冲击与通货膨胀数据置入模型当中，在滞后 2 阶的基础上，运用 Stata 得出金融风险水平和财政风险水平的格兰杰因果关系检验结果如表 2-14 所示。

表 2-14 格兰杰因果关系

原假设	统计值	P 值	结论
$DGov$ 是 $DBank$ 的格兰杰原因	6.180	0.045	接受
Exr 是 $DBank$ 的格兰杰原因	0.188	0.910	拒绝
Inf 是 $DBank$ 的格兰杰原因	5.292	0.071	接受
$Bank$ 是 Gov 的格兰杰原因	7.006	0.030	接受
Exr 是 Gov 的格兰杰原因	0.674	0.714	拒绝
Inf 是 Gov 的格兰杰原因	1.799	0.407	拒绝

由表 2-14 可见，金融风险与财政风险互为格兰杰原因，二者之间具有双向格兰杰因果关系。金融风险的上升有很大可能受到财政风险的影响，同时，社会通货膨胀对金融风险也有一定的推动作用。而财政风险则

主要受金融风险的影响。但即使上述模型验证了两者具有因果关系，计量经济学仍是一门以估计性、预测性、统计性为主的学科，所以该结论只是一种模糊性的预测，只能说两者具有"格兰杰因果性"，而非真正的因果关系。即便如此，该结果仍具有一定的参考价值，说明银行业与政府之间存在很强的联动关系，一方风险的爆发势必牵动另一方的变化。

（四）冲击的动态响应结果

基于上述 VAR 模型，分别给财政风险和金融风险施加一个外部的正向冲击，通过观察财政风险和金融风险对该冲击的反应及变化趋势，借此画出两者的脉冲响应图（见图 2-19）。图 2-19 中的横坐标为以期为单位的冲击响应时间，其中 $n = 20$ 期，纵坐标为银行业风险和财政风险对该随机冲击的响应程度。

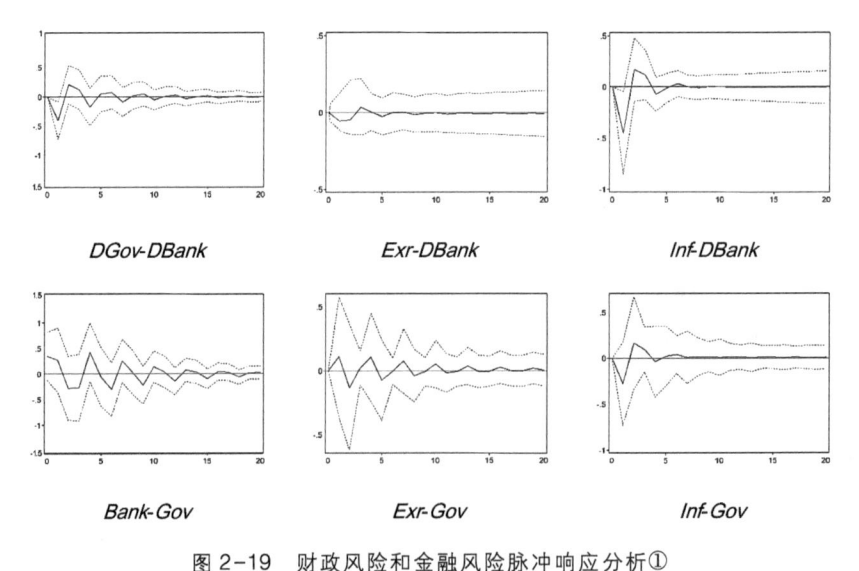

图 2-19　财政风险和金融风险脉冲响应分析[①]

图 2-20 显示了随机扰动的发生对财政风险和金融风险产生的冲击。

---

① DGOV 表示财政风险的一阶差分，DBank 表示金融风险的一阶差分，Exr 表示全球冲击，Inf 表示通货膨胀水平，Gov 表示财政风险，Bank 表示金融风险。

一方面，当财政风险发生波动时，金融风险随之产生大幅度的摇摆，随着时间的推移会需要经过 15 个月的时间调整为初始水平；而货币因素对金融风险造成的冲击同样很大，但冲击持续的时间相对较短，往往经过 7 个月左右的时间便恢复稳态水平；相反，来自国外的冲击对国内金融风险的影响却相对较少。另一方面，当金融部分产生风险后，财政风险在短期内急剧波动，从结果上看财政风险受到金融风险的冲击更为强烈一些，一般需要 20 个月左右的时间回到稳定状态。可以推测，我国的风险反馈循环更大程度上是由金融风险向财政风险的传导。作为一个强政府国家，这种特征是显而易见的，近年来，中央多次强调要守住不发生系统性金融风险底线，地方政府对金融风险投入了更多的目光，这种额外的关照为财政增加了更多的成本，使得财政风险更容易受到金融波动的影响。与此同时，国外的冲击与通货膨胀都对财政风险有一定的影响，但持续时间都不是很长。

更进一步的通过方差分解分析每一个单独的冲击分别对财政风险和金融风险变化的贡献程度，评估不同冲击对风险影响的强度，方差分解图的横轴代表时间，纵轴代表该变量对响应变量变化的贡献，结果见图 2-20 和图 2-21。

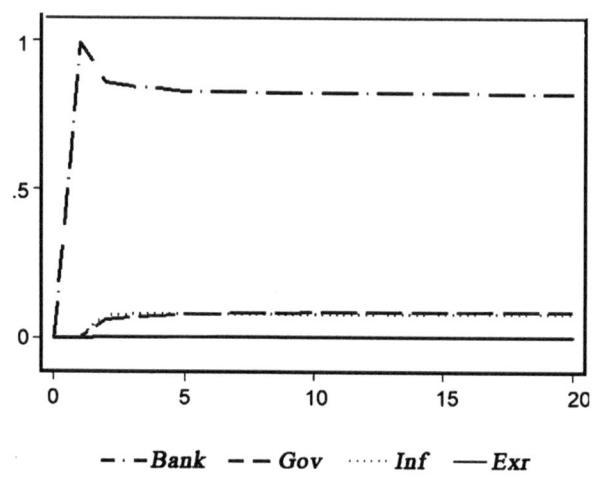

图 2-20　金融风险的预测方差分解图

图 2-21 财政风险的预测方差分解图

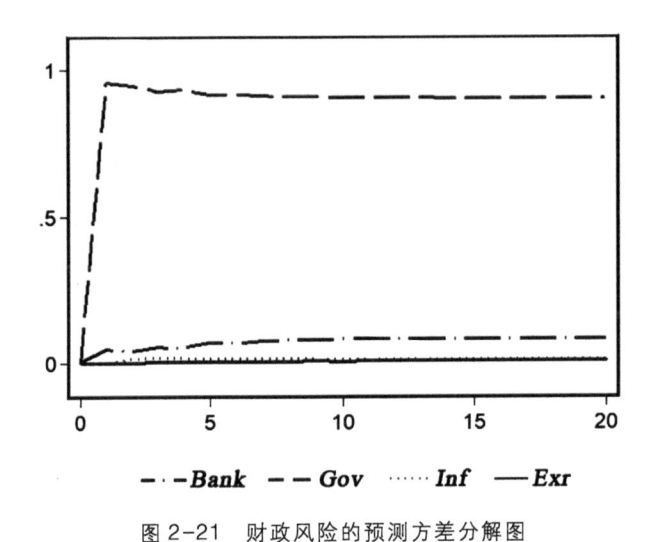

从图 2-21 中可以看出，金融行业接受冲击的初期，其预测方差的绝大部分来自行业本身，达到 98% 以上，从第 2 个月开始，本身的影响开始下降，向前做 20 期的预测后，虽然仍有将近 80% 的预测方差来自本身，但已降低了 18 个百分点，同时，财政风险的方差贡献从第二个月开始上升，从 13% 增至 21%，这一变化体现了财政风险向金融风险的转化，短期来看财政风险向金融领域传染的强度有限，属于可控范围内。同样地，从图 2-21 中可以看出，当财政风险在接受冲击的初期，其产生的风险完全来自自身，占 95% 左右，而随时间的向后不断推移，可以发现财政风险从第一个月开始对自身贡献却降低 5 个百分点，而银行对增加财政风险的影响逐渐体现，达到了 10%，其反应速度比财政风险向金融风险传递的速度更快。这主要是由于传播渠道不同，财政风险向金融转化的最主要媒介是银行购买持有政府债券，而金融风险转化为财政成本则主要通过政府直接救助担保，相比于前者，政府直接救助担保的风险转化显然更迅速。实证表明，风险会从金融业到政府的反馈更强烈，金融风险是财政风险的重要来源。尽管在短期内，我国政府负担得起来自银行业的风险，但

在长期来看金融风险始终是影响财政风险不可忽视的隐患。

第四节 财政风险与金融风险"反馈循环"的模拟结果

本节将通过具体的脉冲响应图分析重大公共事件冲击的风险扩散机制。通过比较分析可以探讨出政府对金融风险的救助如何令原本的经济运行路径产生偏移。而作为分析政府债务与银行救助之间相互作用的前提，我们将重大公共事件对经济的冲击建模为紧缩性的劳动供给冲击和扩张性的政府支出冲击，通过分析冲击后的脉冲响应图分析金融风险和财政风险的相互关系。

一、风险"反馈循环"的参数校准

（一）校准参数

模型涉及的相关参数分为两类，第一类为校准参数，采用校准法进行确定，参数值见表2-15。大多数参数在DSGE模型的文献中很常见，或经常用于包含金融摩擦的模型。根据模型中利率和主观贴现因子的均衡关系 $R_t^D = 1/\beta$，通过2018—2022年的季无风险利率均值数据可校准 β 为0.996；为了保证家庭工人劳动时间 $H=1/3$（8小时），劳动偏好系数 ζ 取2.114，企业家劳动水平取值为1，参考阿马托和劳巴克（Amato, Laubach, 2004）习惯形成模型的例子，消费习惯参数 ξ 可取0.330。生产部门的相关参数在DSGE模型的文献中很常见，α 表示资本的产出弹性，相当于资本在生产过程中所占的份额，国外文献大多数将其设定为0.35，但根据王静国和田国强（2014）的估计，国内生产中资本占比高于国外文献常用值，我们将其设定为0.450；厂商不可调整价格的概率为0.779，替代弹性为4.196，资本品生产商投资调整参数为0.420；微调这些参数并不会显著改变稳态均衡。关于投资的异质性风险相关参数，标准对数正态分布的标准差 σ_η 根据企业违约概率校准取0.397，企业违约概率则使用银行不良贷款率代表，考虑到重大公共事件期间关停的企业大大增加，我们将其参数适当提高取 0.332，清算成本比例则借鉴了克里斯蒂亚诺等（Christiano，et al.，2014）的研究成果，企业杠杆率直接取值近年来企业平均杠杆率。金融部门变量的校准主要参考格特勒和考拉迪（Gertler，Karadi，2011）的设定，其中银行持续经营的概率为 0.960，新的家庭进入金融业时所携带的资金比例为 0.002。政府债券持有者每期收到的固定实际支付额为 0.045，本书已经尝试了不同的值，但不会显著影响结果。在该设定条件下，将到期参数 γ 设置为 0.985，相当于 40 个季度（10 年）的到期日，这与地方政府近年来大多数发行长期债券的现实情况一致。

表 2-15　参数校准结果

	参数	数值	定义
家庭部门	β	0.996	主观贴现率
	ξ	0.330	消费习惯参数
	ζ	2.114	劳动偏好系数
生产部门	α	0.450	资本贡献率
	ω	0.800	工人劳动贡献率
	ξ	4.196	中间品的常替代弹性
	φ	0.779	保持价格不变的概率
	δ	0.025	资本折旧率
	κ	0.420	资本调整成本参数
	η^h	0.332	异质性风险参数
	ϵ	0.2149	破产企业清算成本
	σ_η	0.397	异质性风险标准差
金融部门	θ	0.960	银行持续经营概率
	ω	0.002	新入行业资金比例

第二章　财政风险与金融风险"反馈循环"的实证分析

续表

	参数	数值	定义
政府部门	γ	0.985	政府债券结构系数
	m	0.045	政府付息参数
	φ_π	1.500	名义利率的反馈系数

（二）待估参数

第二类为待估参数，分为可观测参数和不可观测参数。首先是可观测参数，本书主要的外生冲击为劳动供给冲击和政府支出冲击，其中政府支出变量是可观测的，但是由于我国地方政府行为的特殊性，每年各季度的政府财政支出分配不均，导致数据估计具有局限性，因此我们退求其次使用 1995—2022 年度数据进行估计。另一个可观测的变量为银行违约冲击相关的参数，本书使用 KMV 方法计算了商业 2010—2023 年的季度违约概率，用来估算银行违约的回归系数、标准误。与政府支出冲击和银行违约相关的均衡等式为线性式，在假定残差服从正态分布的前提下，我们可以直接使用最小二乘法代替最大似然估计得到，同理，我们也可以使用 CDS 利差数据估计得出流动性约束参数 μ，这些数据均经过 HP 滤波处理去除了趋势项，估计结果如表 2-16 所示。

表 2-16　参数估计结果

参数	ρ^g	σ^g	ρ^m	σ^m	μ
估计值	0.7949	0.0197	0.5133	0.0101	0.9470

其次是不可观测参数，为了获取该类参数，本书选取 GDP 以及财政支出的季度数据作为观测变量，将 2004 年第一季度至 2022 年第四季度 HP 滤波处理后对参数进行估计。同样由于传统节日春节的特殊性，我国每年的第一个季度的数据呈现规律性的谷底状态，为了估计的准确性我们

将每年的第一个季度数据删除。同时，考虑到删除第一季度后的数据长度较短，我们选择对序列长度要求不高的贝叶斯估计对参数进行点估计。所有的估计结果如表2-17所示。

表2-17 参数估计结果

参数	定义	分布类型	先验均值	后验均值
ρ^h	劳动供给冲击的持续性参数	Beta	0.4492	0.4470
ρ^g	技术冲击的持续性参数	Beta	0.7998	0.9933
σ^h	劳动供给冲击的随机扰动项	Inv. Gamma	0.0036	0.0028
σ^g	技术冲击的随机扰动项	Inv. Gamma	0.0356	0.0660
τ^b	税收对债务反馈系数	Normal	0.0550	0.1071
ρ^b	政府支出对债务的反馈系数	Normal	1.0000	1.1035
ρ^r	银行违约对收益率的反馈系数	Normal	0.5000	0.4963

数据来源：国家统计局网站、国泰安数据库、Wind数据库等。

二、风险"反馈循环"模拟冲击的结果

（一）无救助情况下的风险冲击

这一部分将通过具体的脉冲响应图分析重大公共事件冲击的风险扩散机制。通过比较分析可以探讨出政府对金融风险的救助如何令原本的经济运行路径产生偏移。而作为分析政府债务与银行救助之间相互作用的前提，本书首先设定了基准模型，即没有政府干预担保银行的模型，旨在模拟新冠疫情冲击如何影响经济中的实际活动并对政府部门产生影响。为了分析这一冲突，我们将新冠疫情对经济的冲击建模为紧缩性的劳动供给冲击和扩张性的政府支出冲击。图2-22为一个放大的经济周期，展示了新冠疫情带来的劳动供给冲击和政府支出冲击对整个经济社会的影响（其中"o"表示劳动供给冲击，"*"表示政府支出冲击）。从经济体总通胀来看，由于生产的停滞，劳动供给冲击在最开始导致了通货紧缩，但政府

支出的增加抵消了社会紧缩，总体上处于低通胀状态。为应对重大公共事件前期的肆虐而施行的隔离政策导致劳动力资源骤减 60 个基点，即便政府采取政策恢复了部分劳动力，但重大公共事件时家庭部门向中间产品生产商提供的总劳动还是降低了近 30 个基点。生产要素的减少是社会总产出下降 240 个基点的重要原因，随着产出效益的下降，厂商破产的可能性大大增加，银行作为债权人承担着坏账的风险，继而损害银行的银行资产负债表，生产部门遭到的重创成为金融风险的重要来源。不仅如此，重大公共事件对生产的破坏使得贷款需求减少，资本价格跳水、投资骤降，在 10 个季度左右下降了 24%，银行投资收益降低，随着银行资产负债表损失的扩大，银行风险迅速上升，信贷利差上升了 23 个基点。

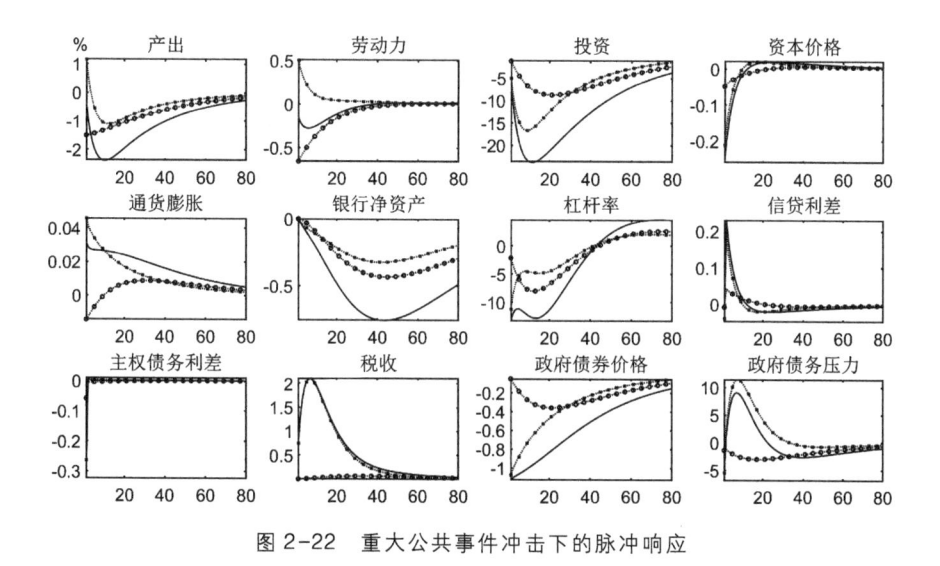

图 2-22 重大公共事件冲击下的脉冲响应

由于模型没有将政府部门与生产部门之间直接相连，因此劳动供给冲击并没有对财政压力造成显著影响。从政府支出冲击来看，由于政府支出锚定了产出水平，因此在冲击初期产出上升，但重大公共事件期间的一次性非生产性政府购买并无法有效的提高产出，在接下来的 10 个季度内社会总产出不增反降。更重要的是，非生产性的政府购买"挤出"了约

16%的社会投资，成为总投资减少的"帮凶"，我们认为这是10个季度内社会产出减少的主要原因。此外，政府部门为了应对重大公共事件的冲击不得不在短期内提高税收以应对突然的债务压力增大，这是财政支出增加的后果，税收在5个季度左右压力达到最大，增加了210个基点，地方政府债务压力则增大了将近11%。同时，由于财政压力的增大，政府部门不得不调整发债的数量，这使得政府债券价格被稀释，总价格水平下降了110个基点，为持有政府债券的银行带来了损害，这反过来又给银行造成了净资产损失，这一过程将持续下去，直到政府债券对产出影响恢复到稳态的水平。从图2-23中还可以发现，劳动供给冲击对政府财政的影响很弱，冲击会在比较短的时间内被熨平，这是我们人为切断生产部门与政府部门联系的结果，冲击对经济系统影响的相对独立为我们接下来研究政府救助银行风险创造了条件。

(二) 财政风险和金融风险的"反馈循环"结构

基准模型讨论了政府不对银行进行救助、风险的"反馈循环"没有触发情况下，重大公共事件冲击对生产、银行和政府部门的影响。但实际上政府面对银行风险的上升不可能袖手旁观，放任风险扩散加剧，因此我们重新评估了有政府对银行救助设定的模型模拟结果。然而无论政府救助的比例如何，被救助单位的偿还比例却无法准确评估，甚至变为完全损失，将危机损失全额转化为财政成本的情况也是有可能存在的。本书设定救助资金的偿还参数 $\chi = 0$，表示政府对银行的救助资金不需要银行在未来偿还，以最大程度描绘财政风险和金融风险的风险累积情况。

图2-23描绘了重大公共事件冲击下政府救助（实线）与不救助（点线）银行对生产、银行和政府部门的大致影响。显然，政府对银行的救助有效地遏制了重大公共事件对产出的冲击，产出损失最高降低了95个基点，以稳定经济为目标的话，救助是政府的不二选择。但从银行的角度来看，来自政府的救助取得了良好的效果，不仅维持了银行杠杆率的稳定，还使得银行净资产损失得到了填补。然而，救助仅在短中期内有效，

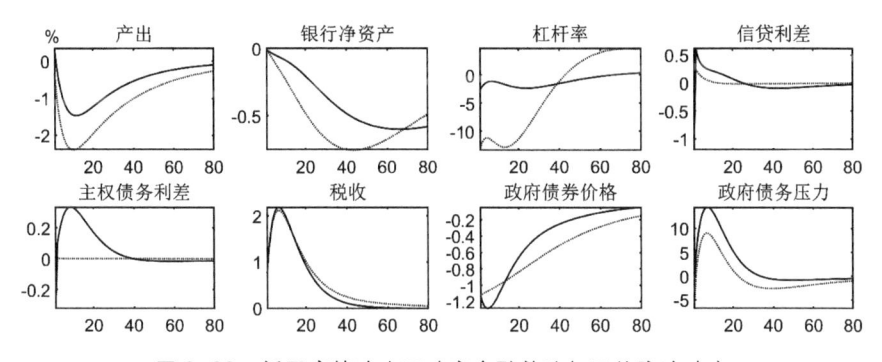

第二章 财政风险与金融风险"反馈循环"的实证分析

图 2-23 新冠疫情冲击下政府金融救助与否的脉冲响应

在可以预见的未来,在政府救助情况下的银行净资产损失反而超过了不救助的情形,这与我们的预测一致,即政府的救助可能因为银行持有政府债券对银行净资产产生二次影响,长期反而对银行资产负债表造成更大的损害。再观察政府部门的情况,政府的银行救助政策产生了更多的债务,相比于不救助的情况,地方政府债务压力增加了近 12%。另外,在增发债券的过程中,政府债券价格的降低则直接导致了银行净资产的损失,价格在 60 个季度左右政府债券价格维持了稳定,而受到政府救助的银行的净资产也在 60 个季度恢复到稳态水平,这一现象证明了我们的推断。最后,救助与否的利差变化告诉我们风险累积是存在的,在政府对银行救助后,风险并没有如想象般地直接化解,或转移给政府部门,而是出现了财政风险和金融风险同时上升的现象,这值得我们进一步研究,为此,我们将银行救助后的银行信贷利差与政府债券利差合并比较(见图 2-24、图 2-25),还将新冠疫情冲击拆解为劳动供给冲击和政府支出冲击分别研究利差的变化情况,探究财政风险和金融风险的"反馈循环"结构。

我们前文分析到,财政风险和金融风险可能呈现一种"螺旋"变化,它展示了一种风险"同频同振"的结构,两者相互交织、共同变化。我们从银行信贷利差和政府债券利差协同变化的三维视图 2-24 中发现,无论是总冲击(图 2-24a)还是劳动供给冲击下(图 2-24b)或者政府支出

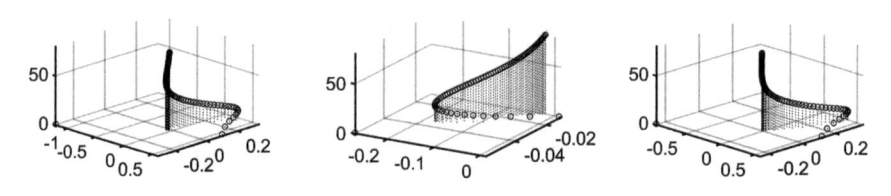

图 2-24 新冠疫情冲击下政府债券与银行信贷合并利差三维视图

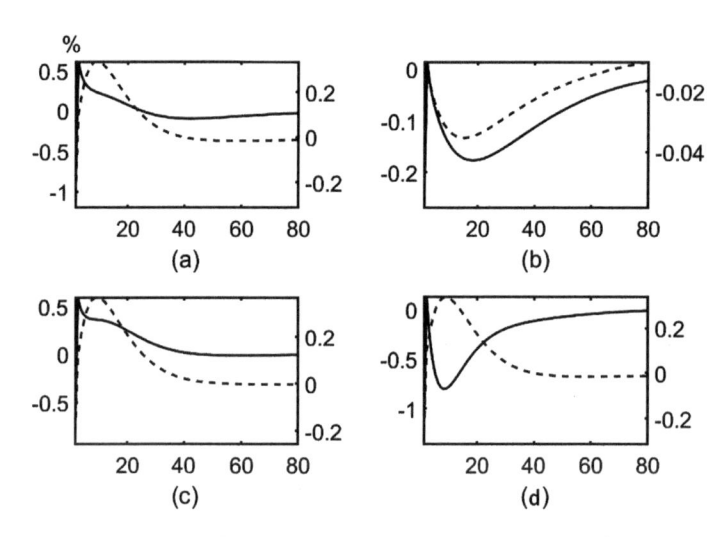

图 2-25 新冠疫情冲击下政府对银行救助发生后的利差变化

冲击下（图 2-24c），利差都呈现一种螺旋状的同增同减。图 2-25a 模拟的具体结果显示，在疫情初期，银行信贷利差受产出冲击的影响而减少，面对突然的冲击，在初始阶段银行收益率降低是符合现实情况的，随后信贷利差便根据社会理性风险预期进行了调整而迅速上升 60 个基点。发生政府银行救助后，银行风险沿着救助路径从银行传导到政府，使得政府债券利差上升了 33 个基点。随着时间的推移，经济体逐渐"消化"疫情冲击，信贷利差的减少，政府债券利差也随之下降，直到回到稳态水平，可以看到两者之间存在明显的联动关系。

银行信贷利差和政府债券利差虽然具有相同的变化趋势，但或许称不上存在明显的"同频同振"现象。为了探索其中的误差，我们对拆解后的子冲击分别进行了分析。一方面可以明显地观察到，在劳动供给冲击下（图2-25b），利差的"同频同振"是存在的。在救助初期，政府的救助政策取得了一定的成效，银行信贷利差下降了20个基点，但持续过量的救助造成的风险累积打破了救助的有效性，在后续时间里财政风险和金融风险同步增大。我们的模拟结果印证了米奇内和特雷贝施（Mitchener，Trebesch，2021）、郭和马（Guo，Ma，2022）等研究的结论，即救助在短期内是有效的，但长期会造成更大的灾难。另一方面，在政府支出冲击的影响下（图2-25c），银行信贷利差和政府债券利差有点稍微不匹配，政府债券利差变化会滞后银行信贷利差5个季度左右，我们认为，政府支出冲击属于正向冲击且直接作用于产出，在冲击发生后，银行信贷利差的扩大主要由于的收益率的自然上升，并未有恶性的风险损失发生，因此政府债券利差的滞后变化符合经济现实。综上，在忽视数值绝对大小的情形下，我们可以初步认为财政风险和金融风险的"反馈循环"结构是存在的，该结构是导致风险"螺旋"累积上升的根源。

为了更进一步地确认"反馈循环"结构的存在，我们将循环结构拆分，研究财政风险和金融风险的"单向传导"或"双向传导"结构，确保风险累积的源头并非来自这种"单向"或"双向"的传导结构。为了实现这一点，我们将模型中政府债务风险向银行风险转化的路径切断，即社会理性风险预期不会受到银行持有政府债券导致的净资产变化的影响，进行了新的模拟分析（图2-25d），结果告诉我们，"反馈循环"结构不存在时，银行信贷利差（图中实线）和总政府债券利差（图中虚线）存在明显的"此消彼长"现象，即二者存在反向关系，这验证了"反馈循环"结构的完整性。

（三）金融风险与财政风险的反馈循环应对政策分析

近年来，中央多次强调要守住不发生系统性金融风险底线，对地方政府提出"防范经济和金融风险"的目标，使得各地方对金融风险投入了更多的目光，这种额外的关照为财政增加了更多的成本，财政更容易受到金融波动的影响。我们讨论了一些缓解风险压力积聚的政策，如调整政府债券期限、尝试将银行隐性债务纳入中期预算或者设立资本保护缓冲区等，致力于探索如何打破财政风险和金融风险的"反馈循环"，阻止风险不断累积上升。

1. 调整政府债券期限

"开前门，堵后门"是目前我国处理政府债务的两种主要思路。延长债务期限，不仅将债务压力均摊到未来，也便于债务置换工作的进行，是缓解债务压力的有效方式。地方政府债务化解是一个长期、持续的过程，近年来地方政府债务期限的延长也说明了这一点。图 2-26 比较了不同政府债务期限参数 $\gamma = 0.96$（点线）、$\gamma = 0.985$（实线）、$\gamma = 0.997$（虚线）的脉冲响应情况，参数分别代表了 5 年、10 年、20 年三种地方政府债券期限长度，并对地方政府债券利率也作了相应调整。从图 2-26 中可以观察到债券的期限调整后存在非常明显的阶段性：在短期内，政府债券的期限越长，社会产出损失越小，与之相应，其造成的政府税收压力也明显低于短期债券。而一旦进入中长期，拉长政府债券期限的方式并没有如预料中的对经济产生更好的结果，实际上拉长政府债券期限在长期内将导致更

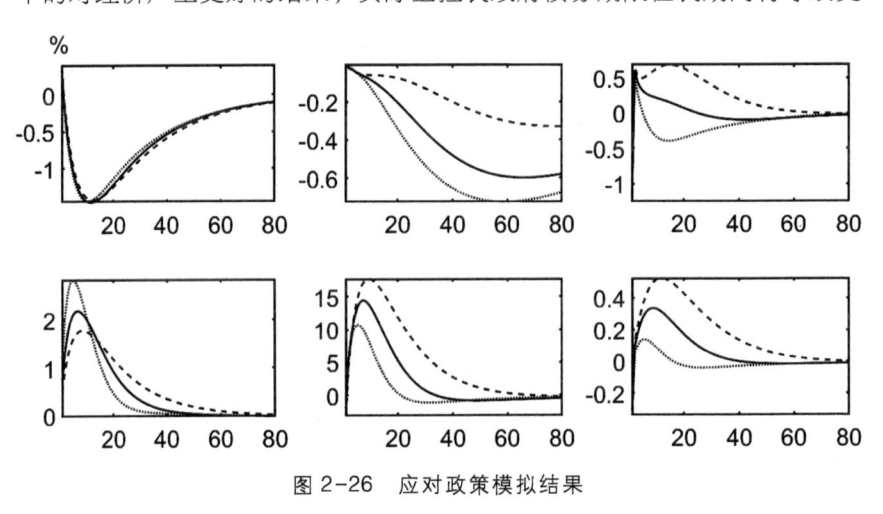

图 2-26 应对政策模拟结果

低的产出、更高的税收压力、更高的政府债务压力和更高的风险累积，即便其利好于银行，但银行实力的增强并没有解决"反馈循环"的风险累积情况。当然我们在模型中没有考虑到通货膨胀以及政府债券置换对长期债券的缓冲，如果考虑到这些因素，即便拉长债务期限，长期内可能会有更好的经济结果。目前至少可以得出的结论是拉长政府债券期限在短期内是一个应对冲击的不错选择。

2. 将银行隐性债务纳入中期预算

将银行隐性债务纳入中期预算的核心目的是将银行隐性债务显性化。债务的不确定性是理性风险预期看涨的根源，将隐性债务纳入预算管理，能够一定程度上消除金融市场上的信息不对称，使投资者信心上升。将视角转移到模型中，我们可以通过参数 τ' 实现将银行隐性债务纳入中期预算。如模型中所提到的，τ' 控制着政府救助时的融资方式，如果 $0 < \tau' \leq 1$，则说明银行救助资金部分来自于税收，即在预算中体现。我们取 $\tau' = 0$（实线）、$\tau' = 0.5$（虚线）、$\tau' = 1$（点线）三种情况进行比较分析了将银行隐性债务纳入中期预算的政策行为对化解财政风险和金融风险的效应，结果如图 2-27 所示。可以发现，在将银行隐性债务纳入到预算后，社会产出损失减少，政府债务压力同样减少而政府的税收压力并没有明显的增加，虽然银行净资产将会有更大的损失，但社会风险不增反降，财政风险和金融风险都有不同程度的降低，我们有理由相信将银行隐性债务纳入中期预算是防范和化解财政金融风险，打破风险"反馈循环"的重要手段。

3. 设立资本保护缓冲区

设立资本缓冲区旨在事前设立一个可以双向提供资金的国家基金，在事后可以为风险部门提供有效的资金救助，为风险冲击提供有效的缓冲。在欧洲，"金融安全网"等类似的机构已经作为政府控制风险而普遍采取的举措。其中的重要举措便是将《巴塞尔协议Ⅲ》转变为立法，协议提出，为了更好地应对非预期损失，银行应该在 8%《巴塞尔协议Ⅱ》的基础上额外提供 2.5% 的加权资产置入资本保护缓冲区，提高银行自我救助

图 2-27 应对政策模拟结果

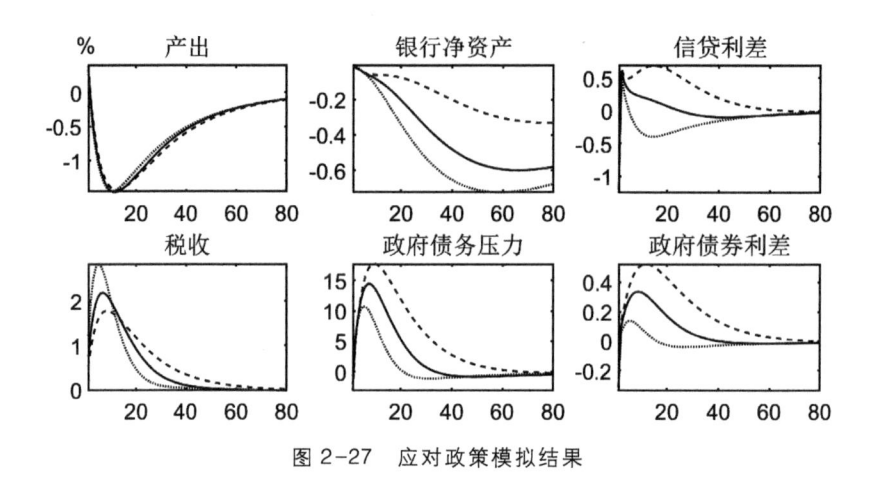

和抵御风险的能力，使银行能够承受压力期的损失。而这也能够在模型中实现，我们将居民储蓄的 8% 提取出来设立为资本缓冲基金，银行将不会动用这部分资金进行投资（但是支付利息），当危机发生时，政府将不会对银行提供救助，银行可获取该缓冲资金以解决自身困境。图 2-28 显示了最终模拟结果，随着资本保护缓冲区的设立，社会产出与银行净资产预料之内的出现了大幅度的下跌，但我们也取得了可喜的结果：银行风险降低，由于政府没有向银行提供救助资金，银行风险也未曾传染到主权债务，在税收压力变化不大的情况下，主权债务压力得到了缓解。可以看出，通过切断风险"反馈循环"的传导路径来打破风险的累积是可行的，但该策略也不可避免地对产出造成了一定影响。

我们将政府救助与银行偿还资金纳入一个模型，其中银行持有政府债券作为其资产组合中的一部分，并受到弱主观能动性约束，进而通过设定银行对救助资金的偿还参数粗略的模拟了"风险循环"累积的结构。借助于理性风险预期假设，我们比较了风险"反馈循环"结构下的银行信贷风险和政府债券风险的变化，结果表明，在对政府救助和银行偿还过程进行合理参数化的情况下，财政风险和金融风险的"反馈循环"是存在的，它导致了风险在两部门之间传导转化，不可避免的累积上升。由新冠

图 2-28 应对政策模拟结果

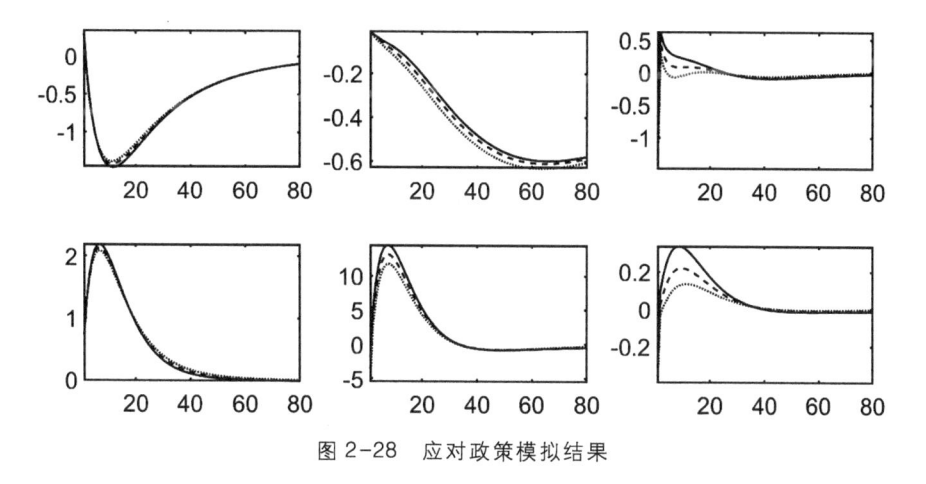

疫情带来的冲击对实际经济产出的影响很大，它造成大量企业关停，对银行信贷带来重大风险，而政府部门对银行风险的兜底行为收紧了预算约束，引发了扩大了政府债券的发行量的上升规模，而这会损害政府信誉，从而导致地方地方政府债券债务价格下跌，进一步扩大持有地方政府债务债券的被干预银行的资本损失。这继而也引发了一个动态问题，即政府必须发行更多的债券来为同样的干预提供资金，这会增加政府在未来必须支付的款项，从而再次增加未来的债务发行和违约概率，进一步扩大债券价格下跌的可能性，银行资产负债表上的损失会再次上升。政府债务问题与金融脆弱性的联系在两部门约束一步步收紧的过程中进一步加剧，风险循环累积结构使得风险在两部门之间传染的过程中不断被推高，最终可能造成严重的社会危机。

第 三 章

财政金融风险危机化及其所导致的财政成本

风险是指某种特定危险事件的潜在性，而危机是这种风险潜在性的显现。任何风险如果没有得到及时化解反而进一步积累的话，由量变到质变，往往会导致危机的出现，财政风险和金融风险也不例外。从上一章的实证结果也可以发现，财政风险和金融风险之间的联动性和循环传导构成了一套很强的风险累积机制，当财政风险和金融风险不断量变积压到临界点后就会爆发为财政危机和金融危机。20世纪以来，许多发达国家和发展中国家都经历过财政危机和金融危机，这两种危机都具有很强的破坏性，特别是一些金融危机的爆发给部分国家政府带来巨大的成本和损失，也引发很多国家对其金融体系的大规模调整。因此，把握财政风险和财政危机、金融风险和金融危机，以及财政金融风险"反馈循环"和危机"反馈循环"的区别，找准财政风险向财政危机、金融风险向金融危机，以及财政金融风险"反馈循环"向危机"反馈循环"转变的原因并理清其产生的后果，在考察财政危机和金融危机孪生性的基础上重点关注财政对金融的"兜底"和财政成本就成为本章的主要研究内容。

第一节 财政金融风险向财政金融危机的转变

一、财政风险向财政危机的转变

（一）财政风险与财政危机区别

对于财政风险和财政危机的区别，实际上在第一章中有关财政风险和财政危机的概念界定中已经有所涉及。在界定财政风险的定义前，需要厘清财政风险与财政危机的区别。对于财政风险的界定，我们虽然根据产生的原因将其分为内生性财政风险和外生性财政风险，但在进行实际研究时还是将财政风险限定为政府的债务风险，即政府持有的债务规模超出其承受能力的潜在风险，而财政危机是指政府因收不抵支或无法偿付到期债务而引发的严重混乱和动荡。具体表现为：政府财政预算出现巨额赤字，入不敷出；政府债务剧增，停付全部或部分政府债务等。通常意义上讲，风险是指各种不确定性因素的影响而给行为主体带来损失或造成损害的可能性。因此，财政风险不同于财政危机，是介于财政健康运行和财政危机之间的。财政危机是确定性的事件，而财政风险是不确定性的事件，只是一种可能性。财政风险可以无时不在，是导致财政危机的诱因，但财政危机只是在财政风险爆发后才出现的，财政危机往往意味着时任政府执政结束。

财政风险与财政危机之间没有明确界限，绝大多数财政危机都是由财政风险集中、集聚和转化而来。刘尚希（2004）给出了有关财政风险的权威定义，他指出，财政风险是指国家在组织财政收支的过程中，由于经济因素不确定性或财政制度不完善所导致的财政收支结构或总量失衡，进而导致国民经济整体损失，并造成国民经济运行困难的可能性。简而言之，财政风险指的是财政方面发生债务危机的风险。因此，对于财政风险的定义比较简明扼要，指的就是发生财务危机的可能性。关于财政危机的定义主要包括以下几种情况：（1）破产，需要政府宣布自身偿付能力的丧失。（2）政府债券、票据、支票丧失支付到期本息的能力。（3）无法履行其他义务。

在现代财政—金融联动机制下，当地方政府面对的债务风险超过自身化解能力范围时，地方政府会在机会主义动机下进行风险转移，政府间的风险转移包括，纵向的自上而下的风险转移、自下而上的风险转移以及横向风险转移。首先，地方政府—中央政府自下而上风险转移。无论是地方融资平台、土地抵押融资、影子银行还是 PPP 途径的债务,都离不开地方政府的影子,因而大部分债务可能需要地方政府承担最终还款责任。由于中国的地方政府并无破产机制,一旦出现地方政府无力偿债而引爆地方债务危机,中央政府绝不会袖手旁观,"财政兜底"使中央政府往往承担了全部风险。其次,地方政府—下级政府自上而下风险转移。当地方政府出现严重的债务风险时,可能会凭借政治权力与行政隶属关系向下级政府转移风险。因此,地方政府会通过索取资源、隐性摊派等形式使债务风险实现"自上而下"的纵向风险转移。最后,地方政府—同级政府横向风险转移。同级政府之间债务风险转嫁通常通过税收优惠进行风险转嫁和通过财政竞争进行风险转嫁。

财政风险的爆发通常沿袭这样的路径,首先可能是赤字不可持续,即不可能再用扩大赤字的办法来扩大支出,这主要来自社会压力或政治压力。其次是债务不可持续,也就是不可能再通过借债来维持或扩大支出,这主要来自资本市场的约束和社会对政府信誉的动摇。再次是财政不可持续。当赤字和债务办法都失效后,政府只能是冒险运用征税权来扩大其拥有的资源,如果这条路也走不通,那么财政就到了不可持续的地步,以至于爆发财政危机。最后是财政危机反过来渗透到经济、政治领域,就会导致经济衰退和政治不稳定。

(二)财政风险向财政危机转变的原因

1. 财政赤字长期化

从财政收入来看:一是财政收入增长过快,政府在国民收入分配中的份额过大,也就是说全社会资源日益向政府部门集中,整体上导致了资源配置效率出现一定程度的降低,影响社会经济的可持续发展。二是财政收入执行顺周期特点明显,极易造成过重的税负或者应收未收的税收规模增加。我国财政预算强调收支平衡,容易带来预算收入执行的"顺周期"问题。当经济下行时,一些财税部门为了完成收入任务可能加重税负,在下行经济的背景下"雪上加霜";而经济过热时,财税部门完成收入任务后又容易搞藏富于民，该收不收，造成经济"热上加热"。从财政支出来看：一是财政支出对民生领域的保障力度不足，对经济建设领域介入过多，公共财政的属性不明显。二是财政支出结构存在僵化固化趋势，大量的重点支出与财政收支增幅或生产总值硬性挂钩。当某一特定年份的财政收入不足以覆盖当年的财政支出时，导致赤字大幅增加，可能引起社会舆论压力及政府信用的损害风险。由于债务是赤字的累积，因此财政债务风险和财政赤字风险是相互联系的，常年的赤字风险毫无疑问将导致债务风险。财政赤字是一把双刃剑。一方面它刺激了消费和投资，扩大了社会总需求，增加了就业，并促进了经济增长。但人们也普遍担心，长期赤字政策挑战了财政运行的可持续性，构成未来发生财政危机进而演化成经济、政治和社会危机的风险。从近十几年来南欧及拉丁美洲国家发生的财政危机来看，尽管背后原因复杂，但长期财政赤字政策与公共债务累积压缩了政府转圜余地，导致国家信用受损或到期债务难以偿还等都是重要诱因。

2. 财政风险预警的缺失

危机预警是整个危机管理过程的第一个阶段，目的是有效地预防和避免危机事件的发生。从当前研究成果来看，关于财政监测预警方法的研究主要是以参数模型与非参数模型为基础进行展开的。试图在危机尚未爆发时，准确地分析、判断、发现危机的征兆并把其消灭在萌芽状态，这是地方政府危机预警系统的目标。但是不管哪种预警模型都没有办法完全复制现实情况，存在各种人为设定的偏差。当前我国在财政风险预警中存在缺失，尤其是地方政府。主要表现在以下方面：一是地方政府缺乏完备的法律法规保障体系。我国目前还缺乏危机管理的相关法律和专门的紧急状态法，并没有形成系统性综合性的危机预警系统。同时地方政府存在举债权力和偿债在责任时空分析的现象，使得地方在唯 GDP 的表政绩激励下盲目举债，而不考虑地方政府的偿债能力，甚至在透支未来的举债额度，严重损害地方政府信用。目前在法律层面还没有落实对地方政府偿债责任的强约束。二是地方政府缺乏常设性的危机预警综合协调部门以及有效的内部协调机制。我国目前还没有建立常设性的危机预警综合协调部门，政府各职能部门间没有形成权责明晰的危机应对协调机制。危机事件一旦来临，地方政府实行的是分部门管理的模式，即在一个临时性、非常设机构的领导下，由一个或者几个具体的部门来应付危机事件。这种在事发前各自为政、彼此封闭的管理模式导致我国政府危机预警系统条块分割现象严重，政府内部之间难以形成危机综合协调机制，也很难实现资源整合和协同决策。

3. 外部冲击

一是房地产风险引发的财政冲击。一方面房地产风险引发相关税收和土地收入下降，另一方面为了"保交楼"防范化解重大风险，都需要财政兜底，从收入和支出两端共同产生了财政风险。二是金融风险财政化。不仅是村镇银行，大部分的城商行和农商行的第一大股东是地方财政。一些指标如资产利润率、不良贷款率、拨备覆盖率和资本充足率均低于银行业整体和其他国有大行。这种风险产生后，需要财政去兜底。三是突发公共卫生事件、地缘政治因素等引发的财政冲击。当前经济运行有某种倾向，那就是一切风险集中于财政，出现问题后大多是财政买单。2022年碳达峰、碳中和的冲锋行动，引发煤炭供给不足，煤炭价格上行影响了企业的经营，因此呼唤财政方面的减税降费。再比如前些年环保过度扩大化引发猪肉价格大涨，也需要通过补贴的方式来解决。其他领域出现问题都需要财政兜底，未来公共卫生事件、地缘政治等的不确定性引发的一系列冲击，意味着财政要面临和处理的问题非常多。

（三）财政风险向财政危机转变的后果

从财政风险到财政危机的转变，最大的后果体现在：（1）风险形态的转化：从地方个体财政风险到全国层面公共风险。当政府债务规模超常规扩张、当足够多的地方政府受到债务困扰后，局部、个体财政风险就趋向社会化，并威胁整个财政系统和宏观经济的稳定性。为对冲经济社会领域的公共风险，财政的公共支出责任不断增加，各级财政部门面临维护经济社会安全与财政运行可持续性的考验。财政部门通过减收增支等手段，对冲了经济社会风险，保障了经济社会稳定，但同时也出现公共风险"财政化"、财政风险"地方化"、短期风险"长期化"现象。（2）风险承担主体的更替：从政府部门到宏观经济各部门。当出现财政风险后，中央政府会负有兜底责任，进而出现财政风险在系统内部的纵向溢出。另外，财政风险还会向金融部门溢出，形成财政金融风险相互传导，不断累积。在我国转轨经济市场体制下，分税制改革让财政赤字挤占信贷资产，金融资金和财政资金交叉联系，导致财政风险与金融风险相互联系，相互交叉。而且政府投融资活动又与金融机构信贷业务息息相关，这样的业务往来周期长，会导致财政金融风险不断累积叠加。

二、金融风险向金融危机的转变

（一）金融风险与金融危机的区别

金融风险指的是在金融活动中对未来收益的不确定性，是指遭受损失的可能性，是尚未实现的损失。金融风险有可能存在于一切的金融活动中，例如银行的信贷业务、证券市场的买卖等，是经济运营中不可避免的现象，是普遍存在的，是在一定诱因下爆发金融危机的必要条件。金融风险累积到一定的程度就有可能爆发金融危机，造成金融体系和金融制度的混乱和动荡。金融危机则是金融风险积聚到一定程度时以突发性、破坏性的方式表现出来的，其作用和影响范围是系统的，也就是说金融危机是金融风险的积累和爆发，是金融风险的极端表现，体现了金融风险的"极限效应"，使金融活动中的可能损失转化为现实的损失。金融风险往往伴随着资产价格的上升和信贷的繁荣，最终转变成金融危机。资产泡沫在逐渐膨胀的过程、信贷超常规扩张的过程就是金融风险积累的过程，一旦泡沫破裂，金融危机也随之发生。历史上发生过一些资产价格泡沫崩盘的事件，比如1634—1637年的荷兰郁金香狂热、1719—1920年的法国密西西比泡沫、1720年的英国南海泡沫。

对消费者而言，资产价格上升产生财富效应，使个人资产价值和财富增值，可以改善家庭财务状况，提高居民信贷能力，刺激消费。对实体部门来说，适度的信贷扩张给市场注入流动性，为贷款受限的小微企业拓宽融资渠道，进一步推动投资和产出增长。但是，随着资产泡沫的累积，这些积极的刺激效应很快会发生逆转。非常微小的冲击都会触发泡沫的破裂，导致市场萧条，资产价格呈现快速下滑和螺旋下降趋势。随着资产价值下降，金融机构难以吸引短期融资，价格的下滑可能引发羊群效应。这种"资本骤停"可能导致一连串的强制销售和资产清算，价格进一步下降，对实体经济造成影响。过大的资产价格泡沫会诱发市场关系失衡（魏杰，2019）：资产升值吸引过多投资需求甚至投机需求，低融资成本驱使企业增产扩容，过度债务积累导致供需和资源错配，表现为社会杠杆率的显著上升和严重的产能过剩。虚高的资产价格下市场的悲观预期逐渐形成，竞相抛售会刺破泡沫。最终，不但银行部门会遭受巨大的流动性危机，而且实体经济中资不抵债的中产阶级和低收入家庭也面临沉重的债务负担。

（二）金融风险向金融危机转变的原因

货币超发、金融自由化、监管放松、过度投机是金融危机的土壤，高杠杆是风险之源和火药桶，这些因素都会导致金融风险向金融危机转变。银行业危机和资产负债表衰退，是金融风险向金融危机、金融危机向经济危机蔓延的机制。全球化背景下，各国很难独善其身，通过贸易、外需、产业链、资本流动、金融市场、外汇、房地产等传导。危机有自我拓展路径，流动性危机、金融危机、经济危机、社会危机、政治危机、军事危机，及时阻断传导链条很重要，但也要兼顾道德风险。纵览各次金融危机，实质上都是债务危机或杠杆危机，无非表现形式不同。国外债务危机主要是债务违约、汇率贬值和资本出逃，国内债务危机主要是通货膨胀、资产价格泡沫和货币贬值。

金融危机来自债务和杠杆的快速积累和不可持续，即金融风险的积累过程。以下我们从金融市场上人的行为分析金融风险向金融危机转变的过程，以及金融危机的传染和溢出过程。从融资角度来看，可以将融资行为分为三大类：（1）对冲性融资：债务人稳健保守，债务负担较少，未来现金流足够偿还债务本金和利息，是最安全的融资行为；（2）投机性融资：债务人的不确定性开始增强，未来现金流仅仅能够偿还债务利息，而债务本金则需要不断滚动续期，是一种利用短期资金为长期头寸进行融资的行为；（3）庞氏融资：债务人的未来现金流既不能覆盖本金，也不能覆盖利息，只能靠出售资产或者进行新的再融资来履行支付承诺。对冲性融资属于好的加杠杆，债务本息能够被未来现金流完全覆盖，不存在违约风险，参与其中的所有人均能受益。庞氏融资属于坏的加杠杆，债务的持续不是依靠稳定的未来现金流，而是建立在对于未来资产价格继续加速上涨的盲目乐观和虚幻想象之上，一旦资产泡沫破灭，庞氏融资的结局必然是违约和崩溃，所有参与者均蒙受巨大损失。如果经济中对冲性融资等好的加杠杆占主导，则经济是健康和稳健的；而如果部分投机性融资以及庞氏融资等坏的加杠杆占比过大，则经济金融体系将会变得非常脆弱，危机可能一触即发，迎来"明斯基时刻"。

金融风险累积并最终引发危机的过程可分为三个阶段：第一个阶段，经济上升期，对冲性融资为主。经济形势向好，企业经营业绩优异，为了获取更大的利润，于是增加借贷，扩大生产，杠杆率上升。但是企业债务负担不重，未来盈利足以偿还债务本息。经济增长与加杠杆实现良性互动，资产价格上升具有基本面支撑。第二个阶段，经济持续繁荣，投机性融资活跃。随着经济长期繁荣，无论是借款者还是贷款者都过度乐观，风险偏好不断提高。企业不断贷款扩大生产规模，产能逐步扩张甚至出现过剩。第三个阶段，大规模庞氏融资，泡沫最终破灭。资产价格涨幅巨大并继续上升，财富幻觉导致整个市场陷入狂热，出现大规模的庞氏融资。现金流不但无法偿还债务本金，甚至无法覆盖利息，债务只能不断滚动扩大。资产价格已经严重偏离了基本面，风险巨大，市场变得极度脆弱，某个负面消息的出现便可能导致整个市场的全面崩溃。

(三) 金融风险向金融危机转变的后果

金融危机意味着"过剩""投机""衰退""恐慌"等充斥社会方方面面。与正常衰退相比，金融危机所导致的衰退代价更高，持续时间更久。因为资产价格泡沫助长发生金融危机的风险，并在泡沫崩溃时加剧经济衰退，所以信贷与资产价格之间的相互作用尤其重要。即使是平静的危机，或者银行股大幅下跌（存款人和其他债权人未出现恐慌挤兑），或者银行全面破产以及政府干预，也会产生后续信贷紧缩和产出缺口，这表明不良的银行业对实体经济造成了损害。我们通过 2008 年金融危机来了解金融风险向金融危机转变的后果。有学者认为这次危机并非外部冲击所致，而源于金融体系自身，政府疏于监管、投资者贪婪、评级机构信用危机等问题在危机爆发后浮出水面。美国金融危机所引发的多米诺骨牌效应不仅给美国经济带来了空前打击，也给世界经济格局和发展路径造成了实质影响。首先，全球金融体系被冲击。在这场危机中，大量商业银行破产被政府接管，造成金融风险的财政化。其次，大量金融机构，包括银行、对冲基金、保险公司、养老基金、政府信用支持的金融企业等在内的几乎所有金融机构均不同程度受金融危机波及，从而大大加剧了危机的影响。再次，市场恐慌进一步蔓延，金融危机造成的市场恐慌影响实体经济发展。最后，中国无法独善其身。中国商业银行持有的美国金融资产，例如雷曼兄弟债券和两房债券受损 200 多亿美元。中国持有的美元资产外汇储备以及对外金融投资也不同程度地受到影响，使得中国实体经济面临严峻挑战。

三、财政金融"风险反馈"向"危机反馈"的转变

(一) 财政金融"风险反馈"和"危机反馈"的区别

对于财政风险与金融风险"反馈循环"和财政危机和金融危机"反馈循环"的区别，是一个全新的问题。第一章对财政风险与金融风险

第三章 财政金融风险危机化及其所导致的财政成本

"反馈循环"进行了界定，未对财政危机和金融危机"反馈循环"进行界定。财政金融风险"反馈循环"的本质停留在"金融风险财政化"和"财政风险金融化"，更多的是两种风险的相互转嫁。财政金融危机的"反馈循环"一般是指财政危机和金融危机之间滑入一个单向的闭循环状态，即金融危机会恶化财政危机进而又会恶化金融危机以及财政危机等，两种危机彼此恶化，最终导致社会甚至政治危机。这种"危机反馈"循环基于现代财政—金融联动机制（如图3-1所示）得以实现，主要包括以下两个方面：

第一，财政风险会向金融风险传导，其传导途径主要有两条传导路径。第一条传导路径主要源于财政风险对银行偿付能力的削弱。财政风险对银行偿付能力最直接的传导路径源于银行对政府债券的持有。银行持有政府债券也可能是基于对投资安全性、收益性以及规避相关规制的考量，并且银行有时也使用政府债券来为融资交易（如回购协议）提供担保。相似地，政府债券也被在衍生品交易中作为抵押品，甚至一些银行在其资产负债表中保持一定的政府债券，作为在政府债券市场进行市场开拓的表现，一旦发行政府债券的政府陷入困境，政府债务的违约可能导致银行的损失。第二条传导路径主要是财政风险对银行融资成本的推高。财政风险向金融风险的传导不仅局限于政府债券违约事件中银行所面临的潜在损失，即使持有政府债券没有导致银行资产负债表损失，银行的融资成本也可能会上升。理论上说会通过抵押品渠道、政府债券信用评级渠道、政府支持渠道影响银行的融资成本。第二，金融风险财政化问题的研究分析。一是政府为金融机构所提供的越来越多的"安全网"会直接增加与金融机构破产相关的或有债务，而在金融危机中，政府不得不承担相当大比例的银行债务，进而会影响政府自身的偿付能力。二是金融风险对政府财政风险的传导也可能间接发生。作为一国主要金融中介的金融机构，其所具有的关键作用意味着金融机构一旦出现问题，就会影响到整个宏观经济形势，进而导致政府财政境况恶化，政府财政部门和金融机构之间的联动也可能朝相反的方向发展。

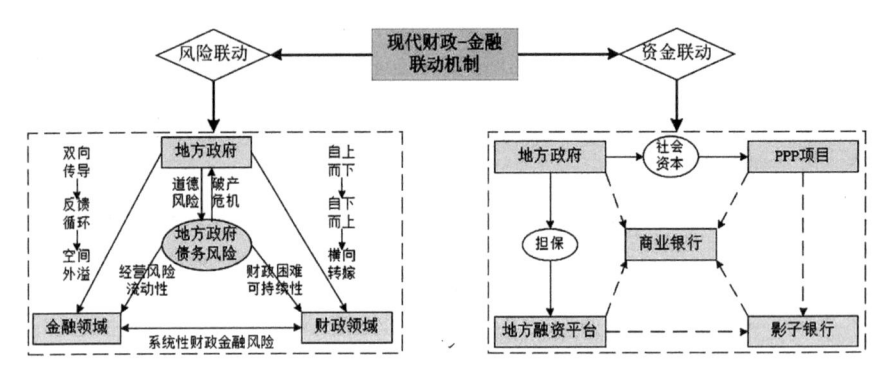

图 3-1 现代财政—金融联动机制

(二) 财政金融"风险反馈"向"危机反馈"转变的原因

1. 地方政府债务风险超常规扩张的激励

地方政府债务的扩张具有隐性化特征，并与影子银行业务相生相伴，短期内对融资渠道的围堵，或对某一类债务成因的分析并不能从根本上抑制债务扩张。因此，本书从地方政府融资结构出发，厘清我国地方政府债务扩张的内在机理与范式，探求融资需求转变与债务规模扩张的关系，对寻求规范地方政府债务的根本路径，化解地方政府债务风险和抑制债务新增有重要意义。一方面，财政体制是地方政府债务扩张的首要原因。地方政府财力与事权不能匹配的问题，导致央地间、省级与县乡级政府间事权不明，支出责任不清，地方政府尤其是基层地方政府因事权承担了大部分支出职责。刘尚希（2015）、庞保庆和陈硕（2015）也持有相似观点，认为分税制财政体制使得地方政府不得不依赖于债务融资，以弥补因地区发展而导致的地方财政收支缺口。很多学者观察到了地方政府债务积极扩张背后的中国的政治治理结构中地方官员的激励机制。地方干部处于以地方GDP增长为考核指标的"政治锦标赛"中，干部任免考核制度强化了地方官员自身利益激励而推动了地方政府债务增长（吴勋和王雨晨，2018）。当前我国财政制度一个难以回避的问题是中央政府对地方政府的预算软约束，制度软约束是地方政府行为变异的生成及强化机制（张建波和马万里，2018）。另一方面，现代财政—金融联动机制为地方政府债务扩张提供了条件。财政体制只能解释地方政府发行债务的能力和动机问题，动机是否能得以实现，必须有相应的金融制度配合。在我国地方政府为推动辖区建设，会通过制度安排积极参与金融资源的分配，由此产生金融学界所提出的"金融分权"问题。金融分权决定了金融资源在不同级别政府和市场间的分配，地方政府基于"政治强势"或"发展需求"，对区域金融资源具有较大控制支配权（丁骋骋和傅勇，2012）。地方政府"借道"融资平台、土地抵押、影子银行、PPP项目等途径主要导致地方政府隐性债务扩张，在金融、财政、政治主体间的传导形成触发系统性金融风险的隐患。此外，地方政府隐性债务扩张本质上是地方干部主导下政治—财政—金融"动态关联"下的利益扩张（马万里和张敏，2020a）。

2. 现代财政—金融联动机制触发"危机反馈"

分税制带来的财权事权分配不均（李永友和张帆，2019；徐军伟等，2020）和受制于原《预算法》地方政府不得公开发行债券，其中通过融资平台等渠道进行债务融资是主要方式，从而形成大量透明度较差的地方隐形债务，增加了政府债务管理和风险防控的难度。本书从地方政府债务融资来源分析，通过分析地方政府与商业银行等机构之间的投融资关系，对地方政府与银行信贷、债券融资、地方融资平台、影子银行、PPP项目融资模式之间建立内在统一的联系，建立现代财政—金融联动机制，如图3-2所示。

（1）银行贷款和政府债券。近年来，在严格控制地方政府债务规模、确保政府债务率指标持续处于合理区间情况下，各个地方政府积极利用政府债券资金。但在债券的管理使用过程中还存在一些问题，债券项目质量不高、债券资金使用效率有待提升、债券发行规模扩大易使政府偿债能力风险加剧等。同时，随着全面实施预算绩效管理理念的不断深入，迫切需要建立地方政府债券资金绩效管理制度体系，提高债券资金使用效益，降

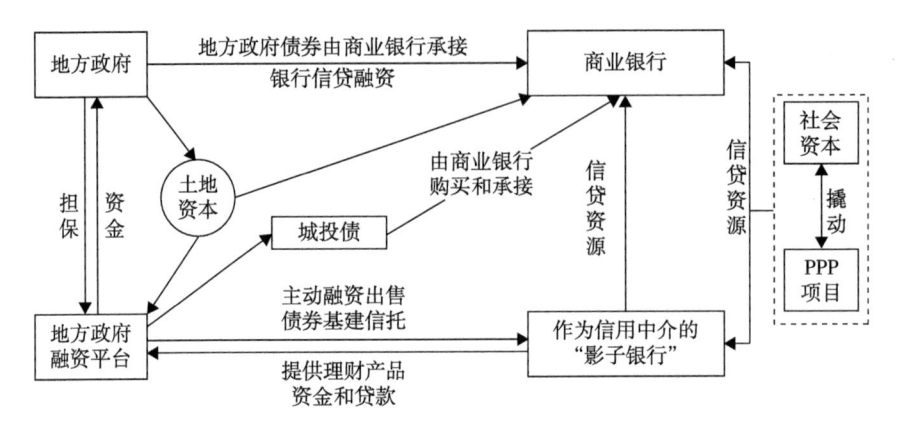

图 3-2 地方政府债务扩张触发"危机反馈"

低政府债务风险。

（2）地方融资平台。在地方政府债务管理改革前，由于地方政府被禁止举债，债权融资行为通常由下属事业单位或具有政府背景的融资平台展开。由于融资平台、事业单位的信用基础较弱，往往需要地方政府给予担保，以增强其举债的信用基础。地方融资平台与土地财政息息相关，城投平台拥有大量土地资产并利用其向银行贷款。除了向银行贷款，地方融资平台还可通过城投债、信托融资、BT 模式等方式进行融资。城投公司发行的企业债券和《预算法》修订后地方政府发行债券，主要也是由商业银行购买和承接。在"堵后门"阶段，城投平台表面与地方政府债务剥离，但实质存在地方政府隐性担保，二者藕断丝连，构成了地方政府隐形债务。由于其迅速增长的融资规模和低收益的投资回报形成巨大的资金空洞，一旦出现大范围的融资平台偿债困难，超出地方政府自身财政承受能力之时，地方政府出于机会主义动机，可能会放任不管，出现主动违约问题而一旦地方政府出现实质性违约，那么会对融资平台后续的融资行为产生难以估计的负面影响，甚至影响整个财政金融系统融资的可持续性，给财政系统和金融系统带来极大的风险隐患。

（3）影子银行。2010 年之后信贷扩张问题显露，我国先后下发《国务院关于加强地方政府融资平台公司管理有关的通知》(国发〔2010〕19号)、《财政部发展改革委人民银行银监会关于加强地方政府融资平台公司管理有关问题的通知相关事项的通知》(财预〔2010〕412号)、《中国银监会关于加强融资平台贷款风险管理的指导意见》(银监发〔2010〕110号)和《国务院关于加强地方政府性债务管理的意见》(国发〔2014〕43号),限制地方政府通过融资平台的举债行为,银行信贷对地方政府背景的事业单位与融资平台信贷放款收缩。在此背景下,地方政府的债务融资逐渐转向信托等高成本融资方式。由于信托、证券、基金、保险等非银行金融机构给予地方举债主体的融资大多是源于银行信贷资金,它们扮演的角色实质是作为信用中介的"影子银行"。从信托贷款来看,在2010年后银根收紧的背景下,信托贷款作为替代的融资方式迅速膨胀,使得影子银行风险不断积累。由于影子银行业务不受传统存款保险制度以及中央银行贴现窗口的支持,很容易产生流动性危机,并且影子银行业务并未完全纳入规范管理,杠杆性高、期限错配严重,所以存在很大的风险,极易成为地方政府债务危机的导火索。张平(2017)认为影子银行通过一系列产品作为载体,向地方政府债务传递风险,其中风险溢出效应最大的是证券公司和信托公司。中国人民银行金融研究所所长孙国峰指出,"影子银行的泛滥大大弱化了资本约束,突出了银行信用货币制度的内在矛盾,增加了金融体系的天然脆弱性,增加了流动性危机和偿付危机的可能性,促使银行更加过度扩张,便于银行创造货币支持存量资产交易,导致了资产泡沫,进一步放大金融风险"[1]。故研究影子银行与地方政府债务的关系,进而识别两者之间的影响机制,对于规避财政、金融风险,解决我国地方政府债务问题具有重要意义。

(4) PPP项目。如果说融资平台和影子银行是地方政府隐性举债的

---

[1] 中国人民银行金融研究所所长孙国峰在2018年7月8日举行的孙冶方金融创新奖第三届颁奖典礼上的演讲。

实际借道机制的话，那么利用 PPP 则是地方政府隐性举债的"新马甲"。在融资平台、影子银行融资受限之后，PPP 成为地方政府筹措资金的重要补充手段。然而，自 PPP 模式推出以来，争议一直不断，部分地方政府假借政府购买服务、政府和社会资本合作或各类引导基金之名进行变相举债，导致隐性债务快速上升。一些专家学者指出，很多 PPP 项目并未发挥社会资本在项目选择和运营方面的优势，只是地方政府融资的一种变相模式，PPP 模式进一步增加了政府的隐性负债，并未从根本上解决政府的融资困境。基于此，有必要对 PPP 模式在缓解地方政府财政压力中的作用进行科学、客观的评估，这有助于把握 PPP 模式的实际效果。基于此，本书从现有 PPP 项目存在的问题出发，找出 PPP 项目存在的主要风险因素，对其进行分析和研究，并提出相应的应对措施。

(三) 财政金融"风险反馈"向"危机反馈"转变的后果

财政风险"危机反馈"的形成与发展演变存在客观必然性，具有双重经济效应，其特征变化体现了财政与金融在国民经济与社会资金融通中的作用变化。在财政收支矛盾与债务风险加剧的背景下，国民经济对金融资源的依赖程度加深，无论是发达国家还是发展中国家，均会通过金融抑制或政府干预等方式进行宏观调控。但是这些措施都会造成一定程度的财政风险金融化或者金融风险财政化，一旦超过某个限值或受到外部冲击，"危机反馈"随即形成。从宏观层面来看，由于财政—金融联动相当于将部分金融资金和财政分配体系纳入统一框架中，可以较大程度地发挥财政分配的正向功能，使社会资金的整体效益提升，从而有效地发挥扩大投资和稳定经济的作用。但过度的关联也为风险联动提供条件，政府部门会采取一系列措施分散风险，财政风险金融化和金融风险财政化，会放大个体风险的影响程度，造成社会资金的市场性效益损失，对宏观经济形成负外部性，引起周期性的金融风险或金融危机。此外，财政金融风险的演变具有规律性。自分税制改革以来，我国地方政府财政收支逐渐失衡，受积极型政策导向和新冠疫情等多重因素影响，地方财政持续承压，面临赤字与债务双攀升的形势,多数省份的宽口径债务率已突破警戒线。与此同时,通货膨胀风险得以有效遏制,但金融领域风险持续处于易发高发期,财政金融风险逐渐由宏观层面向微观层面转移,与其他国家经济转轨期的财政金融风险传导机制特征呈现出显著的相似性。财经金融"危机反馈"的初始阶段是流动性危机,流动性危机若继续蔓延和深化,将演变为经济危机。历史告诉我们,高杠杆是风险之源,哪里杠杆高哪里就藏着脆弱性和风险点。比如,2008年美国次贷危机时期的房地产、影子银行和大规模次级抵押贷款证券衍生品,1998年亚洲金融风暴时期的外债,1990年日本房地产泡沫危机时期的房地产和银行。资产负债表衰退和债务—通缩循环是金融危机向经济危机的传导机制,就是经典金融周期中的"去杠杆"阶段。典型的资产负债表衰退演化模式是:企业资产负债表失衡,负债严重超过资产,陷入技术性破产的窘境。典型的债务—通缩循环演化模式是:企业由于债务清算而不得不将其资产和产品廉价销售,从而导致物价总水平下跌,出现通货紧缩。

第二节 财政危机和金融危机的孪生性

鉴于前文中金融危机包括货币危机和银行业危机,财政危机和金融危机的孪生性可能表现为财政危机和货币危机的孪生性、财政危机和银行业危机的孪生性,以及财政危机、货币危机和银行业危机的"三重性",正确认识和理解它们之间的关系对于协调货币发行与财政政策甚至中央银行、银保监会和财政部之间的关系也具有重要意义。

一、财政危机与货币危机的孪生性

通过对相关文献的考察,可以发现已有研究对货币危机内涵已经形成近乎统一的界定。货币危机一般被界定为因对本国货币出现投机性狙击而导致的严重货币贬值。例如,莱文和巴伦西亚(Laeven, Valencia,

2013a）认为若一国本币对美元汇率一年内下降 30%并且贬值幅度至少比上年高 10%，则该国在这一年爆发了货币危机（第二个条件是为了排除那些持续经历高通货膨胀率而没有货币危机的国家）。这时，由于货币当局在危机发生时往往会通过大规模的国际储备以及严格的资本管制来保护本国货币，故利率也会急剧上升。

（一）货币危机产生的原因

就货币危机产生的主要原因而言，相关文献从集中于货币危机的基本面起因，到强调多重均衡的存在，再到对金融变量特别是资产负债表变化的关注。王道平和范小云（2011）甚至将货币危机归因于现行的国际货币体系，认为其不仅是全球经济失衡的重要原因，更是过去 30 年间众多金融危机频繁发生的主要原因。在该体系安排下，汇率调整很难解决储备货币发行国的国际收支赤字和全球失衡问题；储备货币发行国无论选择国际收支盈余、赤字还是平衡的政策，都难以避免引发全球金融危机和不稳定。概括而言，在过去近 40 年间，有三代经典模型被用于解释货币危机。

在第一代模型中，经济基本面的恶化即增长乏力、外汇不足和预算赤字是货币危机的根源。而对固定或盯住汇率货币的投机性狙击也是投资者预计政府赤字将由央行信贷融资后所采取的理性行为。当投资者预计固定或盯住汇率体制保持不变时，其会继续持有本国货币，而当预计这一汇率体制将要终结时，就会抛售本国货币，购买外国货币。这一挤兑会导致央行迅速丧失其维持汇率的流动性资产，货币崩溃就会发生。第二代货币危机模型揭示了货币危机不是潜在性问题，而是因市场参与主体预期必然会发生。很多第二代货币危机模型揭示了：对政府维持其盯住汇率意愿的怀疑导致多重均衡和货币危机。在这些模型中，预言的自我实现是可能的，投资者狙击货币仅仅是因为其预期到其他投资者会狙击货币。第三代货币危机模型重点考察与包括汇率在内的资产价格波动相关的资产负债表恶化如何导致货币危机。对于很多发生危机的东南亚国家来说，危机前的宏观经济失衡往往相对较轻甚至财政出现盈余，而经常账户赤字看起来也比较容易控制，但与金融和企业部门相关的脆弱性比较严重。第三代货币危机模型揭示了这些部门资产负债表的错配如何导致货币危机，也考虑了危机中银行所起的作用以及危机自我实现的本性。

（二）财政危机与货币危机之间的交互关系

1. 财政危机与货币危机传导机制

对于货币危机与财政危机之间的关系，很多文献侧重于从货币危机向财政危机传导的研究。一个著名的传导逻辑是"原罪"（origin sin）论，即如果大多数政府债务以外币形式存在，并以政府提供担保，则货币贬值会导致主权债务违约。这对于新兴经济体来说是一个普遍存在的问题。另一个比较著名的传导逻辑是对货币危机典型指标真实汇率的高估往往导致主权债务违约，初始真实汇率的高估扩大了传统固定汇率制下的违约风险，而在投机性狙击中通过国内利率提高来保卫本国货币也会增加违约风险。并且，货币危机后所出现的利率升高会加剧私人债务违约风险并降低政府税收收入，这会导致主权违约概率的上升。除上述解释之外，紧随货币贬值之后的政府主权信用等级的降低因削弱了政府外部融资能力也会导致主权债务危机；而国际利率的上升会进一步加剧货币危机和主权债务危机，因为更高的利息偿付意味着政府的债务负担将会更加严重。当然，政府债务的初始违约也许会反过来导致货币危机。当政府债务违约时，国外债权人也许会拒绝对该国再次借债，加之经济被普遍认为处于衰退期，这些国外债权人甚至会抽回资本，因此增大了货币贬值的概率。并且，因债务危机导致内需的减少有可能使得央行实施扩张性的货币政策以应对衰退，如同第二代货币危机模型所描述，当政策制定者试图放弃汇率盯住机制时，对国内货币的投机性狙击就会发生。

2. 财政货币政策调整是财政危机和货币危机孪生性的重要因素

财政危机和货币危机的孪生性伴随着财政政策和货币政策的调整。西方主要发达国家财政货币政策框架的演化并非连续的、渐进式的，而主要是由大型经济金融危机推动的突变过程，是在反思危机成因、谋划应对危机、试图避免下一次类似危机的过程中实现的。财政政策与货币政策之间的协调配合、政府债务管理与货币管理之间的相互影响、财政部门与中央银行之间的合意制度安排，长期以来属于宏观经济理论研究和政策实践中的重要基础性问题。2008年全球金融危机以来，随着主要发达国家政府负债率的较快攀升和货币政策进入"非常规"状态，财政政策与货币政策之间的传统边界正在经历打破和重塑；而2020年新冠疫情引发全球经济新一轮深度衰退风险之后，进一步激化了相关政策和学术讨论。

2008年金融危机之后主要发达国家的财政货币政策框架相较此前30年的"大缓和"时期发生了显著变化。该时期的财政货币政策框架具有明显的集成特征：一方面，各国通过扩张性财政政策和宽松货币政策试图帮助经济走出衰退，这是对"大萧条"时期凯恩斯主义思想的应用；另一方面，各国央行大幅扩张资产负债表以试图增加货币供给，货币政策由价格型转向数量型，这在一定意义上又反映了对弗里德曼货币主义思想的应用［伯南克（Bernanke），2002］。此外，主要发达国家在货币政策上的突破和"创新"成为这一时期宏观经济政策框架变革最突出的表现：一是政策利率被降低至零下限，甚至突破零下限达到负利率；二是大规模量化宽松操作使得主要国家央行的资产负债表规模成倍扩张，并由总量政策向结构性政策转型。尽管量化宽松在一开始被认为是央行公开市场操作的"加强版"，但后来不论从规模上还是作用机制上，都远超出公开市场操作的范畴。

新冠疫情这一突出的全球公共卫生事件，使得全球经济面临严重衰退风险。疫情同时从供给、需求、金融、预期等多个层面对全球经济造成了剧烈冲击。面对"大流行"对经济造成的巨大负向预期冲击，美国、日本、欧盟主要成员国均实施了大力度的财政政策，美、欧、日央行均实施了大幅宽松的货币政策。美联储两次下调联邦基金目标利率合计150个基点至0%—0.25%区间。与此同时，美联储宣布启动"开放式量化宽松"，即根据情况需要不设上限地购买国债和机构证券，并扩大了量化宽松的资产购买范围。与美联储类似，日本央行也宣布实施"开放式量化宽松"，不设上限地购买日本政府债券,同时提高了商业票据和公司债券购买上限,从而增加流动性供应。日本央行扩大了通过特殊资金供应操作向金融机构提供贷款的范围和额度,从而增加对企业部门的融资支持。

但是这种大幅的扩张性货币政策会不会引起通货膨胀、扩张性财政政策会不会进一步加剧政府部门财政压力进而引发债务危机,是我们主要关心的问题。从美国数据来看,疫情发生后美国通胀水平大幅上升。2021年3月,消费者物价指数(CPI)同比增速超过2%,至2022年3月,已经上升到8.5%,达近40年高点。美联储在疫情期间实施了无限制量化宽松(QE)政策,大幅扩张了基础货币供应量,并将联邦基金利率降至接近零的水平,以支持经济复苏和就业增长。然而,美联储在判断通胀成因和持续性上失误,导致货币政策收紧不及时,使得通胀预期上升并形成惯性。美联储一直认为,疫情后出现的高通胀是暂时性的,主要是由于供给面因素造成的,随着供应链瓶颈的解除和基准效应的消退,通胀将会回落至美联储2%的目标水平。因此,美联储在2021年大部分时间内坚持维持宽松的货币政策姿态,并没有提前收缩QE规模或加息。然而,这种判断忽视了需求膨胀对通胀的推动作用,以及通胀预期对通胀的影响。事实上,美国的总需求增长速度远高于总供给增长速度,导致供需失衡不断扩大;同时,美国的通胀预期也不断上升,并与实际通胀形成正反馈循环。这些因素使得通胀具有更强的广泛性和持续性,而非暂时性。从财政政策来看,美国政府在疫情期间实施了空前规模的财政刺激政策,以支持受疫情影响的企业和个人,并刺激经济复苏和就业增长。然而,美国政府在经济复苏期间仍然实施扩张性财政政策,进一步推动了需求增长,与货币政策形成不统一,并加剧了通胀压力。

二、财政危机和银行业危机的孪生性

(一)银行业危机产生的原因

银行业危机可能源于银行恐慌,如DD模型所示和市场回购所发生的资产负债表恶化；也可能源于因资产价格和经济周期对银行资产影响导致的大规模资产价格下跌。概括来说，针对银行业危机的不同解释可以归为四类，即货币主义解释、金融脆弱性解释、经济周期解释和信息不对称解释。弗里德曼的货币主义解释认为因银行恐慌导致的金融危机引发或加重了货币收缩的效果。据其研究，银行恐慌之所以发生，是因为公众对银行将存款转换为货币能力信心的丧失，这与某些重要金融机构的破产密切相关；货币当局如果无法避免问题银行的危机，正常经营的银行也会出现大规模破产。然而，也有一些有关经济史的文献对20世纪30年代的银行恐慌再次进行审视，争论的焦点主要围绕着银行业危机是否真的因"恐惧蔓延"所驱动，或者银行破产是否为银行应对衰退的内生性反应。

金融脆弱性解释将银行业危机视为经济周期转向的必然结果，是对以前过度繁荣的"矫正"。经济周期可以通过两个关键因素来解释：过度负债和通货紧缩。经济社会中的一些关键部门由于开创了新的利润增长点，导致经济周期性上升。价格和利润的双双上升激励更多的社会投资和债务融资，乐观主义的盛行进一步导致个人、企业甚至银行进入一个"过度负债"（over-indebtedness）的状态，即其都没有充足的现金流来兑现到期债务。在这种情形下，债务人或债权人的误判有可能引发危机和廉价抛售，进而通过破产来消灭"过度负债"，而一旦经济恢复，整个过程又将继续。对这一原因的解释在2007—2009年的金融危机中可以说得到充分体现。实际上，一些评论甚至将2007年9月雷曼兄弟的破产描述为"明斯基时刻"，即资产价值崩盘的时刻。经济周期解释认为银行恐慌在衰退期更容易发生，因为当借款人不可能偿还其贷款时，银行资产的回报就会降低，预计到不良贷款会增加的存款人就会通过回收其存款，进而导致银行挤兑来实现对其财富的保护。而信息不对称解释认为，储户不能无成本地评估银行资产，因此很难监督银行的绩效。从这一观点来看，恐慌本身是一种形式的监督。面对有关银行资产风险增加的信息，储户通过系统性恐慌从无论是状态良好的还是状态不好的银行中逃离。并且，银行恐慌也将通过资产市场快速传播,因为银行在危机威胁下会降价出售其收益性资产。这会通过银行间的关联性和其他传导途径导致银行业系统性坍塌。

(二)银行业危机与财政危机之间的交互关系

1. 银行业危机与财政危机的传导机制

对于银行业危机与财政危机的关系,已有文献侧重于对银行业危机如何导致财政债务危机的研究。基本结论是:银行破产或更普遍的是银行内部违约会通过增加政府财政预算压力来导致主权违约。特别是政府一旦对金融部门债务承担了担保者责任,金融部门巨额债务就会转变成政府巨额债务。有关银行业危机向财政危机传导的更加直接综合证据见莱因哈特和罗戈夫(Reinhart,Rogoff,2011),其发现,有相当部分的发达国家和新兴经济体在银行业危机后,综合债务占 GDP 的比率会有显著的攀升,最典型的案例莫过于 2010—2014 年的欧洲债务危机;而欧洲各国对危机的应对也基本上模仿了爱尔兰政府于 2008 年 9 月对其整个金融体系的担保,这一对银行业的救助却导致了赤字和债务的急剧上升。也是以 2008 年爱尔兰救助作为案例,阿查里雅和斯蒂芬(Acharya,Steffen,2015)在债务危机和银行业危机之间建立了一个关联模型,结果发现,在银行业危机期间,银行 CDSs 和主权 CDSs 明显增加,而救助之后,银行 CDSs 下降而主权 CDSs 上升,这表明风险从银行业向政府进行了转移。

当然,也存在财政债务危机向银行业危机传导的渠道,认为这一传导实现的最直接途径就是银行业对政府债券的持有。各银行持有政府债券的具体原因可能不同,如有的源于政府资产的充分流动性而将其作为应对储蓄赎回的流动储备金[真约纳利等(Gennaioli, et al.),2014],有的源于政府比企业债券更低的风险而将其作为一个很好的投资渠道,还有的将其作为回购协议或衍生交易的抵押品[科雷亚和萨普里让(Correa,Sapriza),2014]。无论何种原因,当政府部门较大特别是其基本面疲软而未偿债务又比较多时,这种持有会引发债权银行的巨大损失。这一点在 2010 年欧洲债务危机中表现得最为明显。危机前后,一些国家的银行积聚了大量的主权债券；随着危机的深入，特别是当希腊等国家对其主权债务进行重构时，银行业危机也就接踵而来。而从经验分析来看，一些研究确实发现在主权压力增加期间，银行持有主权债券与银行股票价格及 CDS 溢价之间存在着显著相关，然而也有文献认为就主权评级事件而言，银行持有主权债券对其股票收益的影响比较弱。

2. 财政政策与银行业危机的关系

财政危机和金融危机具有孪生性，它们之间基于复杂的债权债务关系而存在风险传染渠道，能构产生"反馈循环""叠加共振"效应。那么，我们如何评估来自银行部门的财政风险特别是有关风险的信息如何使用，是至关重要的，对于制定风险防控政策具有重要意义。这包括两个方面：一是对来自银行业的公共债务的风险在其具体化之前没有足够的监督和评估。即使在该国的危机解决框架允许政府进行干预的情况下，这些隐性或有债务也并没有得到完全的监督和评估。通常情况下，只有在压力非常迫近的时候才进行这样的评估。二是一国债务可持续分析很少包括对银行业或有债务的压力测试（虽然一般包含几个其他关于贷款成本的压力测试）。即使在一些或有债务被严格监督和量化的国家，这些估计也很少被纳入公共债务可持续性分析的压力测试中，这可能是出于对市场形成银行被救助预期的担心。因此，为实现对源于银行业政府或有债务及其财政成本的控制，亟须我们设计一个良好的风险管理框架来识别、量化、监督和最终转移这些风险。

三、财政、货币和银行业的危机"三重性"

财政、货币和银行业的危机"三重性"意味着每一种危机并不是独立发生的，三者之间存在紧密的共振关系。一般情况下，金融危机会导致财政状况空前恶化，引发政府债务危机，政府债务危机的扩散造成金融市场和实体经济剧烈震荡，就会进入"财政危机—金融危机—经济危机"的严重恶性循环中。

（一）货币危机和银行业危机

一般来说，货币危机经常伴以银行业危机的同时发生，所以二者往往被指为"孪生危机"（twin crisis）或"双重危机"（double crisis）。货币危机和银行业危机之间这种"孪生性"源于二者之间传导的双向性。首先，银行业危机会导致货币危机。一般来说，为了避免银行业破产，理性的政策制定者会通过选择通货膨胀而将银行体系不断增加的风险进行转嫁，这会引发货币风险甚至货币危机。特别是如果一国金融体系不健全而本国居民希望把本国货币兑换成外国货币时以及政府对金融体系不良贷款担保所导致的财政赤字增加时。其次，货币危机也会引发银行业危机。当然，也有研究认为二者的"孪生性"并不是货币危机引发了银行业危机或反之，而是因为货币危机和银行业危机都是由共同因素导致的，这些因素包括国际资本流动性、汇率波动及政府采取稳定政策的不适宜、政府担保引发信贷市场扭曲以及信息不对称（道德风险）和对银行不良资产监管的乏力等等。就货币危机和银行业危机的"孪生性"，卡明斯基和莱因哈特（Kaminsky，Reinhart，1999）通过对1970—1995年所发生的货币危机和银行业危机进行实证研究发现：在20世纪70年代，由于各国对金融市场的高度管制，货币危机和银行业危机之间的关联不是很显著；但20世纪80年代以后，由于许多国家陆续进行金融自由化改革，货币危机与银行业危机日益纠缠在一起，形成更加严峻的双重危机，而就双重危机发生的时间来看，银行业危机一般发生在前，货币危机通常发生在后，两者互相影响进入恶性循环，且往往是一国货币崩溃之后银行业危机高峰才会到来。

（二）财政危机、货币危机和银行业危机

有文献证明货币危机、银行业危机和主权债务危机的同时发生即三重危机（triple crisis），并在模型分析中将这三种危机纳入一个分析框架中。博尔多等（Bordo，et al.，2001）试图通过考察1880—1913年和1972—1997年发生的货币危机、银行业危机和主权债务危机来寻求三者之间的关系，其将货币危机和银行业危机作为解释变量，主权债务危机作为被解释变量，经验证据表明上述期间的货币危机增加了主权债务危机的可能性，而同期以及其后的银行业危机与主权债务危机联系不显著。有关研究虽然没有发现货币危机和主权债务危机之间的显著关联，但也有证据表明主权债务危机容易导致货币危机。并且，由于发达国家债务危机发生的频率比较低，因此这些实证结果显得比较客观谨慎。谈到货币危机、银行业危机和主权债务危机之间的关系，不得不提到1997—1998年的东南亚金融危机。这次危机可以说既涉及了货币危机和银行业危机，又涉及了主权债务危机。并且，这些危机都是通过政府担保相连。东南亚金融危机的关键是泰国、印度尼西亚、马来西亚和韩国等国家在国外发行了许多外币债券，而其之所以如此是因为其金融还没有发展到如同发达国家那样通过本国货币进行结算的程度，故需要从国外以较低的国际利率来获得外币借款，如美元。如果这些国家发生货币危机并且出现货币贬值，不得不需要更多的本币税收收入和出口收入以偿还其外债。这反过来会压制实体经济，增加主权债务违约的可能性。并且，这些国家的银行系统往往还从外资国家进行贷款和融资，如果本国货币贬值，其资产负债表也会受到损害，增加政府破产和银行业危机的可能性。在上述过程中，政府担保对危机的发生及其程度影响关键。

1. 银行业危机和货币危机会恶化财政状况。2008年金融危机从本质上来说是一场债务危机，其源头就是美国次贷危机，不足万亿美元的银行债务危机把全世界拖入了百年难遇的大衰退，过度杠杆化的债务型经济终尝恶果。在解救危机的过程中，西方国家的银行和私人部门逐渐去杠杆化，原有危机貌似缓解，其实只不过是把私人部门的债务转移至政府部门，以国家信用来代替私人信用而已。金融危机爆发前，西方世界的财政状况已有明显改善，主要表现为财政赤字明显减少，财政赤字相对GDP的比例明显降低。例如，到金融危机前的2006年，美国、日本、英国和欧元区财政赤字相当于GDP的比例，已分别下降至1.6%、2.2%、2.7%

和1.4%。但由于金融危机及其引发的经济衰退至少从三方面对财政收支形成巨大压力,导致西方主要国家的财政状况重新恶化,直至深陷财政赤字和主权债务危机之中。第一,金融危机导致西方主要金融机构经营状况急剧恶化,债务负担无法承受,直至濒临破产。为避免大型金融机构倒闭引发经济社会动荡,欧美主要国家政府不得不动用财政资金出手救助,导致财政支出急剧增加。第二,金融危机导致严重经济衰退,国民收入急剧萎缩,加上累进税制的倍数效应,使西方主要国家的财政收入急剧减少。第三,面对空前严重的经济衰退,尤其是由此引起的失业问题日趋严重,西方主要国家不得不连续推出以扩大公共事业投资、增加社会福利支出为中心的紧急经济对策,从而使财政支出急剧增加。上述三方面压力同时增大的直接结果,必然是西方主要国家财政状况的快速恶化,直至诱发主权债务危机。

2. 财政危机增加银行业危机和货币危机。首先,财政危机直接表现为国债市场的危机,而国债市场又是西方债券市场的重要组成部分。伴随主权债务危机的深化,势必对整个西方债券市场造成巨大冲击,导致整个债券市场波动。其次,财政危机造成股市动荡。每当市场传出新的国家信用被下调的消息,股票市场都会应声而跌,其波动幅度甚至会远远超过主权债务危机恶化的程度。这说明在主权债务危机不断恶化的接连冲击下,全球股市已经十分敏感和脆弱,甚至弱不禁风,一有风吹草动,立刻过度反应。金融危机会严重恶化政府部门财政状况,进而引发财政危机,紧接着会通过债市、股市和汇市等多个渠道,强烈冲击整个金融系统,再加上银行系统面临的系统性风险,极有可能再度引发金融动荡,甚至经济危机。

第三节 财政对金融的"兜底"及财政成本

2008年全球金融危机爆发,经济合作与发展组织(OECD)国家和新兴市场国家面临前所未有的严峻形势。各国通过财政刺激政策和货币扩张政策的协调配合，使全球经济在金融危机后趋于稳定下来，避免了大萧条时期的就业崩溃。与此同时，危机最严重时期政策协调的紧迫感和强烈意愿也被各国关于宏观政策的未来走向和"财政疲劳"（fiscal fatigue）的广泛辩论所取代。财政怀疑论者担心，公共债务的进一步增加可能会导致更高的利率，从而增加未来债务的偿还负担。也一些学者则指出，适当的财政刺激会更快地恢复经济增长，以此来缓解对未来财政成本的担忧。事实上，一国金融危机所导致的财政成本的其他影响因素有很多，例如宏观冲击（macro-shock）的大小和银行部门的风险状况及其初始暴露程度等，除此之外还有一个很重要的因素就是政府在金融危机处理中所采取的政策。历史上，几乎每次银行业危机都离不开政府担保和救助，而政府对银行业进行危机救助导致巨额财政成本的例子比比皆是。

一、对金融"兜底"的直接财政成本

政府对金融部门的支持可以采取各种形式，不同的形式对债务总额和净额的影响不同。政府直接采取的措施通常会导致政府债务总额的前期增加，但不一定会改变净资产和赤字，因为相关的资产已经被收购。随着时间的推移，财政影响将主要取决于所购资产的实现价值。中央银行或担保机构开展的其他业务对财政账户的直接影响较小，但在中期内也可能产生重要的成本。总之，财政账户中的透明处理是必要的。

无论是直接的还是总的银行危机财政成本，其规模是巨大的。已有文献从理论和经验上对与危机发生的规模和概率相关的因素进行了识别。这些因素有助于解释银行危机所导致的直接财政成本的量级；直接财政成本可以看作在资本缓冲和私人参与等之后落在政府身上的剩余成本［霍诺汉和克林格比尔（Honohan, Klingebiel），2003］。因此，导致银行危机的因素有可能解释银行危机直接财政成本的量级。

有关银行危机的文献提到，危机前的经济和制度因素有助于解释银行危机的发生和量级：(1) 危机前的宏观经济环境。银行危机的前兆是信用膨胀、资产价格和经济增速膨胀、财政绩效改善。初始不平衡越大，银行危机爆发的可能性越大。然而，更好的外部绩效，反映在基本账户平衡上，对金融业的冲击提供了更好的缓冲。(2) 银行业危机前的特征和脆弱性。霍诺汉和克林格比尔（Honohan，Klingebiel，2003）使用基于道德风险理论下的简单银行危机模型，揭示了财力雄厚的银行的存在将降低干预的可能性。其他研究揭示了银行系统的规模和银行杠杆化放大了银行业的困境及其发生危机的可能性［布瓦赛等（Boissay, et al.），2013；卡莱姆利—奥兹肯等（Kalemli-Ozcan, et al.），2012］。相似地，企业和家庭的过分杠杆化也加大了金融业的不平衡（Allen，Gale，2003），而国际互联性增加了系统风险［齐哈克等（Cihák, et al.），2011］，这两个因素都增加了银行危机的可能性。(3) 制度设定。制度的建设水平特别是针对金融业的制度建设水平直接影响到银行危机爆发的可能性［德米尔居奇—孔特和德特拉贾凯（Demirgüç-Kunt，Detragiache），1997］，以及危机爆发后政府干预的规模［克莱森斯（Claessens），2005］。包括银行处置框架在内的健全监管框架，期望通过限制银行系统的脆弱性来减少银行危机的概率和规模［克莱森斯（Claessens），2005］。作为银行业"安全网"重要构成部分的储蓄保险计划拥有影响危机可能性的反向力量。一方面，显性保险计划能减少银行挤兑事件；另一方面，其也可能因更严重的道德风险而增加危机发生的可能。另外，羸弱的制度会影响到危机的量级，因为它们可能会引致效率低下的危机管理政策和危机发生后的更高的财政成本。

鉴于人们过去将注意力集中在必须求助于国际货币基金组织（IMF）项目资助的国家，人们很容易忽略过去十年欧洲有严重问题的普遍存在，大约有 15 个欧洲国家（包括欧元区和其他地区）遭遇了银行倒闭，导致估计直接（总）财政成本超过国家 GDP 的 5%，如图 3-3 所示。

不同国家之间在直接财政成本和公共债务动态性上的差异一直是显著的。平均来说，新兴经济国家产生的直接财政成本是发达经济国家的两

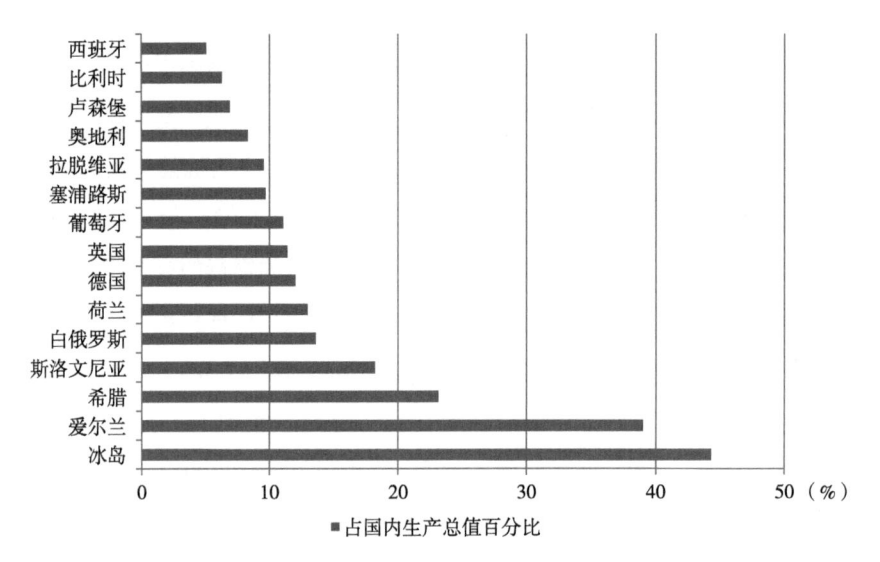

图 3-3　选定的欧洲国家 2007—2013 年银行业危机的总财政成本估算

数据来源：Elva Bova, "The Fiscal Costs of Contingent Liabilities: A New Dataset", IMF Working Paper, WP/16/14, 2016.

倍；然而，它们在公共债务占 GDP 比率的增长上仅是发达国家一半。例如，阿根廷、智利、冰岛、印度尼西亚、爱尔兰、牙买加和泰国的直接财政成本一直特别高，这些国家面临大规模的直接财政成本，超过 GDP 的 40%。然而，银行危机造成的公共债务增加占 GDP 比重超过 80% 的国家仅有阿根廷和智利，而其他国家都在大幅度下降。

银行危机中公共债务占 GDP 比重的增加看起来与直接财政成本密切相关。然而，这一相关关系影响了在初始直接财政成本和总财政成本之间进行权衡的可能。初始直接成本能反映出政府在遏制产出损失上的努力，进而导致政府债务的较低增长。为什么高初始直接财政成本并不总是意味着高总成本？以下几方面可能有助于解释其中原委。例如，高初始财政支出有助于快速恢复金融业的名义职能。危机后的健康金融业意味着经济的迅速恢复、更少的担保兑现、对利率的更少影响，最重要的是，对产出负面影响的削弱。虽然在初始直接财政成本和总财政成本之间权衡的可能性没有体现在综合数据中，但这一权衡是明显可能的。

　　财政成本的量级也随银行危机浪潮而显著变化。在所有银行危机浪潮中，发生于 2000 年至 2003 年的第五次银行危机浪潮无论是直接的还是总的财政成本都是最高的。相对于以前的危机，最近发生的 2007 年至 2011 年的银行危机浪潮中，包括 25 家系统和临界系统（borderline systemic）银行危机显著影响了发达经济国家的财政成本，其直接财政成本占 GDP 比重较低，为 5%。然而，公共债务增长占 GDP 比重特别大，为 20%。直接财政成本在解释最近危机中公共债务增长上的有限作用可能反映出发达经济国家在追求反周期财政和货币政策上具有更强的能力，包括更强的自动稳定器功能或更大的银行系统。

　　对于直接财政成本来讲，预防和解决危机的政策非常重要：首先，那些具有更高政府监管质量和更广金融安全网，如储蓄保险覆盖范围（通过保险储蓄占 GDP 的比率表示）较广的国家，其直接财政成本较低。阿比阿德等（Abiad, et al., 2010）界定了一个银行监管指数，这一指数的界定联合了巴塞尔资本协议的风险基础资本充足率的采用情况、银行监管机构的独立性和法律权限、监管的制度范围和现场与非现场银行检查的有效性。功能良好的银行监管框架有助于限制脆弱性的积累和降低危机事件中的直接财政成本。而更广的储蓄保险涵盖范围的存在会减少挤兑风险进而抑制危机成本。然而值得注意的是，一些研究却发现有更广储蓄保险计划范围的国家更有可能在危机中崩溃［德米尔居奇—孔特和赫伊津哈（Demirgüc-Kunt, Huizinga），2004］。储蓄保险的净收益因此是模糊不清的，储蓄保险的覆盖范围不应被用于作为最优储蓄保险计划最优设计的目标，应该考虑道德风险和与较高覆盖范围相联系的更高成本。

　　其次，贷款损失的快速识别和破产银行的即刻资本重组或许能使得危机更快解决，最终降低直接财政成本。来自银行案例的经验揭示了恰如其分的危机管理政策的价值。例如，日本于 20 世纪 90 年代初爆发了银行危机，直到 1999 年通过大规模政府优先持股计划对其进行资本重组。与此同时，银行一直推迟贷款损失的识别并将旧债转换成新债，许多学者认为这一拖延举措最终增加了财政成本。中央银行的行动也非常关键，中央银行快速应对流动性需求的能力能够预防银行流动性危机和实现将来对银行资本重组的需求。与此同时，对破产银行提供流动性支持只是推迟了问题的解决，可能会导致更高的道德风险和更高的财政成本。

再次，银行业危机带来的直接财政成本（占 GDP 的百分比）在那些危机发生前银行业规模更大（通过银行资产占 GDP 比例衡量）、杠杆水平更高（由危机前信用占 GDP 比重表示）和对外部资金（用离岸存款占国内储蓄比率来代替）与外部大额资金（通过来自非居民银行的贷款占 GDP 比率来表示）依赖性更强的国家更高。依赖于外部大额资金的银行可能更容易受到市场情绪变化的影响，迫使政府资本重组来解决偿付能力问题。在那些银行业规模较大且危机前杠杆较高的国家中，银行危机的总成本（由公共债务的改变代表）也非常高。这一结果也适用于 2007 年开始的银行危机浪潮。

最后，尽管制定的解决措施导致直接成本增加，然而银行危机总财政成本在那些采取措施的国家并不一定更高，这一结论支持对银行危机的快速解决的可行性。例如，虽然对银行债务提供担保通常伴随着更高的直接和总财政成本，但这种相关性的发生在其他政策措施（如资本重组和资产收购）中并不是很明显。在这些后面的情形中，一些增加初始直接财政成本的短期措施并不一定增加危机的总财政成本。这表明，如果需要公共支持来保持金融稳定，重构银行业充分功能的早期措施虽然会给政府带来较高的前期成本，但随着时间推移，其能产生大规模的收益，因为向好的经济绩效和资产复苏有助于弥补初始的财政成本。在可供使用的债权人自救工具可供使用的范围内，那些前期财政成本能进一步减少。

二、对金融"兜底"的总财政成本

基于世界银行所提供的数据，在 1997 年，波兰、瑞典、阿根廷、意大利和匈牙利等国家,支持银行体系发展的财政成本约占到其 GDP 的 10%,美国、英国、希腊、菲律宾和新加坡等国家支持银行体系的财政成本约占其 GDP 的 10%—20%,中国、朝鲜、马来西亚、泰国和捷克等国家的银行业财政成本约占其 GDP 的 30% 以上。为应对 2008 年全球金融危机,许多国家从 2008 年一季度到 2012 年三季度对银行业进行了担保和救助,欧盟由于担保和救助所产生的财政成本为 2011 年欧盟 GDP 的 30%,爱尔兰为其 GDP 的 250%〔科雷亚和萨普里让(Correa, Sapriza), 2014〕。除了现实中的例子,一些学者还从技术上证明这一点。赫里基维奇(Hryckiewicz, 2014)① 通过对一系列文献的归纳总结,发现政府对银行的救助行为会使得主权债务风险增加,给政府财政带来极大的压力。而对政府担保与政府或有债务和财政成本的传导机制而言,离不开研究与系统性银行危机所致财政成本相关的风险因素,阿马格洛贝利等(Amaglobeli, et al., 2015)② 使用跨国数据检验了这些因素,发现有显著影响的三个风险因素分别是依赖外部资金、对非金融私人部门有较大杠杆和危机期间对银行债务提供担保的大银行业国家,这三类风险因素会导致银行业危机产生的直接的和总的财政成本非常高。

银行危机具有很强的破坏性,因为它会引起经济产出的下降,并给政府带来很高的财政成本。自 2007 年开始,全球已经爆发过约 25 起系统性银行危机事件,这些危机大多数发生于发达国家,并给当地政府带来了巨额的财政成本。仅以冰岛和爱尔兰金融危机为例,两国政府为救助其问题银行而进行干预的财政成本超过了两国 GDP 的 40%,五年间两国公共债务增加都超过了本国 GDP 的 70%〔莱文和瓦伦西亚(Laeven, Valencia), 2010〕。2008 年以来发生的全球金融危机和欧洲债务危机再次表明,银行

---

① Hryckiewicz A., "What Do We Know About the Impact of Government Interventions in the Banking Sector? An Assessment of Various Bailout Programs on Bank Behavior". Journal of Banking & Finance, Vol. 46, No. 9 (2014), pp: 246-265.

② Amaglobeli, David, et al. "From Systemic Banking Crises to Fiscal Costs: Risk Factors." IMF Working Papers. No. 166 (2015).

危机往往最终会导致政府的债务危机。可以说，2008年以后发生的金融危机与之前的金融危机相比，其所导致的财政成本量级非比寻常，银行业危机已经成为导致政府或有债务大量增加的最重要原因。霍诺汉和克林格比尔（Honohan，Klingebiel，2003）采用了34个国家发生的40次危机的数据作为研究样本（见表3-1），也指出，银行危机所耗费的成本是十分巨大的，这些国家的政府平均付出了相当于GDP的12.8%的经济资源被用于对其银行系统进行清理，特别是阿根廷与印度尼西亚，它们由银行危机所导致的财政成本高达GDP的50%以上。

表3-1　34个国家40次银行危机的发生时期及其财政成本

国家	时期	财政成本占GDP的比重（%）
阿根廷	1980—1982年	55.1
阿根廷	1995—1996年	0.5
澳大利亚	1989—1992年	1.9
巴西	1994—1996年	13.2
保加利亚	1996—1997年	13.0
智利	1981—1983年	41.2
哥伦比亚	1982—1987年	5.0
科特迪瓦	1988—1991年	25.0
捷克	1989—1991年	12.0
厄瓜多尔	1998—2001年	13.0
埃及	1991—1995年	0.5
芬兰	1991—1994年	11.0
法国	1994—1995年	0.7
加纳	1982—1989年	3.0
匈牙利	1991—1995年	10.0
印度尼西亚	1992—1994年	3.8
印度尼西亚	1997—2002年	50.0
日本	1997—1998年	20.0

续表

国家	时期	财政成本占GDP的比重（%）
马来西亚	1985—1988年	4.7
马来西亚	1997—2001年	16.4
墨西哥	1994—2000年	19.3
新西兰	1987—1990年	1.0
挪威	1987—1993年	8.0
巴拉圭	1995—2000年	5.1
菲律宾	1983—1987年	13.2
菲律宾	1997—1998年	0.5
波兰	1992—1995年	3.5
塞内加尔	1988—1991年	9.6
斯洛文尼亚	1992—1994年	14.6
韩国	1997—2002年	26.5
西班牙	1977—1985年	5.6
斯里兰卡	1989—1993年	5.0
瑞典	1991—1994年	4.0
泰国	1983—1987年	2.0
泰国	1997—2002年	32.8
土耳其	1982—1985年	2.5
土耳其	2000—2001年	1.1
美国	1981—1991年	3.2
乌拉圭	1981—1984年	31.2
委内瑞拉	1994—1997年	22.0

数据来源：P. Honohan, D. Klingebiel, "The Fiscal Cost Implications of an Accommodating Approach to Banking Crises", *Journal of Banking and Finance*, Vol. 27, No. 8 (2003), pp. 1539-1560.

银行危机对财政风险的影响程度，最终要体现在治理金融风险所发生的财政支出上。

如果一个国家的金融体系出现了问题，那么政府为市场提供的财政资金支持预期可能要远远超过其法定承担的义务。政府处理金融风险，特别是不良资产时，一般有两种方法：其一是通货膨胀税，也就是政府通过征收"通货膨胀税"的方式，来为金融风险的解决提供必要的资金支持。但从国际经验上看，使用"通货膨胀税"的方法来解决银行危机是一种不得已的冒险手段。其二是通过扩大财政支出规模来化解危机，其中又有两种方式：一种清理有严重问题的金融机构，由政府出面利用财政手段进行清算；另一种是对困难银行进行财政救助，政府救助的形式主要包括存款保险及流动性支持等。两种方式的具体选择依据是成本对比的情况。

总公共债务的变化是银行危机对公共财政影响的综合指示器。公共债务涵盖了银行危机的总财政成本，包括政府直接干预成本和因危机对实体经济影响而产生的间接成本的具体化，甚至还包括为促进经济复苏而产生的一些成本。虽然通过公共债务的变化来衡量银行危机的财政成本不一定精确——由于其也涵盖了并不必然归因于银行危机的常规自身变动——但公共债务的变化确实有助于阐明危机前风险因素和政策选择对总财政成本的影响情况。

正如前文所述，在危机发生后对银行债务提供担保的国家，平均来说有更高的财政成本。因此一揽子担保也许能够避免预先进行资金垫付或债券发行的出现，但并不必然有助于减少整个危机期间的总财政成本。表3-2将财政成本划分为直接财政成本和间接财政成本，并解释了其缘由。这看起来很难解释政府担保的增加，也许是由于反向因果关系即更严重的危机导致政府实施更多的担保，或由于财政空间的缺失，用一揽子担保来抑制危机通常被认为是不可靠的或不充足的，故促成了担保的兑现。其也许是因为当存在债务担保时，银行有从事更高风险的激励，再次增加了担保实现的可能。历史经验教训告诉我们，在危机发生前建立储蓄保险计划作为保障措施或许比危机期间新提供的担保更有效（虽然储蓄保险计划主要用于解决单个银行破产而不是系统银行危机问题）。

表 3-2 财政成本的类型及具体例证

财政成本	例证
直接财政成本	银行资本重组 资产收购 政府担保实现 对储蓄者支出 中央银行资本重组
间接财政成本	因增长和资产价格下滑而产生的收入效应 因自动稳定器而产生的支出效应 应对经济增长趋缓的相机抉择财政政策（收入和支出） 关于借贷成本的显著效应 因汇率改变而产生的效应

虽然很多文献已经注意到了直接财政成本的决定因素，但鲜有关于影响银行危机总财政成本的因素以及危机中早期政策干预如何影响总财政成本的研究。尽管银行危机可以通过不同的途径来产生即刻的直接财政成本[莱因哈特和罗戈夫（Reinhart, Rogoff），2014]，然而最重要的是，银行危机通常伴随着对增长[布瓦赛等（Boissay, et al.），2013]以及产出水平的滞后负面影响，甚至是资产价格下跌、税收收入下滑、公共支出增加进而公共债务系统的崩溃，如埃斯科拉诺等（Escolano, et al., 2017）提供了银行危机特别是严重危机下高利率增长差异的证据。并且，较低初始成本的应对政策应对如政府担保和管制宽容（regulatory forbearance）也许会导致更高的没有计入直接财政成本的未来财政成本[克莱森斯（Claessens），2005]。或者说，成本高昂的初始干预也许熨平了危机所产生的宏观经济影响，进而导致长期来看较低的总成本（IMF，2015）。

德米尔居奇-孔特和德特拉贾凯（Demirgüç-Kunt, Detragiache, 1997）首先验证了银行危机的潜在决定因素能否解释银行危机对主权信用所带来的问题严重性上的不同。他们揭示了与银行危机可能性相关的变量也与银行危机造成的直接财政成本相关。更具体地，他们发现除了初始宏观经济条件之外，宽泛的制度设定和非金融业杠杆水平也对直接财政成本有所影响。霍格思等（Hoggarth, et al., 2002）通过一系列更加有限的解释变量证实了这些发现。相比之下，弗里德（Frydl, 1999）发现在危机长度和处置成本之间没有相关性。

后来的研究集中于政策应对和制度设定在解释银行危机财政成本上的作用。霍诺汉和克林格比尔（Honohan, Klingebiel, 2003）揭示了金融危机的应对政策如一揽子储蓄担保、开放式的流动性支持、不断的资本重组、债务人救助和管制宽容会倾向于增加财政成本。他们没有解释制度设计在银行危机中的作用。克莱森斯等（Claessens, et al., 2011）揭示了政策应对的有效性倾向于与立法和司法环境等一般制度有关。然而，他们的实证结果并没有对初始宏观经济条件、金融业特征以及被认为导致银行危机的其他潜在原因进行控制。

实际上，自全球金融危机爆发以来，银行处置成本[①]问题一直受到决策者和市场参与者的关注。除了评估这些成本的大小，我们还需要评估银行债权人和政府在承担银行处置成本中可能分担的份额。只有在政府隐性担保能被感知的情况下，政府才被预期会承担相关成本。基于2008—2014年在25个OECD国家设立的212家大中型银行的样本数据，我们可以获得如下结果，见图3-4和图3-5。

通过以上数据分析，我们可以获得如下结论：第一，隐性担保在2008—2009年显著上升，反映了银行破产风险和政府支持可能性的增加。截至2014年，总隐性担保估计为样本国家GDP的0.15%，低于2012年估计的0.18%的峰值。第二，与银行债权人相比，我们估计的银行处置成本风险（隐性或有债务风险）成本自2009年以来稳步下降至GDP的4%左右，但仍占样本中银行估计处置成本总额的一半以上。第三，样本期间所有银行的预期处置成本（事后成本）平均略高于GDP的7%。然而由

---

① 银行处置成本既包括银行破产时可能产生的预期成本（即"事后"成本），也包括与有偿付能力的银行可能破产相关的年度费用成本（即"事前"成本）。

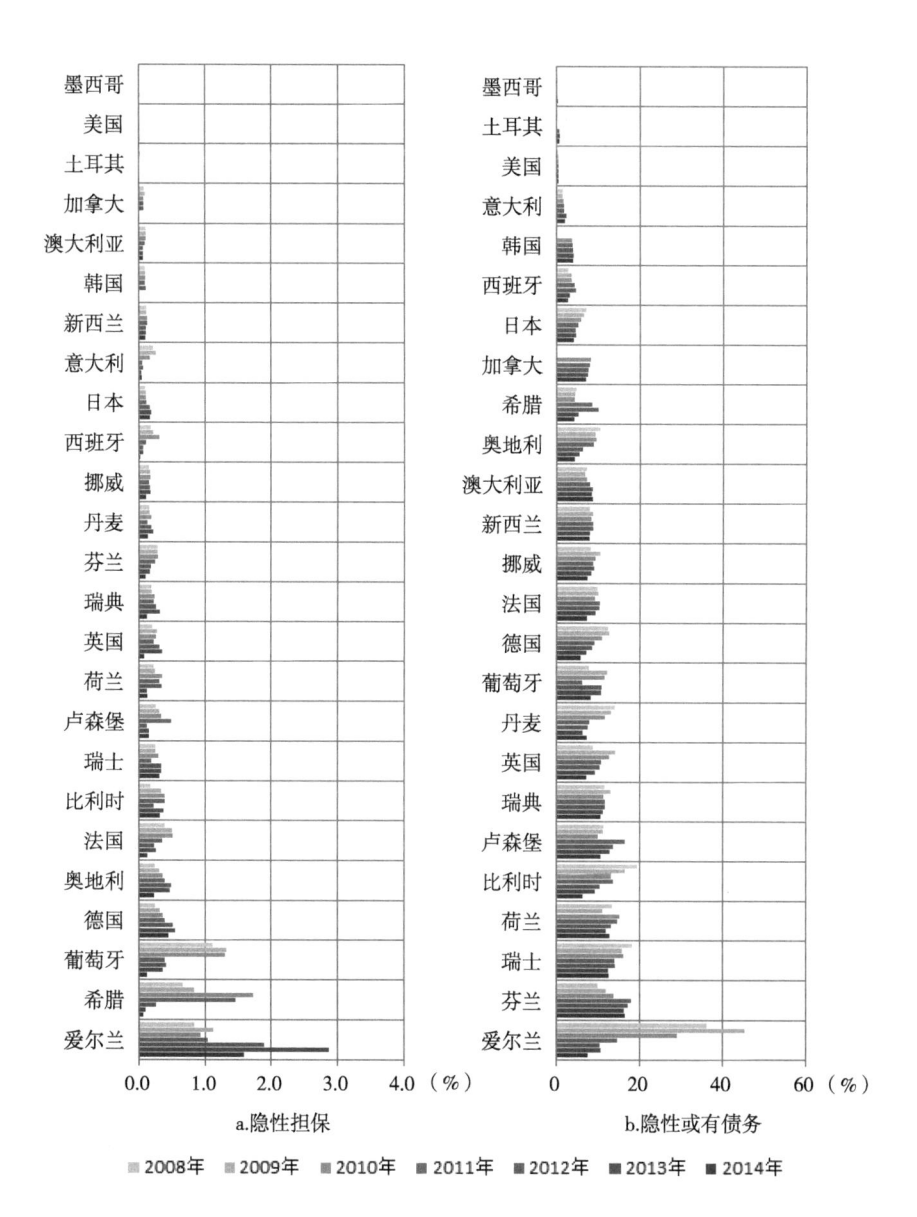

图 3-4 2008—2014 年各国隐性担保和隐性或有债务占 GDP 的比重

于较高的平均资本比率和较低的银行债务水平（占 GDP 的百分比），这一指标在 2014 年降至 GDP 的 6%。第四，这些预期处置成本（事前成本）的年化值在 2008 年后急剧上升，2012 年达到 GDP 的 0.24%。虽然这一趋

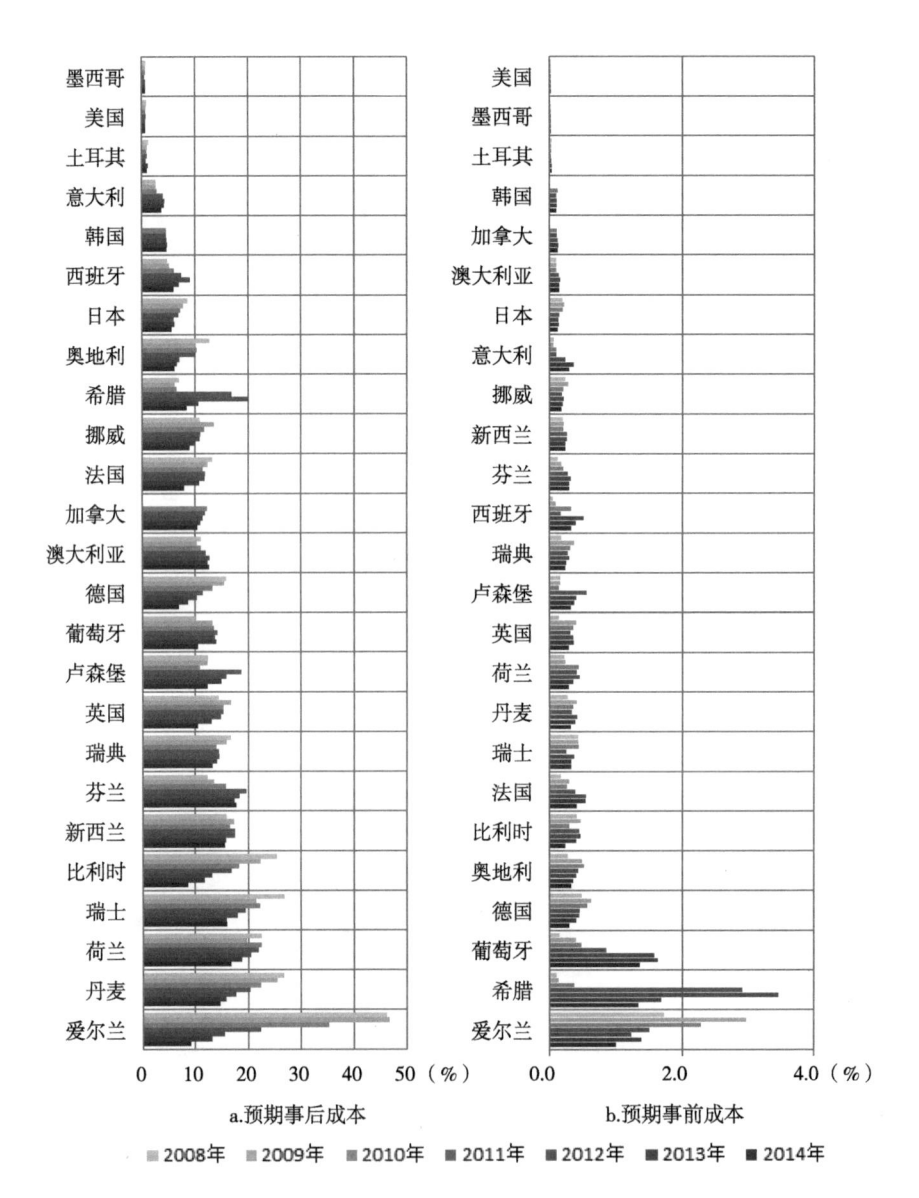

图 3-5 2008—2014 年预期事后成本和预期事前成本占 GDP 的比重

势从此后开始减弱，但仍高于 2008 年的水平。

在我们讨论银行危机中政府救助的财政成本时，面临的一个很重要的问题是对银行危机发生过程中的政府财政成本进行明确界定，换句话说就是银行危机中的哪些费用和开支需要被纳入财政成本的统计口径。在已有文献中，一些银行危机国家的财政成本都得了明确的量化，但具体的财政成本范围，尚没有文献给出准确界定。它们只是提到了哪些和银行危机相关的成本不应当被列入财政成本的范畴，比如，倒闭银行的储户和债权人的资金损失，为了弥补有困难的银行坏账损失而提高的存贷利差所导致的银行债务人和债权人的资金损失，银行为了增加借款企业的利润，使之能够归还贷款所赋予企业的垄断性权利优惠对市场的扭曲等。

三、不同"兜底"方式对财政成本的影响

和一般经济主体相比，政府作为一个理性的政治主体有其特殊性，影响政府立场和策略选择的因素有很多，政府不仅要考虑到预期财政成本，将政治成本与社会经济成本因素考虑在内。一旦出现银行危机，政府对财政成本、政治成本及社会经济成本等因素的综合权衡将直接决定是否对其进行救助，以及何时救助、如何救助等。

学术界早已对有关问题进行了研究，如海尔珀恩等（Heilpern, et al., 2009）；和克洛普（Klomp, 2010）研究了银行危机的成因；霍诺汉和克林格比尔（Honohan, Klingebiel, 2003）；以及昂吉南（Angkinand, 2009）研究了危机导致的社会成本；罗切特（Rochet, 2004）研究了对银行的救助时机与方式，但鲜有文献对银行危机的产出损失进行过国别分析。经验研究认为，银行在危机期间的平均产出损失约占其年度 GDP 的 6%—8%［博尔多等（Bordo, et al.），2001］。霍格思等（Hoggarth, et al., 2002）通过对一些遭遇银行危机的国家增长率序列数据进行趋势分解，指出银行危机造成了长期趋势下的成分偏离问题，他还发现在银行危机期间，其累积产出损失大约占年度 GDP 的 15%—20%。我们先不讨论测度方法的适当性和合理性，但此测度结果至少在一定程度上揭示了银行危机引起的产出损失和社会成本是巨大的。如果监管机构或政府有关部门可以采取适当的干预措施和救助手段，避免银行危机的发生和传播，则可

以降低银行危机对金融与经济的不利影响。所以，政府对于银行救助的最好时机是在银行发生危机之初，而最优的救助规模应当不比其可能造成的产出损失和社会成本更低。

政府对银行业危机的处置主要有以下几种方式：（1）通货膨胀税。不良资产的规模过大是几乎每一个发生过银行业危机的国家的通病。对于政府来说，解决这个问题的最简单又比较隐蔽的方式就是增发货币，通过中央银行的货币发行向全体居民征收铸币税，即通过扩大分母的方式来缩减不良资产。比如在独联体国家、前南斯拉夫和波兰等国家经济转轨的过程中，都发生过严重的通货膨胀，计划经济时代沉淀在国有银行中的不良资产价值大幅度降低，从而使得政府处置问题银行的财政成本降低。但一般来说，国家在采取这种方式时会非常谨慎，例如苏联和中东欧的一些转型国家，考虑到征收通货膨胀税的最终承担者是全体纳税人，对居民财富的侵占可能会削弱政府的合法性、权威性和公信力。（2）破产清算。对资不抵债的破产银行进行清算也是一些国家的政府经常采用的手段。参与银行体系的破产清算过程，并使用财政资源对银行倒闭造成的储户损失进行一定程度的补偿，这是许多国家常用的财政救助手段。破产清算需要付出一定的财政成本，但是与银行体系重构方式相比，这种方式下的财政成本还是要小很多。缺点是破产清算方式有很大的局限性，佐利（Zoli，2001）在研究转型国家银行部门重构的效率和成本问题时就明确指出这点。他发现，各个国家银行部门的特点不同，而银行部门的结构则决定了采用破产清算是否会对整个国家的银行体系造成冲击。例如，在波罗的海三国和一些独联体国家中，银行体系尚不完善，一些新生的小银行构成银行部门的主体，资本不足问题在这些小银行中普遍存在，针对私人部门的贷款占 GDP 的比重和 M2 占 GDP 的比重都比较低，金融深化程度较低。因此对个别小银行的破产清算不会对整个银行体系造成太大冲击。而在中东欧的一些国家情况则不完全相同，虽然银行体系也是由一些新兴小银行构成，数量不多但质量却较高，针对私人部门的信贷占 GDP 比重和 M2

占 GDP 比重都较高，金融深化程度较高。如果在这些国家中对有问题的银行进行破产清算，则意味着除掉了银行体系中的大多数，将对国家的政治、经济成本造成很大冲击。（3）私有化和兼并。波兰和匈牙利两个国家的政府在处置银行危机的过程中就大量运用了这两种方式，通过鼓励外国的战略投资者、国内的健康银行或是民间资本收购兼并已经资不抵债的国有银行，可以减轻政府处置银行体系危机的财政压力，故而这两种处置方式在控制财政成本方面具有相当明显的优势。（4）重构。与前几种方式相比，由政府主导的银行体系重构是最为普遍，也是耗费财政资金较大的一种方式。最简单直接的方式是政府通过对资本严重不足的银行注资、承担有问题银行的部分债务的方式直接注入财政资金，还可以通过设立专门的机构处置银行体系的不良资产、向银行体系提供一揽子的政府担保、构建存款保险体系等手段，来帮助银行体系渡过难关。

从世界各国的实践经验来看，政府救助困难银行的成本与其所采用的救助方式密切相关。联邦储蓄保险公司（FDIC）是美国危机银行的监督、管理、救助和处置责任机构。如果银行出现资不抵债，则由 FDIC 接管或进行清算，按照其资产清算后的市场价值来清偿债务，FDIC 也会代其清偿清算资产不足以偿付的部分债务。但是，这种零监管宽容的政府介入和救助方法却大大增加了援助成本。政府为了减小对困难银行的直接援助成本，开始实行"购买与承担"的援助机制，也就是说通过鼓励健康银行使用托管或合并危机银行的手段进行间接的救助。但问题是，这种近乎的"亏本"交易对于健康的银行没有任何吸引力，除非监管部门对其进行"等价"利益补偿或者赋予交易便利的权利，这样才能激发其救助动机。在日本的银行系统中，政府采用"护航制度"来保持其既定的政策目标，即政府引导鼓励健康的银行对破产银行进行并购，财政部通过允许并购方银行进入利润丰厚的行业领域，或者它们会利用监管的租金来吸引健康的银行实施收购行为。日本政府绝不轻易允许任何一家大型银行破产倒闭。

美国和日本的有关经验显示，两国政府对问题银行较有可能采取下面两种监督管理与救助方针：一种是直接救助的方式，由政府直接接管或清算资不抵债的困难银行，同时还代为偿付清算资产不足以支付的部分债务；另一种是间接救助的方式，政府主导鼓励健康银行有条件地托管或合并问题银行。前者是一种零监管宽容下的显性救助模式，而后者是一种监管宽容下的间接救助模式。在这种监管宽容政策下的政府救助方式中，政府依旧需要考虑到银行资产价值（P1）、债务价值（P2）和政府可容忍的债务水平上限（P3）之间的关系，当 P3<P1<P2，即政府可以容忍的债务上限低于其债务的价值时，那么监管部门就会通过隐性补贴支持健康银行，从而实现对问题银行的间接救助。唯有当 P1<P3 时，政府才会直接对其实行破产清算程序，实行显性直接救助。

许友传等（2012）根据我国银行业独有的隐性保障与监管救助特点，使用了标准的期权定价方法以及规范的分析范式，分别推导了零监管宽容与监管宽容两种政策下，政府对于银行的隐性救助概率与救助成本的相关测度公式，同时在我国上市银行可观测的股权价值序列等相关信息的分析中，估计了我国政府对困难银行的隐性救助概率和救助成本。其研究显示，与美国和日本政府相比，在显性与隐性、直接与间接的监管与救助模式中，我国政府更加倾向于用隐性的方式对困难银行进行救助，这些主要表现在于：（1）我国法律没有关于任何的法定救助承诺和法定义务的设定，因此没有法定和制度意义上的监管救助主体。虽然法律和制度没有明确规定，但现实中我国政府对问题银行的救助更加倾向于使用"完全隐性保险"的方式（谢平和易诚，2004；许友传、何佳，2008）。（2）相较于美国和日本，我国的隐性、间接救助模式倾向于在更大程度的监管宽容下进行。即使银行已经资不抵债，但是有我国信用支持和隐性保险的保护机制，政府一般情况下不会立即对问题银行进行法定破产清算，特别是不会对国有银行而且是大型国有银行进行清算。如果问题银行出现资不抵债的现象、伴随严重的挤兑风波，那么政府采用指定一家健康的银行来托管或并购的方式就很有可能了。在此过程中，政府让健康银行"承担"

了本应由政府承受的隐性救助成本,而政府可能并未给予健康银行直接的利益补偿或额外的隐性补贴,完全由其行政指令性操作完成。这是因为,我国银行的股权性质和国家控股的本质,即使从表面上看政府的直接和间接救助成本都会被降低,但自始至终也没有改变这种最终"买受人"角色。当然,这种结论只适用于那些已上市的大中型商业银行,它们基本上符合在隐性保险体制下"太大而不能倒闭"的隐含预期与先决条件。对众多城市商业银行来说,数量多而质量并不高,规模较小,业务单一,其发生的风险事件通常不会对银行系统乃至整个社会产生重大影响,所以监管部门对其进行隐性救助的意愿也相对较低。且这些银行一般尚未上市,市场救助预期也相对较低,此外,由于缺乏可观测的股权价值序列等市场信息,也不能对其资产价值序列和分布规律进行推断,因而很难测度其违约的概率及救助的规模。

四、对金融"兜底"引发的其他成本

许多发达国家已经向其金融部门提供或宣布计划提供大量支持。支持措施在程度和性质上有明显的不同,主要包括以下几种方式。

(一) 对金融部门的总体支持

一是注资。许多国家已经对其银行进行了资本重组,特别是那些具有系统重要性的银行。对于G20发达国家来说,迄今为止的平均支出预计为GDP的3.2%。各国之间的差异很大(从美国的4.6%到澳大利亚和西班牙的0)。在较小的发达经济体中,奥地利、比利时、爱尔兰和荷兰已经公布了大型注资计划,占GDP的3.5%—5.5%。二是资产购买和直接借贷国库。政府和一些中央银行已经提供了大量的直接贷款,并从金融机构购买了非流动性资产。涉及的金额范围很广,英国、日本和挪威占GDP的10%以上。G20发达国家集团的平均数是GDP的4.4%。三是中央银行支持。中央银行的支持主要是通过对金融机构的信贷额度、购买资产支持证券和商业票据以及资产互换来提供的。只有三个国家(俄罗斯、

英国和美国）的这些业务是在国库支持下进行的。也有不需要国库预付资金的流动性规定，但最终可能会带来财政成本。四是金融部门负债担保。许多国家也为银行存款、银行间贷款以及债券发行提供了担保。几乎所有国家都提高了存款保险限额。爱尔兰、荷兰、瑞典、英国和美国提供的担保相对于 GDP 来说特别大。

虽然支持行动的规模很大，但对融资需求的直接影响却比较有限。G-20 的直接影响平均为 GDP 的 5%。如果考虑到：（1）中央银行的流动性规定，这些规定仅在少数国家具有相当的规模；（2）特别是担保，它不需要预付资金。那么这些数字要大得多。且迄今为止，金融部门的支持在新兴经济体中是有限的，这些经济体直到最近才显现出去杠杆化和风险规避的增加对其金融部门的明显影响。普遍采取的主要措施包括：银行资本重组，如匈牙利、波兰和乌克兰；流动性支持，如匈牙利、印度、墨西哥、俄罗斯、土耳其和乌克兰已经将流动性设施扩展到（或承诺扩展到）银行、国有企业；担保，如埃及和沙特阿拉伯已经提供了全面的担保，支持其他一些国家如（匈牙利、印度尼西亚、墨西哥、波兰和俄罗斯已经承诺提供更多有限收回担保（例如对出口商的贸易信贷和银行间贷款）。

（二）中期净成本

金融支持行动的中期净成本取决于政府或中央银行收购的资产能在多大程度上保持其价值，并能在没有损失且没有担保的潜在损失的情况下收回投资。尽管每一个渠道都有很大的不确定性，而且目前的危机在其复杂性和普遍性方面是独一无二的，但过去的经验可以为提高资产回收率提供一些指导。此外，基于金融市场数据的违约概率估计可以用来测度担保的潜在损失。从出售通过金融支持措施获得的资产中回收的金额在不同国家可能会有很大差异，这取决于干预措施的类型、管理和出售资产的方法以及各种宏观经济因素。计量经济学分析表明，回收率与人均收入呈正相关关系：发达国家的回收率较高（平均为 51%，而在过去的银行危机中，新兴市场国家的回收率为 13%）。危机开始时的财政平衡越强，回收率也较高,这可能是财政和公共财政管理框架中更健康的指标。根据这些估计,政策干预对政府债务总额的中期影响可能大大低于前期影响,但仍是相当大的。G20发达经济体的平均净成本预计为国内生产总值的2%,而前期成本占GDP的5%。一般来说,新兴市场国家的回收率较低,所以总支出和净支出之间的差异会更小。

资产回收的时机将取决于经济和金融复苏的速度。过去的经验表明,大部分的资产回收只有在经济和金融的反弹使需求得到巩固以及资产价格得到稳定之后才会发生。例如,瑞典在1991年危机后仅用了5年时间就实现了94%的回收率,而日本在1997年危机后的5年时间里只回收了1%的资产(到2008年,日本的回收率达到54%)。中央银行流动性支持所涉及的潜在成本可能比政府干预所涉及的成本更容易控制。鉴于中央银行支持行动的规模空前,没有什么证据可以评估可能的回收率。然而,在大多数国家中,中央银行侧重于提供流动性支持(期限相对较短,抵押品质量较高),而各国政府普遍提供了损失风险最高的偿付能力支持业务。因此,中央银行资产的回收率可能高于政府(这里的计算假设为90%)。因此,对于发达国家,中央银行业务的净成本可能平均占GDP的1%。迄今为止,所提供的(明确的)担保的预期成本并非微不足道,但不确定性很大。使用标准的金融衍生品定价模型可以得到一些指示性的估计。

(三) 对养老基金的影响

危机引致的一个关键性财政风险是它对公共和私人养老金系统中的资金部分的影响。近年来,养老金的资金水平在GDP中的比重迅速增加,这反映了现有退休储蓄的收益和净存款的规模扩大。最近受股市下跌影响最大的国家是那些私人养老金在强制性养老金制度中发挥重要作用的国家。在一开始就评估资助的养老金计划所遭受的总体损失是很有用的。公共和私人养老基金的损失集中在少数国家。这些国家拥有较成熟的养老金计划,其养老金投资组合中的股票和共同基金份额较高,养老金储蓄相对于GDP的份额较高:46个有数据的国家中有16个国家的养老金投资组合中的股票和共同基金份额超过 GDP 的 10%，其中包括澳大利亚、美国、加拿大、冰岛、荷兰、瑞士、丹麦和英国。在新兴经济体中，南非、智利、巴西的养老金损失风险更大。2008 年美国和英国的估计损失分别占 GDP 的 22 % 和 31 %。另一种风险是养老基金暴露于潜在的"有毒"资产，如抵押贷款支持证券和信用违约互换。OECD 估计，这些资产在其成员国养老基金投资组合中的平均持有量为 3 %。结构化产品是"有毒资产"所在的资产类别，结构化产品在全球范围内约占养老基金资产的 8 %，风险集中在美国、瑞典和日本。危机对养老基金的影响难以准确量化，但重要性不言而喻。它们源于：(1) 政府养老基金投资于受危机影响的资产所产生的直接效应；(2) 政府对资助计划提供的明确担保；(3) 弥补私人养老金计划覆盖的养老金领取者所遭受损失的压力。这些风险是否会成为现实，取决于资产价格恢复的时机和程度。可以说，最大的财政风险是政府可能被迫介入，以支持受到危机严重打击的私人养老金计划的参与者。

(四) 自动稳定器

全球金融危机正在对大多数国家的公共财政安全产生重大影响。由于自动稳定器的机制以及资产和商品价格的下降，财政收入正在下降。许多国家正在采取刺激性财政措施，直接将财政支持提供给金融部门，虽然这有助于缓解危机对全球经济的影响，但这也意味着财政状况的恶化。尤其是在发达国家，第二次世界大战结束以来，发达国家的政府债务和或有债务的规模、普遍性都是前所未有的。此外，这些情况发生在长期受到严重财政挑战的背景下，尤其是那些面临快速人口老龄化的国家。2008—2009 年，G20 发达国家的财政余额预计将平均减少 8 个百分点，政府债务预计提高 20 个百分点，大部分的财政恶化发生在 2009 年。G20 新兴市场经济体的财政余额下降 5 个百分点。对于发达经济体来说，债务的增加主要反映在对金融部门的支持、财政刺激措施的实施以及危机造成的收入损失。对新兴经济体来说，财政减弱的很大一部分反映了商品和资产价格的下

第三章　财政金融风险危机化及其所导致的财政成本

降。下行的资产价格也对养老金系统的资金部分产生了不利影响，在未来可能会对公共账户产生重大风险。

虽然财政余额有望在中期内得到提高，但仍将比危机前更低。公共债务与 GDP 的比率在中期内将继续增加：在 2014 年，G20 发达国家财政余额的平均数预计将超过 2007 年年底平均数的 36 个百分点。按照目前实行的政策，债务比率将在较长时间内继续增长，这反映了人口增加的力量。此外，对于发达经济体和新兴经济体来说，危机增加了短期和中期的财政风险，主要的现行风险来自对金融部门可能需要的进一步支持、产出下滑的强度和持续性，以及在金融支持行动中获得的资产的管理和销售的回报。这种黯淡的财政前景可能引发财政偿付能力的问题，并可能最终引发市场的不良反应。这种情况必须避免：市场对政府偿付能力的信心是风险稳定的关键来源，也是经济复苏的前提条件。因此，政府迫切需要明确其退出战略，以确保偿付能力不存在风险。

现在让我们来看一些关于欧元区国家整体财政赤字的关键事实。图 3-6 关注的是 1980 年、1991 年和 2008 年出现的三次经济衰退。在图 3-6a 中，它展示了公共债务与 GDP 的比率以及同样高的赤字占 GDP 的比率。每一次，债务和赤字变量在衰退开始时被设定为 100。横轴表示该日期之后的季度。在每次经济衰退之后，赤字占 GDP 的比率由于 GDP （分母）的下降、税收收入的下降和财政稳定器对公共支出的影响而增加。然而，2008 年的经济衰退却是另一番景象：由于 GDP 的急剧下降，赤字占 GDP 的比率急剧上升，并一直持续到 2009 年初发生的大规模的财政整顿。后半期也是前所未有的，意味着赤字大约将在四年内减半，但未能稳定公共债务，公共债务在继续增长，尽管增长速度在下降。

在金融市场低迷的背景下，财政整顿是否过度，从而导致由于乘数过大而引起的经济复苏缓慢，或者措施是否不够积极，在学术界已经产生了激烈的讨论。人们很少注意到与金融困境和公共支出互相作用相关的异常债务—赤字动态。要理解这一点，观察公共债务和公共赤字的变化率

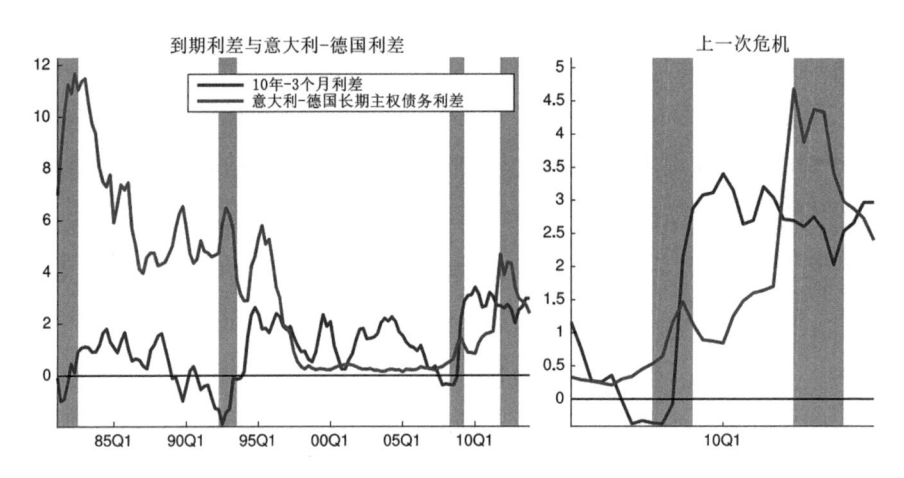

图 3-6 三次经济衰退中的财政赤字

注：意大利—德国长期主权债务利率利差和期限利差定义为 10 年至 3 个月的差额。

（季度差异）之间的历史关系是很有趣的。债务和赤字之间的关系可以表示为 $D_t - D_{t-1} = pd_t + adj_t$，其中 D 是公共部门总债务的存量，pd 是公共赤字，adj 为所谓的库存流调整，可以用估值效应来解释，即没有在赤字中表现出来的金融交易、错误和遗漏。一般来说，残差很小，但偶尔也会很大。有文献表明，会计造假现象在接近选举时间或者当经济进入衰退时会增多。在欧洲，也有证据表明，在 90 年代当欧盟规则开始生效时，一直存在正残差。然而，2010 年和 2012 年的数据令人震惊，显示出非常特殊的情况。图 3-7 描述了公共债务和公共赤字的差异。通常这两个序列非常相似，表明残差很小。在 90 年代的残差为正，证实了早期文献的结果，但在 2009 年和 2011 年，在债务序列中有两个前所未有的高峰。

表 3-3 中欧盟统计局 2008—2011 年的数据显示，这些数值几乎完全可以由金融交易来解释，这些金融交易不是源于赤字但计入了公共债务。这些正值与金融危机期间为支持金融部门而采取的特别措施有关，主要是政府收购金融资产。欧元区的几个国家的库存流量调整超过了 GDP 的 2%。2008 年德国相对较高的正值反映出在金融危机中通过政府部门中两

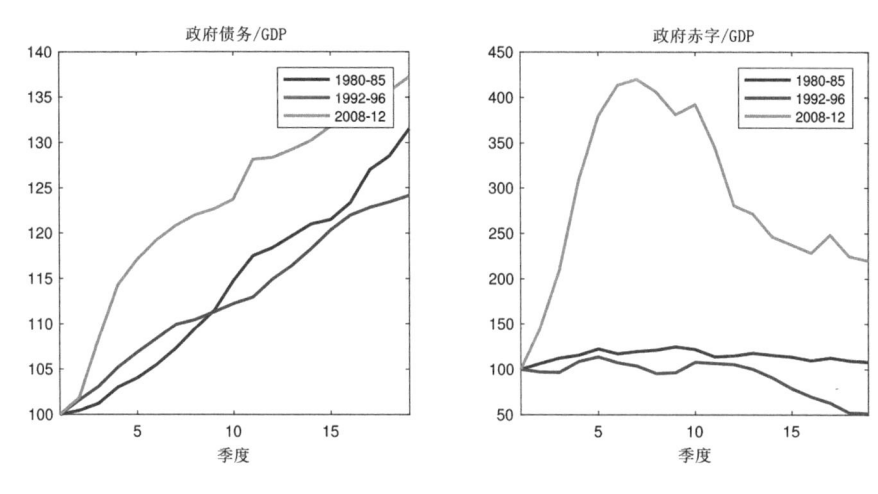

图 3-7 公共赤字与公共债务的差异

注：在每次衰退开始的季度，指数以 100 为基础。

个具有特别目的工具进行了金融资产购买，而 2010 年则反映了这两家资产的公开撤资。爱尔兰 2009 年的数字反映了优惠股形式的资本注入。类似的措施在其他国家中也得以实施。合计数字很大程度受德国的影响，德国是欧盟最大的国家，也是由于巨额财政支出以及最激烈的财政整顿成为债务增加最多的国家。显然，这些措施导致的债务增加意味着未来税收的成本。由于《稳定与增长公约》的规定是针对公共债务和公共赤字的，自 2009 年以来的大规模财政整顿很可能会是由于这些特殊措施导致的债务增加造成的。

表 3-3 资金流调整表

国家和地区	2008 年	2009 年	2010 年	2011 年	均值	加总	占欧洲地区 2011 年 GDP 的百分比
欧洲地区	3.2	0.8	1.5	0.6	1.6	6.2	6.2
比利时	6.7	-0.5	0.2	2.1	2.1	8.5	0.3
德国	2.7	1.8	7.5	0.3	3.1	12.3	3.2

243

续表

国家和地区	2008年	2009年	2010年	2011年	均值	加总	占欧洲地区2011年GDP的百分比
爱尔兰	10.7	1.6	-5.6	2.4	2.3	9.1	0.2
西班牙	0.5	1.0	-2.1	-0.8	-0.3	-1.4	-0.2
芬兰	4.3	4.5	4.2	2.5	3.9	15.5	0.3
法国	2.2	1.7	-1.8	0.9	0.8	3.0	0.6
意大利	1.5	1	0.8	-0.4	0.7	2.9	0.5
荷兰	15.4	-5.5	-1.1	-0.8	2.0	8.0	0.5
葡萄牙	0.7	-0.1	2.5	9.2	3.1	12.3	0.2

第 四 章

国外应对财政风险与金融风险"反馈循环"的典型做法

全球金融危机后,那些遭受过严重金融危机洗礼的国家,在经过思考与探索后,往往采取了更具规范性的制度建设,以抵御新一轮冲击的来临。这种完善的金融市场制度,或者是财政政策对我们来说具有很大的参考意义。具体来看,主要有三个方面:一是减少政府因担保产生的或有债务数量,其可以灵活调整的措施包括但不限于提高金融财政风险相关的透明度以减少道德风险带来的债务、加强金融机构监管力度及完善银行破产处置机制等;二是提高银行自我救助和抵御风险的能力,包括限制银行的杠杆作用,增强银行的风险承受能力——特别是股权与资产的最低比率(根据风险估计加权的总资产或资产),而不会随着经济周期的变化出现不良限额,或者要求银行拥有一些"或有"债务资本;三是完善现代财税金融体制,做好金融与财政的合理联动,提高风险预警能力。本章从欧盟、瑞典、美国、哥伦比亚和智利应对财政风险和金融风险之间的"反馈循环"经验入手,具体探索这些国家和经济体在危机后对风险处理的成功经验,以期为我国解决财政风险和金融风险之间的"反馈循环"提供有益的参考。

第一节 来自欧盟的典型做法

2008年全球金融危机席卷欧洲,使其与主权债务危机相互传染、相互强化。从金融危机到主权债务危机的演进过程，可以大致划分为四个时期：(1) 银行业危机形成期（2008 年 9 月—2009 年 3 月）。2008年 9 月，雷曼兄弟——美国最大的投资银行破产，金融风暴席卷了整个欧洲，使得银行业融资成本攀升，资本金不足。而后随着金融危机的进一步发展和加剧，欧洲的银行体系曾一度陷入资金链断裂的窘境，一些银行甚至有破产危险。(2) 债务问题突出期（2009 年 4 月—2009 年 9 月）。雷曼兄弟破产后，由于害怕银行系统的崩溃，欧洲国家纷纷出台了救援计划，爱尔兰是第一个为本国银行提供存款担保的国家。虽然这些政策对银行流动性问题起到了一定的缓解作用，但也使得长期存在的债务问题逐渐暴露出来。(3) 希腊债务危机的爆发期（2009 年 10 月—2010 年 3 月）。希腊新政府于 2009 年 10 月 21 日向欧盟提交的一份报告中宣称，2009 年希腊财政赤字占 GDP 的比重为 12.7%，公共债务占 GDP 比重为 113%，远超欧盟在《稳定与增长公约》所设定的 3% 和 60% 的标准。这一消息立即在国际金融市场引发恐慌，随后惠誉、标普和穆迪全球三大评级机构先后对希腊政府的主权信用等级进行下调，希腊的主权债务危机由此爆发。(4) 欧洲主权债务问题全面恶化期（2010 年 4 月—2012 年 9 月）。希腊的债务危机的传染效应在 2010 年 5 月显现，并迅速扩散至欧洲其他地区，葡萄牙、西班牙、意大利、爱尔兰都遭遇了主权信用危机，德国和法国等主要的欧元区成员也都受到了冲击。主权债务危机已由希腊蔓延至整个欧洲国家，并带来严重影响（杨继梅，2016）。

截至 2021 年 3 月，部分欧元区国家的银行部门持有超过 15% 的政府总未偿债务［卡波尼等（Capponi, et al.），2020］。尤其是意大利，在新冠疫情下，一方面，由于其严格的关停措施，银行的不良贷款增加；另一方面，其空前的财政开支也给主权债务带来了巨大的压力，致使该国的银行对主权债务的暴露率在 2021 年 3 月达到 10% 以上。与此同时，西班牙、希腊等国的银行对主权债务的暴露率也超过了 8%，大多数欧元区国家已经开始着手准备银行救助行动。欧债危机的根源在于欧洲分散的金融监管，而主权债务风险和银行风险相互传染、恶性循环，特别是"惜贷"问题的出现，使得贷款成本上升，金融对实体经济的支撑力度不够，从而对企业和居民的信心造成了很大的消极影响。实体经济的下滑也使得政府的债务危机更加严重，欧洲急需切断这个恶性循环的锁链，建立一个系统的危机解决办法。欧盟委员会是制定欧洲新政策和规则的主要决策者。2012 年，欧盟峰会克服了立场差异和各种利益冲突，就银行业单一监管机制（SSM）达成了共识，这是建立欧洲银行联盟的关键一步，对于欧债危机的化解和欧洲一体化的推进都起到了积极作用。为防范财政风险与金融风险的反馈循环，欧盟各成员国应逐步统一银行破产的法律制度，并在欧盟层面上建立应对银行业危机的管理框架，扼制财政风险与金融风险的反馈循环。

一、欧洲中央银行的举措

（一）欧洲中央银行公共部门购买计划（PSPP）

欧洲中央银行的公共部门购买计划（Public Sector Purchase Programme，PSPP）是欧洲中央银行为应对欧元区经济困境而推出的一项货币政策措施。该计划于 2015 年 3 月启动，是欧洲央行的一项量化宽松政策，旨在增加市场上的流动性，促进经济复苏和通胀。PSPP 的主要目标是通过购买欧元区成员国公共部门和机构发行的债券，来提供额外的流动性和支持市场。欧洲央行根据成员国的经济状况和债券市场需求，以固定的比例和额度购买这些债券。通过购买公共部门债券，PSPP 旨在降低债券收益率和债券市场利率，以刺激投资和信贷活动，并通过提高消费和投资需求来促进经济增长。此外，PSPP 还有助于维持欧元区的货币政策传导机制，确保货币政策的有效性。公共部门购买计划减弱了主权债务与银行的风险传导，抑制了主权债务和银行信用风险之间的反馈循环。公共部门购买计划减少了困境银行持有政府债券的数量，增加了银行资产负债表中主权债务价值和银行持有的无风险央行准备金，产生了主权债务风险向银行风险转移弱化的效果。贝奇特尔等（Bechtel, et al., 2021）使用 2014 年 1 月到 2016 年 12 月欧元区国家的银行与主权信用违约互换利差的数据，研究发现 PSPP 显著地减弱了银行与政府之间的"反馈循环"的作用效果。在实施 PSPP 之前，如果主权信用违约互换利差提高 10%，则会使银行的信用违约互换利差提高 1.2%，而在实施 PSPP 之后，主权信用违约互换利差提高 10%，则会使银行信用违约互换利差提高 0.2%。

（二）欧洲中央银行推行的货币政策

欧元区各国采取了多种货币政策及银行监管措施，缓解了银行风险与主权债务风险之间的"反馈循环"。在货币政策方面，欧洲中央银行于 2010 年 5 月启动了一项证券市场计划（Securities Market Program），目标为临时购买主权债券；2012 年 8 月，欧洲中央银行以直接货币交易计划（Outright Monetary Transaction Program），即在二级市场上收购处于困境的欧元区国家的主权债券，取代早期实施的证券市场计划；2014 年，为了提高私人部门的信贷支持和降低信贷成本，欧洲中央银行实行长期再融资操作（targeted long-term refinancing operations），其中包括对储蓄工具的负利率，扩展资产购买计划等措施。

（三）欧洲中央银行的银行监管举措

在银行监管方面，欧洲中央银行于 2011 年 11 月第一次公布了主权对银行的压力测试结果。欧元区国家于 2012 年 6 月宣布成立欧洲银行联盟（European Bank Union），目的就是打破主权与银行业之间的"恶性循环"。成立之初，欧洲银行联盟以防止欧洲银行碎片化以及为陷入困境的银行提供公共援助为目的。为此，其制定了四项不同的规则支柱。一是《单一规则手册》（single rule book），其中包括《资本要求规则和指引 IV》（Capital Requirement Regulation and Directive IV）、《银行恢复和处置指引》（Bank Recovery and Resolution Directive），以及《存款保险计划指引》（Deposit Guarantee Scheme Directive）；二是单一监管机制（Single Supervisory Mechanism），目的是确保参与欧洲银行联盟的各成员国银行监管措施的协调性；三是单一处置机制（Sigle Resolution Mechanism），旨在欧洲银行联盟内实现对处置操作的协调；四是欧洲储蓄保险计划（European Deposit Insurance Scheme）。欧盟成员国有关银行破产的法律、法规和行政命令不尽相同，各国监管者对金融危机的干预力度也不尽相同。各成员国在面临银行危机时各自独立，这就导致银行危机的处置效率低下，而且，由于成员国监管者往往只顾本国的利益，忽略了欧盟层面的银行救助，由此产生的集体行动问题和负外部效应，有可能危及整个欧盟成员国的金融稳定。所以，仅靠单一国家层面解决危机，不仅无法缓解危机，反而会加剧这场危机，并在欧洲各国间扩散。为了推动欧盟内各个成员国的金融机构在合规和监管方面达到一致性，提高金融体系的稳定性和抵御风险，欧洲银行联盟制定《单一规则手册》，它包括了许多金融监管领域的规定，如资本充足率要求、流动性要求、风险管理、报告要求等。该手册的目的是提供一个统一的规则框架，确保银行在欧盟内部有一致的监管要求。为了更好地监督各国的银行，欧盟在共同体层面设立了监管机构，建立了单一监管机制。同时，为了减少银行破产对金融业、对实体经济的冲击，也为了尽可能地减少依靠政府的财政援助所带来的道德风险，欧盟在共同体层面建立了一种不同于一般破产法的特殊处置机制，即单一处置机制（SRM），包括单一处置委员会（SRB）和单一处置基金（SRF）。

1. 单一监管机制

单一监管机制（SSM）是欧盟银行业超国家层面的金融监管先河，而SSM制度的确立则是银行业联盟构建的初步尝试。该机制最早是在2012年6月被欧洲理事会主席提出来，之后很快就被欧洲理事会通过。SSM的建立目的在于重塑对银行业和主权国家的信心，稳定那些正处于全球金融危机和欧元区主权债务危机的国家银行系统，从而缓解欧洲金融市场的分化。SSM于2014年11月1日正式启动，由欧洲中央银行（European Central Bank，ECB）和欧洲银行管理局（European Banking Authority，

EBA）共同组成，它的主要目标是确保欧元区银行的安全和稳定。欧洲中央银行全面有效地管理 SSM，并直接监督欧元区各银行。但监管的方式具有多样性：一方面，欧洲中央银行"与各国监管机构紧密协作"进行监督；另一方面，欧洲中央银行（通过联合监管委员会）将对部分银行实行直接监管，其中包括资产超过 300 亿欧元以上的银行，或者资产至少占年度 GDP 20% 的银行。次要银行由受欧洲中央银行监督的国家主管部门（NCA）在接受欧洲中央银行的监督下进行监管（NCA 与欧盟成员国的国家一级监督不同）。

为更好地实施监管，欧盟制定了一份《监管手册》，用于指导监管团队的日常监管工作。《监管手册》是一份关于信贷机构监管流程和方法的内部文件，还包括 SSM 内外部机构之间的合作程序。SSM 制定了一个专门用来评估和衡量单个银行风险的监督审查和评估方法（Supervisory Review and Evaluation，SREP）。SREP 的评估很全面，它包含了银行内部治理和风险管理模型，以及资本、流动性和资本风险的评价。《资本要求指引》（CRD IV）要求主管单位公布有关 SREP 的通用标准和方法。SSM 已经在《银行监管指南》中详细介绍了 SREP 的通用方法，这极大地提高了相关风险的透明度，有助于规避道德风险。

2. 单一处置机制

2013 年 7 月，欧盟委员会提出，除了单一监管机制之外，建立单一处置机制（Single Resolution Mechanism，SRM）作为补充，其是欧洲银行业监管的另一个重要举措，旨在加强银行破产解决和处置的一致性和协调性。SRM 于 2016 年 1 月 1 日正式启动，是欧洲银行联盟的一部分。它的主要目标是确保欧元区银行的有序破产解决，并减少纳税人的负担。单一处置委员会（SRB）可制定破产计划，评估困境银行的可处置性，决定其是否应该执行破产程序，行使包括债务减记或把债务转换成资本等的处置权，决定是否执行破产方案，是否适用"单一基金"，行使有关上述职权的调查权和处罚权等。

第四章 国外应对财政风险与金融风险"反馈循环"的典型做法

银行恢复和处置指令（BRRD）要求各成员国建立国家处置基金（RF），协助其他工具的使用。处置基金一般是 GDP 的 1%—2%，按银行的风险程度向银行征收。但这样的国家处置基金存在一个问题，即银行和主权国家之间的联系很难被打破，投资者将会根据银行所在国决定是否进行交易及交易的条件，而不是根据银行商誉。基于此，欧盟决定各银行共同成立一个银行破产清算基金，以解决银行困境问题，保证银行在重组过程中得到融资。这个在国家层面之上的，整个欧洲层面的单一处置基金（SRF）应运而生，其目标规模的设定高于成员国所有信贷机构的存款总额的 1%。每一项基金都要预先得到资金，并在 10 年之内实现其目标规模。按照单一处置机制（SRM）以及单一处置基金条例的规定，自 2016 年起，欧盟成员国银行业的资金将集中于单一处置基金（SRF），使得这一基金将在 8 年之内实现其目标。需要注意的是，基金仅在股东和债权人为亏损吸收和重组资产所作出的贡献在债务总额中的占比达到 8%以上时，才会被允许使用。该基金最多只能向单个银行提供负债总额 5%的贷款。此外，如果现有财务手段无法补偿亏损，还可以在事后对这些金融机构征收特殊的款项。

为解决道德风险问题，成员国都会向银行征收税款，并按银行的风险等级来确定征税金额，评定为高风险的机构将会支付更多的税款，而风险较低的银行可以支付较少的税款。所以，有些银行的税款会比较低，而其它银行的税款则相对较高。单一处置委员会（SRB）可以在短期内保证经营困难的银行的运作，这对于"桥梁银行"或改组机构的初期运营来说是非常关键的。一旦单一处置基金规范并被合理使用后，其他成员国就会日益倾向于加入单一处置机制（SRM），因为与单独的国家方案相比，泛欧决议方案所产生的规模经济效应要大得多。需要注意的是，单一处置基金并不等同于公共救助，而是建立在银行部门所筹集的个人资金基础之上，这些资金都是在事前和事后征税而来的，它们更有利于政府救助的抽离，从而使金融风险的财政化显著降低。总的说来，欧洲银行业危机的应对机制包括以下方案：

在准备和预防阶段，包括欧盟和各国在内的危机处置机构都要制定预先处置方案，阐明如何处理银行问题，同时兼顾系统的正常运行和金融稳定，并尽可能减轻纳税人的税收负担。此外，还需要处理机构确定处置过程中的障碍，并采取相应的措施以加快处理，具体包括为降低复杂性而改变银行结构；风险敞口的限制；对活动进行限制或禁止；金融产品等问题。另外，还要增加可转换的资本工具。单一的监管机制使欧洲中央银行能够采取措施及早干预，其措施包括：要求必须拥有超出最低资本金标准的自有资金；启动特定预先政策；限制活动与操作；限制或禁止分配股利；改变管理权限。

在银行面临破产或者有破产可能性，并且无法依靠私人部门或监管措施来恢复活力的情况下，处置计划就会启动以维持金融稳定和系统功能，而单一处置委员会就会被授权制定处理解决方案。巴塞尔跨境银行处置小组和金融稳定委员会已经制定了特定的准则和手段来规范这些流程。单一处置委员会可以使用这些行政处理手段，其中包括：允许主管部门未经股东同意就卖掉一家公司或公司的一部分；建立一个被称为"桥梁银行"的过渡性机构，以便在合适的市场环境下向私人企业出售；资产分离，是指把减值的资产转移到一个资产管理工具中，然后把它出售到市场上。

3. 实施存款保险计划

为了保证存款者的利益和整个银行系统的稳定性，欧盟制定了一套统一的存款保险制度。存款保险计划（DGS）的首要目的是为被保护的存款者承担一定数量的储蓄损失，而在欧洲，这个数额最高为 10 万欧元。对储户而言，这样的安排能使其资产免遭银行破产所带来的损害。从经济和社会整体来看，这样的安排通常能防止存款人在对经济恐慌时从银行提款，即防止出现"挤兑"现象，从而避免造成金融动荡及其他严重的经济后果。存款保险计划虽然可能在一定程度上增加了政府的财政支出，但更重要的是它可以降低由金融风险引起的经济和社会损失，从这一角度来看反而降低了财政成本。

欧盟于2014年通过了2014/49/EU指令，该指令对欧洲各国的储蓄保险安排发挥了协调作用。在新的存款保险计划的职能统一规则中，该指令规定了存款保险计划的目标资金数额，即2024年7月3日之前募集到存款总额的0.8%。银行将每年向该基金提供事先缴款，缴款数额将反映该银行所拥有的存款数量和其所承担的风险情况。所筹集的资金大部分被用来向存款者支付（2014/49/EU指令第11条第1款），但在特定情况下，DGS基金也可以用于其他用途，如第11条第3款所述。另外，第11条第2款准许DGS基金（部分）用于破产银行的清算（2014/59/EU指令第109条）。是否使用DGS基金进行干涉和以及是否要承担DGS基金的责任是由清算公司自己决定的，但DGS要支付的款项存在限制，即不能超出DGS为同一金融机构进行的一般破产清算程序所需的费用，另外，DGS必须支付的款项还有一个上限：按照2014/59/EU指令第109条第5款，DGS所承担的结算款项不得超出其规定的50%。最后，在该套政策措施的框架下，为了应对金融机构所面临的重大风险，金融稳定理事会（FSB）和巴塞尔银行监管委员会制定了一套办法以确定"全球系统重要性银行"（G-SIBs），这些银行必须提高其损失承受力，并在2019年1月前符合所提要求。对于每一家重要性银行G-SIBs，分别单独计算并设定要求，还要定期进行重新评价。

二、银行恢复和处理指令

银行恢复和处理指令（Bank Recovery and Resolution Directive, BRRD）是欧盟颁布的一项法规，旨在确保银行破产或处于危机状态时能够进行有效的恢复和处理，其主要目标是保护金融体系的稳定性，减少对纳税人的负担，并确保银行能够在发生危机时进行有效的重组或破产解决。银行恢复和处理指令为解决国家一级的银行风险问题提供了一个可预见的机制，该机制可以有效地避免国家在出现银行危机时利用财政资金进行援助，从而避免金融风险对财政的影响。BRRD 对所有的欧盟成员国都是有效的。

BRRD 中清楚地指出，当商业银行出现危机时，首先由银行的股东和债权人承受损失。同时授权危机处置机构将破产银行的股权和财产转移到其他机构上，通过与银行或者资产管理机构的联系，以保证问题得到有序的解决。另外，危机处置部门也可以使用所谓的自我救助手段，将其转化成股东和非担保债权人的特定债权，这些债权人是已经破产或有可能破产的机构。这些法规给市场传递了一个清晰的信息，即由银行和其股东（而不是纳税人）来承担破产的损失，这将是应对银行危机的指导方针。除非出现大规模的系统风险，否则政府对处于困境的银行进行救助的可能性几乎为零。

按照 BRRD 的要求，欧洲联盟成员国应当设立一个专门的部门来应对银行的危机，即危机处置机构（resolution authority），该机构被授予解决危机的广泛权利，其权利包括通过委任或解雇银行临时管理人来替换不称职的银行经理或其他高管，要求商业银行提供必要的信息，接管银行，行使所有原本属于股东的权力，降低债务总额或本金，将特定债务转化为股票或其他资本工具，并要求欧盟各成员国在相同的原则、条件和程序下行使权力，以保证提前制止危机，并在银行破产时有秩序地进行救助或进行破产清算，尽量减少银行破产给金融系统和整体经济带来的冲击。

危机处置机构督促商业银行制定一项"复苏计划"，以便在商业银行遇到危机时及时采取相应的措施，让其尽快恢复活力，避免问题进一步恶化；同时"复苏计划"也提高了银行和监管人的危机意识，并促使他们做好必要的准备。另外，危机处置机构还应该为银行制定事后"处置计划"，一方面可以快速有效地解决银行的破产问题，另一方面也可以减少银行的道德风险，防止银行破产时出现"太大而不能倒闭"的情况，从而减少政府对银行的救助成本。

三、对债务国的外部救助

(一) 欧债危机中援助基金的主要来源

欧盟和国际货币基金组织通过提供贷款、担保、向金融机构注入资金，为欧债危机提供多种形式的援助。对债务国的援助资金来自双边贷款，主要是欧洲投资银行、欧洲复兴开发银行、欧洲金融稳定机制（EFSM）、欧洲金融稳定基金（EFSF）、欧洲稳定机制（ESM）、国际货币基金组织、世界银行，以及国际收支平衡表援助项目。非欧元区的欧盟成员国没有资格得到 EFSF/ESM 的资助，但是可以从欧盟得到国际收支援助，IMF 的贷款和双边贷款（其他的融资来自世界银行、欧洲投资银行和欧洲复兴发展银行，一般发展中国家才能获得此类贷款）。自 2012 年 10 月起，ESM 一直致力于为欧元区未来可能需要紧急救援的项目提供财政支持，该基金现在已完全替代了失效的"GLF+EFSM+EFSF"资金。对债务国的救助基金规模为 4846 亿欧元，从组成上看其中大约有 25% 来自 IMF，60% 左右是"EFSF+EFSM+ESM"资金，11% 来自欧盟的国际收支援助，三者合计 96%，是重债国外来援助的主要资金来源。

(二) 欧债危机中投资的主要来源

欧元区成员国承担的 EFSF/ESM 中的份额，主要是基于成员国在欧洲中央银行（ECB）的实缴资本的比例，但对于成员国中人均 GDP 未超过欧盟平均水平 75% 的国家，其出资份额在加入欧元区后 12 年内将会逐步削减。这些国家按照下列公式提供援助：EFSF/ESM 份额 = ECB 原则份额 - 0.75×（ECB 原则份额 - 国民总收入（GNI）份额）。这些基金中，EFSF 没有实缴资本，因此，它们的资金是由欧元区各国在 ECB 实缴资本比例的基础上进行的。担保资金的名义金额为 7800 亿欧元，德国出资 2110.5 亿欧元，为最大担保者，法国担保资金规模为 1584.9 亿欧元，意大利担保资金规模为 1392.7 亿欧元，荷兰出资 444.5 亿欧元，德国、法国、意大利、西班牙占比分别为 27.1%、20.3%、17.9% 和 17.9%，四国最大担保承诺为 77%。希腊、葡萄牙、爱尔兰、塞浦路斯四个国家从 EFSF 的贷款金额超过本国最大担保额度，因此在扣除了这四个国家提供的担保金额之后，EFSF 的实际资金规模下降到了 7245 亿欧元，而德国、法国、意大利、西班牙的出资比例分别增加到 29.1%、21.9%、19.2%和 12.8%。在拉脱维亚于 2014 年加入欧元区之后，ESM 基金的总规模由 7000 亿欧元扩大到 7019.35 亿欧元。各国的资本分担比例与 EFSF 成员国大致相当，但 ESM 实缴资本只有 802 亿欧元，还有 6217 亿欧元是通知即可召回资金。ESM 的实缴资本是各国按照承担份额的比重进行缴纳，德国出资 217.2 亿欧元，法国承担的资金份额为 163.1 亿欧元，意大利出资 143.3 亿欧元，西班牙缴纳 95.2 亿欧元。

（三）欧洲中央银行的救援成本

欧债危机之后，欧洲中央银行的一系列非常规的货币政策使得欧洲中央银行的资产负债表急剧膨胀。在欧洲中央银行 2008 年至 2012 年下半年实施退出政策的时候，欧洲中央银行的资产负债表已经扩大了将近一倍，达到了 2.6 万亿欧元。欧洲中央银行的整个救援计划显示，流动性增加、抵押条件放宽、巨额资产购买等都导致了欧洲中央银行资产负债表的绝对规模急剧增加，虽然银行资产种类与规模均增加，但资产质量却在降低，从而使风险水平不断攀升。由此所造成的风险主要有：第一，由于利率升高对欧洲中央银行造成的直接或间接的损失；第二，欧洲中央银行增加了低利率的长期有价证券，因而使营业收入降低；第三，信用风险会导致资产的减值。欧洲中央银行扩张的货币政策使得 2012 年的欧元体系风险有所增加。欧洲中央银行通过建立一个风险管理体系，使得欧元区各国中央银行能够有效地支持实体经济的发展，从而实现了政策效率与风险的关系优化。通过欧洲中央银行的风险管理体系，可以对风险进行实时监控与评估，同时该体系的有效性也可以进行动态评价。

欧洲中央银行提高了银行获得欧元体系流动性供给的能力，这是因为其扩大了合格抵押品的范围。但是，如果抵押信用评级降低，就会增加抵押贷款的金融风险，从而增加欧洲中央银行的资产风险。欧洲中央银行在拓展符合条件的抵押品范围的同时，也推出了一套防范和规避风险的政策。该政策具体包括：一是欧洲中央银行仅从财务情况较好的交易对方那里接收抵押品；二是要求交易方提供合适的抵押品，并按照可观察到的市场价格重新评估担保物的价值；三是对抵押资产进行分级折扣，并在按照折扣选择低等级资产作为抵押物，以免因对方违约而造成资产价值大幅下降，进而造成欧洲中央银行的损失。该架构的建立保证了在对方银行违约时，欧洲中央银行仍能获得最大化的抵押品回收价值，从而使自身风险最小化。

四、重债国家自救措施

在国际金融危机和欧债危机过后，为了促进经济恢复，欧盟国家主张降低财政赤字、削减政府债务和提高财政可持续性。对此，欧元区国家普遍采取了紧缩性的财政政策，有别于美国在金融危机之后采取的量化宽松政策。首先，欧债危机中经济实力相对较弱的"欧洲五国"率先实施财政紧缩政策，旨在降低赤字率和增收减支，采取的措施一般包括增加税收、削减公共部门开支、减少社会福利支出、加快银行业等金融机构改革等。具体地，希腊在2010年3月最先推出48亿欧元的财政紧缩方案，同年5月又出台一份300亿欧元的财政紧缩计划，并提出将该国赤字率控制在3%以内，后又在2011年6月推出新一轮长达五年的财政紧缩方案。为了财政紧缩政策的顺利执行，希腊采取了减少公共部门人员数量及其工资待遇措施，还削减了失业救济金、养老金和医疗保险等社会福利支出，同时改革了税收制度以提高个人所得税和公司税率并加强税收征管，等等。爱尔兰为满足救助条件在2010年11月出台持续四年的增收减支措施，以减少150亿欧元的赤字，在2014年将赤字率减至3%以内，同年12月出台削减60亿欧元的财政紧缩计划，后又在2011年宣布削减公共部门的工资水平等减少公共支出22亿欧元和提高个人所得税与增值税税率等增加税收 16 亿欧元。除此之外，爱尔兰政府提高退休年龄和减少养老金的索取比例，以减轻财政压力；清理银行不良资产、加强银行监管和监督，保障财政紧缩政策的实施。意大利在 2010 年 5 月启动 250 亿欧元的赤字削减方案，以达到将一般政府财政赤字占 GDP 的比重由 2009 年的 5.3%，2010 年降至 5%，2011 年降至 3.9%，到 2012 年最终降至 2.7% 的目标，又在 2011 年 8 月公布一项 455 亿欧元的财政紧缩计划，并通过增加税收和减少政府公共开支来保证计划顺利实施。葡萄牙政府在 2010 年提出在三年内期望通过出售国有企业股权以获得 60 亿欧元的增收计划，后又在 2011 年提出削减 50 亿欧元的财政预算，将赤字率降至 4.6%，同时削减公共部门规模，以节省开支 1 亿欧元。西班牙政府在 2010 年 5 月通过了 150 亿欧元的财政紧缩法案，期望将赤字率在 2011 年降至 6%；在欧洲央行的敦促下，西班牙于 2011 年 8 月发布进一步的财政紧缩方案，计划节约 50 亿欧元的政府成本，以确保赤字率在 2011 年降至 6%；同年 12 月，西班牙新任政府执政后继续坚持实施紧缩方案，在 2012 年削减 89 亿欧元的公共开支和其他增税措施，并期望将赤字率在 2012 年降至 4.4%。

其次，财政状况相对较好的德国也在欧债危机之后实行了紧缩性的财政政策以加强本国的财政治理。德国政府通过了 800 亿欧元的财政紧缩方案，计划在 2016 年前每年的削减额不低于 100 亿欧元，具体措施有减少无业人员福利、将联邦行政机构规模缩减 5% 和裁员 1.5 万人、减少公务员收入和裁减军队等。另外，除了欧元区国家，英国也公布了财政紧缩方案以实施大规模的赤字削减计划。

第二节 来自瑞典的典型做法

瑞典自 20 世纪 90 年代以来，一直注重缓解银行业危机，在防范 2008 年全球经济危机及 2011 年欧洲主权债务危机风险的过程中临危不"惧"，政府债务率不升反降，成为一国政府财政制度抵抗系统性经济风险、保持

第四章　国外应对财政风险与金融风险"反馈循环"的典型做法

长期良好财政可持续性的典范。IMF认为，瑞典从20世纪90年代开始的结构性财政改革增加了其应对危机的财政制度弹性，是该国经济在2008年并未受到很大影响的重要原因。瑞典是欧盟成员国之一，但由于其没有加入欧元区，因此很多债务货币政策有其自身的特色。瑞典国家债务办公室（Sweden Nation Debt Office）负责跟踪和管理与银行业有关的或有债务风险，主要是政府对银行的各种担保，以化解金融风险财政化，扼制财政风险与金融风险反馈循环的传染渠道。

一、建立中期预算框架

（一）总额控制：引入自上而下的预算编制过程，进行支出总额控制

1996年，瑞典颁布国家预算法案（*The State Budget Act of 1996*）引入自上而下的预算编制过程并进行支出总额控制。法案规定预算编制必须经过春秋两季两次预算提案，并设定支出上限，再由政府在该"上限"之内具体分配各项支出，以达到总额控制目标。根据瑞典国家预算法案规定，议会要对春季财政政策草案和秋季预算草案进行两次投票，且程序非常烦琐。2001年瑞典国会审查委员会建议国会将投票过程主要放在秋季预算草案上，因此现在的春季财政政策草案只包含对下个财政年度预算的总体指导方针，但不再确定支出上限与支出领域。

（二）战略前瞻：编制三年期滚动预算，实施"财政边际储备金"制度

1997年瑞典开始编制三年期滚动预算，用以预测并维持政府预算的稳定性与可持续性。先由财政部向议会提交以三年为周期的预算支出总额，议会据此确定三年期最高支出限额，最后决定三年期内预算总额在27个支出领域的分配方案。三年期最高支出限额范围主要包括政府预算支出（不含政府债务利息）与公共养老金。要合理确定最高支出限额，既要对宏观经济发展进行准确预测，又要密切监控并预测财政支出的变化

趋势，才能确保每年财政支出总额既不会因为被滥用或使用效率低下而被浪费，又能符合国家经济社会发展所需。

2014年瑞典政府提出的2015年支出上限为11600亿瑞典克朗，而国会通过的支出上限为11270亿瑞典克朗；2015年政府提出的三年期（2016—2018年）滚动预算的支出上限分别为12070亿、12650亿和13220亿瑞典克朗，国会则仅通过了11670亿瑞典克朗作为2016年的支出上限，从而通过在三年期滚动预算的框架内对每年的财政支出进行预测并采取滚动式总额控制的方式来保持其财政可持续性。

此外，在三年期最高支出限额与27项支出领域指导性预算总额之间存在一个差额，即"预算边际储备金"（budgeting margin）。其具体规定为本年度预算边际储备金至少占预算支出的1%，下一年度至少占1.5%，第三年则须至少占2%。这项储备金制度的主要作用是提供预算资金缓冲带，避免由于意外事件导致财政支出超过规定上限，同时为临时增加新的预算支出留出余地。受2008年国际金融危机的影响，自2009年开始，瑞典预算边际储备金总额大幅提升，其占预算支出比例也相应提高；而随着经济危机的结束，瑞典国内经济发展态势逐步回暖，其预算边际储备金额度也相应下降，充分表明预算边际储备金的建立极大提升了瑞典政府预算弹性，因而能更加游刃有余地应对全球性经济危机的冲击，而不会超过支出的最高限额。

（三）开源：设定财政盈余目标

在宏观掌控国家经济、政府预算数据的基础上，要保持良好的财政可持续性，节流虽必要，开源更重要。因此，1996年瑞典预算法案同时规定政府必须在一个经济周期内实现占其GDP2%的财政盈余目标，此规定并非要求政府每年都必须实现该目标，而是指政府在单个财政年度内可偏离此目标，但必须在一个经济周期内实现平均每年2%的财政盈余。预算盈余目标确定后，1998—2008年间瑞典政府预算盈余率平均为1.35%，虽然2008年预算赤字达到5.7%，但因其已经建立起完善的财政预算制度来抵抗经济危机风险，所以 2009 年瑞典很快恢复财政盈余状态。

为了维护国家财政可持续性，瑞典政府公开表示，货币政策（如量化宽松、升降利率、存款准备金等政策）是稳定宏观经济的主要手段，因此只有在经济受到严重打击时才会使用财政政策进行调节。即使采用刺激性财政政策，如大幅增加财政支出进行基础设施建设以刺激经济发展，甚至不顾就业规律猛然增加公共部门招聘人数、增加工资性财政支出以维持暂时的就业水平，也要等经济恢复时将这些预支的财政赤字平稳转变为财政盈余。瑞典政府通过应对债务危机所得出的经验总结，与凯恩斯的观念不谋而合，他们都认为"政府在经济衰退时可采取相应的赤字政策，但必须在经济扩张时期通过财政盈余对其进行相应的补偿与抵消，因为政府不可能在预期无法偿债的情况下继续发展"。因此从瑞典经验来看，在经济出现大幅波动时，所采取的积极财政政策必须有利于促进经济增长和长期就业，不能仅仅短视地头痛医头，不然最后只会全盘皆输，难以挽回已导致的政策恶果。

（四）加强对地方政府的预算控制：要求预算平衡

除在中央层面对国家财政进行宏观预测和控制外，为了保持国家财政可持续，瑞典还进一步加强了对地方政府的预算控制。2000 年实行的预算改革规定：

（1）地方政府必须实行平衡预算，仅允许地方政府在以下两种特殊情况下出现财政赤字：一是地方政府总体财政状况良好；二是某年实行赤字预算可降低未来几年的支出成本，如可避免公共资产损失。

（2）即使出现财政赤字，地方政府也应在三年内实现预算总体平衡。但平衡预算只是最低要求，一般而言，地方政府被要求实行全面经济管理，实现每年 2% 的财政盈余。

（3）地方政府必须实时监控财政收支变化，每年必须向中央政府提交年度报告以免出现难以挽回的地方财政赤字与债务。中央政府必须全面掌握及预测国家整体财政变化情况，并根据最新数据调整相应收支与债务总额，以保持国家长期稳定的财政可持续性。

二、建立一套严格的政府担保体系

瑞典在 20 世纪 90 年代的金融危机中采取了一种被称为"瑞典模式"（Swedish model）的政府担保体系，以应对银行业的危机。瑞典对银行业担保的风险管理框架最大的特点是引入了强有力的法律框架和治理机制。瑞典的政府担保发行的具体程序为：议会批准由政府委托的担保和贷款，并决定担保的数量和目的，政府决定 SNDO 的谈判准则，然后 SNDO 开始进行谈判事项，分析实体、评估抵押品和潜在风险，基于政府的谈判准则计算担保费，然后政府申请欧盟委员会的批准，SNDO 向政府发送关于条款的议案，政府作出担保决定，并委托 SNDO 发行和管理担保。

在瑞典，对银行业的担保受到严格的控制，担保必须由议会批准，并决定应将担保扩大到哪些领域。中央政府还必须评估自己是否能够为商业银行的债务提供担保，只有对被担保银行进行长期评估，证明其可以产生足够的收入回收成本时，才能够确定实行担保。为此，它考虑了以现值计算的任何项目的年度担保费和补贴，以便可以与其他经济激励措施的成本进行比较。

关于担保费的定价完全由 SNDO 负责，议会和政府都没有权力在定价决策中直接发表意见。为了确定适当的费用，SNDO 通过参考评级分析、期权定价或模拟模型来分析担保风险。一般来说，担保费包括担保操作的相关费用（包括首次风险评估的成本和持续的管理成本）以及信用风险的成本（预期损失）。如果银行在此过程中风险状况发生变化，那么政府有重新协商费用的权利。担保费的资金投入建立的"名义应急基金"中，当需要履行担保义务时，由应急基金支付，而不是由预算支付。应急基金账户可以无限制透支。

SNDO 的担保和贷款部门负责管理非标准化担保的信贷风险。该部门管理着大约 44 亿美元的担保组合（约 40 家实体）。担保和贷款部门管理的担保和贷款通常是非标准化工具和一次性交易（SNDO 对违约事件的界定遵循穆迪的定义）。

SNDO 采用各种风险缓解工具来管理担保的信贷风险而产生的财政风险，具体有担保费、部分担保范围、名义储备账户拨款、风险报告。值得注意的是，瑞典目前尚未设定担保的流量或存量的总限额，但是有针对特定机构的年度限额。

SNDO 将根据担保的信用风险对受益人收费。将预期财政成本的全部现值先期支付到储备金中，除非国会另有决定，否则所有担保必须收取一定费用。如果议会决定不收取费用（是国家援助规则允许的），则由预算资金支付该笔费用。向受益人收取的费用将用于支付预期费用，其中包括担保业务的预期损失以及发放和监督担保的行政费用。费用大多是按年收取。议会有权决定减少或免除受益人支付的费用。在这种情况下，补贴必须记为预算支出。在 SNDO 的投资组合中，大约一半的风险来自提供担保所收取的费用（部分或全部）。如果使用欧盟国家援助规则使用（例如受益人的运营具有跨境效应），则必须向受益人收取反映担保市场价值的费用。

需要注意的是，担保费是根据名义应急储备账户记入的。该账户没有资金（即会计分录），只有预期的损失被划拨到基金，基金拨款用于偿还主权债务，从而为承担违约贷款或债券创造边际借款空间。收取的管理费用在一个单独的账户中支付，并且超出预期损失的费用部分（例如，如果收取基于市场的费用）转移到国家预算。

SNDO 建立了一个损益账户，记录担保产生的所有成本和收入：收入主要指受益人缴纳的担保金。主要成本是担保的付款，在发生重大履约风险时（而不是在实际支付后）将其作为准备金记入账户，这激励了政府对未偿还债务进行风险评估。政府承诺风险评估至少一年一次。

三、对信用风险进行量化

SNDO 计算担保的预期损失或市场价值。计算运用评级方法分析时的预期损失，需要估算违约概率和违约损失率。基于相似类型实体的历史数据，从评级机构的违约率表中获得违约概率。违约损失率也来自评级机构关于历史债券和贷款回收的信息。违约损失率通过相应协议中规定的债券/贷款进行区分。如果 SNDO 担保时要求抵押品，则违约损失率估计可能会相应调整。抵押品的估价可以外包给第三方。此外，SNDO 有时会根据定性评估调整违约损失率的估算值。

如果使用模拟模型来估计损失函数的分布，则从导致违约的损失频率推断出预期损失。违约损失率可以从违约事件中的损失严重程度推断出来。

为进行市场价值评估，SNDO 将公司债券和可比政府债券的收益率与到期日进行比较。公司债券的收益率来自具有与 SNDO 评估的担保受益人内部信用评级相同的信用评级的公司。因此，收益率差异反映了信贷和流动性溢价。SNDO 还通过研究信用违约互换（CDS）来进行市场价值评估。

四、对信用风险进行评级

SNDO 对担保进行风险评估，并进行持续的担保风险分析。通过半年度风险评估（例如更新应用信用评分卡的风险评级）密切监控担保受益人。SNDO 还发布了汇总担保和贷款组合的年度报告，包括总体风险、发行担保和风险管理的治理原则以及预期损失。SNDO 采用"方法工具箱"的方式来分析信用风险，即采用多种信用风险评估方法：基于评级方法的基本风险分析、模拟模型的使用以及结构模型等其他方法。基于评级的方法是 SNDO 信用风险评估的首选方法，因为：其易于复制，透明，并且是从评级机构等第三方获取信息；由于需要大量的资源投入（定量技能、时间和费用），模拟模型（例如蒙特卡罗模型）主要用于复杂且较大的风险；基于期权定价理论的结构模型过去几乎没有使用过。通过适当调整，这些模型可用于公开交易公司的风险监控（例如穆迪的公共预期违约频率模型)。然而,结构模型被认为对定价不太有用,因为此模型所需的假设在现实中很少有。

基于评级的方法主要依赖于国际评级机构使用的评级方法。如果受益人有知名评级机构的公共评级,那么 SNDO 主要依靠这些评级,但是,由于政府会承担一定的风险,SNDO 可能会偏离评级机构的评估;如果没有可用的公共评级,SNDO 会根据穆迪开发的记分卡自行进行信用评级评估。此外,SNDO 订阅了穆迪和标准普尔,以获取评级方法等信息和技能。有时员工还会参加评级机构提供的信用风险分析课程。

在开发模拟模型时,SNDO 分析师采用七步法,其中包括确定与特定担保有关的重大风险驱动因素;根据这些风险驱动因素之间的关系构建损失函数(如构造一个确定违约值的因变量);对风险因素的随机行为(即概率分布)作出假设;考虑风险因素之间的潜在相关性;收集和调整可用数据以估计参数分布;通过模拟来估计所构造的损失函数的预期值;并对模型进行压力测试以验证它。

SNDO 为丹麦和瑞典之间的厄勒海峡(Öresundsbron)大桥开发了一个模拟模型。该项目存在约 25 亿美元的风险敞口,是 SNDO 担保和贷款部门管理的最大担保。确定的主要风险驱动因素是交通收入、运营和财务成本、特殊事件(例如灾害),还有红利。SNDO 与几家咨询公司签订了合同,对各自风险驱动因素的行为进行建模,然后在损失函数中模拟其行为,以估计违约概率,从而确定担保金。

除了分析单个担保的风险之外,瑞典政府还要求 SNDO 对政府的综合担保组合进行分析。该分析包括对信用风险和流动性风险的分析(即如果担保的支付非常大或需要在非常短的时间内执行,则借贷成本略高的风险)。该分析包括风险驱动因素在特殊风险方面的行为(即关注占总风险敞口份额较大的个体实体),以及系统风险,如地理集中度、行业集中度和总体经济波动性。此外,存款保险计划和新的银行恢复与结算框架也包括在分析中。

五、财政金融政策联动

瑞典在过去几十年中实施了一种被称为"财政金融联动"（fiscal-monetary linkage）的政策框架，旨在实现经济稳定和可持续增长。瑞典的财政和货币政策制定机构（财政部和瑞典央行）之间存在目标一致性，两个机构共同致力于实现稳定的通货膨胀水平、低失业率和可持续的经济增长。财政部和瑞典央行进行定期政策对话，共同评估经济状况和风险，并协商制定适当的财政和货币政策举措；积极协调财政和货币政策的实施，以实现在经济低迷时刺激需求，在经济繁荣时减少财政刺激，以实现稳定和平衡经济的财政政策目标。财政部和瑞典央行还会定期进行经济预测，确保各自政策的制定基于准确的经济数据和现实背景。财政金融联动政策使得瑞典的财政和货币政策形成一个统一的框架，以实现经济稳定和可持续增长。这种政策的特点是政策协调、信息共享和目标一致性，旨在提高政策的效果和整体经济的稳定性。

第三节 来自美国的典型做法

美国有两次规模较大的银行危机，第一次是20世纪80年代的储蓄贷款危机，使美国银行业蒙受了重大损失，直接导致1300多家商业银行和1400多个储贷机构倒闭，这占据了美国同期的商业银行和储贷机构的14%左右。与此同时，美国政府为了应对这场金融危机，投入了大量的资金，累计超过1800亿美元用来进行破产清算。第二次金融危机是在20多年之后发生的次贷危机，这场危机也是从房地产市场开始的，严重威胁到美国银行的正常运作。尤其是自2009年起，破产银行数量激增，到2009年5月1日为止，美国破产银行的账面资产在美国联邦存款保险公司承保银行中的总资产中所占比重达到4.8%。这次银行危机不但导致大量信贷损失，而且也导致了宏观经济的大幅衰退，美国也因此进入了60年以来最大的经济衰退时期。美国政府已经推出了多个救援方案，但是美国的经济并没有得到明显的改善。美国的资本市场在 2020 年 3 月掀起了一场百年难遇的"金融海啸"，随后席卷了整个世界。新冠疫情和油价暴跌是其最大的诱因，美国股市在短短一个月内暴跌了将近 40%，而在 2020 年 3 月 9—19 日期间，连续四次出现了"熔断"。全球金融市场和各类资产价格持续下跌，投资者普遍陷入极度恐慌的境地，全球金融市场呈现出一副"末日景象"（赵建，2022）。因此，从美国两次银行业危机救助的角度出发，探寻扼制财政风险与金融风险"反馈循环"的处理模式，为我国应对财政风险与金融风险反馈循环体制的建设提供宝贵的经验。

一、两次银行业危机对比分析

仅仅在 20 世纪 80 年代，美国就有大约 1100 家商业银行倒闭，630 个倒闭的储贷机构向美国政府求助。美国的储蓄和贷款机构在 80 年代通过兼并重组、政府救助和破产清算的方式，储贷机构的数量减少了 30%，而商业银行的数量则下降了 14%。银行的破产导致不良贷款的急剧增加。在 1984—1993 年的十年中，参与联邦存款保险的银行平均坏账比率为 3.34%，如果算上没有投保的银行，这一比率还会增加。美国政府因在危机初期处理不当而蒙受了巨额的经济损失。到 1991 年年底为止，美国大约有 800 亿美元的财政拨款用来清除那些破产的储蓄和贷款机构，而联邦存款保险公司则为储贷协会的存款保险基金注入了大约 700 亿美元。这些紧急援助使美国的经济负担更加沉重，也导致财政赤字急剧上升，到 1994 年年末，美国政府已经累积花费超过 1600 亿美元来清理储蓄贷款协会的支出，这大约是该年度 GDP 的 3%。直到 1995 年，这场长达 16 年、耗资 1800 亿美元的金融危机终于被彻底化解。

美国联邦储蓄保险公司称，次贷危机导致的信贷损失如下：2008 年 1 月—2009 年 5 月，美国有 57 家银行宣告倒闭。在这些银行中，有 8 家在 2009 年 4 月倒闭，高于 2009 年一季度平均倒闭的 7.3 家。像花旗银行和美国银行这样的知名商业银行都遭受了沉重的打击。美国银行自 2003 年 6 月以来的 4 年里已实现的 400 亿瑞士法郎（368 亿美元）的纯利润，仅相当于 2007 年 8 月的信贷亏损额；花旗银行在 2007 年 8 月的信用亏损也将使其连续三年的利润丧失殆尽。截止到 2009 年 2 月 6 日，共有 386 家银行接受了注资，总额为 1950 亿美元。另外，为了防止金融危机的进一步恶化和蔓延，美国政府在 2009 年 2 月发布了一项总计 7870 亿美元的经济刺激计划。这项计划覆盖了美国的各个经济部门，美国有望新增 350 万个就业机会。美国的财政赤字在 2008 年达到了 4550 亿美元，大约是 GDP 的 3.2%。根据国际货币基金组织在 2009 年 4 月《全球金融稳定报告》中的初步估算，在排除了政府对银行资产负债表中的一些不良资产担保以及将优先股转换成普通股等措施的情况下；如果要将美国银行体系的杠杆比率恢复到危机之前的 4%，需要注入 2750 亿美元。预计银行业的总救助成本将会高达 12950 亿美元。

二、设立存款保险基金

美国联邦存款保险公司（Federal Deposit Insurance Corporation，FDIC）清楚地表明存款保险基金（DIF）的首要目标是：（1）为存款提供保险并保护被保险银行的存款人；（2）处理破产银行。存款保险基金的主要融资渠道是成员银行缴纳的保费，其保费的计算方式是以被保险银行的季度业绩为基础，并以其证券投资所得的利息收入为存款保险基金。在全球金融危机的高峰时期，FDIC 要求各大银行提前缴纳 3 年的保费（共计 450 亿美元）。存款保险基金的使用范围是与破产银行有关的损失准备金以及 FDIC 的经营开支。《联邦存款保险法》规定，FDIC 董事会必须为 DIF 制定年度目标或准备金率（即 DIF 结余除以估计的保险存款）。从 2010 年起，银行储备金的年利率为 2%。通过对历史基金亏损和模拟 1950—2010 年的收入数据进行分析，我们发现在过去 30 年两次金融危机爆发前，准备金率必须在 2% 以上才能维持现有的现金结余，以及在两次金融危机中稳定的评估率。FDIC 把 2% 的存款准备金看作一个长远的目标（2028 年以后），这是在金融危机中可以维持正的资金平衡和稳定的目标。为避免顺周期性（在经济景气期保费较低，在经济衰退期则保费较高），2% 被认为是一个软指标，而非硬指标。当存款准备金率达到目标时，FDIC 规定利率将会逐渐减少，但不能减少到 0。

2008 年全球金融危机后，银行破产状况不断恶化，使存款准备金率不断降低。《多德—弗兰克法案》（*Dodd-Frank Act*，DFA）规定了存款准备金率的最低限额是 1.35%，并且 FDIC 必须在 2020 年 9 月 30 日前将其准备金率调整到这个水平。2010 年 10 月，FDIC 批准了一项准备金率恢复计划，以保证在最后期限前达到 1.35% 的准备金率。在恢复计划下，FDIC 委员会采取了现行的分摊比例，以保证在规定时间内，存款准备金率能达到法定最低限额。此外，在长期基金管理计划中，FDIC 董事会还采取了一种更低的分摊比例，即当储蓄率为 1.15% 时，这一比例就会被自动执行。实际上，在 2018 年 9 月 30 日，DIF 的存款准备金比率高达 1.36%。虽然 DFA 允许储备金率高于 1.5% 时 FDIC 董事会可以从 DIF 发行股息，但是根据全面计划，委员会已经无限期地中止了红利，以便提高准备金比例，使其能够应付将来的危机。如果准备金率在 2% 以上或 2.5% 以上，则董事会将采取一套逐步下降的评估率，以取代股息。这些低利率的作用与股息一样，但是它的效率更高，也更具预见性。FDIC 利用 DIF 中的可用资金为银行和储蓄机构的存款投保。国家信用社管理局（NCUA）通过国家信用社股份保险基金（SIF）为大部分信用合作社的存款提供了保障。

三、建立风险处置基金

美国设立了一种机制，用于向银行提供临时的公共资金，以帮助它们处理破产。有序清算基金（Orderly Liquidation Fund，OLF）是美国《经济稳定法案》（*Dodd-Frank Wall Street Reform and Consumer Protection Act*）中设立的一个基金，旨在处理系统重要性金融机构（SIFI）的破产或处置过程。OLF 于 2010 年开始实行，它是一种有财政支持的事后处理基金，在不能从私人部门得到资金的情况下，可以作为暂时的流动性来源（DFA 第 210 条，在寻找 OLF 前，必须先从商业或债务人那里获得资金）。OLF 的主要目标是通过有序的方式、最小化对税收贡献者的风险，处理系统重要性金融机构的破产或解散。它提供了一种工具，使监管机构能够有效地管理和处置这些金融机构，以减少对金融系统的冲击。

OLF 的资金来自系统重要性金融机构的资产、负债或其他来源。该基金由美国财政部管理，负责制定和实施清算计划，以确保对系统重要性金融机构进行有序清算，并尽可能保护金融系统的稳定。DFA 授权美国联邦存款保险公司通过一个有序的结算基金，向美国财政部借款，以处理一些系统性重要的非银行金融机构临时资金短缺问题，其中包括银行控股公司。财政部所有的资金都要用出售破产银行的收入来支付。如果这笔收入不能全部偿付来自财政部的全部贷款，那么它将会对一些破产银行的债权人和那些超过 500 亿美元资产的银行进行评估。

OLF 的设立是为了应对 2008 年金融危机期间出现的问题，避免像雷曼兄弟那样的金融机构破产引发金融系统的崩溃。通过 OLF，监管机构可以更加有效地管理和处置金融机构的破产，以保护金融系统的稳定性，并降低对纳税人的风险。

四、引入有序破产处置机制

美国联邦存款保险法就像一部银行的破产法，FDIC 主要负责处理银行的破产处置程序，最大限度实现"存款人保护"（存款人的权利高于无担保债权人），所以 FDIC 对有问题的银行进行处置可以更好地实现"存款人保护"。美国银行业有序破产机制的核心是 FDIC。FDIC 负责监管和保护银行的存款人和金融系统的稳定。当一个银行破产时，FDIC 会承接其破产管理，并采取措施保护存款人利益、清算银行资产，并尽量平稳地转移银行业务。美国《联邦存款保险改进法案》明文规定：凡资金有根本缺陷的银行，即当净资产等于或低于总资产2%时，应当限制它们的经营，禁止偿还次级债务，指定财产看护人、接管人或采取其他措施。在美国，银行的破产处置一般有三个步骤：第一，初步确定要不要进行救助。FDIC将为部分有困难的银行提供融资。第二，确定是否有必要关闭该银行。银行的主要监管者有权宣告银行破产，而股东则没有权利提前获知银行关闭的信息。第三，针对破产银行清算，FDIC通常采取风险最小化模式，以解决问题银行的破产。为防止银行股东逃脱，FDIC对"交叉保证"与"力量之源"的理论进行了明确。"交叉保证"是指若干个存款机构均为同一控股公司所控制，从法律上讲，它们属于同一银行的分支机构。在这些分支机构中，正常运作的银行资产可以被FDIC用来抵销其他破产子公司的费用。"力量之源"原则是，银行控股公司向有困难的银行分支机构注入资金，以保证其分支机构的偿付能力。

五、对银行业可能带来的财政风险进行披露

虽然披露财政风险并不能完全避免金融危机，但可以降低其风险，尤其是那些隐性担保风险，公开财政风险则会促使政府采取措施，使其在金融危机爆发前得到妥善处理以缓解潜在的危机，而在披露财政风险方面，美国是当之无愧的佼佼者。美国金融稳定监管委员会（FSOC）主要监控金融体系内的潜在风险，与多家联邦金融监管部门进行协调，并消除对"规模过大而无法倒闭"的公共金融机构救助预期。FSOC每年都会发布《美国金融稳定监督委员会年度报告》，以记录美国金融业的情况，同时也会做政府降低风险的政策汇报。此外，该报告还引入了信用机构对银行的隐性政府担保价值的估算，以此来向公众披露和警示潜在的风险。FSOC的金融研究所有自己的专职人员，专门负责搜集金融系统的资料，为FSOC提供资讯及技术分析，以及开发风险侦测工具。美国还在年度预算报告《分析视角》中对政府信贷和保险方案相关的风险进行了详尽的

论述，并在预算框架内对银行相关或有债务进行了分析。这一前瞻性的预警方法可以有效地降低银行风险对联邦政府的影响。美联储公布了它每年一次的对大型银行控股公司的资金规划流程和资本充足率的评估。与欧盟不同，为避免在建立风险模型时出现"羊群行为"，美国并未发布压力测试方法，但是美联储的确公布了对银行资金规划的定性评估。这些披露措施旨在提供关键的财务和风险管理信息，使投资者、监管机构和公众能够对银行的财务状况和风险承受能力有准确的了解。披露措施有助于促进透明度、市场稳定和风险管理，从而减少银行业对财政系统的潜在风险。

六、次贷危机时期财政政策与货币政策分析

（一）货币政策

西方国家在常规货币政策使用中最常运用的是降低利率政策，而再贴现和降低存款准备金只有在关键时期才会使用，使用频率非常低。西方国家认为，再贴现和存款准备金的变动会带动整个金融市场的动荡和大幅度调整，在非关键时刻，更多运用利率政策，而并不动用影响更为剧烈的再贴现和存款准备金。

美联储在次贷危机期间使用的非常规货币政策主要有：向存款机构的准备金付息，进行利率承诺管理通货膨胀预期，通过购买资产保证资产负债表结构。总体来看，美联储采取非常规货币政策的主要目的是影响市场利率的预期，疏通被堵塞的货币传导渠道，发挥货币政策应有的效果。非常规货币政策使用中有许多工具创新，其中短期资金标售工具、一级交易商信用工具、资产支持商业票据、货币市场共同基金融资工具、商业票据融资工具、货币市场投资者融资工具都是危机期间所使用的创新型货币政策调控工具。

（二）强制性财政政策

次贷危机升级后，美国财政部和美联储紧急制定了7000亿美元救助法案，包括三个部分：第一部分是《2008年经济稳定紧急法案》，内容包

括问题资产的救助计划和存款保险调整计划；第二部分是《2008年能源改进和延长法案》，包括为有关能源和燃料的生产和能源节约提供税收优惠；第三部分是税收豁免和最低税负期限延长计划，主要内容是为期10年总规模1505亿美元的减税计划。7000亿美元救助计划核心是针对不良资产进行收购以及为不良贷款提供保险，帮助住房所有者摆脱困境。减税计划大部分针对中产阶级和企业，为可再生能源提供170亿美元的税收优惠，为2000万受到替代性最低税冲击的纳税人提供一年税收优惠延期，并且降低了薪酬税和消费税税率以提高民众的实际收入。

第四节 来自哥伦比亚的典型做法

20世纪90年代后期的经济不景气导致一些国家承担了为银行的贷款担保的损失，截止到2004年，政府损失金额已经累积达到GDP的2%。在这场金融危机之后，哥伦比亚政府制定了一系列的法律，要求改善由银行引起的政府或有债务的风险管理，并制定了一系列银行业或有债务的评估、预算和控制措施。将银行相关或有债务、债务服务拨款列入预算，用以弥补银行相关或有债务可能造成的亏损；建立应急储备金（CRA），以应对金融危机对公共部门造成的财政损失；对银行或有债务（主要是由政府为商业银行提供担保）的审批和控制进行管理；将每个州实体的计划办公室监督权授予公共信贷和国库总局（DGCPTN）；报告关于银行或有债务的风险等资料。通过了解哥伦比亚政府对银行业风险和政府债务风险的管控措施，为我国防范财政风险与金融风险"反馈循环"提供经验借鉴。

一、量化政府对银行担保的或有债务风险

DGCPTN是用国内和国际信用评级机构提供的信用评级来评估风险。这些公共评级是对风险进行量化的依据。若受益人没有获得本国认可的评

级机构的评级，DGCPTN 将使用最低评级。DGCPTN 对哥伦比亚的偿还能力进行了评估。偿债能力曲线描述了一个国家在一段时期内非违约的可能性。基于主权的偿债能力曲线，按其与主权评级相关的信用等级估计，并适用于相应的担保受益人。若受益人没有发布充分的反担保（如抵押或担保），违约损失约为 75%。但 DGCPTN 在有充足（质和量）的反担保情况下，可以减少对违约损失的估算。即 DGCPTN 根据对反担保的评估情况修正违约损失率。对未预料到的损失进行评估，则是按照巴塞尔银行监管委员会提出的一种以内部评级为基础的评估方法。巴塞尔银行管理委员会给出了一个公式，通过假定损失的正常分布来估算未预料到的损失。DGCPTN 将 99.9% 的损失分布（即 99.9% 的置信度）作为或有债务的价值，构成预期损失和未预料损失的总和。预期的损失是用来设定担保费的。预期和未预料的损失之和是政府所报告的或有债务的价值。预期损失是指违约风险敞口/违约概率与违约损失的乘积。违约风险是指哥伦比亚比索与借款货币的汇率乘以未偿付本金。为了计算预期损失和未预料的损失，需要对汇率施加冲击，假设哥伦比亚比索贬值了年度历史汇率波动性的一个标准差。违约概率的估算是基于哥伦比亚主权国家的违约概率。

二、控制银行业的政府或有债务风险

DGCPTN 在政府对银行的担保上具有广泛的权限，并且有权通过或否决一切可能导致政府或有债务的信贷业务。此外，DGCPTN 还设置了担保费用，风险监控和汇报。DGCPTN 将估算信贷担保的预期损失和未预料的损失，在此基础上，根据预计的损失确定担保成本。预期损失和未预料的损失之和表示政府所报告的或有债务的价值，其中，预期损失指的是违约风险、违约概率与违约损失的乘积。

DGCPTN 还利用多种风险管理手段，来解决银行或有债务的问题。其中包含了受益人的抵押品要求、担保费用、应急储备账户、风险监测和报告。抵押贷款一般包括在某一年内 100% 的担保偿付债务。担保费用会根据预期的损失而定。因为预期损失是根据违约概率和违约损失率来估算的，因此，从受益人处收取的费用将根据其信用等级和发布的反担保数量及质量来定。信用等级越高，违约概率越小，反担保越好，违约损失就越小，因此所收取的费用也就越少。所需的款项每年或每六个月付一次，但第一次的款项则须在抵押贷款的第一次支付前付清。哥伦比亚设立了应急基金存款，以应对因银行危机而产生的政府或有债务，DGCPTN 通过了该存款计划，并决定了应急基金存款的存入数额和时间。这样的安排应该保证流动性，以确保在接下来的一到两年里，有充足的资金来应对突发情况。应急基金存款账户是用来降低预算支出波动的一种实用基金。建立准备金的优势是，为未来支付创造了一个缓冲区，可以防止突如其来的借贷或者突然增加的预算负担所造成的影响。除了担保费之外，基金还通过预算分配和应收账款（贷款回收）获得支持。此外，还可以将这些资金投资于金融资产，因此固定收益工具的投资收入也可以被纳入基金中。另外一种风险管理手段是政府担保限额法制化，哥伦比亚法律规定的政府担保限额为 9 亿美元。

DGCPTN 还负责对担保风险进行监测和汇报。采取的具体措施是，对每年最大的预计亏损及十年内个人担保的或有债务进行跟踪，以此作为信用风险的一个潜在信号；向公众报告根据评级确定的担保金额的估计值。

三、财政金融联动举措

哥伦比亚政府通过与中央银行（Banco de la República）的密切合作，确保财政政策和货币政策之间的协调一致。政府和中央银行之间会定期进行沟通和协商，以确保它们的政策目标一致，如经济增长、通胀和就业等方面。当经济面临衰退或需要刺激时，哥伦比亚政府可以采取财政刺激措施，如增加公共支出或减税，以刺激经济增长。同时，中央银行可以采取货币宽松政策，如降低利率或提供流动性支持，以促进投资和消费。在债务管理和融资策略方面，哥伦比亚政府会根据市场条件和需求，选择合适的债务工具和融资渠道，以满足财政需求，并确保稳定的融资成本，来支持财政金融联动；在资本市场和债券市场发展方面，哥伦比亚政府通过设立相应的法规和机构，提供便利的债券发行和交易环境，吸引投资者参与债券市场，以提供多样化的融资渠道和投资机会，鼓励资本市场和债券市场的发展；在经济数据和信息共享方面，哥伦比亚政府和中央银行之间通常有定期的数据交流和报告，以便进行风险评估和政策决策，并进行经济数据和信息的共享，以确保准确的经济分析和政策制定。哥伦比亚政府通过有效的财政金融联动，旨在促进投资和消费，提高经济活动水平，并维护金融稳定和可持续发展。

第五节 来自智利的典型做法

20世纪80年代债务危机在拉丁美洲国家爆发，智利与其他拉丁美洲国家情况相同，也出现国际债务危机，进而引发了严重的财政危机。但是，智利政府在1990年出现了盈余。2000年至今，智利大部分年份的财政都有盈余。尽管2008年的金融危机对智利的经济和财政也造成了严重的影响，但是智利的财政迅速步入了一个健康的财政轨道，并能通过财政政策来保证经济和社会的稳定。通过分析智利政府在应对债务危机方面进行的预算体制改革，可以有效地预防国家主权债务的风险，从而更好地解决财政风险和金融风险之间的反馈循环。

一、设立资源稳定基金

智利资源稳定基金（Chilean Sovereign Wealth Fund）是智利政府设立的一项资金管理机构，旨在管理智利非可再生资源收入和外汇储备，为国家长期发展提供稳定的资金来源。该基金的正式名称是"智利国家铜矿公司工人福利基金"（The Workers Welfare Fund of the National Copper Corporation of Chile），通常被称为"智利资源稳定基金"（Chilean Sovereign

Wealth Fund）。随着时间的推移，基金的范围扩大，开始管理来自铜、硝酸钠和其他可再生资源的收入。该基金的目标是确保智利国家财富的长期保值和利用，以支持国家发展和民生改善。基金的资金来源主要是国家的非可再生资源收入，如铜、硝酸钠等矿物资源的销售收入。基金管理委员会负责制定投资策略和决策，以最大限度地保护和增加基金的价值。

为保护智利政府的财政收入不受的外部因素的冲击，智利政府于1987年设立了铜稳定基金，目的是减小铜价波动对本国收支的影响。这表明智利政府已经着手进行财政预算改革。智利政府对铜的生产与出口有很大的依赖性，国际市场上只要出现铜价波动，智利的税收就会受到影响。1987年之前，智利的财政收支一直与铜价格的波动相关：当铜价格上涨时，财政收入增长，开支增长，财政收支平衡。但是，如果铜价下跌，虽然税收会减少，但财政支出规模难以缩减，入不敷出就会产生财政赤字。铜稳定基金的设立最大限度地缓解了铜价的不稳定性对财政收支的影响，无论铜价如何变动，智利政府的财政始终保持在财政收支平衡与财政盈余之间的稳定状态。与此同时，在中期，智利的财政支出也得到了稳定。如果铜价格上升，一定的收入会被储蓄起来，那么财政开支将不会超出中期的可承受范围；如果铜价下跌，可以从该基金中调拨资金，保证开支的持续，而不会产生逆差。这给智利的财政政策带来了一种非周期性的影响。另外，在经济情况好的时候，这笔资金还可以用来还债。这有助于降低政府的债务水平，降低了在糟糕的经济条件下政府的利息支出，从而增加了政府所能腾挪的财政空间 [马赛尔和托克曼（Marcel，Tokman），2002；阿雷拉诺（Arellano），2006]。

二、制定结构性平衡财政政策体系

智利政府在2001年制定了一套以结构性平衡原则为中心的财政政策体系。在这种财政约束条件下，政府的支出是以结构收入为基础，而不是以年度的实际收入为标准。2006年，智利国会通过了《财政责任法》，使结构性平衡规则得以法治化。为管理在实行结构性平衡规则之后所产生的储蓄收入，设立两个主权财富基金，并以保证中期和长期财政开支的稳定为目的［智利财政部（Ministry of Finance of Chile），2008］。

2001年，智利政府制定了结构性平衡规则，在参考了国际货币基金组织和OECD所提倡的结构预算均衡概念和测量方法后，对20世纪80年代建立的铜稳定基金进行了改进。这一规定是针对中央政府的预算收支，不包含公有企业、地方政府和公共院校，也不考虑基础结构均衡［贝尔甘萨（Berganza），2012］。智利的结构性平衡原则主要有三个方面：第一，根据经济发展趋势和铜价格的长期走势进行周期调整的收益；第二，制定财政收支平衡的周期调控政策目标，本质上是一个结构顺差；第三，政府财政开支的确定。在结构顺差这一政策目标被确立之后，结构均衡规则将会自动地起到稳定作用。

智利实施结构性平衡原则的主要目标是把财政开支安排同周期因素（特别是经济增长和铜价格的变动）分开，把财政开支方案建立在结构收入的基础上，而非当年的实际收入，这样就可以把周期因素的影响从实际预算收支管理中分离出来，对财政政策的制定发挥更好的指导作用［菲斯（Fiess），2002；贝尔巴萨（Berganza），2012］。

三、成立主权财富基金

此外，智利根据《财政责任法》还设立了两个主权财富基金。（1）养老储备基金（Pension Reserve Fund）。其本质是一种储蓄基金，旨在通过对不同世代之间的财富进行转移，来保证政府在中期和长期内能实现他们对社会的养老和和对社会的保障，特别是对最低生活水平的保证。智利政府的养老支出预计将在2016年前大幅增加。智利政府在2006年主权财富基金创立投入6亿美元的启动资金。此外，依照法定程序，每年将按政府整体预算盈余，从上年GDP中扣除0.2%—0.5%的税收。即便是财政赤字，也要把去年GDP的0.2%的收入存起来；如果财政顺差超出此比例，则按去年 GDP 的 0.5% 存入主权财富基金。作为一种储蓄资金，它的主要目的是获得更高的回报，它的投资范围也更广。根据法律，主权财富基金的用途主要包括两个方面：一是用于老人和残疾人士的基础养老，二是用于低收入投保人的互助退休金。与此同时，在其资产总额达 9 亿 UF（Unidades de Fomento）之前，至少 10 年之内，政府都不能使用这笔资金。（2）经济与社会稳定基金。智利于 2007 年成立了一个新的"经济与社会稳定基金"，以代替原先的"铜稳定基金"。智利政府于该基金成立之初向其注入了 25.8 亿美元的资金，其中 25.6 亿美元是直接从被替代的铜稳定基金直接转移过来的。这是一种旨在保持宏观经济稳定的稳健基金。在经济情况良好和铜价上涨的时候，把部分财政收入存起来，而在经济不好或者铜价下降的时候，把它用于稳定财政开支。这样，当经济形势好转或者铜价上涨时，政府的开支就不会出现明显的增长；在经济衰退或铜价下跌的时候，财政开支不会减少，政府也不需要大量借贷，甚至不需要举债。另外，如果财政情况好，政府可以使用这笔资金来还债。作为一种稳健型的基金，其投资策略较为保守，通常会进行低风险、高流动性的投资。智利财政部采用多元化投资策略，2007 年将 15% 的资金投资于各类资产，20% 的资金用于固定收益企业债券。与此同时，政府也在逐步调整其资产结构，加大对流动性资产的投资力度。按照法律，智利政府每年都要将超过 1% 的 GDP 的盈余分配到退休基金或者央行的资产结构中，而剩余的资金则存放在经济和社会稳定基金。在财政赤字的情况下，可以从经济和社会稳定基金中调拨资金到退休基金中［智利财政部（Ministry of Finance of Chile），2008］。

四、财政政策体系

一国在中长期内采取的财政政策是否恰当直接决定其财政体系是否健康。一个健康的财政体系应当保持收支相对平衡，避免大的系统性风险，这种体系的好处在于：其一，可以使财政收入和支出保持较长期的稳定，公共产品供给稳步增加，民生得到改善；其二，可以减少公共债务，降低外部脆弱性，同时有利于将通货膨胀控制在一定幅度内，从而促进宏观经济稳定增长；其三，可以使国家在经济出现危机时有条件采取逆周期的财政政策，以减弱危机的影响程度并促进经济尽快恢复。

第一，促进财政平衡和财政纪律的制度化。1973年皮诺切特军政府执政后大幅削减公共支出，并开始明确财政纪律的重要性。21世纪以来，智利财政体系继续通过制度化得到巩固。2001年颁布《财政结构盈余法》，规定应在测算GDP长期变化趋势的基础上衡量中长期税收收入的能力，据以决定财政支出水平。该法还设定了财政结构盈余占GDP比重为1%的具体目标。由于将长期结构平衡而不是短期经济表现作为制定预算的标准，因此尽管2003—2007年智利经济处于繁荣期，尤其在2004年后由于国际铜价上涨，财政收入大幅上升，但财政支出也不为所动。在此基础上，巴切莱特政府促成了《财政责任法》的通过，将结构平衡的原则用法律形式确定下来，规定由总统负责财政政策的制定，并公布财政状况及其对宏观经济的影响。其后执政的皮涅拉政府专门成立了顾问委员会来研究完善财政结构平衡的测量方法。智利促进财政平衡的另一举措是对公共部门和地方政府举债的限制。根据现行法律，中央政府各部门及国有企业举债须通过财政部批准，地方政府虽拥有预算自主权，但完全不被允许举债。这一举措可以有效控制各级公共部门支出，从而控制整体财政风险。

第二，建立财政储备机制以促进财政可持续发展及其逆周期作用。铜业是智利传统支柱产业，对国家税收的贡献率为5%—17%，铜价的周期性波动对财政收入有直接而决定性的影响。智利于1987年建立国家铜业价格稳定基金，当铜价高于常年平均价格时进行财富储备，以备铜价下跌时用于弥补财政收入的不足。首先，这种财政储备制度有利于财政收支在较长时期内保持平衡，实现法律规定的财政盈余目标，促进财政可持续发展；其次，使国家在经济衰退时有条件拿出较为充足的资金进行逆周期干

第四章　国外应对财政风险与金融风险"反馈循环"的典型做法

预，进行公共投资以刺激经济增长和就业，同时增加公共支出以改善民生；最后，有利于降低债务风险对市场信心和经济增长的负面影响，维持市场和投资者对公共财政和经济可持续发展的信心，避免经济大幅波动。正是借助国家铜业储备基金等机制，智利逐渐成为少数能够游刃有余地运用财政政策对经济进行逆周期干预的国家之一。

第三，提高财政管理效率，实行财政权力的集中和全口径预算。首先是财政权力的集中。20世纪70年代之前智利总统没有管理公共预算的权力，财政权力分散，管理效率低下，收支长期失衡。皮诺切特执政后将管理财政收支的权力集中于财政部。1980年新宪法规定总统在预算和税收方面拥有特别动议权，对预算进行总负责；而国会负责审议和通过总统的提案且无权提出动议。这一制度沿用下来，有利于国家在制定财政政策时管理集中，目标明确，而不是像过去那样受一系列相互独立的利益主体所左右。这使得智利财政体系得到加强，为建立严格的财政分级决策体系打下了坚实的基础。其次是采取全口径预算。财政收支碎片化会导致管理效率低下、预算统计不精确，使财政平衡总目标难以实现，而全口径预算使政府所有收入和支出（国有企业收支除外）全部纳入国家预算，且各类预算项目（公共服务、转移支付等）分门别类，不仅解决了上述问题，还可以使预算更为公开透明，减少腐败的发生。

第四，加强税收体制。20世纪60年代，智利开始实施税收指数化以避免通胀对税收收入的侵蚀，1975年至今全面实施税收指数化，即按照前一个月的消费者价格指数（CPI）对税收水平进行逐月修正。这一做法既可以将通胀对财政收入的影响降到最低，也可以使税收立法保持长期稳定，不必随每年的预算情况变化而频繁调整。另外，税收体系还可从立法和技术上加强对偷漏税的监控。

可见，智利早在20世纪七八十年代就已通过加强财政纪律确立了一个清晰的"事前"框架，1990年之后的财政政策基本是在该框架下实施的，并进一步加固了该框架体系。这一财政管理框架建立了一种政治承诺，提高了政策效率，降低了调整的成本。保持财政收支平衡对于稳定宏观经济有重要意义，使得政府在面临国际经济危机时有条件实施逆周期政策，刺激经济和就业；保证公共政策的持久性，特别是社会支出和公共投资；维持竞争性汇率，保护出口部门；减少外部融资的必要，保护公共财政免受国际金融风险的冲击。

五、货币政策体系

1989年智利中央银行取得独立地位后，采取了有效而适度的干预政策，逆周期而动，货币政策谨慎而稳健。这种政策理念不仅早于拉丁美洲主要国家，也早于世界上其他许多国家。

第一，央行在取得独立地位后加强自身责任，使货币政策发挥有效而适度的干预作用。20世纪七八十年代智利新自由主义经济改革过于信任市场机制的力量和自我修正能力，在某种程度上忽略了价格稳定和金融稳定的重要性。针对这一问题，智利央行开始加强在货币和金融方面的责任，使用货币政策对经济进行适度干预。央行宏观调控职能包括确定银行准备金比例，制定汇率制度，对资本流动进行必要限制，干预外汇市场和积累国际储备；调控对象涉及金融体系各主体，包括商业银行、储贷机构、养老基金、结算委员会，以及各种提供支付服务的机构，例如对商业银行资金流动情况和市场风险进行管理，对养老基金规定海外投资的最高比例。智利央行实行内部独立管理，逐步提高了对金融稳定和系统性风险的研究能力，以确保宏观稳定政策的实施。需要特别指出的是，智利货币政策是建立在市场对资源配置起主导作用基础上的，货币政策只是适度调节而非凌驾于市场之上。另外，货币政策与财政政策相互独立，两者形成平衡，相辅相成。

第二，发挥利率的逆周期调节作用。智利央行根据国际通行的做法，自20世纪90年代以来逐步放弃将货币量作为货币政策干预目标的做法，而主要通过调节利率来实施货币政策。由于实行了灵活的利率并利用各种金融创新，尽管在世纪之交时智利的货币供应量不断膨胀，但通胀情况并未恶化。2002 年，央行调低利率以刺激经济增长和就业；在这一目标基本实现后，为避免与国际利率相差太大，又小幅提高利率，但仍维持在历史上相对较低水平。2008 年全球金融危机爆发后，智利央行降低了参考利率，开放了信贷特别额度，以增加本国金融体系的流动性。2009 年，在国内通胀压力明显减轻的形势下，央行继续实施扩张性的货币政策，调整银行准备金率，大幅增加国有银行的贷款额度。2010 年以来，随着国内经济的恢复，央行开始重新提高利率，以将通胀水平稳定在央行设定的目标范围内。

第三，建立通胀目标制度，稳定价格和市场预期。货币政策通常面临的最主要问题是，在促进增长和控制通胀之间存在两难选择，政策的时机和程度较难把握，针对具体目标的货币政策往往因传导性强而导致不良后果。因此，有必要建立一套事前的、明确的、针对通胀目标的机制。另外，由于货币政策并不享有充分信用（因此无法完全依靠传导机制来稳定价格），且市场预期复杂而捉摸不定，因此也应当建立一套系统而透明的机制来稳定市场预期。智利于 20 世纪 90 年代初开始实施通胀目标制，货币政策盯住 3% 的通胀上限。90 年代中智利虽然经历了数次外部冲击，但其通胀率不断下降，到 1999 年后基本保持在目标范围内。此外，由于实施了通胀目标制，虽然汇率随经济走势不断调整，但智利的汇率传递系数（即汇率变化影响通胀水平的系数，数字越高则影响越大）却处于下降趋势，这说明汇率对通胀水平的影响并不是固有的结构现象，而是可以通过货币政策影响市场预期而减轻传递效应。

第四，实行浮动汇率制，平衡国际收支。由于 20 世纪 80 年代智利经济表现相对较好，通胀压力始终很低，因此在 90 年代有条件实施浮动汇率制（同时期墨西哥、巴西、阿根廷三国为防止通胀而实行固定或半固定汇率制，给国际收支平衡带来隐患），汇率随智利国内经济走势而变，基本反映货币实际价格，未出现明显的汇率高估。这有利于发挥汇率制度的逆周期作用，平衡国际收支，减轻对外资的依赖程度和外部脆弱性。另外，在通胀目标制和灵活利率制度的配合下，浮动汇率制并未对价格稳定造成大的影响。

第五，对资本账户进行谨慎调控。20 世纪 90 年代智利经济快速增长，外资流入增加。1990—1997 年，智利实际私人支出占到国内总需求的 75%，年均增长 10%，超过了公共支出和经济增长的速度。对此，央行一方面提高利率以控制投资和消费膨胀，另一方面为防止外资进一步流入和货币升值，采取了对资本账户进行直接管控的政策。这种政策不仅可以有效地管理资本市场，而且对于稳定外汇市场和汇率也起到了有益的补充作用。正如有拉丁美洲学者指出，浮动汇率制下，资本流动的随意性会使名义和实际汇率变得非常不确定，因此有必要实施直接管控来稳定汇市，控制资本流入并抑制短期资本投机，使资本流入更稳定、后果更可预见。在谨慎调控的指导思想下，1991 年智利央行设立了外资流入准备金制度，规定每笔流入外资的 30% 必须存入央行一年，以限制外资规模并调节外资构成，增加长期稳定资本在外资中的比例。这一制度对控制短期投机资本流入、防控国际金融风险起到了关键作用。在外资流入压力逐渐减轻后，1998 年外资流入准备金率被降至零，到 2001 年该制度连同其他一些外资管控措施一并被取消。21 世纪以来，智利在证券等金融资本方面基本处于净流出状态，因此外资流入准备金等制度并未继续实施。

综上所述，1990 年以来智利货币政策调控作用较为高效，灵活的利率政策、通胀目标制、浮动汇率制相互配合，发挥组合效应，有利于稳定价格，平衡国际收支，对宏观经济进行逆周期调节；对资本账户进行谨慎调控有利于防范国际金融风险，保持资本市场稳定。因此，这一时期智利自身并未出现金融危机，受外部危机的影响也不是很大。

第六节　国外典型做法总结

通过总结以上国家对财政风险与金融风险"反馈循环"控制的经验，

第四章　国外应对财政风险与金融风险"反馈循环"的典型做法

我们发现建立健全银行业或有债务风险管理框架，对银行业风险进行披露、量化和监控，具有重要意义。与此同时，加强监管是维持银行业健康发展和减少纳税人在银行破产中蒙受损失的基本途径；完善的财政政策与货币政策联动体系是扼制财政风险金融风险反馈循环的必然手段。从上述各国的情况可以看出，欧洲各国对银行业的监管非常重视，欧盟也在共同体层面制定了一系列的监管体系，哥伦比亚、美国等国也纷纷出台了相关法律，对银行的潜在风险进行监控和披露。在编制政府预算时，必须充分考虑银行风险所产生的或有债务，并制定相应的财政政策，设立风险准备基金，以应对政府所持金融资产的突然贬值（或有债务实现的概率增大）的情况。同时应做好中长期的财政预算编制计划，设置财政盈余指标，以应对突发的财政危机和金融危机。以下是我们归纳出的遏制财政与金融风险的原则与措施，对防范财政风险与金融风险"反馈循环"具有实践意义。

一、进一步建立健全债务风险研判机制

2019 年 1 月，习近平总书记在省部级主要领导干部坚持底线思维着力防范化解重大风险专题研讨班开班式上发表重要讲话，强调"要完善风险防控机制，建立健全风险研判机制、决策风险评估机制、风险防控协同机制、风险防控责任机制"[①]，对于外债，中央、各级地方政府、企业等也应建立联防联控防范预警风险体系。风险是风险管理的逻辑起点，也是风险控制的重要依据。一是要研究全球债务危机是否到来。通过对全球金融危机中的风险因子的分析，对全球经济危机、贸易危机和债务危机等问题进行风险研判。截至 2022 年 3 月 29 日，欧美国家的股票市场急剧动荡，股价自 2020 年以来下跌了 20% 以上，而 2019 年末，非银行机构的公

---

① 《提高防控能力着力防范化解重大风险　保持经济持续健康发展社会大局稳定》，《人民日报》2019 年 1 月 22 日。

司债务飙升到了75万亿美元，远远超过2009年年末的48万亿美元。当前已成为零负利率的全球超宽松周期，债务危机爆发风险极高。二是研究"一带一路"沿线国家和地区的新冠疫情对国内经济和对国外经济的冲击。新冠疫情的爆发对各国政府的财政和金融问题产生了深刻影响。这场全球性的危机对各国经济包括"一带一路"沿线国家和地区的经济造成了巨大的冲击，导致财政收入减少、支出增加，进而加剧了政府债务问题。发达国家充分利用其储备货币发行国的特权，施行"超常规"宽松的财政货币政策，全球流动性因此而长期泛滥，自然引致利率水平长期下行，全球陷入超低利率和负利率陷阱；而发展中国家如何处理巨额债务是后疫情时代最重要的任务。这需要商务部、财政部等部门要建立联合防范风险工作小组，开展专题、多维度的分析，对风险趋势进行科学研判。

二、对银行业进行宏观审慎的监管

采取恰当的宏观审慎调控政策将有助于为保持金融体系的稳定性提供一个缓冲。宏观审慎政策是对宏观调控和微观审慎调控的一种补充，能够缓解资产价格和信贷的反馈循环，提高金融体系抵御消极影响的能力。健全的体系架构是保证宏观审慎政策行之有效的关键。通过构建一套完整的宏观审慎监管体系，加强对银行体系的调控，从而降低银行体系的过度顺周期性，增强银行的损失吸收和有效的处置能力，从而在金融市场繁荣的时候，形成一种金融缓冲，使之在经济衰退中采取恰当的反周期政策。这个体系架构应当着重于提高识别和监测银行风险的能力，评估风险，抑制风险。可以制定一种有助于评估金融风险向财政风险传导的诊断工具，比如，建立一个早期的预警模式，监测银行或有债务的诱发因素。引发或有债务的原因包括杠杆率、国内主权债务、融资组合，以及全球避险指数。另外，应该通过提高银行的资本充足率来增强其抵御风险、提高风险承受的能力。许多政府机构通过增加资本充足率来设置银行准入门槛，它们强制规定适当的资本要求，一般比国际清算银行（BIS）的8%要高。

三、对银行业实施更为谨慎的流动性支持

流动资金压力往往是最早出现的银行危机的征兆。所以，在银行面临资金紧张的时候，各国政府通常会采取措施，严格遵守标准审慎法规，采取干预行动，以限制那些处于严重和长期流动性困难，不能提供一流抵押品的银行。如果银行想要持续地吸收存款，就需要进行强制矫正。但是，实际上，一国政府往往会采取更加宽松的方式，给那些无力偿还的银行发放大量的流动资金贷款，以便让那些没有足够资金的银行能够履行自己的现金义务。这必然增加财政成本。在危机初期或控制阶段，各国政府不应该向弱势金融机构提供流动性支持，以延缓问题的发现，而应该尽早解决问题，并制定全面可靠的解决方案。

要想遏制金融危机所带来的财政成本，各国政府不应持续提供流动性支持，直到确定它们能够存活下来，并得到适当的监管。各国政府常常利用流动性援助来延缓危机，识别和干预那些实际上无法偿还债务的机构。但这样的战略必然会以失败告终，因为一旦金融机构破产，管理层和股东的激励就会被快速转移：管理层没有激励动机以切实可行的方式来运营公司，而他们的行为常常会很快地耗尽资源，其中就包括央行的流动性支持。如果决定实施公共救助，则应要求受救助的银行制定实际的经营计划，并经第三方审核，其中包括资产结构调整和经营调整，以尽量减少额外的风险。此外，必须有充足的保障措施，以保证以后的银行不会出现资金短缺问题，并在场内外实施严格的定期监管。很多国家在过去都没有遵守这些原则。它们通过部分或整体的公共救助来应对金融危机，强化了对储蓄和其他银行债务的隐性政府担保的观点，并削弱了市场规则，进而引发更大的危机。

四、完善银行破产处置机制

由于银行自身的内在脆弱性和外部效应，银行的破产将给整个经济和

社会造成巨大的负面影响，尤其是在目前的虚拟经济比重越来越大的形势下，银行的财务状况更加脆弱，因此，建立与一般企业不同的问题银行处置机制，保证问题银行的有序破产，是降低银行破产财政成本的必然选择。目前，我国在银行业出现风险时，金融机构的财政救助比例接近100%，"全兜底"的做法提高了政府的道德风险，而欧盟的银行恢复和处置指令以法律的形式将银行的破产责任规定为银行的股东和债权人共同承担，从而提高了银行的谨慎运营和有效监管的积极性，从而降低了道德风险的发生。为此，我们应当在立法层面上确立一套规则，使银行在破产时产生的损失既要对现有股东进行分配，又要对债权人、存款人进行分配，以加强金融秩序。有研究显示，将损失分配给债权人或存款人并不必然会造成银行的挤兑，也不会造成总的货币、信用和产出的萎缩。在以往的某些危机中，各国政府都将亏损分给存款人，并且在宏观上没有负面影响或货币贬值。然而，在实际情况中，对债权人的利益分配仍有一定的困难，一方面，我国已有破产处置制度，但由于技术问题，缺少可操作的程序；另一方面，在金融危机初期，各国政府不愿意让债权人遭受损失，担心风险蔓延，造成公众恐慌。但这种传染并非自然发生。我们必须清楚，由于市场参与者不清楚银行的实际情况，害怕一家银行破产会使其他公司破产，从而使其债权人蒙受损失。如果能够通过诸如可靠的压力测试之类的手段来降低其他银行的不确定性，来帮助市场参与者辨别出哪些银行是有问题的银行，那么就可以在不损害金融市场稳定性的情况下使个别银行破产，将银行破产造成的损失转嫁给股东和债权人，降低财政干预的代价。《存款保险条例》于 2015 年在我国正式施行，但目前国内尚无完善的处置机制与程序，因此，为了与《存款保险条例》《企业破产法》相衔接，我国应当制定完善的银行业破产处置制度。

五、设立银行危机处置基金

欧盟、美国和其他有过银行或有债务管理经验的国家设立了一项针对银行危机的处置基金，目的是降低财政成本，降低银行危机对财政稳定的影响。从国外的实践来看，我们也应该建立起一种金融危机处置机制，以降低政府进行财政救助的可能。承担基金费用的银行应该至少包含在处置系统中的所有系统性银行。更大的规模可以涵盖所有的金融机构，因为该基金能够处理与系统风险转移有关的问题，而且所有的机构都将得益于金融稳定。银行按银行的信贷等级和风险等级来收费，风险高的银行会收取更多的资金，风险低的银行支付的资金也会比较少，并定期按照有关部门的风险评级进行调整。另外，银行危机处置基金也可以通过政府担保的费用获得融资。在使用处置基金时，可将资金用于"桥梁银行"、自救机构或资产管理机构；还可以向包括子公司、桥梁银行或证券经纪公司在内的系统性金融机构发放贷款；在万不得已的情况下，也可以作为一种"公开的银行救助"来提供担保或者向那些没有破产处置的金融机构提供资金。

虽然在职能上，危机处置基金和存款保险基金的用途可能会重叠，但在那些缺乏计划资金和国家对存款保险基金的支持能力有限的情况下，依赖存款保险基金来处置系统性银行的倒闭问题，将会受到制约。鉴于金融体系的复杂程度以及对存款保险基金的监管架构，有必要设立一项单独的处置基金，以弥补破产银行处置资金的不足。通过对银行收取资金的处置机制有助于控制政府或有债务的风险，尤其是在不过分使用公共资金的情况下，为银行处置提供充足的资金支持。危机处置基金是"存款保险基金"的补充，它能保护无担保债权人，在银行破产处置过程中能防止危机蔓延，保护金融体系的稳定。通过将存款保险制度与系统性银行破产时产生的大规模或有债务相隔离，来提高存款人对存款保险体系的信心。这还可以作为一个更大范围的稳定方案来维持金融稳定。

六、强化金融风险管理体系建设

在建立风险管理制度的过程中，必须把重点放在系统性金融风险上。

系统性金融风险往往是隐蔽、难以察觉、难以评估、风险累积过程难以辨识的，但当金融风险累积到一定程度，系统性风险就会迅速显现，从而导致系统性金融危机爆发，并以极快的速度蔓延到其他行业，造成更大的破坏。因此，在建立风险管理制度时，必须准确地认识和掌握其产生、发展的过程，并对其规模、情况进行及时的判断，同时找出各环节间的传导途径与机理，及时扼杀潜在的风险，保障整个金融体系不发生系统性风险。

要构建风险管理体系，必须加强对系统性金融机构的监管。系统性金融机构在整个金融系统中扮演重要角色，它不仅可以推动整个金融系统的一体化，提高经济效率，而且还会带来极大的风险。由系统性金融机构所引起的系统性风险，其表现出的特点与普通风险完全不同，大型金融机构的股东、经营层凭借"大而不倒"的优势，利用市场影响和外在因素进行冒险投资和经营，但大型公司治理结构并不能有效地约束这些风险，只能通过外部的监管来弥补。欧美国家在2007—2009年间的金融危机中，对金融体系中的重要金融机构进行了大量的投资，这种做法在国际上引起了不同的评价，尽管它们在某种程度上起到了对金融危机的缓解作用，但也承担了巨额的财政救助成本，政府担心重要金融机构若不能承受金融危机带来的巨大风险，政府将会承担更大的兜底责任。加强对系统重要金融机构的监督，健全风险管理机制，加强对各大金融机构的风险管理，加强对金融机构的日常监管，严格约束金融机构所承担的风险，对它们进行"总量"的控制，并建立健全"红线"机制。

加强企业信息化建设是风险管理体系建设的重要内容之一。通过对全球金融危机救助的经验总结，我们发现，要正确地掌握复杂经济与金融环境中存在的风险的根源，必须认识到风险发生的阶段、进程和对风险救助的影响，同时需要及时收集和分析大量信息。因此，在构建风险管理系统时，必须加快数字化转型，充分运用云计算与区块链技术，建立风险监测预警机制与平台，打通经济金融数据在风险监测方面的共享壁垒，实现金融机构间风险信息共享，建立金融危机救助机制，确保救助措施精准施效（田洪昌，2022）。

七、适度财政风险披露

由于政府对银行体系的公共干预（以政府担保为主），不仅是包含政府部门，还包括中央银行、金融和非金融组织，因此，该过程存在很大的财政风险。很多表外交易没有被直接记录在政府的账目中，但是会因危机的发生而被记入政府的资产负债表中。忽视财政风险，就会降低对冲击的反应能力和损害政府财政的可持续发展。要及时披露政府干预所带来的财政风险。这样可以让民众对国家财政的实际情况有一个更清晰的认识；在紧急情况下，可以使政府得到民众的支持，也使民众在突发事件下得到恰当的响应。

加强监管和提高透明度可以在一定程度上防止政府财政受到严重打击。政府与金融监管者之间应建立一个体系架构，并构建信息分享机制，为金融风险提供经常性的信息交换，有助于将银行业风险可能对财政产生的影响内部化。这样的信息披露在长期内可以帮助减少借贷成本。透明度也增强了对有效风险管理的责任感，增强了政府是否承担风险的决策质量，以及尽早作出政策反应的能力。该机制应当充分考虑到信息的隐私性和监管机构与管理者的独立性；全面监测和评估银行的政府债务风险，定期发布财政风险报告，声明政府对金融机构风险的干预支持，并提供预算文件；对市场敏感信息的发布给予充分的考虑。具体来看，财政风险报告包括：金融领域的问题导致或加重了经济衰退的可能，以及由政府提供存款保险所带来的风险（包括政府干预的主要特征、对公共部门资产负债表的影响和相关财政风险的评估）。关于隐性担保的报告，可以提供以下资料：如政府风险敞口的评估，要求担保的可能性和担保的价值等。政府干预所带来的财政风险，不仅要在第一次发生时公布，还要定时更新，并将其作为财政风险声明发布。

八、加强财政政策与金融政策的宏观协调

加强财政政策与金融政策在宏观审慎管理中的宏观协调,形成双支柱宏观审慎管理框架。研究制定符合宏观经济形势的财政与金融政策组合,实现更精准灵活的调控。科学地运用财政与金融工具使财政风险金融化处于合理区间,最大限度地发挥财政风险金融化在资金供给与促进经济增长等方面的作用,促进政府在实现平衡稳增长与防风险的政策目标中取得最优均衡。此外,财政政策可以利用结构性调节的优势,发挥财政的资源配置功能,综合运用税收、财政支出、财政补贴等结构性政策工具对产能过剩、投资集中度过高等结构性的经济金融风险实施有效管控。

提升财政在金融监管协调中的作用,减少各部门的条块管理矛盾。提升财政在中央层级金融监管协调机制中的重要作用和各级政府在地方层级金融稳定协调机制中的主导作用,建立常态化、高效率、多层级的金融监管协调机制,增加行政与制度约束力,提高运作效率。一方面可以解决行政体制带来的协调权威与动力不对称问题,另一方面也使财政的事前防范与事后救助责任对等,统一事权与支出责任,在现有的金融安全网框架下理清财政的"越位"与"缺位",加大财政对于事前防范的监管责任,同时也能更好地落实属地责任管理,解决在金融风险处置中存在的动力不足等问题,实现成本最小化的风险处置目标。

财政应当作为宏观审慎管理的重要支柱之一,提升财政在维护金融稳定工作方面的参与度,扩大职责范围,财政与金融各有侧重又协同互补,形成政策合力,发挥政策乘数效应。一方面,要参与宏观审慎管理政策的制定。财政部门要作为政策制定的主要参与方,加强政策制度层面的协同性,保持财政政策与金融政策在宏观审慎管理方面目标的一致性,减少政策冲突,避免政策抵消。以不发生系统性金融风险为底线,重点参与系统重要性机构与系统性风险监管规则的制定,提高权利与责任的匹配度。另一方面,要提升财政在金融监管和金融监管协调等方面的重要作用。财政

政策与金融政策要共同实现稳增长与防风险的双重目标,发挥财政政策在防控财政风险金融化负面宏观效应方面的优势,改进防控金融风险的政策框架与政策工具。财政应侧重经济衰退期的逆周期调节,重点监管系统重要性机构和系统性风险,形成有效的监管补充。同时,在金融监管协调中发挥主要作用,以解决现行行政体制的条块分割造成协调效率低的问题,对各级地方政府在落实属地责任和防范化解金融风险责任等方面形成更有效的制度约束。

第 五 章

财政风险与金融风险"反馈循环"的协同治理

鉴于金融风险与财政风险会相互传导，且呈现螺旋式扩大的"反馈循环"特征，即财政风险会传导给金融风险并加大金融风险，而金融风险同样会反向传导给财政风险并加大财政风险，形成恶性循环，因此不能仅针对单一财政风险或金融风险进行治理，需要将二者并联，进行协同治理。拉加德（Lagarde，2012）曾说过："……我们还必须打破银行债务风险和政府债务风险相互伤害的恶性循环。"① 党的十八大之后，我国政府债务在经过系统治理后，其风险逐渐得以控制，但还是具有相当程度的风险性；2023年召开的中央金融工作会议及中央经济工作会议都着重强调防范化解风险的问题，对财政风险和金融风险的重视程度不断提升。尽管我国特有的高储蓄、经常账户盈余、小外债和各种政策缓冲可以帮助缓解一定的短期风险，如果不加以解决，这些财政风险和金融风险可能不会消除，而是在相互反馈的路径扩张。因此需要采取果断的政策行动来遏制金融业与政府之间的、信贷过度供应和偿债能力恶化之间的负反馈循环。

---

① 拉加德为前国际货币基金组织总裁。她还认为有两种有效防范能打破这种恶性循环：一是恢复充足的资本水平，使银行变得更强健，防止银行通过更高的债务和或有负债损害财政；二是恢复对主权债务的信心也可以有效的帮助银行，因为它们是此类债务的重要持有人，通常受益于政府明确的隐性担保。见 IMF Survey，"Lagarde Calls for Urgent Action, So 2012 Can be 'Year of Healing'"，January 23, 2012。

第五章 财政风险与金融风险"反馈循环"的协同治理

第一节 建立现代财税金融体制

财政与金融本就紧密相连，特别是在财政风险与金融风险的关系中，二者间会相互传导，形成恶性的"反馈循环"，从而危及财政、金融体制发展，进而阻碍国家经济发展水平。面对财政风险与金融风险"反馈循环"的传导形式，妥善处理二者间关系，一方面要阻断二者间恶性"反馈循环"的链条，促使二者协同治理；另一方面要充分发挥财政金融合力，实现二者的共赢。因此，建立现代财税金融体制应运而生，构建现代财税金融体制能有效实现这一目标。

党的十九届五中全会通过的《中共中央关于制定国民经济和社会发展第十四个五年规划和二〇三五年远景目标的建议》，明确提出了建立现代财税金融体制的目标要求、主要任务和实现路径。这是以习近平同志为核心的党中央深刻把握国内外形势发展变化以及党和国家事业发展需要，从战略和全局高度作出的重大部署。我们坚持以习近平新时代中国特色社会主义思想为指导，增强"四个意识"、坚定"四个自信"、做到"两个维护"，把建立现代财税金融体制的各项任务落到实处。同样，在 2023 年 12 月 11—12 日召开的中央经济会议中，再次着重强调"要谋划新一轮财税体制改革，落实金融体制改革"，逐步推进建立现代财税金融体制的目标进程。建立现代财税金融体制是全面建设社会主义现代化国家的重要保障。进入新时代，财税金融体制改革被提升至新的国家战略高度。加快建立作为国家治理基础和重要支柱的现代财税金融体制，能够有效推进国家治理体系和治理能力现代化，迅速提升国家治理效能。此外，现代财税金融体制也是社会主义市场经济体制的重要组成部分，推进其进程能加速有效市场与有为政府的完美结合。同时，加快建立现代财税金融体制，能够有效促进财政风险与金融风险"反馈循环"的协同治理，即预防财政风险的同时，能够防控金融风险的扩大，且将二者进行协同管控。

如何建立现代财税金融体制，实现财政风险与金融风险"反馈循环"的协同治理，应从有利于财政和金融各自健康、可持续发展的机制体制建立和探索风险联动机制等多角度入手，对现有机制体制中仍须强化或改革的地方进行优化升级，具体应从如下几个方面进行考量：一是深化财政事权与支出责任划分改革。明晰各级政府的主体责任，科学划分事权与支出责任，保障地方公共服务供给。从财政事权及支出责任划分角度，提升财政自身的明确性与规范性，从防范化解财政风险的角度，降低发生财政风险与金融风险"反馈循环"的可能性。二是加快建立现代税收制度。完善地方税体系建设，优化税制结构，提高征管效率。完善税收制度角度，保证财政收入的充足性和有效性，进而通过减小财政风险的角度降低发生财政风险与金融风险"反馈循环"的可能性。三是完善转移支付制度。通过对政府转移支付规模、结果以及实施过程分析，推进转移支付制度的规范化和标准化。从完善转移支付角度，确保财政收入运用的有效性和准确性，降低发生财政风险与金融风险"反馈循环"的可能性。四是深化预算制度改革。通过建立一套合理的评价体系，以实现预算的编制与管理更加科学化。从深化预算制度角度，保证财政收支分配的合理性，通过编纂科学合理的预算制度，减小财政风险及金融风险增大的可能性，打破二者间"反馈循环"的链条。五是推进国有金融资本管理制度改革。可以利用调整产权关系以及完成产权重组组实现国有金融资本的集中统一监管，推进国有金融资本管理体制改革的协同机制与配套制度。从完善金融管理制度角度，实现金融发展的可持续性，通过防范化解金融风险的路径，打破财政风险与金融风险"反馈循环"的链条。六是财政风险与金融风险的联动机制及协同治理。探索财政金融风险联动机制，构建科学合理的财政金融风险监测和预警系统。从财政风险与金融风险联动视角，打破二者"反馈循环"链条，事前降低发生财政风险与金融风险"反馈循环"的可能性。

一、深化财政事权与支出责任划分改革

长期以来，财税界对政府财政事权与支出责任划分的关注从未停止，政府间财政事权和支出责任交叉重叠、不清晰、不稳定现象会带来多方面的财政金融风险，如事权与支出责任不匹配使得地方财政风险集聚、风险责任主体不明确容易招致一定金融风险等（刘尚希等，2018），如何平衡两者之间的关系目前仍未形成统一的衡量标准。《国务院关于推进中央与地方财政事权和支出责任划分改革的指导意见》（国发〔2016〕49号）的颁布拉开了改革的序幕，标志着构建规范化的事权与支出责任划分体系已成为我国各级政府的工作重点。建立现代财税金融体制、应对财政风险与金融风险"反馈循环"的重难点之一就是要推进我国上下级政府事权与支出责任的合理划分，以事权合理划分为切入口，将上下级政府间事权关系的体系架构进行重新梳理组建，并对财政事权与支出责任的划分机制不断完善使其规范化，进而考虑在兼顾效率、效益、公平和经济性的原则上，根据我国国情因地制宜出台符合中国特色的方案。鉴于财政关系在财税体制改革进程中的重要地位，协调上下级政府财政关系可以推进现代财税制度建设的进展速度，同时构建并完善事权、支出责任与财力相适应的制度本身也是现代财税制度的重要内容。

深化财政事权与支出责任划分改革，首先要合理划分政府间财政事权，推动事权划分的明确化和精细化（郑培，2012）。我国各级政府事权划分方式逻辑较为混乱，从划分依据角度来看，无论是"以事定支"，"以支定事"还是"以执定事"同时出现在事权改革的文件当中，相互独立且矛盾的事权划分逻辑严重扰乱了事权基础框架的构建；从事权行使的角度来看，政府委托代理模式下的事权范围模糊不清，模糊的法律关系制约着事权的执行和落实；从行使事权的机构来看，鉴于政府机构的结构设置过于趋同，因而政府间财政事权划分的区分度较低。因此，需要设计合理划分政府间财政事权的方案，包括中央政府财政事权划分以及地方政府

财政事权划分，二者可以结合自身特点大同小异，进而厘清政府间财政事权划分方式。其次确定各级政府的支出责任，现阶段事权所对应的支出责任划分主要存在两个困境，一方面目前仍有部分事权所对应的支出责任存在无界定或界定不明的情况，严重影响了责任承担的整体性和协调性；另一方面由于政治集权及经济分权所产生的作用，上级政府易于将事权下移，因此下级特别是基层政府会承担更多的支出责任，导致财力、事权及支出责任不匹配。因此，需要根据我国国情以及结合时代发展要求，建立一套"先梳理事权归属，再考虑博弈关系，最后确定支出责任"的支出责任划分的分析框架，具体要以基本公共服务均等化为突破口，优先细分基本公共服务领域的交叉重叠事项，使基本公共服务的普遍性与特定公共服务的非均衡性相结合；要以中央与省级政府间事权与支出责任划分清单为样本，突出省级政府的协调职权、职责，使中央与地方之间、省与省级以下地方政府之间的自上而下与自下而上改革相结合（岳红举和王雪蕊，2019）。此外，还需要完善相关法律体系。我国事权与支出责任的改革以"指导思想""通知"等政策性文件出现，虽然这在一定程度上为改革指明了方向，但是我们不能因为事权改革还处于试水阶段，就降低法定原则的标准；与此同时涉及事权与支出责任的相关规定之间还存在冲突，部分领域立法中的事权与支出责任归属存在交叉且矛盾的内容，政策性文件和相关法律的抵牾之处破坏了财政法治化和规范化的要求。因此，需要以政策先行、分领域试点探索为治理策略，逐步推进事权与支出责任划分的制度化，使政治治理与财税法治相结合，进一步设计一套完善相关法律体系的方案，为我国财政事权和支出责任合理划分提供法治化保障。

二、加快建立现代税收制度

税收在国家实施宏观调控以及调节收入分配方面发挥重大作用，是其重要的工具。税收收入作为财政收入的重要来源之一，不仅其规模及增长的均衡性关乎财政的稳定性，影响招致财政风险的可能性（白彦锋和乔路，2016；关飞，2021），而且税收收入的主体多为企业，若税率定制不合理，企业税负过高，也会影响整体金融的发展，引发金融风险。因此，加快构建现代税收制度迫在眉睫，建立现代税收制度一方面能够有效降低财政风险，另一方面能在一定程度上阻断财政风险与金融风险"反馈循环"的路径。目前我国处于"十四五"时期，对于税收提出了更高的要求，不仅要建立健全有利于高质量发展、社会公平、市场统一的税收制度体系，还要优化税制结构、提升税收征管的效率。目前我国税收制度尚不完善且存在较多的问题，一方面，随着供给侧结构性改革的深入推进，产业和行业发展呈现新趋势，地方政府顺应经济结构转型升级和财税体制改革，挖掘地方税收新的增长点，因地制宜规划和培育地方税源，调整产业结构以促进地方税收满足支出需求显得尤为迫切；另一方面，新常态下我国经济高质量的发展对税制结构提出了更高要求。当前我国正在经历以间接税为主向以直接税和间接税为主的"双主体"税制结构演变，推进直接税制度的完善与其比重的提高是当下讨论的重点，研究如何提高征管效率也是加快推进税制改革的重要目标之一。

2023年中央工作会议中明确指出"要谋划新一轮财税体制改革"，而加快建立现代税收制度是构建财税金融体制中不可或缺的重要一环。加快建立现代税收制度首先需要规划和培育地方税源，目前我国地方政府缺乏培育高质量地方税源的正确观念，一些地方为了定时定量地完成税收任务，可能会采用各种不合理的方式，例如采取不合规、不合法等手段拉、抢税源，曲解政策内容，将培育税源误解为减免税收。此外，还会利用给予企业税收减免等措施开展区域税收竞争，目的只为招揽商业吸引投资。上述不合理不合规的行为都会对正常的税收秩序产生恶劣的影响，不仅无法保证地方政府获得长期稳定的税收收入，而且更不利于地区经济长期健康的发展。因此，需要合理规划和培育地方税源，进而为地方财政提供坚实保障。其次需要健全直接税体系，健全以所得税和财产税为主体的直接税体系，优化税制结构是主要方向。截至目前我国税制结构还很不完善，直接税比重偏低，违背了最优税制和税收公平原则。随着经济发展，居民投资性和财产性收入在总收入中所占的比重越来越高，但财产税的种类又相对较少，这在一定程度上阻碍了直接税税基的扩大。因此，可以考虑从税基、税率和征税范围等多个角度健全直接税体系，平衡税制结构，丰富直接税种类，提高直接税税基增长速度。具体应以"稳定舒服"为约束条件、以"补短板、强弱项"为着力点、以"此减彼增"为行动路线，在保持宏观税负水平基本稳定的前提下"补足"和"强化"现代税收职能"短板""弱项"，主要是"补足"和"强化"现行税收体系中处于"缺失"或"体弱"状态的直接税"短板""弱项"；在此基础上增加直接税、提高直接税比重，即增加居民个人缴纳的税收，提高居民个人缴纳的税收收入占全部税收收入的比重，以循序渐进之策实现优化税制结构，建立中国式现代化税收制度（高培勇，2023）。此外，仍须深化税收征管制度改革，特别是最近几年，我国税收制度改革不断深化，税收征管体制持续优化，但纳税服务和税务执法的规范性、便捷性、精准性仍有较大的进步空间。另外，税务机构对税收征管方式的认知比较落后，尤其是对税收征管信息化重视程度不够高。因此，需要深化税收征管制度改革，提升规范性、便捷性与准确性，拓展税收机构知识基础，并充分运用现代信息技术如大数据、云计算、人工智能、移动互联网等，建立能够提高税收征管效率的信息化平台。

三、完善转移支付制度

转移支付制度作为财政体制的重要组成部分，完善转移支付制度一方面能够起到均衡地区间财力差距、实现基本公共服务均等化的作用，另一方面能够缓解债务风险（洪源等，2018），进一步起到缓解财政风险的作用。近年来，我国各级政府不断健全完善转移支付制度，规范转移支付资金管理，在缓解县乡财政困难、落实重大民生政策、促进区域协调发展、推进经济结构调整等方面发挥了重要功效。伴随经济不断发展、政府职能不断转变，转移支付制度也面临一些亟待解决的问题，迫切需要深化改革、创新制度、完善办法，以更好地发挥转移支付的调节作用。其主要的变革方向为不断提高制度的科学性和规范性，特别是2023年中央经济会议中明确提出要严格转移支付资金监督，突显出当前转移支付制度运行依赖的法律法规体系尚未健全，省以下转移支付缺乏统一的管理办法，资金管理科学性难以衡量，因此加强对建立省以下转移支付制度的指导，既可以支持经济社会的持续健康发展，有力促进地区间基本公共服务公平；又能够保证地区财政金融的可持续性，阻断财政风险与金融风险"反馈循环"的传导路径。

完善转移支付制度需要明确转移支付定位。由于政府间事权责任划分不清，省以下转移支付制度的基础并不扎实，政策目标不够明确，缺少总体设计与规划。实际工作中，哪些事务应当由政府负责，哪些事务应当由市场解决；哪些事务应当采用专款方式，哪些事务适合通过财力补助方式，一直没有得到很好解决。目前我国将转移支付制度改革的重点转移至完善中央对地方转移支付，由此国务院、财政部也出台相关意见及文件来制定及规范省以下转移支付制度，尽管如此仍存在缺少法律依据和中央层面的规范性制度这一弊端。此外，地区间在经济发展和财政管理能力等方面存在明显差距，这些都导致各地区转移支付制度涉及存在较大差异。因此，需要根据我国国情与发展形势设计一套评估政府转移支付定位是否合理的方案，以此为转移支付的规范化、标准化进行评估。完善转移支付制度还需要提高转移支付资金使用效率，一般性转移支付与专项转移支付都分别制定了适用的规章制度及其使用范围。但两者在一些领域还存在交叉重叠，政府对这两部分的资金界定不是很明确，造成两者在相同领域实施效率不高问题。近年来，省级部门设立的专款项目越来越多，规模不断膨胀，且很多项目要求地方配套，一定程度上肢解了市县财政职能，弱化了基层财政统筹能力。因此，可以构建一套完整的政府转移支付监督考核平台，加强完善监管机制，提高转移支付资金使用效率。完善转移支付制度还要充分考虑横向转移支付与纵向转移支付的关系，构建具有中国特色的全方位转移支付制度。现阶段，我国转移支付的主要表现形式为纵向转移支付和横向转移支付，纵向转移支付为上下级政府间的转移支付，横向转移支付则为同级政府间的转移支付，目前两条线是并行存在的，今后应将两条线进行充分考量，寻求二者间的交汇及平衡点，即纵向转移支付不能达成效果时，是否能够通过横向转移支付来弥补，充分发挥横向与纵向转移支付的优势，达成转移支付效果的帕累托最优，构建中国特色的转移支付制度。

四、深化预算制度改革

预算制度与地方政府隐性债务密切相关，预算制度机制不够完善极易引发地方政府债务风险（杨志勇，2023），而债务与金融及财政间密不可分，这就极易招致财政金融风险及二者间恶性"反馈循环"。因此，要进一步加强预算约束力，深化预算制度改革，防范化解财政金融风险"反馈循环"带来的危害。最近几年中央政府不断强调要做好地方政府预算管理制度改革，党的十八大以来，预算管理制度在党中央及国务院的决策部署下不断进行改革，为建立现代财税制度奠定了坚实基础。当前和今后一个时期，财政处于紧平衡状态，收支矛盾较为突出。《国务院关于进一步深化预算管理制度改革的意见》（国发〔2021〕5号）再一次重申深化预算管理制度改革的重要性。以政府取钱、分钱和用钱为基础的政府预算能力可以很大程度上体现财税体制的科学性，由此可以看出深化预算管理制度改革与建立现代财税制度的重要联系。从省级的角度来看，各地方政府目前的预算管理并未完全实现规范化、标准化以及透明化、信息化，存在政府过紧日子意识尚未牢固树立、预算约束不够有力、资源配置使用效率有待提高、预算公开范围和内容仍须拓展等问题，从这几方面入手深化预算制度改革，可以有效解决政府收支矛盾、统筹力度不足等问题，进而进一步防范化解财政风险和金融风险及二者间的"反馈循环"。

深化预算制度改革首先需要规范预算编制，全力推进全口径预算管理改革，实现推进财政支出标准化。与建立现代预算制度的要求相比，我国预算管理体系尚存在较大的制度罅隙，具体体现在预算编报时间、细化程度和安排不够衔接等方面。同时，政府财力一定程度上存在分散现象，支出政策碎片化、调整随意性大，且支出政策过多考虑短期需求。为此，迫切需要通过规范预算编制，对预算采用全口径管理，划清政府收支的边界，将所有收支纳入预算之中，反映政府全部的收支活动，采用将国有资本经营预算扩大范围，将所有国有企业纳入预算等具体举措，以此来提升财政支出的标准化程度（张秀茹，2023）。其次需要强化预算执行和绩效管理，增强预算约束力。预算执行首要目标是严格预算约束，严格执行全国人民代表大会批准的预算，预算一经批准非经法定程序不得调整。目前国内各地方政府，"难以预见的开支"情形众多，追加预算形成常态化，严重偏离了预算管理的初衷，损害了预算的严肃性。同时，也要全面推进预算绩效管理提质增效，以解决财政资金使用效益和政府公共服务水平低下的问题。因此，亟须形成一套经常化、全方位、多层次的绩效评价体系，将绩效管理的理念和要求融入预算管理各个环节，从而增强预算约束力。此外，还须增强预算透明度，提高预算管理信息化水平。虽然目前我国预算公开取得了积极进展，但与社会公众的期望相比还存在一定的差距。今后一个时期，随着社会民主进步，群众的监督意识会越来越强，监督要求会越来越高。面对这样的局面，推动财政预算管理信息化建设能有效提高预算公开效率，从现阶段我国财政信息化程度来看，这将是一项长期的任务。因此，为增强预算透明度提高预算管理水平需要建立一套与现代信息技术高度融合的政府预算透明度评价体系，打造功能完善、动态监控、覆盖全面的预算管理信息系统。

五、推进国有金融资本管理制度改革

国有金融资本管理是国有资本管理体系的重要组成部分，亦是以管资本为主进行国资管理实践创新的新领域；推动国有金融资本管理制度改革能够降低宏观经济波动与金融风险（傅勇和李良松，2017），促进经济效率和金融稳定的持续、单项提升（彭俞超和黄志刚，2018），防范化解财政风险与金融风险间的反馈循环。早在 2018 年 6 月，中共中央、国务院就印发了《关于完善国有金融资本管理的指导意见》，明确提出要将完善国有金融资本管理体制摆在突出位置，在十四届全国人大一次会议中再次提请审议国务院机构改革方案的议案，要求完善国有金融资本管理体制。因此，如何深化国有金融资本管理的进一步改革，厘清各国有资本管理主体的权责关系，就显得尤为重要。此外，随着国资国企改革的深入推进与地方国有金融资本管理改革的开展，国有金融资本管理面临财政部门履行国有金融资本出资人职责的新一轮实践探索。

推进国有金融资本管理制度改革首先要明晰金融资本的特殊性，并根据其特性构建以"管资本"为主的国有金融资本监管体制。探索构建国有金融资本管理体制的基本原则；明确国有金融资本管理体制的目标并根据目标设定基本框架，合理科学地划分国有金融资本委托代理链条上各主体的权力与责任；考量国有金融资本的不同类别、不同功能特征，从概念界定、适应范围、契约关系、权责匹配、股权结构、管控方式等维度构建国有金融资本管理体制的目标模式与基本框架。立足风险防范、服务实体经济、提高管控效率、资本保值增值等的目标，遵循统一管理、分类约束、成本效益等原则，建立委托代理关系清晰、授权经营体系完善、权力与责任对等、运行高效的国有金融资本管理体制。其次要明晰财政部门的职能定位、行权方式及管理责任，使国有金融资本管理做到"放之有度，管之得当"。明晰管理目标、原则、基础、内容、手段，准确把握出资人主体的职责定位，合理划分出资人管理边界，并逐步建立起管理权力和责任的清单；根据财政部门实际需要及省级国有金融资本的功能特征，考虑"分级分类"委托其他部门、机构管理国有金融资本；重点关注金融机构的发展方向、战略定位、经营重点、风险防范，引导金融机构专注于服务实体经济的主业，规范金融综合经营与产融结合；强化财政部门出资人监督，加强对省级国有金融资本重大布局调整、产权流转和境外投资的监督，防范国有金融资本流失。从基础管理制度、财务监督制度、经营预算制度、绩效考核制度、薪酬管理制度、重大事项管理制度、责任追究制度等方面构建国有金融资本管理改革的制度保障。此外，通过调整产权关系和产权重组实现国有金融资本的集中统一监管，推进国有金融资本管理体制改革的协同机制与配套制度。实现财政部门与人民银行、金融监管部门、审计部门等的协同监管机制和方法；完善与改进国有金融资本管理的监督问责机制，加强国有金融资本统计监测与报告制度，保障人民群众对国有金融资本运营与管理的知情权、监督权。从风险管控机制、公司治理机制、激励约束机制、协同监督机制等方面，以管资本为主设计我国国有金融资本管理的关键机制。

六、财政风险与金融风险治理的协同联动

党的十九届五中全会强调"健全符合高质量发展要求的财税金融制度"，要充分"发挥财政在国家治理中的基础和重要支柱作用"，同时"增强金融服务实体经济能力"。当前我国宏观经济面临的诸多部门风险都是相互关联的，尤其是我国地方政府部门融资在很大程度上依赖于地方金融部门，这就使得财政风险与金融风险形成了紧密相依、相互传导的风险联动机制。财政风险是一个涉及"政府—金融—经济"的综合命题，如果忽略部门风险间联动特性，单一风险的外溢效应会降低政策效力甚至会造成不同政策之间的互斥反应，对宏观经济稳定运行造成负面冲击。我国地方政府面临的不稳定的土地财政收入、急剧扩张的政府债务规模和未来偿债前景，更为债务管理者和财政治理机构敲响了警钟，也为新经济环境下地方政府债务风险管理提出了更高的要求。因此，如何正确认识当前财政风险与金融风险现状、厘清两种风险之间的联动机制，进而协调各部门各区域形成政策合力，建立财政风险与金融风险防控的区域协同治理体

系，就成为建设现代财税金融体制面临的主要任务之一。

首先，要对财政风险和金融风险水平测算。我国总体以及各地方财政风险和金融风险处于什么水平、风险是否得到控制成为大家普遍关心的问题。因此，我们要解决的关键问题就是构建科学合理的风险监测指标体系和风险评估预警系统，进而对我国总体以及各地方财政风险和金融风险进行实时监测。现阶段对财政风险指标的构建维度较多且尚不统一，如将政府债务与可支配资源联系起来构建债务风险状况来度量财政风险（刘尚希，2003）；用财政能够承受的国债发行额度来衡量财政风险（杨绍基，2001）；基于流量和存量的角度，对财政收支状况进行测算来分析财政风险（肖潇，2022）等。同样，对于金融风险的测度所涉及层面也较广，如基于金融市场压力指数度量金融风险（钱丽华等，2023），选取房地产市场、股票市场等多维度中的指标构建 MITVP-FAV 模型测度金融风险（沈悦等，2023），基于复杂网络视角采用改进高维时变参数向量自回归模型（HD-TVP-VAR）测度金融风险（陈少凌等，2021）等。在以上测度财政风险与金融风险模型及指标选取的考量下，我们应与时俱进，充分考虑中国式现代化的现状，将更多的直观及侧面相关的指标纳入测度范围，且不断更新方法，精准合理地构建风险监测体系与风险评估预警系统。其次，厘清财政风险和金融风险之间的联动机制。我国金融体系依靠国有背景，财政体系与金融体系之间的密切关联多体现在经济层面，通过厘清财政风险与金融风险之间联动溢出机制的形成机理以及相互蔓延的影响链条，可以有效识别并切断财政风险与金融风险间相互转化的纽带，同时避免财政风险与金融风险的交叉感染对宏观经济形成叠加的冲击影响，为建立财政风险和金融风险的跨区域协同治理体系提供理论依据。亟须建立"疏堵结合、规范管理、防范风险"的地方政府债务管理机制，健全地方政府性债务风险预警机制和应急处置机制，完善债务报告和公开制度、建立考核问责机制等配套制度。此外，建立健全财政政策与金融政策的协调配合机制，构建财政风险与金融风险防控的协同治理体系。财政政策与金融政策有其各自独特的运行机理、政策时效和影响因素，二者之间若搭配得当，会形成政策合力，若搭配不合理则易产生排挤效应，影响经济发展。因此，我们亟待解决的问题之一是加强政府部门与金融部门政策的沟通和协同合作，在考虑风险外溢效应的基础上，构建区域间、部门间风险的联防联控机制。可以构建"风险监测—联合监管—金融创新—协同治理"四位一体的风险防控体系，强化风险治理防控的区域联动理念，探索多层次、多形式的风险区域联合监管合作方式，引导各地方政府建立财政政策和金融政策协调搭配的制度保障体系。

第二节　加强对金融体系的监管

想要妥善协同治理财政风险与金融风险间"反馈循环"，需要从财政和金融方面同时入手，双管齐下，而从金融入手，加强对金融体系的监管必不可少，加强对金融体系的监管，即需要加强对金融机构的监管，对金融机构的监管应从加强外部监督、内部制约和科技监管等多方面考量。

一、加强对金融体系的外部监管

想要妥善协同治理财政风险与金融风险间"反馈循环"，我们首先要从外部入手，通过严格的外部监管，打造一个良好的金融经营环境。对于金融体系的外部监管主要分为政府及其国家金融监管机构的监管和社会公众对于金融机构的监管。

（一）政府及其国家金融监管机构的监管

对于政府及其国家金融监管机构对金融机构的监管主要改进以下几个方面：

1. 健全金融监管体制

金融监管的效率与效力高低会受到金融监管体制如何安排的影响［古德哈特（Goodhart），1998］。要在有效推动金融体系发展的同时维持金融体系稳定,则各国金融监管体制的安排必须要适应本国金融体系的发展,监管体制不存在一个完美适配所有国家或地区的"最优"方案。目前,各国金融监管体制可以归纳为以下四种模式:机构型监管模式、功能型监管模式、综合型监管模式和双峰型监管模式[三十国集团(Group of Thirty),2008],每种监管模式既有优点又有缺点,如表5-1所示。

表5-1 四种不同监管模式的比较

监管模式	代表国家或地区	主要特征	主要优点	主要缺点
机构型监管模式	中国内地、中国香港特别行政区、墨西哥	监管机构根据金融机构的牌照类型和法律属性予以划分	机构间及内部分工明确,拥有较强的专业化;有助于防止监管单点失效	金融机构间交叉业务易于推诿(无人监管)或者过度监管;监管不一致;监管的协调成本过高
功能型监管模式	巴西、法国、意大利、西班牙	监管机构通过不同的金融业务类型来设置	监管保持高度一致性及专业性;能够显著提高监管效率	监管机构管辖范围模糊不易确定;协调成本较高;存在监管过度竞争的现象;监管规则普适性较低;不足以有效防范系统性风险
综合型监管模式	瑞士、英国、日本、德国、加拿大、卡塔尔、新加坡	通过一个单独的综合性监管机构从防范金融业务系统性风险和保护消费者利益两个方面对所有金融部门进行监管	监管具有统一性;拥有较为全面的监管视角;能够有效避免监管机构的过度竞争;强化问责制;高效地配置监管资源	易产生监管的单点失效的后果;权力高度集中从而监管效率低下;内部部门存在信息不对称;监管者易形成"团体思维"
双峰型监管模式	荷兰、澳大利亚	存在两类监管机构:其一通过审慎监管维护金融体系安全稳健,其二通过行为监管保护消费者利益	利于缓解监管目标的内在矛盾;拥有综合监管的全部优点;充分保护消费者	鉴于两类监管机构各有特点,因此会将目标主观性优先考虑,无法做到两者兼顾;不易控制金融机构的管理成本

机构型监管模式又叫分业监管模式，通过金融机构（如银行、证券公司等）的牌照类型和法律属性将其划分为独立的监管机构，并同时实施审慎监管和行为监管，其具有分工明确、专业性强等优点，同样也存在监管不一致、协调成本过高等缺点。功能型监管模式根据金融业务的类型划分监管机构，不同监管机构对应不同的业务类型，采用功能型监管模式能够显著提高监管效率，但依旧存在普适性较低、管辖范围模糊等弊端。综合型监管模式是指整个金融体系中的审慎监管和行为监管均由一家综合性监管机构统一进行，具有监管统一性、全面性、高效性等特征，但容易引发单点失效、监管效率低下等问题。双峰型监管模式又称目标型监管模式，设两类监管机构分别进行审慎监管和行为监管，采用此类监管模式能够缓解监管目标的内在矛盾，充分保护消费者，但存在不易控制金融机构监管成本等弊端。此外，我国"十四五"规划、2035年远景目标建议以及2023年中央金融工作会议中都明确提出要全面加强金融监管，完善现代金融监管体系，补齐监管制度的短板，并在审慎监管的前提下循序渐进推进金融创新，建立健全风险全覆盖的监管框架，从而增强金融监管的透明度、提升法治化水平。

如何建立健全科技化、透明化与法治化的金融监管体系，需要科技助力，监管科技应运而生。英国金融市场行为监管局（Financial Conduct Authority）最早使用 RegTech 一词来定义监管科技并将其阐释为解决监管面临的困难，推动各类机构满足合规要求的新兴技术，重点是那些能比现有手段更有效地促进监管达标的技术。换言之，监管科技是能提高监管流程的效率、一致性和简便性的技术，且具有四个关键特征，即组织数据集的敏捷性、配置和生成报告的速度、为缩短解决方案的启动和运行时限的集成能力、大数据分析。监管科技能够通过改进数据处理、客户身份识别、压力测试、市场行为监控和法律法规跟踪等环节，提升监管机构的监管能力和降低金融机构的合规成本。

要想发挥监管科技在金融监管体系中的作用，首先，要完善监管科技的顶层设计，使其标准、规范、科学化。要想监管科技发挥作用，需要数据、系统及规则的合理搭配，因此，标准化、规范化就成为监管科技应用的前提与基础。监管科技标准化、规范化的顶层设计，涉及内部细节的标准化、规范化，即要从基础、技术、应用、管理等各个方面进行标准化、规范化，进而建立健全监管科技体系的标准化、规范化。将监管规则数字化、标准化，特别是在数据采取、储存等阶段制定标准的规则。此外，还要综合借鉴国内外监管科技成功的经验，平衡系统设计、场景应用等的安全与便利，以此确保监管科技的可行性及先进性。

其次，要确保监管科技与金融监管政策的有效衔接。本着监管的本质，监管科技是在传统监管方式的基础上进行的创新与改进，因此依旧需要坚持合法合规、政策连续性等原则。鉴于现阶段监管科技的法律法规较为欠缺，完善监管科技立法及与其相关的法律法规就显得尤为重要，不仅要通过法律法规明确监管科技的规章制度，还要为监管细节如数据采集、风险分析等提供法律保障。要融合监管与科技结合的特点，将金融统计指标如范围大小、市场布局等进行优化，进一步完善监管框架。

再次，需要将监管科技融入金融基础设施中，为其提供保障。加速金融市场与基础设施建设的融合，尽快实现全方位的互联互通，不断提升清算、托管等专业化水平。充分利用并根据现实需求完善监管大数据平台，将监管工作向信息化、智能化、人性化推进。同时，逐步实现金融业关键信息基础设施国有化，防备技术及信息安全风险。加强对基础设施及中介结构管理，时刻紧急包容审慎的原则，创新监管棒法，在发展中抵御风险冲击。

此外，需要强化监管科技对地方金融风险监测预警。在金融与科技结合更加紧密的背景下，靠传统"人防"监管模式已经滞后于金融创新。大数据、人工智能、区块链等新技术已逐步在金融监管领域发挥着越来越多的作用。地方金融监管资源不足也促使监管机构借用科技手段增强监管效率，转变线下为线上、转变粗放到精准、转变"一过式"到实时监测的新型监管模式。北京应用"三合一"(将冒烟指数、图谱分析以及风险大脑合为一体)的金融风险监测预警体系,深圳则建立"海豚指数+监管平台+灵鲲"大数据安全平台,以此将风险分级分类量化,提高风险预警能力、提升案件核查效率,对各类违法违规的投融资活动如非法集资、金融诈骗等保持高度警惕。

2. 建立健全金融监管法规

对于金融机构的外部监管,政府及其国家金融监管机构要制定合理严谨的法律制度。全面依法治国是当今我国的治国方针,这不仅要体现在对国家整体的依法治理,还要体现在国家内部各个细节要依法治理。制定合理严谨的金融监管法律制度,使政府部门在监管过程中做到有法可依。金融包含广泛,其中更是涉及许多细枝末节的东西,我国国家层面金融监管方面的金融法律主要有《中国人民银行法》《商业银行法》《票据法》《担保法》《保险法》《证券法》《信托法》《证券投资基金法》《银行业监督管理法》等,金融监管法规主要包括《储蓄管理条例》《企业债券管理条例》《外汇管理条例》《非法金融机构和非法金融业务活动取缔办法》《金融违法行为处罚办法》等,地方层面也出台了一系列金融监督管理条例,如山东、河北、天津、四川、上海、浙江、广西、内蒙古等地已经颁布了具有地方特性的金融监督管理条例。虽然我国国家层面和地方层面不断出台有关金融监管的法律法规,但由于金融多样性的特征以及内容和理念总是在不断更新,仍缺乏对金融监管的有效监督,须进一步完善。

对于金融监管法律法规的进一步完善,首先,要符合合理的原则,要依据现实情况来制定相关的监管条例,特别是对金融监管要具体问题具体分析,能够切实合理有效地保证对金融机构监管。具体应在现有金融监管法律法规体系的基础上,进一步完善建立统一的金融监管法律框架,依据实情明确各类金融机构的监管范围和监管职责,针对不同类型的金融机构和金融业务,制定相应的监管法规,确保金融监管的适用性和针对性,减少监管漏洞和盲区。其次,要依据合法的原则,在宪法的领导下对金融机构进行监管。我国一切法律的制定都要在宪法的管理下，不可与宪法相冲突，同样，完善监管法律也要符合宪法的要求。同时，在遵循宪法的前提下，完善金融监管的基本法律、行政法规、监管规章和政策性文件，确保金融监管法规的权威性和系统性。最后，对于金融监管法律制度的制定，要与时俱进。法律的完善属于理论层面的指导，在具体实施时，难免会遇到这样或者那样的问题，这就需要不断的探索，保持一切从实践中来到实践中去的理念，从而得出最优的解决方法，因此监管法的完善需要与时俱进，在实践中得到创新，从而得出最优最适合的法律，切实有效的保证对金融机构监管。此外，还应强化与金融监管法规相关的配套措施，建立健全金融监管的机制，包括但不限于包括监管部门在内的组织架构、监管职责和监管程序等，确保金融监管法规的有效实施和执行。

对于金融监管法律法规的完善要依据现实情况，首先要明确不同金融机构的概念以及历年的数据，由于金融机构的性质以及业务不尽相同，因此需要制定不同的针对各金融机构的合理指标，同时也要借鉴国外发达国家的经验，从而对金融机构的发展提出更高的要求。合理的指标设定可以有效地监管金融，不仅有利于控制金融风险，而且有利于控制财政风险。指标的制定要具有合理性，并且要不断细化，保证每一步都可以对金融机构进行监管。

此外，要逐步同时推动金融市场准入、退出机制及金融网络化电子化等涉及金融业方面的立法。外部要建立健全信用体系与制度，并加大对违法违规行为的打击力度，为借款人提供良好的外部环境；内部要提升借款人的偿还能力、增强还款意识，培养借款人的合约精神；内外双重发力，从而促进我国金融业健康发展。与此同时，不断更新个体对金融监管执法理念的理解，以便拥有更多的选择并采取更规范的行为，促进金融业的发展。

3. 多部门联合监管

金融机构的外部监管需要多部门进行联合监管，仅依靠政府和国家金融监管机构的单一部门监管是不够的。金融风险的测度以及防范需要在财政部门的带领下，结合多部门进行准确的测度以及风险的防范，因此，对于金融机构的监管并不是由单一部门来进行监管，是各个部门联合监管的合集。

首先，要认真落实国家金融监管机构的监管职责。2023年5月国家金融监督管理总局揭牌成立，国家金融监督管理总局不仅要严格遵循《银行监管法》等法律法规，对金融机构进行有效的监督管理，还要认真履行"依法对除证券业之外的金融业实行统一监督管理，强化机构监管、行为监管、功能监管、穿透式监管、持续监管，维护金融业合法、稳健运行；对金融业改革开放和监管有效性相关问题开展系统性研究，参与拟订金融业改革发展战略规划；统筹金融消费者权益保护工作；依法对银行业机构、保险业机构、金融控股公司等实行准入管理，对其公司治理、风险管理、内部控制、资本充足状况、偿付能力、经营行为、信息披露等实施监管"等主要职责，切实保证金融机构的正常运转。其次，要发挥政府财政部门的作用。2023年中共中央办公厅、国务院办公厅印发的《关于进一步加强财会监督工作的意见》明确指出"依法履行财会监督主责。各级财政部门是本级财会监督的主责部门，牵头组织对财政、财务、会计管理法律法规及规章制度执行情况的监督。加强预算管理监督，推动构建完善综合统筹、规范透明、约束有力、讲求绩效、持续安全的现代预算制度，推进全面实施预算绩效管理"，要严格遵守该《意见》提出的监管要求，发挥财政部门监督的主责；同时，政府财政部门有对政府债务进行测度以及风险防范的功能，财政部门可以对政府或有债务进行准确的预算以及决算，从而通过预算和决算来有效地测度以及防范政府的债务风险。因此，要发挥政府财政部门的职责，对于金融机构政府或有债务进行有效的监管。再次，单纯依靠政府财政部门以及国家金融监管机构，无法对金融业政府或有债务进行准确合理的监管，因此还需要与公检法等部门进行联合共同监管金融机构，以促进其良性发展。当然金融机构时常会产生一些不合规不合法的行为，针对这些行为，政府以及国家金融监管机构可以与公检法进行有效沟通，联合执法，在违法的初期进行有效的控制，从而避免损失的扩大以及违法人员的逃逸。最后，仅仅依靠以上三个部门并不能完成对金融业的有效监管，还需要税务部门、统计部门和审计部门等多部门进行联合监督和多部门的数据分析，充分发挥各个部门的职能作用，从而有效地监管金融机构。

4. 注重监管效果和问责

巴塞尔银行监管委员曾专门针对金融机构中的银行业进行深入调查，将调查结果汇总为《银行监管效果评估和问责机制报告》并于2015年发布，此报告深入分析了各国银行的监管目标、效果评估、问责机制等，指出：就监管目标而言，监管当局应树立明确的监管目标，将流程清晰化、透明化，逐步将战略目标融入到日常行为中；对于监管成效的评估，监管当局不仅要建立明晰的评估框架，还要细化到所使用的一系列指标要明晰；在监管中应处处体现监管绩效评价的作用，采用定量与定性指标相组合的方法，同时应构建良好的内部质量监控机制；监管者与利益相关者、被监管机构之间应建立清晰的沟通机制；应当设计良好的问责机制，这样有助于增强监管独立性，提高监管透明度，最终提升监管效力。

伴随监管范围的不断扩大，监管设计会变得更加复杂，实施难度也不断加大，监管效果更是难以度量。因此，构建科学合理的结构化框架就显得尤为重要。整体而言，监管应处于一个闭环循环的框架下。监管闭环循环包含了三个核心要素：一是监管目标（我们所要达成何种目的），具体包括战略目标、战术目标、操作目标，三者内涵分别为总体性的长期目标、明确优先事项的中期目标及年度行动计划，彼此间相互关联、相互促进，通过科学合理的结构化流程可将目标转化为行动。二是监管效果（我们所产生的行为是否有助于目标的实现），对于监管效果的审查，可以通过评估框架（具体通过明确的监管目标确定资源投入和监管行动）、监测和报告，以及质量监管来反映。三是问责机制（我们如何向外界展示我们监管的有效性），在设定透明度较高、独立性较强以及安全性较高的问责制度框架下，完善内部与外部问责，促使问责机制的完整、有效性。监管目标、监管效果和问责机制所形成的闭环循环，主要表现在设定出合理的监管目标可以促使监管效果的实现，监管效果的实现同样促使问责机制的搭建，搭建的问责机制又反过来促使监管目标的设定及实现，由此循环往复，形成良性的闭环循环。

（二）社会公众的监管

政府及其国家金融监管机构等外部机构的硬性监管和社会公众的软性监督相协同，有助于更好地实现对金融机构的有效监管。人民群众是国家的主人，是整个国家以及社会的主体，人民群众有权利有义务对各部门进行监督。

第一，社会公众对于金融机构的监管要从培养金融风险意识、提高金融知识水平做起。现阶段鉴于金融机构的信息普及机制不完善及社会公众参与度不够，导致社会公众对金融机构的监管意识不足，缺乏参与金融机构监管的积极性。大力普及我国经济与金融有关知识，一方面加强社会公众对金融市场的基本运作规则、金融产品的特点和风险进行了解；另一方面提升社会公众对金融市场动态变化的敏感度，了解金融机构的运行情况，深层次加深加强社会公众对金融风险的关注，从而培养社会公众对机构的监管意识。金融风险与财政风险息息相关，甚至相互影响极易形成恶性"反馈循环"。因此，加强社会公众对金融体系的监管要培养公众金融监管的意识，提高公众对风险的防范意识，提高公众对监管的积极性，充分发挥社会公众的监管职责。

第二，社会公众对金融机构的监管，主要是从生活中接触金融机构所披露的信息，采用多种不同的方式对金融机构进行监管。首先，社会公众可以通过金融机构所披露各种信息，参与金融机构的业务以及工作中去，关注金融信息公开和透明度。公众可以从金融机构披露信息中进行重点分析，特别是对各种项目的投资进行分析，可以更有效地监管金融机构的政府或有债务，规范金融机构的行为。其次，社会公众对于金融机构的监管，可以落实到实际生活当中去，社会公众与金融机构紧密相关，每一笔资金业务的办理都与金融机构有着千丝万缕的联系，在实际生活中，社会公众应注重金融消费者的权益保护，在金融消费过程中维护自身权益，通过自身的实践对金融机构进行监管，并对金融机构的各项业务中对金融机构进行监管，达到在切实保障自身利益的同时，监管金融机构确保金融机构的规范运转的"双赢"。再次，社会公众可以自发成立对金融机构监管的协会，通过自身与金融机构的接触，对金融机构所披露的信息进行进一步分析，将不合理以及违法的银行业行为及时上报或者曝光，利用法律手段维护自身的权利，同时，这也有助于维稳金融机构，并推动金融机构乃至整个国家的进一步发展。最后，社会公众获取监管信息的渠道有待拓宽。监管信息不仅来自金融机构所披露的财务报表（含年报、半年报、季报、月报等），社会公众还可以通过互联网技术等获取政府所披露的政府财务报告，在财务报告的基础上，将两者进行联合分析，进一步对金融机构可能引发的金融风险进行监管，加深对金融机构的深层次监管。

二、加强对金融机构的内部监管

加强对金融机构的监管，除了拥有良好大环境的监管之外，更要注重加强金融机构的内部监管，从金融机构内部入手，更好地规范金融机构的行为。

（一）金融机构内部要注重自身风险的管控

若金融机构内部结构或业务冗杂混乱且不合理，这不仅会危及金融机构的生存，还会对政府财政带来巨大影响，甚至引发财政风险。因此，金融机构不仅要时刻关注地方政府财政的情况，更要注重自身的信贷风险，尤其是区域信贷风险、产品信贷风险和客户信贷风险等，做好计划，构建有效的风险识别和评估机制，时时刻刻要对与地方政府债务相关的财政风险进行监督，对金融风险进行全方位的风险识别、测算、分析和计量，对于金融机构自身易导致金融风险的业务设定更加严苛的贷款条件，降低金融风险发生概率，从而减少金融机构损失。此外，还要与资本市场相结合，实施完善多元化的经营模式来解决不良贷款的历史遗留问题，进行新产品的研究和开发，以金融创新的手段来分散金融机构的系统风险。

（二）金融机构要制定合理的内部（自律）监管制度

金融机构对外要依法接受政府及国家金融监管机构等的外部监管，对金融机构自身来讲，要根据不同的金融机构行业制定切实合理的行规，制定合理的内部监管制度。《银行监管法》等针对金融机构的法律法规仅仅是从外部监管的角度对金融机构所提出的监管要求，对于金融机构自身来说，其内部的自律制度更为重要。所谓自律监管制度，是指在国家立法的基础之上成立自律性组织，以自我约束和自我管理为主要方式，对金融机构进行额外监管。

银行业已有《中国银行业自律公约实施细则（试行）》（以下简称《细则》）等多项规定，但《细则》等所涉及的内容仍不全面，对金融机构的自身监管尚未完全覆盖且有待完善。《细则》等多从银行业自身角度出发，约束银行业的行为，从而保证银行业的规范发展，虽然已经起到了一定的作用，但是《细则》仍不完善，特别是对银行业易导致政府或有债务的方面未充分体现也没有具体的细则及处理方法，即并未涉及金融风险传导至财政风险的治理实施方法。因此，金融机构内部仍需要进一步完善自律规定的内容，将其所涉及的范围及内容扩大，要囊括金融机构政府或有债务的问题，既能够保证金融机构的发展，也可以有效地预防财政风险，从而阻断金融风险向财政风险的传导。

（三）金融机构内部之间即各金融机构之间要相互监管

我国金融机构的种类繁多，金融机构作为金融体系的重要组成部分，具体是指从事金融服务业有关的中介机构，常见的金融服务业有银行、证券、保险、基金等，与之相对应，金融中介机构也包括银行、证券公司、保险公司、基金管理公司等。不同的金融机构有其独特的个性，即其性质以及运营方式各不相同，但却都易引发金融风险。

金融机构间的相互监管要从行业与地域两个方面进行，就行业而言，金融机构间的相互监管又可以分为以下两个方面，首先是不同金融机构之间要相互监管，其次是同类金融机构之间要相互监管。不同金融机构之间要相互监管，金融机构包含行业较为广泛，如银行、证券、保险等行业，不同金融行业的经营模式、盈利模式和构造框架不同，其所受的监管机制也不相同，如银行多受到国家金融监督管理总局监管，证券公司多受证监会监管，虽然金融机构间存在大大小小的差异，但作为金融机构的构成部分，彼此间仍会相互影响。因此，不同金融机构间可以通过建立合作机制的方式，共享监管信息，协调监管行动，从业务相接入手，加强监管，并根据实际情况与时俱进，从部分做起，使得各类金融机构平稳发展，进而有效防范金融风险，达到 1+1>2 的效果。

同类金融机构间要相互监管，以此促进某一行业的规范，进而有效防范财政风险和金融风险。以银行业为例，我国商业银行不仅需要接受中央银行以及政府金融机构的监管，同时还要接受同一性质不同银行的监管。商业银行是以盈利为目的的银行，它会想方设法的获取政府的隐性担保，从而易造成金融风险，且更易通过债务传导给财政风险。同时由于其目的影响，商业银行之间也会自发地产生竞标的行为来攀比业绩的好坏，这种行为有其两面性，虽然在一定程度上可以促进各银行的发展，促进银行业的共同繁荣，但这种行为也会有一些不利的影响，容易导致银行过度追求业绩，从而过分寻求政府隐形担保或者进行不合理的操作，这样不仅会对银行的发展产生不利影响，还会加大银行业政府或有债务的数额，不利于对财政成本的控制，极易引发财政风险。因此，各商业银行之间要加强监管，在合理适度的情况下竞争。各商业银行之间的相互监管，不仅能够促进银行业的发展，更可以有效地控制银行业政府或有债务的规模，达到控制财政成本、防范财政风险和金融风险的目的。

就地域而言，金融机构之间的监管要从本区域与跨区域两方面加强监管合作。同处一个区域的金融机构，应相互间做到信息互通，明晰并互相传达金融机构发布的监管规定和政策，明确金融机构在本区域内的经营标准、合规要求、风险管理等方面的底线，做到区域内相互监督，确保区域内金融机构的合规运营。对于跨区域的金融机构，不同的地区的金融机构间也应进行合作和协调，从信息共享、监管要求对接、协助跨境监管合规等多方面，确保信息的对称性，实现跨区域间金融机构间的监管。

第三节　实现对财政危机与金融危机的科学预测

一、科学预测财政危机

随着各国经济不断发展，特别是各国政府债务增多，且近年来世界发生的经济危机往往是由主权债务违约引发的财政危机（周明和王满仓，2019），财政危机开始备受关注。其实关于财政危机理论在20世纪已被提及，美国著名的新马克思主义学者詹姆斯·奥康纳（James O'Connor）在1973年出版的《国家的财政危机》一书中，以战后美国资本主义的发展为研究对象，分析了当时资本主义的矛盾与发展趋势，提出在资本主义矛盾日益剧烈的背景下，国家的经济职能日益突出，但国家对经济的调节造成了新的问题：财政危机正成为当今资本主义国家经济危机的集中表现，它不仅破坏经济自身的生产能力，还直接威胁到资本主义国家的政治合法性。由此，财政危机理念诞生。随后，不少学者具体界定财政危机的概念。布洛克（Block，1981）、英曼（Inman，1995）等将财政危机视为各国政府无法靠其所得来支撑开支，而不得不依靠提高通货膨胀税收或出现财政逆差、布洛克（Block，1981）则进一步指出，财政危机的关键在于，财政开支能否提高私营企业的产量，也就是说它是否"合法"。赫希和鲁福洛（Hirsch，Rufolo，1990）认为当地方政府达到正常预算的灵活性不再存在这样的状态时，如果没有削减开支、收入增加及借贷组合的存在，那么就是处于财政危机。刘尚希（2003）认为，财政性危机是由于财政收入不足而造成的财政逆差，若不能以负债方式加以支撑，将会使财政运作陷入困境，进而渗透到经济政治领域，最后导致危机全面爆发。根据这些定义，可以从理论上将财政危机概括为：当一个地方政府缺乏偿还债权人的能力和缺乏继续满足城市其他财政义务的能力时的状况（李琦，2013）。

财政危机往往是由财政风险不断演进的（孔宪遂和陈华，2014），IMF发布的《财政监控》报告把财政问题诊断为"全球经济普遍增长疲弱，下行风险加大，财政整顿任重道远。在许多发达经济体，削减债务和赤字需要付出多年的努力，才能使债务比率回到危机前的水平"。这表明，各国为摆脱金融危机而采取的一系列经济刺激计划，其"后遗症"已不可避免的显现出来，成为不断积聚的财政风险，直至财政危机。同样如何具体界定财政危机，各国家做法不一，以美国宾夕法尼亚州为例，《地方财政复兴法》第二章中对地方财政危机按照如下指标进行界定：地方政府超过3年以上出现赤字，并且先前每财年赤字率为1%及以上；地方政府支出超过收入达3年及以上；地方政府拖欠支付债券或票据的本金或利息及租金；地方政府拖欠支付工资30天及以上；在法院期限内地方政府未能向其债权人支付，超期30天及以上；地方政府未能提交用于雇员工资的税收，或未能向雇主或雇员支付社会保险金，超期30天及以上；地方政府没有满足《1984年地方养老金计划筹集标准和复兴法案》的要求，在规定的期限内支付最低程度的养老金支出，及未能在提出所需养老金期限内采取行动支付所需款项；地方政府与债权人谈判，要求对超过债务总量的30%的进行调整，谈判未能达成；地方政府根据《破产法》第九章提交了债务调整方案；地方政府从上一财年开始，提供的服务水平显著下降（服务水平以1982年统计数据为基准），导致地方政府达到了征收用于一般用途的房产税的法律极限（傅志华和陈少强，2004；李建英和于科鹏，2007）。

结合学术界及地方政府具体做法，对财政危机的界定首先要对一个国家的财政状况进行准确的定义，通常使用一组与国家债务相关的指标，如债务依存度、偿债率、国债负担率、居民负债能力、财政赤字占 GDP 比重等。在发达国家，以上指标是财政宏观预警机制的基础，其指标的变动能够真实地反映一个国家的财政危机及其演变程度。

财政危机的危害巨大，不仅易使一国一地区一政府顷刻覆灭，也具有较强的传染效应，引发全球危机。要想科学预测财政危机，首先要弄清财政危机引发的诱因，对症下药。詹姆斯·奥康纳（James O'Connor）曾指出国家职能的矛盾性与国家支出的二重性、国家支出上涨与国家收入受限、国家支出与国家收入间的结构性缺口均会引发财政危机；布洛克（Block，1981）认为，造成财政危机的原因有三个：公共部门的工资提高、制度的分离、财政收入受限程度，特别强调财政收入受限程度对财政危机产生的影响巨大；布朗斯坦（Braunstein，2004）将财政危机的产生归咎于资本利得税率、个人所得税率和企业所得税率的降低；克劳利等（Crowley，et al.，2010）引用了加拿大的例子，认为财政危机的起因是政府无法控制开支，以及不愿为支付开支而提高税收。

明确造成财政危机的诱发因素后，就必须建立起对财政危机进行科学预测的财政预警体系。因此，必须构建一套能够对当地政府财务风险进行监测的早期预警系统，以便对其财务状况进行评价，同时也可以提供给中央政府干预当地政府和提供应急资金支持的依据。在许多发展中国家，由于地方债务和民间信贷评级制度尚未建立，地方政府不服从市场，许多国家的地方财政运作不够透明，使其在金融活动中的表现更加草率。如此众多的问题，更表明了强化中央对地方财政监管的需要。目前较为完整的财政预警体系有美国模式和澳大利亚模式。美国财政预警模式又称为俄亥俄州模式，发展至今相对较为完善。该州建立了一个名为"地方财政监控计划"的体系，由州审计局负责执行，并在《地方财政紧急状态法》中详尽规定了这个监控体系的操作程序。该体系通过对当地政府的财务审计来判断当地的财务状况。如果某一地区的财务条件满足上述三项条件之一，则将其列入"预警名单"。如果州审计机构认为当地政府的财务情况会陷入更糟糕的境况，那么它就会被从"预警名单"中移至"危机名单"。与此同时，《地方财政紧急状态法》规定，一旦当地发生了财政危机，该州将设立一个监管部门（财政计划与监督委员会），以对其财务状况进行监控和管制。在委员会召开首次会晤后 120 日之内，当地行政长官（也是其委员）须就财务制度的具体方案适时作出反应并化解此次危机。为了与此项制度的变革相适应，有关的顾问组织如审计部门也将免费为被监管的当地政府提供顾问。但美国财政预警模式存在弊端：一是金融监管系统中采用的风险指数是静态的，没有反映政府收入、支出、债务等的动态变化，无法对其进行评价；二是因为大部分的衡量标准都是建立在传统的财务核算基础上的，即政府的资金流动和直接负债，反映面较小。澳大利亚财政预警模式是指澳大利亚维多利亚州在其每年和半年度的预算案中，对当地的财务状况进行一次风险评价，其中应包含任何对财务结果具有重大影响的要素，如经济动态变化、雇佣、工资、物价和利率等方面的变动；与不确定性事件密切相关的财政风险，它发生的时机均不明确；因当地政府的保证而导致的未明确的或有负债转变为实际负债。

　　结合国外发达国家财政预警体系，我国需要构建具有社会主义特色的财政预警体系以此科学准确预测财政危机。建立健全财政预警机制的过程可以分为三个主要步骤：风险识别、风险估测和风险评估。细化至财政预警机制的实施进程主要有：对我国当前的财政风险进行系统性的分析，确定其预警指标；对我国财政危机的来源和特征进行分析，明确其类型和构成；正确选取政府财政风险监控的内容和指标，并明确财政危机预警的阈值，确保财政风险状况的实时和精确；健全具有可行性的财政风险预警体系，对其技术和设备进行明确，并提供相应的资金支持；对政府财政预警系统的连续性、稳定性、准确性和可信度等进行评价，确保总系统与子系统的一致性；建立财政风险管理体系，制定有关规定、章程及行为准则，明确规定管理人员的权利和义务;建立和完善与财政风险指令控制体系与数据测评体系,保证财政风险评估工作的连续性;制定一套关于财政风险的处理、转移和控制等的治理措施,保证财政风险预警传导机制有序、有效运行,并促进财政预警监测部门与管理部门的协同。

二、科学预测金融危机

对危机的准确预测一直以来是我们梦寐以求的目标。若能够准确预测危机的发生(是否发生以及具体发生时间)会使我们受益良多:在危机发生前采取措施能够有效防范危机发生,在危机发生时能够将其危害降低到最小。虽然我们在不断探索预测危机的路上前行,但目前为止仍然没有出现任何一套可以解释各种类型危机的指标。对于金融危机的预测,通常是由研究人员在定量(曾发生金融危机的事件)的基础上使用定性方法进行预测的,金融危机发生一般表现为:许多金融机构被强制关闭、被合并、被政府接管,不止一家银行发生挤兑,或政府向一个或多个金融机构提供政府援助等。另外,对财务状况的深入评估也被用作判断的标准。一般使用某一指标来计算解决这些事件所产生的财政成本,从而对财务状况进行深入评估。金融危机常常会持续很久,因而具体结束时间难以判定。

金融危机是金融风险的极限效应,集中表现为全部或大部分金融指标急剧、短暂和超周期的恶化(郝俊等,2021)。风险何时转化为危机,对于金融危机开始的时间难以确定。莱因哈特和罗戈夫(Reinhart,Rogoff,2009)通过两类事件对金融危机的开始时期进行定义:一是发生金融机构挤兑,即金融机构相继发生倒闭或出现公共部门合并、接管金融机构的现象;二是在没有发生挤兑的情况下,一家重要的金融机构关闭、合并、被接管或收到大规模的公共援助。同时他们也指出了此方法的弊端,即这种方法判断危机存在偏差(时间过早或过晚),且无法准确得知危机结束的日期。此外,近期金融危机文献还出现了"平静危机"(quiet crisis)的概念,指在不存在挤兑和恐慌的情况下,出现的金融危机(高旸等,

2021),莱因哈特和罗戈夫判定危机时间的方法同样不适用于此类危机。仅 20 世纪以来,全球出现过数次大大小小的金融危机,其中较为严重的金融危机包括 1929—1933 年美国经济大萧条、70 年代欧洲货币体系危机、八九十年代日本银行业危机、1998 年东南亚金融危机、2008 年美国次贷危机及 2008 年后欧洲希腊债务危机等①(佟欣等,2020)。对于金融危机对经济产生的影响,不同学者有着不同看法,洛维塞克(Loviscek,1996)和哈泽拉等(Hazera, et al., 2017)就曾指出金融危机爆发往往会导致产出下降、国际储备枯竭、政府债务加剧等一系列问题,对区域或全球经济发展造成严重损害。但洛佩斯·萨利多和纳尔逊(Lopez-Salido,Nelson,2010)利用他们的新数据进行了分析,认为金融危机不会影响经济复苏的强度,这与大多数人声称的金融危机后经济复苏系统缓慢的说法相反。这些差异清楚地表明了研究金融危机开始时间的重要性。

近年来金融危机发生频率不断加大,不仅严重阻碍了国家内部与外部经济发展速度,还破坏了金融秩序的稳定。学术界就金融危机产生的原因及如何应对金融危机以避免将危害扩大化展开了深入研究,逐步形成一套拥有金融危机预警理论和金融危机预警模型的成因分析及预警机制。其中金融危机预警理论是金融危机预警模型的理论基础,而金融危机预警模型主要包括:预警方法、预警指标、预警具体模型、信息管理。

第一代金融危机预警模型侧重于宏观经济失衡,以弗兰克尔和罗斯(Frankel, Rose, 1996)建立的 FR 概率模型为代表。他们假设金融事件是离散有限的,将被解释变量(金融危机)表示离散变量,纳入一系列潜在因素作为解释变量,同时加入相应的参数向量,创建出联合概率分布函数就可以衡量危机发生的概率。通过选取 1971—1992 年 100 多个发展中国家的数据作为样本,利用最大对数似然估计法计算参数向量,再与当年影响因素的具体数值相结合,以此来计算金融危机发生的概率,最终把

---

① 卡门·莱因哈特网站数据,见 https://carmenreinhart.com/data/。

金融危机定义为货币贬值至少25%，并至少超出上一年贬值率的10%。在早期的危机预测模型中，通常是在新兴市场的背景下，主要针对银行和货币危机，其重点主要是宏观经济和金融失衡。卡明斯基和莱因哈特（Kaminsky，Reinhart，1999）表示，货币、信贷和其他一些变量的增长率超过某些阈值就会使得金融危机更有可能发生。戈德斯坦和莱因哈特（Goldstein，Reinhart，2000）在综合报告中指出：各种月度指标有助于预测货币危机，包括实际汇率升值（相对于趋势）、银行危机、股票价格下跌、出口下降、广义货币（M2）与国际储备的比例过高以及经济衰退，在年度指标中，两个最好的都是经常项目指标，即与GDP和投资相关的巨额经常项目赤字。对于金融危机，最佳（按降序排列）月度指标是：实际汇率升值（相对于趋势）、股票价格下跌、货币（M2）乘数上升、实际产出下降、出口下滑和实际利率上升；经测试的八项年度指标中，最好的指标是短期资本流入与GDP的高比率，以及与投资相关的巨额经常项目赤字。

第二代金融预警模型仍然主要面向外部危机，资产负债表变量变得更加明显，相关指标显示包括大量短期债务即将到期，以萨克斯等（Sachs, et al., 1996）创建了STV横截面回归模型为代表，他们构建预警模型的基础是基于多元线性回归的方法，解释变量具体包括实际汇率贬值、国内私人贷款增率、国际储备/M2等，被解释变量具体包括两个虚拟变量、危机指数（外汇储备的减少比例）作为因变量构建金融危机预警模型。危机爆发前一年，广义货币与国际储备的比例被发现要高于（GDP增长放缓）新兴市场发生危机时。然而，在这些模型中，财政赤字、公共债务、通货膨胀和真正的广义货币增长在发生严重危机之前，在危机和非危机国家之间经常并不一致。在货币和系统性银行危机的早期预警指标中，利率息差和主权信用评级通常都不高。危机更有可能发生在实际汇率快速上升、经常账户赤字、国内信贷扩张、股价上涨之前。

后来的模型表明，变量的组合可以帮助识别金融压制和脆弱性的情况，以卡明斯基等（Kaminsky, et al., 1998）提出的 KLR 信号法模型为代表，此模型选取了一系列典型指标作为货币危机发生的主要因素，并设置相应的门槛值。一旦一个特定的临界点被打破，它就会发送危险警告，打破的门槛值越多，意味越有可能爆发金融危机。此模型时建立在一组月度指数变化上，如果一个指数超出了预先设置的临界点，那么它就会发出一个预警，最终通过对各个因素的分析，得出一个综合的危机事件的概率。弗兰克尔和萨拉韦洛斯（Frankel, Saravelos, 2012）进行了一项基于回顾危机预测模型的元分析。他们认为，信贷增长率、外汇储备、实际汇率、GDP 增长率，以及经常项目占 GDP 的比例是模型中最常见的重要指标。通常情况下，相对于历史平均水平，危机通常会出现在较大的经常账户赤字之前，尽管与外部不平衡相比信贷似乎是最佳预测指标。

全球因素在推动主权、货币、国际收支平衡和资本骤停危机方面发挥着重要作用。经常会有各种全球因素引发危机，包括贸易条件恶化，以及对世界利率和商品价格的冲击。例如，美国利率急剧上升已被确定为 20 世纪 80 年代拉丁美洲主权债务危机的触发因素。更普遍的情况是，危机往往发生在发达经济体的加息和大宗商品价格突然变化的情况下，特别是石油价格的变化。低利率也会产生很大的影响。例如，约尔达等（Jordà, et al., 2011）报告说，全球金融危机往往是在低利率的环境下进行的。其他研究认为，21 世纪的全球失衡与近期的危机密切相关［奥布斯特费尔德（Obstfeld），2012］。国际贸易和其他实际联系可以是传播渠道，金融市场的传染与危机相关。例如，研究突出了一个共同贷方在扩大东亚金融危机中的作用［卡明斯基和莱因哈特（Kaminsky, Reinhart），2001］。这些全球因素不仅仅会引发危机，它们同时也是危机的结果，就像最近的危机一样，在危机爆发后，利率和商品价格出现了大幅调整。

不过，总体而言，信贷和资产价格的快速增长与金融抑制和脆弱性的增加最为相关。洛和博里奥（Lowe, Borio, 2002）表明，基于信贷和资产价格的手段是最有用的：几乎有 80% 的危机可以在一年信贷繁荣的基础上预测，仅有18%的危机无法被预测。基于此，卡尔达雷利等（Cardarelli，et al.，2009）发现，银行业危机通常在信贷和资产价格急剧上升之前。其他许多学者发现，信贷和资产价格的异常快速增长、住宅投资的大幅增长以及经常账户余额恶化的存在，都导致了信贷紧缩和资产价格泡沫破裂的可能性。

最近的研究证实，信贷增长是最重要的，但仍然是不完美的预测指标。一旦有信贷繁荣的情况，如资产价格急剧上涨、贸易差额持续恶化和银行杠杆明显增加，就会失去预测意义，仍然有类型 I 和类型 II 错误。正如德拉里恰等（Dell'Ariccia，et al.，2012）所表明的那样，并不是所有的繁荣都与危机相关：只有三分之一的繁荣最终导致金融危机，其他繁荣不会导致经济衰退，但随后会出现较长期的低于趋势的经济增长，结果是永久性的金融深化和长期的经济增长。虽然不是所有的繁荣都在危机中结束，但随着繁荣，危机的可能性也在增加。此外，繁荣的规模越大，其可能导致危机的可能性越大。克罗等（Crowe，et al.，2013）发现，接近一半或更多的繁荣持续时间比六年长（9 个中的 4 个），超过了平均年增长率的 25 个百分点（18 个中的 8 个），或者是从初始阶段开始信贷占 GDP 的比例高于 60%（26 个中的 15 个），最终导致危机。

实际上，最近的预警模型通常使用各种各样的定量脆弱性指标，重点放在国际方面。指标利用来自外部、公共、金融、非金融企业或家庭部门的集中的脆弱性，并将其与定性投入相结合。由于国际金融市场在传播和造成或触发各种类型危机方面可发挥多重作用，因此，通常使用若干国际关联措施。值得注意的是，金融系统的指标，如国际融资风险敞口以及非核心债务与核心债务的比率，已经被证明有助于发现显著的缺陷［希恩（Shin），2013］。由于国际市场也可以帮助风险分担，并能减少波动性，而经验证据是混合的，国际金融一体化和危机的总体关系是备受争议的［莱恩（Lane），2012］。

结合上述对金融预警模型发展历史的梳理，我国应与时俱进，建立符合我国国情的中国式现代化金融危机预警模型，以此对金融危机进行科学合理的预测，其具体应涵盖以下几个方面：首先，收集并整理大量相关的宏观经济数据、中观金融市场数据、微观金融机构数据等。数据指标包括但不限于经济增长率、通货膨胀率、失业率、股票市场指数、债券市场指标、金融机构的资产负债率、不良贷款率等，确保构建金融预警模型时所需数据的准确性和完整性。其次，利用所收集到的数据，进行特征选择及构建贴合实际的模型。在借鉴第一代、第二代金融预警模型的基础上，选取更科学合理的方法，如机器学习法等，并在构建过程中，充分考虑不同特征间的相关性，选择合适的特征子集，对数据进行合适的预处理和标准化。再次，建立预警模型后，对构建的预警模型进行评估验证。通过历史数据进行模型的回测和验证，检验模型的准确性和稳定性，并对不合理的地方进行优化，提升预警模型的预测效果。此外，根据建立的预警模型，确定金融危机的风险指标和预警信号。通过模型输出的频率或得分设定不同的风险等级和预警阀值，以便及时发现和应对潜在的金融危机风险。最后，将预警模型与实时数据进行连接，建立实时监测和预警系统，实现对金融市场和金融机构的实时监测和预警。建立实时监测和预警系统能够确保预警系统的及时性和有效性，以便政府及监管机构能够及时采取相应的措施来缓解金融危机。

第四节 完善金融危机时期财政救助的制度安排

一、国外救助典型做法

历次发生的金融危机，总会让各国政府对受到危害的金融机构进行救助，以美国次级房贷危机为代表的金融危机为例，政府在金融监管、资本注入、股权收购、贷款、国有化、高管限薪、扶持就业、降息、退税、政府接管等方面采取各项措施来应对此次危机。纵观世界各地对金融机构的

第五章 财政风险与金融风险"反馈循环"的协同治理

救援行动,大致可以分为以下几类。

一是政府以收购股权的形式,对银行进行了直接的融资。在遭受金融危机这一巨大的冲击下,大部分受到重创的国家已经将资金注入银行等金融机构中。采取这一做法的典型国家有芬兰、瑞典、英国、美国等。以芬兰为例,芬兰在遭受20世纪80年代后期北欧金融危机后,采用直接国有化的危机救助措施,具体为1991年至1993年期间,由芬兰中央银行收购一家主要问题银行,政府收购全部储蓄银行,并倡议合并为一家储蓄银行;政府对收购的银行记性注资,规模高达542亿芬兰马克。同样,瑞典在经受20世纪80年代后期北欧金融危机史,也采用注资的方式对金融机构进行救助,具体做法为在此期间,瑞典政府先通过注资650亿瑞典克朗控制了瑞典三家主要的问题银行,并将储蓄银行进行合并成立储蓄银行。在此对银行业进行国有化的一系列措施下,芬兰和瑞典的银行业得到重组,机构数量减少质量提升,使其在危机中基本恢复过来。再比如英国,英国在经受2007年金融危机后,首先通过注资和持有商业银行股票来保证银行系统的信誉。英国于2008年10月首次提出救助计划,其中心是把钱注入大型商业银行。起初英国政府将370亿英镑注入莱斯银行、苏格兰银行及哈利法克斯银行,随后向英国其他大型银行注入500亿英镑用于购买金融机构的优先股和普通股。美国一直奉行自由市场经济的政策,其通过资金注入化解金融危机的行为也广受关注。美国政府于2008年10月将250亿美元注入花旗银行、摩通银行,美银银行和富国银行。同年同月,美国政府还推出了一项2500亿美元的注资方案。11月,美国政府又一次将200亿美元注入花旗银行,以换取年息8%的花旗优先股票;财政部为美国21家金融机构发放了335.6亿美元的贷款。到2009年1月为止,美国已经为215家商业银行共注入了1875亿美元。从英美采取政府救助措施化解金融危机的做法来看,政府注资收购股权为救助措施的核心,并在短期内促使经济获得恢复。

二是通过政府向银行发放信贷保证。给主要的银行注入资金并不足够维持信贷和金融系统的整体流动性。由此，各国政府通过自身的信用来保证货币市场的稳定性，从而减轻银行的短期资金周转困难。其具体内容有：（1）为银行间的同业拆放款提供保证。在欧元区，各个国家为本国的银行间借贷提供了保障，如德国提供 4000 亿欧元，荷兰提供 2000 亿欧元，葡萄牙提供 200 亿欧元，奥地利提供 850 亿欧元，法国提供 3200 亿欧元。（2）保证银行信贷和金融机构债券顺利发行。美国财政部为 1.4 万亿美元的银行负债进行兜底；美国财政部、联邦储备委员会和联邦存款保险公司共同为花旗银行的问题资产提供 3060 亿美元的资金；联邦存款保险公司为公司债券提供巨额担保。爱尔兰政府在 2008 年宣布对本国六家最大银行的存款提供全额保障，而后英国、奥利地、荷兰、希腊等国家在不同程度上提高存款保险保障限额。此外，法国、德国、韩国、比利时等国家对国内的商业银行进行了大量的贷款，使其在银行系统中的信誉和核心位置得到了稳固，同时也加强了国内的消费与投资。

除去上述对金融机构的救助措施使金融机构能够继续存活、缓解金融危机带来的负面影响外，还存在以下几种辅助性措施作用于金融机构，在面临金融危机时能够从容应对。一方面是对于风险资产的处理。金融危机的发生往往会招致风险资产的聚集，特别是对风险资产的载体金融机构来说，政府多会成立专门的机构对金融机构的风险资产进行处理，具体处理方式包含收购、剥离和处置。如芬兰、瑞典等欧洲国家在面临 20 世纪 80 年代金融危机时，专门成立银行协管局，对银行不良资产进行变卖处理。日本在 20 世纪 90 年代面临金融危机时，成立全国性的整理回收机制，用于接管金融公司和破产银行的不良债权，负责执行债权的清理、催收与销售等业务。再如，美国财政部在 2008 年面临全球金融危机时，推动花旗集团为首的数家美国金融机构出资 800 亿美元，成立"超级流动性增级管道"新平台，用于购买银行旗下的金融投资工具持有的资产，而后通过大规模金融救援方案，赋予政府处理金融机构不良资产权利。另一方面是政府立法出台政策对监管进行创新。以美国为例，在 2008 年面临由次贷危机引发全球金融危机时，国会主动立法扩大金融监管的范围，将大量金融机构如对冲基金和保险公司等纳入常规的监管范围，侧面对金融机构进行救助，度过金融危机。

二、明确相关救助主体及职权

权力是一把双刃剑，它可以用来为社会公众谋得福利，但权力配置不得当，那么权力的执行就是一场零和博弈，会带来过多的"交易成本"。例如，国家政府部门的职责交叉不清，很可能会出现政府职责空白或职权冲突，甚至出现滥用职权以保证自身利益而损害他人或国家利益的乱象。若想要在金融危机时给与有效的财政救助，需要每个环节的权责机关依法行使自己的职能。了解金融危机发生的前兆、过程以及后期如何针对金融机构给予财政救助的决策，都需要明确主体及其职权。明确主体、明晰职权能够迅速准确地识别出问题金融机构，并在符合要求时作出救助决策、采取紧急措施。否则，就会耽误最佳救助时机，给金融机构及整个国家带来严重的后果（吴艳艳和俞冬来，2009）。

比如 2007 年英国北岩银行的挤兑事件，在此次事件发生后，英格兰银行先对其提供紧急借贷，而后财政部对北岩银行所有储蓄进行了担保，保险上限 35000 英镑，并于 2008 年年初对北岩银行进行国有化改革。此次事件的发生使得英格兰银行、财政部和金融服务局陷入一段长时间的争论和指责中。北岩银行发生的挤兑事件就是未明确救助主体所造成的恶劣后果。为弥补挽救此次危机，英国汲取教训制定旨在介入和处置问题银行的法律，并成功出台《2009 年银行法》。这一机制将财政部、英格兰和金融服务部等部门的职责划分得很清楚，并且需要这些部门进行协作，以便在遇到困难时能采取妥善的行动。由此可见，建立有效、有序的财政救济制度，必须对各方主体和责任进行清晰的界定。

建议对职权及相关机构进行进一步明确。首先，对我国现行法律下的金融危机时救助机构设置及其职权予以梳理：我国具有社会主义特色的国体及政体，最高权力机关是全国人民代表大会，全国人大常委会是它的常设机构，具有国家预算审查的权限；国家最高行政机关是国务院，其职责是调节市场经济、实行市场调控、管理社会，并提供公共服务；中央银行是中国人民银行，其职责是制定和实施货币政策，以防范和化解各种金融风险；财政部是国务院的重要组成部门之一，其职责是拟定和实施国家货币政策，管理国家财政收支制；国家金融监督管理总局是国务院的直属机构，职责在于根据有关法律、法规，制定有关金融机构的规章制度，并行使监管职能。

其次，通过总结国外经验并分析国内实践案例，在我国现行法律体系和制度安排的基础之上，可以从以下几个方面明晰相关救助主体及其权责要求，完善对金融危机救助的相关制度安排：一是建立有效的金融危机识别制度。该制度以国家金融监督管理总局的监管作用为主，中国人民银行及财政部的政策制定及实施职能为辅。国家金融监督管理总局专门负责金融机构的监督与管理，相较于其他部门，国家金融监督管理总局更易发现可能导致金融危机的风险因素；而中国人民银行及财政部负责制定并采取财政及货币政策，可以从宏观调控层面把握经济的运行，预防系统性金融风险。这样一个宏观与微观相结合的银行危机识别制度有助于从源头把握并预防金融危机的发生。二是提高政府预算审批成效，增强对财政预算的约束。全国人民代表大会及其常委会是审查批准政府财政预决算的主体，提高政府预算审批成效需要坚持并强化该主体地位，科学编制预算，良好衔接政府对金融危机实施的财政救助。加强对预算执行的有效监督，杜绝资金浪费行为，使财政拨款落实到实处，保证金融危机发生时政府及时并高效地划拨财政救助资金，不影响政府其他预算执行和经济稳定。三是明确金融危机救助时国务院和财政部的主体地位。国务院可以统筹协调各部门对金融危机的应对及管理，而财政部是国务院的组成部门，专管政府财政收支并对其进行监督，是组织并实施金融危机政府救助的部门。明确国务院和财政部的主体地位，切实做好金融危机政府救助工作，防范金融危机的发生。

最后，在对我国法律规范、域外救助制度和法律实务进行梳理与剖析之后，以维护本国制度为基础，以完善金融体系为目标，对金融危机时期财政救助机构主体及职能界定并配置得出以下结论：第一，建立健全以国家金融监督管理总局为主导，中国人民银行及财政部为辅助的金融危机识别制度。是专业的监督管理机构，其在金融风险的感知和识别上具有较强的敏感度和信息优势。以中国人民银行及财政部为辅助，是因为二者均为政府宏观调控部门，不仅能从宏观调控层面把握经济的运行，还能更好地掌控系统性金融风险。第二，确保全国人民代表大会及其常委会在预算审批中处于主导地位。因为在金融危机时财政救助关乎资金的筹资与分配，因此必须加强其人民代表大会及全国常委会在预算审核中的主导作用，确保对财政预算进行有效的制衡和监督，增强权力机关对财政资源的审慎态度，避免出现浪费现象，保障纳税人的权益。第三，突出国务院及财政部在财政救助中的主导作用。金融危机发生时，政府财政救助必不可少，这是因为如果金融机构无法承担这种风险，那么就会导致单个金融行业崩溃，从而危及整个金融体系的稳定。金融稳定是关系到国家和人民生活的大事，它的维护需要国家法律的介入。国务院是国家最高行政机构，拥有最高的行政权力。行使权力应保持灵活性和广泛性，以至在财政救助中满足相机抉择的需求。财政部是国家的财政部门，在金融危机发生时，按照国务院的要求，对金融机构进行专门的财政援救。

三、完善财政救助政策

国家治理需要财政作为基础和支柱，当金融危机危及国家整体安全时，政府并不会坐视不管，会提供某种坚固的"财政后盾"[①]（fiscal

---

[①] 财政后盾（fiscal backstop）是指政府通过财政政策手段，以资金或其他形式干预市场特别是救助金融系统，防止市场崩溃或系统性金融危机的出现，是政府财政对公共风险进行兜底的体现。

backstop）甚至是义无反顾地进行救助，努力挽回金融危机所带来的损失，起到兜底的作用。进行救助的主要方式是通过制度安排，更具体地可以划分为货币政策救助、财政政策救助以及产业振兴政策救助等。

首先是货币政策，以 2008 年由次贷危机引发的金融危机为例，各国央行在面对此次金融危机时，放弃了之前治理通货膨胀的手段，转而采取积极的货币政策，形成全球一致的降息、向金融系统注资、对金融机构进行担保和制止卖空等政策行为。2008 年 10 月 8 日，全球六大央行即欧洲央行、英国央行、瑞士央行、加拿大央行、瑞典央行和美国联邦储备委员会联手降息，基准利率下调 50 个基点，以缓解金融动荡对经济的不利影响，这在历史上尚属首次。2007 年 8 月以来，美联储联邦基金利率从 6.25%降至 0，率先实现零利率。金融危机爆发以来，美国在 2008 年向美国银行、AIG 等大型金融机构注资，随后在同年 10 月底提出 2500 亿美元的注资计划。日本自 2008 年 9 月以来再一次施行数量宽松货币政策，并连续 19 个工作日向金融体系注入流动性，10 月起更是一直在下调本国利率，将银行间无担保隔夜拆借利率从 0.5%下调至 0.1%。英国更是在数次调息的基础上向 8 家商业银行额外提供 2000 亿英镑的短期借款，荷兰拨款 200 亿欧元支持金融市场，瑞典、日本、韩国和澳大利亚等国央行也向市场注入大量资金。此外，各主要经济体对金融机构进行担保，以保持整个银行体系的信用水平和流动性。同时，金融市场比较发达的国家还对卖空行为进行制止，以避免金融市场的稳定受到进一步的威胁。

其次是财政政策。各国除了运用货币政策对金融市场进行稳定外，还出台了积极的财政政策刺激经济发展。这些积极的财政政策主要包括减税和扩大政府支出等方面。美国、英国、日本、俄罗斯和新西兰等国希望通过减税来刺激消费，而其他国家则希望通过减税来促进特定产业的发展，例如巴西和德国就希望通过减税促进汽车的销售。政府支出方面，资金则主要流向基础设施建设和对企业、个人的补贴与转移支付，美国、中国、法国、澳大利亚、意大利、日本、墨西哥和马来西亚等国还宣布通过增加社会转移支付来帮助低收入家庭，这些措施包括直接或间接的现金支付以及社会福利项目等。美国的财政政策还包括大量发行国债、收购不良资产和接管企业等。

此外，产业振兴政策也频繁出台，很多国家都在金融危机后推出产业振兴政策，以扶持相关产业的发展。在美国产业振兴计划中，基础设施、道路交通建设资金为512亿美元，医疗信息化资金为190亿美元，宽带网络扩建投入72亿美元。德国除了对汽车产业进行救助振兴外，还增加对创新型公司的投资。法国实施"2012数字法国"计划，希望通过普及宽带接入，促进数字电视和移动电话的广泛使用发展数字技术。法国政府利用该计划扶持数字经济，以期拉动国民经济增长。俄罗斯批准了改善本国金融系统等方面的行动计划。印度则向汽车制造业、房地产业、城乡基础设施建设投入大量资金。同时，法国、日本、韩国和墨西哥等国的很多措施涉及促进中小企业发展，如法国政府与银行签署协议，以220亿欧元的专用款项支持中小企业融资，而日本则为陷入困境的中小企业提供信贷担保。

主要经济体通过降息、向金融系统注资、对金融机构进行担保和制止卖空行为等措施，有效地解决了金融机构的挤兑与居民储蓄保障的问题，也在一定程度上缓解了市场的流动性问题，再加上各国政府减税、扩大公共开支和转移支付等政策，对稳定市场需求也起到一定的作用。但同时，各国救市与经济刺激的部分政策中，补贴过多、贸易救助措施滥用以及进口的限制等手段，也给全球贸易设置了较高的壁垒。这些贸易保护主义的行为，在短期内会对世界贸易的复苏起到一定限制作用。不过，由于各国都采取了相应的救市措施和产业刺激和救助政策，以及全球化条件下跨国公司在全球范围内进行交易与投资的需要，使得绝大多数经济体在较短的时间内就实现了经济复苏。

同样，我国政府也迅速出台了一系列稳定外需扩大内需的政策措施：健全出口退税制度，保证退税的按时完成，减轻企业税负；扩大出口信用保险规模，提高其覆盖面，落实好小微企业和大型出口贸易企业的双覆盖；改善海关、外汇等贸易管理服务，增进贸易便利化；鼓励进口以满足先进生产技术的需求和居民多样化的需求；同时实施连续下调的存款准备金率、降低存款利率水平、大幅度促进人民币信贷投放等宽松的货币政策。推出了总额达4万亿元人民币的两年投资计划，实施结构性减税，出台了中小企业、房地产业交易相关税收优惠政策，实施产业调整振兴规划等措施。

在各国政府的政策推动下，全球经济逐步回稳，急剧下降的进出口态势得到缓解。世界贸易组织（WTO）公布的数据显示，2008年我国出口产品占全球市场份额的8.9%，2009年该比例上升至9.6%。随着一系列政策措施的贯彻落实，我国外贸交易抵挡住了国际需求低迷和贸易保护的双重冲击，出口额超越德国，成为世界第一出口大国，但货币的超发也为未来我国经济埋下了潜在的风险，需要引起我们的注意。

我国应进一步完善财政救助政策，在金融危机爆发前做好缓冲工作，在金融危机爆发时做好应对工作，在金融危机爆发后做好恢复工作，构建应对金融危机的全生命周期的财政救助体系。具体应包含以下几个方面：首先，在事前建立健全紧急财政支出机制，并在尚未爆发金融危机的年份做好资金储备，确保在金融危机爆发时能够有效调动充足的财政资金，采取有效的财政救助措施。这不仅包括制定明确的紧急财政支出程序和标准，明确资金来源及适用范围，还包括提高资金调配的效率和灵活性。其次，在事中及事后出台及时有效的一揽子政策，提升财政及货币的针对性、有效性、灵活性和多样性，并拓宽财政的融资渠道。在金融危机发生时，应积极发挥政策的协调搭配作用，出台一揽子的财政政策及货币政策等政策举措。财政政策包含但不限于具有针对性范围如受影响最严重地区的减税降费政策、针对行业或者特定企业如小微企业的财政补贴政策、加大对基础设施建设和公共服务领域的财政投入、加强对就业和社会保障的支持等，促使财政政策精准切实覆盖到需要帮扶的对象；货币政策包括但不限于合理范围内的降息、有选择性的注资，以及有条件的担保等举措，促使金融机构能在危机发生时及发生后能够尽快恢复过来并起到引领带头作用。此外，拓宽财政融资渠道，受到金融危机冲击后，前期建立的紧急财政支出机制的资金可能并不能全部覆盖并起到经济恢复的作用，因此，还需要通过发行专门应对危机的政府债券及成立用于应对危机的 PPP 项目等方式来拓宽融资渠道和规模。这样在充分凸显各类政策的针对、有效、灵活、多样性的同时，实现政策间合理协调搭配，促使国家在金融危机时能快速恢复经济。此外，在日常还应加强财政监督和风险防范工作。不论是否受到金融危机的冲击，都应加强对资金使用的监管和风险的防范，防止出现财政资金的滥用和浪费，确保财政救助的效果最大化。

参考文献

[1] Abad, J., "Breaking the Feedback Loop: Macroprudential Regulation of Banks'Sovereign Exposures", CEMFI Working Paper, 2019.

[2] Abiad, A., et al., "T. A New Database of Financial Reforms", IMF Staff Papers, Vol. 52, No. 2 (2010), pp. 281-302.

[3] Acharya, V. V., et al., "A Pyrrhic Victory? Bank Bailouts and Sovereign Credit Risk", *Journal of Finance*, Vol. 69, No. 6 (2014), pp. 2689-2739.

[4] Acharya, V. V., Steffen, S., "The Greatest Carry Trade Ever? Understanding Eurozone Bank Risks", *Journal of Financial Economics*, Vo. 115, No. 2 (2015), pp. 215-236.

[5] Acharya, V. V., et al., "Real Effects of the Sovereign Debt Crisis in Europe: Evidence from Syndicated Loans", *Review of Financial Studies*, Vol. 31, No. 8 (2018), pp. 2855-2896.

[6] Adrian, T., et al., "Vulnerable Growth", *American Economic Review*, Vol. 109, No. 4 (2019), pp. 1263-1289.

[7] Afonso, A., Hauptmeier, S., "Fiscal Behaviour in the European Union: Rules, Fiscal Decentralization and Government Indebtedness", Working Paper, 2009.

[8] Aguiar, M., Gopinath, G., "Defaultable Debt, Interest Rates and the Current Account", *Journal of International Economics*, Vol. 69, No. 1 (2006), pp. 64-83.

[9] Akai, N., Sato, M., "A Simple Dynamic Decentralized Leadership Model with Private Savings and Local Borrowing Regulation", *Journal of Urban Economics*, Vol. 70, No. 1 (2011), pp. 15-24.

[10] Allegret, J. P., et al., "The Impact of the European Sovereign Debt Crisis on Banks Stocks: Some Evidence of Shift Contagion in Europe", *Journal of Banking & Finance*, Vol. 74, 2017, pp. 24–37.

[11] Allen, F., Gale, D., "Liquidity, Asset Prices and Systemic Risk Bank for International Settlements", Proceedings of the Third Joint Central Bank Research Conference, 2003.

[12] Allen, F., et al., "Law, Finance, and Economic Growth in China", *Journal of Financial Economics*, Vol. 77, No. 1 (2005), pp. 57–116.

[13] Altavilla, C., et al., "Bank Exposures and Sovereign Stress Transmission", *Review of Finance*, Vol. 21, No. 6 (2017), pp. 2103–2139.

[14] Altavilla, C., et al., "Monetary Policy and Bank Profitability in a Low Interest Rate Environment", *Economic Policy*, Vol. 33, No. 96 (2018), pp. 531–586.

[15] Alter, A., Schüler, Y. S., "Credit Spread Interdependencies of European States and Banks during the Financial Crisis", *Journal of Banking & Finance*, Vol. 36, 2012, pp. 3444–3468.

[16] Alter, A., Beyer, A., "The Dynamics of Spillover Effects during the European Sovereign Debt Turmoil", *Journal of Banking & Finance*, Vol. 4, 2014, pp. 134–153.

[17] Altman, E. I., "Financial Ratios, Discriminant Analysis and the Prediction of Corporate Bankruptcy", *Finance*, No. 23 (1968), pp. 589–609.

[18] Almeida, H., et al., "The Real Effects of Credit Ratings: The Sovereign Ceiling Channel", *Journal of Finance*, Vol. 72, 2017, pp. 249–290.

[19] Amato, J. D., Laubach, T., "Implications of Habit Formation for Optimal Monetary Policy", *Journal of Monetary Economics*, Vol. 51, 2014, pp. 305–325.

[20] Andritzky, J., et al., "Removing Privileges for Banks' Sovereign Exposures—A Proposal", *European Economy*, No. 1 (2016).

[21] Ang, A., Longstaff, F. A., "Systemic Sovereign Credit Risk: Lessons from the US and Europe", *Journal of Monetary Economics*, Vol. 60, 2013, pp. 493–510.

[22] Angkinand, A. P., "Banking Regulation and the Output Cost of Banking Crises", *Journal of International Financial Markets, Institutions and Money*, Vol. 19, No. 2 (2009), pp. 240–257.

[23] Arellano, J. P., "Structural Change in Chile: From Fiscal Deficits to Surpluses", in *Challenge of Fiscal Adjustment in Latin America: The Cases of Argentina, Brazil, Chile and Mexico*, OECD, 2006.

[24] Arellano, C., "Default Risk and Income Fluctuations in Emerging Economies", *American Economic Review*, Vol. 98, No. 3 (2008), pp. 690–712.

[25] Arellano, C., et al., "Sovereign Default Risk and Firm Heterogeneity", NBER Working Paper No. 23314, 2019.

[26] Arnold, B., et al., "Systemic Risk, Macroprudential Policy Frameworks, Monitoring Financial Systems and the Evolution of Capital Adequacy", *Journal of Banking & Finance*, Vol. 36, No. 12 (2012), pp. 3125–3132.

[27] Aschauer, D. A., "Is Public Expenditure Productive?", *Journal of Monetary Economics*, Vol. 23, No. 2 (1989), pp. 177–200.

[28] Asonuma, T., et al., "Costs of Sovereign Defaults: Restructuring Strategies, Bank Distress and the Capital Inflow-Credit Channe", IMF Working Paper 19/69, 2019.

[29] Attinasi, M. G., et al., "What Explains the Surge in Euro Area Sovereign Spreads during the Financial Crisis of 2007–09?", ECB Working Paper No. 1131, 2009.

[30] Avino, D., Cotter, J., "Sovereign and Bank CDS Spreads: Two Sides of the Same Coin?", *Journal of International Financial Markets Institutions and Money*, Vol. 32, 2014, pp. 72–85.

[31] Bahaj, S., "Sovereign Spreads in the Euro Area: Cross Border Transmission and Macroeconomic Implications", *Journal of Monetary Economics*, Vol. 110 (2020), pp. 116–135.

[32] Baldacci, E., Gupta, S., "Fiscal Expansions: What Works", *Finance & Development*, Vol. 46, 2009, pp. 35–37.

[33] Balkenborg, D., "Influence of Aggregation and Measurement Scale on Ranking a Compromise Alternative in AHP", MPRA Paper No. 19563, 2009.

[34] Balteanu, I., Erce, A., "Linking Bank Crises and Sovereign Defaults: Evidence from Emerging Markets", ESM Working Paper Series No. 22, 2017.

[35] Bardoscia, M., et al., "Pathways towards Instability in Financial Networks", *Nature Communications*, Vol. 8, 2017, pp. 14416.

[36] Barro, R., J., "Government Spending, Interest Rates, Prices, and Budget Deficits in the United Kingdom, 1701 – 1918", *Journal of Monetary Economics*, Vol. 20, No. 2 (1987), pp. 221-247.

[37] Boadway, R., Tremblay, J. F., "A Theory of Fiscal Imbalance", *Public Finance Analysis*, No. 1 (2006), pp. 1-27.

[38] Brennan, G., Buchanan, J. M., *The Power to Tax: Analytic Foundations of a Fiscal Constitution*, Cambridge University Press, 1980.

[39] Brixi, H. P., Schick, A., "Government at Risk: Contingent Liabilities and Fiscal Risk", Washington, D.C.: The World Bank and Oxford University, 2002, pp. 9-99.

[40] Eichengreen, B., *Golden Fetters: The Gold Standard and the Great Depression*, New York: Oxford University Press, 1992.

[41] BIS, Bank for International Settlments, "Basel Committee on Banking Supervision", The Regulatory Treatment of Sovereign Exposures—Discussion Paper, 2017.

[42] Bechtel, A., et al., "Does Quantitative Easing Mitigate the Sovereign-Bank Nexus?", University of St. Gallen, School of Finance Research Paper No. 2021/01, 2001.

[43] Beltratti, A., Stulz, R. M., "How Important was Contagion through Banks during the European Sovereign Crisis?", Fisher College of Business Working Paper 03-015, 2017.

[44] Berganza, J. C., "Fiscal Rule in Latin America: A Survey", The Banco de Espaa Occasional Discussion Paper 1208, 2012.

[45] Bernanke, B. S., et al., "The Financial Accelerator and the Flight to Quality", Social Science Electronic Publishing, 1996.

[46] Bernanke, B., et al., "The Financial Accelerator in a Quantitative Business Cycle Framework", NBER Working Paper 6455, 1999.

[47] Bernanke, B. S., "Asset-Price 'Bubbles' and Monetary Policy", 2002.

[48] Bernanke, B. S., "The Crisis and the Policy Response: Remarks at the Stamp Lecture, London School of Economics, London, England", Speech from Board of Governors of the Federal Reserve System (U. S.) 2009, N. 442, 2009.

[49] Bettendorf, T., "Spillover Effects of Credit Default Risk in the Euro Area and the Effects on the Euro: A GVAR Approach", *International Journal of Finance & Economics*, Vol. 24, No. 1 (2019), pp. 296-312.

[50] Betz, F., et al., "Systemic Risk Spillovers in the European Banking and Sovereign Network", *Journal of Financial Stability*, Vol. 25, 2016, pp. 206-224.

[51] Bharath, S. T., Shumway, T., "Forecasting Default with the Merton Distance to Default Model", *The Review of Financial Studies*, No. 21 (2008), pp. 1339-1369.

[52] Block, F., "The Fiscal Crisis of the Capitalist State", *Annual Review of Sociology*, No. 7 (1981), pp. 1-27.

[53] Bocola, L., "The Pass-Through of Sovereign Risk", *Journal of Political Economy*, Vol. 124, No. 4 (2016), pp. 879-926.

[54] Boissay, F., et al., "Booms and Systemic Banking Crises", *SSRN Electronic Journal*, 2013.

[55] Bollerslev, T., "Generalized Autoregressive Conditional Heteroskedasticity", *Journal of Econometrics*, Vol. 31, No. 3 (1986), pp. 307-327.

[56] Bolton, P., Jeanne, O., "Sovereign Default Risk and Bank Fragility in Financially Integrated", *Economies IMF Economic Review*, Vol. 59, No. 2 (2011), pp. 162-194.

[57] Bolton, P., et al., "'Green Swans': Central Banks in the Age of Climate-Related Risks", *Banque de France Bulletin*, Vol. 229, No. 8 (2020), pp. 1-15.

[58] Borensztein, E., Panizza, U., "The Costs of Sovereign Default", *IMF Staff Papers*, Vol. 56, No, 4 (2009), pp. 683-741.

[59] Bordo, M. D., et al., "Is the Crisis Problem Growing More Severe", *Economic Policy*, Vol. 16, No. 32 (2001), pp. 52-82.

[60] Bordo, M., Landon-Lane, J., "The Banking Panics in the United States

in the 1930s: Some Lessons for Today", *Oxford Review of Economic Policy*, Vol. 26, No. 3 (2010), pp. 486-509.

[61] Bostanci, G., Yilmaz, K., "How Connected is the Global Sovereign Credit Risk Network", *Journal of Banking and Finance*, Vol. 113, 2020.

[62] Bova, E., et al., "The Fiscal Costs of Contingent Liabilities: A New Dataset", IMF Working Paper, 2016.

[63] Brandt, L., et al., "Creative Accounting or Creative Destruction? Firm-Level Productivity Growth in Chinese Manufacturing", *Journal of Development Economics*, Vol. 97, No. 2 (2012), pp. 339-351.

[64] Bratis, T., et al., "Contagion and Interdependence in Eurozone Bank and Sovereign Credit Markets", *International Journal of Finance & Economics*, Vol. 23, No. 4 (2018), pp. 655-674.

[65] Braunstein, E., "What Caused the Massachusetts Fiscal Crisis?", *Challenge*, Vol. 47, No. 4 (2004), pp. 17-40.

[66] Breckenfelder, J. H., Schwaab, B., "Bank to Sovereign Risk Spillovers across Borders: Evidence from the ECB's Comprehensive Assessment", *Journal of Empirical Finance*, Vol. 49, 2018, pp. 247-262.

[67] Broner F. A., et al., "Why do Emerging Economies Borrow Short Term?", *Journal of the European Economic Association*, Vol. 11, No. 1 (2013), pp. 67-100.

[68] Broner F., et al., "Sovereign Debt Markets in Turbulent Times: Creditor Discrimination and Crowding-out Effects", *Journal of Monetary Economics*, Vol. 61, 2014, pp. 114-142.

[69] Brunnermeier, M. K., et al., "The Sovereign-bank Diabolic Loop and ESBies", *American Economic Review Papers and Proceedings*, Vol. 106, No. 5 (2016), pp. 508-512.

[70] Brutti, F., "Sovereign Defaults and Liquidity Crises", *Journal of International Economics*, Vol. 84, NO. 1 (2011), pp. 65-72.

[71] Brutti, F., Sauré, P., "Transmission of Sovereign Risk in the Euro Crisis", *Journal of International Economics*, Vol. 97, No. 2 (2015), pp. 231-48.

[72] Bulow, J., Rogoff, K., "Sovereign Debt: Is to Forgive to Forget?", *A-*

merican Economic Review, Vol. 79, No. 1 (1989), pp. 43-50.

[73] Bulow, J., Rogoff, K., "A Constant Reconstructing Model of Sovereign Debt", Journal of Political Economy, Vol. 97, No. 1 (1989), pp. 155-178.

[74] Calvo, G. A., "Staggered Prices in a Utility-Maximizing Framework", Journal of Monetary Economics, Vol. 12, No. 3 (1983), pp. 383-398.

[75] Candelon, B., Palm, F. C., "Banking and Debt Crisis in Europe: The Dangerous Liaisons?", Economist-Netherlands, Vol, 58, No. 1 (2010).

[76] Capponi, A., et al., "Optimal Bailouts and the Doom Loop with a Financial Network", NBER Working Paper Series, No. 27074, 2020.

[77] Cardarelli, R., et al., "Financial Stress, Downturns, and Recoveries", IMF Working Paper, 2009.

[78] Reinhart, Carmen M., Rogoff, Kenneth S., "Recovery from Financial Crises: Evidence from 100 Episodes," American Economic Review, Vol. 104, No. 5 (2014), pp. 50-55.

[79] Calderón, C., Servén, L., "The Effects of Infrastructure Development on Growth and Income Distribution", WPS3400, 2003.

[80] Catão, L. A. V., Mano, R. C., "Default Premium", Journal of International Economics, Vol. 107, No. C (2017), pp. 91-110.

[81] Cavallo, E., Izquierdo, A., "Dealing with an International Credit Crunch: Policy Responses to Sudden Stops in Latin America", Inter-American Development Bank, mimeo, 2009.

[82] Chari, A., et al., "The Transmission of Quasi-Sovereign Default Risk: Evidence from Puerto Rico", The Federal Reserve Bank of Richmond Working Paper No. 18-03, 2018.

[83] Charles, P., et al., Manias, Panics and Crashes: A History of Financial Crises, 6th Edition, Basingstoke, Hampshire: Palgrave Macmillan, 2011.

[84] Chen, H., et al., "The Dark Side of Circuit Breakers", Working Paper, MIT, 2017.

[85] Chen, K., et al., "The Nexus of Shadow Banking and Monetary Policy in China", American Economic Review, Vol. 108, No. 12 (2018).

[86] Chen, S., Kang, J. S., "Credit Booms—Is China Different?", IMF

Working Paper, 2018.

［87］Cifarelli G., Paladino, G., "A Non-linear Analysis of the Sovereign Bank Nexus in the EU", *The Journal of Economic Asymmetries*, Vol. 21, 2020.

［88］Cihák, M., et al. "The Bright and the Dark Side of Cross-Border Banking Linkages", *Czech Journal of Economics and Finance*, Vol62, No. 3 (2011), pp. 200-225.

［89］Claessens, S., van Wijnbergen, S., "Secondary Market Prices and Mexico's Brady Deal", Quarterly Journal of Economics, Vol. 108, No. 4 (1993), pp. 967-982.

［90］Claessens, S., "Crisis Resolution, Policies, and Institutions: Empirical Evidence", in *Systemic Financial Crises: Containment and Resolution*, Cambridge University Press, 2005.

［91］Claessens, S., et al., "Crisis Management and Resolution: Early Lessons from the Financial Crisis", IMF Staff Discussion Note, 11/05, 2011.

［92］Claessens, S., et al., "Understanding Financial Crises: Causes, Consequences, and Policy Responses", Cama Working Paper, 2013.

［93］Claeys, P., Vasicek, B., "Systemic Risk and the Sovereign-Bank Default Nexus: A Network Vector Autoregression Approach", *Journal of Network Theory in Finance*, Vol. 1, No. 4 (2015), pp. 27-72.

［94］Corrado, C. J., Miller, T. W., "The Forecast Quality of CBOE Implied Volatility Indexes", *Journal of Futures Markets*, Vol. 25, No. 4 (2005), pp. 339-373.

［95］Correa, R., Sapriza, H., "Sovereign Debt Crises", *Social Science Electronic Publishing*, Vol. 78, No. 2 (2014), pp. 192-205.

［96］Corsetti, G., et al., "Sovereign Risk, Fiscal Policy, and Macroeconomic Stability", *Economic Journal*, Vol. 123, No. 566 (2012), pp. 99-132.

［97］Council of the European Union, "Euro Area Summit Statement", SN 2999/12, 29 June, 2012.

［98］Covi, G., Eydam, U., "End of the Sovereign-Bank Doom Loop in the European Union? The Bank Recovery and Resolution Directive", *Journal of Evolutionary Economics*, Vol. 30, No. 1 (2020), pp. 5-30.

[99] Crosbie P., Bohn, J., "Modeling Default Risk", Research Report, Moody's KMV, 2003.

[100] Crosignani, M., et al., "The (Unintended?) Consequences of the Largest Liquidity Injection Ever", *Journal of Monetary Economics*, Vol. 112, 2020.

[101] Crowe, C, et al., "How to Deal with Real Estate Booms: Lessons from Country Experiences", *Journal of Financial Stability*, Vol. 9, No. 3 (2013), pp. 300–319.

[102] Crowley, B. L., et al., *The Canadian Century: Moving Out of America's Shadow*, Toronto: Key Porter, 2010.

[103] Cruces, J. J., Trebesch, C., "Sovereign Defaults: The Price of Haircuts", *American Economic Journal: Macroeconomics*, Vol. 5, No. 3 (2013), pp. 85–117.

[104] Cuaresma, J. C., "Natural Disasters and Human Capital Accumulation", *World Bank Economic Review*, No. 24 (2010), pp. 280–302.

[105] Darracq-Paries, M., et al., "Financial Conditions Index and Credit Supply Shocks for the Euro Area", ECB Working Paper No. 1644, 2013.

[106] Darracq-Pariés, M., et al., "Empowering Central Bank Asset Purchases: The Role of Financial Policies", ECB Working Paper Series No. 2237, 2019.

[107] Dasgupta, S. et al., "Effects of Climate Change on Combined Labour Productivity and Supply: An Empirical, Multi-Model Study", *The Lancet Planetary Health*, Vol. 5, No. 7 (2021), pp. e455–e465.

[108] Davig, T., et al., "Inflation and the Fiscal Limit", *European Economic Review*, Vol. 55, No. 1 (2011), pp. 31–47.

[109] De Paoli, B., et al., "Output Costs of Sovereign Crises: Some Empirical Estimates", Bank of England Working Paper No. 362, 2009.

[110] Dell'Ariccia, G., et al., "Credit Booms and Lending Standards: Evidence from the Subprime Mortgage Market", *Journal of Money, Credit and Banking*, Vol. 44, No. 2-3 (2012), pp. 367–384.

[111] Dell'Ariccia, G., et al., "Bank Leverage and Monetary Policy's Risk-taking Channel: Evidence from the United States", *Journal of Finance*, Vol. 72,

No. 2 (2017), pp. 613-654.

[112] Dell'Ariccia, G., et al., "Managing the Sovereign-Bank Nexus", ECB Working Paper No. 2177, 2018.

[113] De Bruyckere, V., et al., "Bank/Sovereign Risk Spillovers in the European Debt Crisis", *Journal of Banking & Finance*, Vol. 37, No. 12 (2013), pp. 4793-4809.

[114] De Mello, Jr. L. R., "Fiscal Decentralization and Intergovernmental Fiscal Relations: A Cross-country Analysis", *World Development*, Vol. 28, No. 2 (2000), pp. 365-380.

[115] Demirgüç-Kunt, A., Detragiache, E., "The Determinants of Banking Crises: Evidence from Developing and Developed Countries", IMF Working Paper, No. WP/97/106, 1997.

[116] Demirgüç-Kunt, A., Huizinga, H., "Market Discipline and Deposit Insurance", *Journal of Monetary Economics*, Vol. 51, No. 2 (2004), pp. 375-399.

[117] Dreher, Axel, et al. "Is There a Causal Link between Currency and Debt Crises?", *International Journal of Finance & Economics*, 2006.

[118] Diebold, F. X., Yilmaz, K., "Measuring Financial Asset Return and Volatility Spillovers, with Application to Global Equity Markets", *The Economic Journal*, Vol. 119, No. 534 (2009), pp. 158-171.

[119] Diebold, F. X., Yilmaz, K., "Better to Give than to Receive: Predictive Directional Measurement of Volatility Spillovers", *International Journal of Forecasting*, Vol. 28, No. 1 (2012), pp. 57-66.

[120] Dieckmann, S., Plank, T., "Default Risk of Advanced Economies: An Empirical Analysis of Credit Default Swaps during the Financial Crisis", *Review of Finance*, Vol. 16, 2012, pp. 903-934.

[121] Diamond, D. W., Dybvig, P. H., "Bank Runs, Deposit Insurance, and Liquidity", *Journal of Political Economy*, Vol. 91, No. 3 (1983), pp. 401-419.

[122] Dow, J., "What is Systemic Risk? Moral Hazard, Initial Shocks and Propagation", Institute for Monetary and Economic Studies, Bank of Japan, 2000.

[123] Drago, D., Gallo, R., "The Impact of Sovereign Rating Changes on

European Syndicated Loan Spreads: The Role of the Rating-Based Regulation", *Journal of International Money and Finance*, Vol. 73, 2017, pp. 213-231.

[124] Drechsler, I., et al., "Who Borrow from the Lender of Last Resort?", *The Journal of Finance*, Vol. 71, No. 5 (2013), pp. 1933-1974.

[125] Eaton, J., Gersovitz, M., "Debt with Potential Repudiation: Theoretical and Empirical Analysis", *The Review of Economic Studies*, Vol. 48, No. 2 (1981), pp. 289-309.

[126] Eisenbeis, R. A., "What We Have Learned and Not Learned from the Current Crisis about Financial Reform", *Australian Economic Review*, Vol. 42, No. 4 (2010), pp. 457-469.

[127] Eichler, S., "The Political Determinants of Sovereign Bond Yield Spreads", *Journal of International Money & Finance*, No. 46 (2014), pp. 82-103.

[128] Ejsing, J., Lemke, W., "The Janus-Headed Salvation: Sovereign and Bank Credit Risk Premia during 2008-2009", *Economics Letters*, Vol. 110, No. 1 (2011), pp. 28-31.

[129] Erce, A., "Bank and Sovereign Risk Feedback Loops European Stability Mechanism", Woking Paper Series 1, 2015.

[130] Engle, R. F., "Autoregressive Conditional Heteroskedasticity with Estimates of the Variance of U. K. Inflation", *Econometrica*, Vol. 50, No. 4 (1982), pp. 978-1008.

[131] ESRB, "ESRB Report on the Regulatory", Treatment of Sovereign Exposures, 2015.

[132] European Commission (Eurostat), "Eurostat Supplementary Table for the Financial Crisis. Background Note (Brussels) 2015", http://ec.europa.eu/eurostat/documents/1015035/2022710/Background-note-fin-crisis-OCT-2015-final.pdf.

[133] Stawasz-Grabowska, Ewa, "Negative Feedback Loop between Banks and Sovereigns in the Euro Area-Experience of the Crisis and Post-Crisis Perspective", *Comparative Economic Research: Central and Eastern Europe*, Vol. 23, 2020, pp. 41-61.

[134] Farhi, E., Tirole, J., "Deadly Embrace: Sovereign and Financial Bal-

ance Sheets Doom Loops", *Review of Economic Studies*, Vol. 85, No. 3 (2018), pp. 1781-1823.

[135] Ferrando, A., et al., "Sovereign Stress and SMEs' Access to Finance: Evidence from the ECB's SAFE Survey", *Journal of Banking and Finance*, Vol. 81, 2017, pp. 65-80.

[136] Fiess, N., "Chile's Fiscal Rule", 2004-08-11, http://econpapers.repec.org/paper/ecmlatm04/348.htm.

[137] Flood, R., Marion, N., "Determinants of the Spread in a Two-Ter Foreign Exchange Market", *Economics Letters*, Vol. 27, No. 2 (1988), pp. 173-178.

[138] Fratzscher, M., Rieth, M., "Monetary Policy, Bank Bailouts and the Sovereign-Bank Risk Nexus in the Euro Area", *Review of Finance*, Vol. 23, 2019, pp. 745-775.

[139] Frankel, J. A., Rose, A. K., "Currency Crashes in Emerging Markets: An Empirical Treatment", *Journal of International Economics*, Vol. 41, No. 3-4 (1996), pp. 351-366.

[140] Frankel, J. A., Saravelos, G., "Can Leading Indicators Assess Country Vulnerability? Evidence from the 2008-09 Global Financial Crisis", *Journal of International Economics*, Vol. 87, No. 2 (2012), pp. 216-231.

[141] Franek, J., Kresta, A., "Judgment Scales and Consistency Measure in AHP", *Procedia Economics and Finance*, No. 12 (2014), pp. 164-173.

[142] Friedman, M., Schwartz, A. J., *A Monetary History of the United States, 1867-1960*, Princeton University Press, 1963.

[143] Frydl, E. J., "The Length and Cost of Banking Crises", IMF Working Paper, No. WP/99/30, 1999.

[144] Furceri, D., Zdzienicka, A., "How Costly Are Debt Crises?", *Journal of International Money and Finance*, Vol. 31, No. 4 (2012), pp. 726-742.

[145] Gagnon, J., et al., "The Financial Market Effects of the Federal Reserve's Large-Scale Asset Purchases", *International Journal of Central Banking*, Vol. 7, No. 1 (2011), pp. 3-43.

[146] Gamper, C., et al., *OECD/World Bank: Fiscal Resilience to Natural Disasters-Lessons from Country Experiences*, Paris: OECD Publishing, 2019.

［147］Gerlach, S., et al., "Banking and Sovereign Risk in the Euro Area", Bundesbank Series 1 Discussion Paper No. 2010, 2009.

［148］Gertler, M., Karadi, P., "A Model of Unconventional Monetary Policy", *Journal of Monetary Economics*, Vol. 58, No. 1 (2011), pp. 17–34.

［149］"German Council of Economic Experts", Annual Report, 2015.

［150］Gennaioli, N., et al., "Sovereign Defaults, Domestic Banks and Financial Institutions", *Journal of Finance*, Vol. 69, No. 2 (2014), pp. 819–866.

［151］Gennaioli, N., et al., "Banks, Government Bonds, and Default: What do the Data Say?", *Journal of Monetary Economics*, Vol. 98, 2018, pp. 98–113.

［152］Georgoutsos, D., Moratis, G., "Bank-Sovereign Contagion in the Eurozone: A Panel VAR Approach", *Journal of International Financial Markets, Institutions and Money*, Vol. 48, 2017, pp. 146–159.

［153］Gibson, H. D., et al., "How the Euro-Area Sovereign-Debt Crisis Led to a Collapse in Bank Equity Prices", *Journal of Financial Stability*, Vol. 2.6, 2016, pp. 266–275.

［154］Goldstein, M., Reinhart, C. M., *Assessing Financial Vulnerability: An Early Warning System for Emerging Markets*, Peterson Institute Press All Books, 2000, 24 (1).

［155］Golinelli, R., Momigliano, S., "The Cyclical Reaction of Fiscal Policies in the Euro Area: The Role of Modelling Choices and Data Vintages", *Fiscal Studies*, Vol. 30, No. 1 (2009), pp. 39–72.

［156］Goodhart, C., "The Two Concepts of Money: Implications for the Analysis of Optimal Currency Areas", *European Journal of Political Economy*, Vol. 14, No. 3 (1998), pp. 407–432.

［157］Goodspeed, T. J., "Bailouts in a Federalism", *International Tax and Public Finance*, Vol. 9, No. 4 (2002), pp. 409–421.

［158］Gomez-Puig, M., et al., "The Sovereign-Bank Nexus in Peripheral Euro Area: Further Evidence from Contingent Claims Analysis", *The North American Journal of Economics and Finance*, Vol. 49, 2019, pp. 1–26.

［159］Gourinchas, P. O., Obstfeld, M., "Stories of the Twentieth Century for the Twenty-First", *American Economic Journal Macroeconomics*, Vol. 4, No. 1 (2012), pp. 226-265.

[160] Gourinchas, P. O., et al., "The Analytics of the Greek Crisis", *NBER Macroeconomics Annual*, Vol. 31, No. 1 (2017), pp. 1-81.

[161] Gray, D., et al., "Modelling Banking, Sovereign and Macro Risk in a CCA Global VAR", IMF Working Paper 13/218, 2013.

[162] Gross, M., Kok, C., "Measuring Contagion Potential among Sovereigns and Banks Using a Mixed-Cross-Section GVAR", ECB Working Paper, Technical Report, 2013.

[163] Group of Thirty, "The Structure of Financial Supervision: Approaches and Challenges in a Global Marketplace", Financial Regulatory System Working Group, 2008.

[164] Guo, G., "China's Local Political Budget Cycles", *American Journal of Political Science*, Vol. 53, No. 3 (2009), pp. 621-632.

[165] Guo, L., Ma, De-Shui, "Can Government Direct Bailout Intervention Relieve the Crisis Sentiment in the Context of the COVID-19 Pandemic", *Journal of Global Information Management*, Vol. 30, No. 4 (2022), pp. 1-15.

[166] Hachem, K., Song, Z. M., "Liquidity Regulation and Unintended Financial Transformation in China", Working Paper, 2016.

[167] Brixi, Hana Polackova, "Contingent Government Liabilites: A Hidden Risk for Fiscal Stability", Policy Research Working Paper No. 1989, World Bank, 1998.

[168] Brixi, Hana Polackova, Schick, Allen, *Government at Risk*, The World Bank and Oxford University Press, 2002.

[169] Harris, L. E., et al., "Secondary Trading Costs in the Municipal Bond Market", *The Journal of Finance*, Vol. 3, No. 5 (2006), pp. 1361-1397.

[170] Hazera, A., et al., "Too Big to Fail and Bank Loan Accounting in Developing Nations: Evidence from the Mexican Financial Crisis", *Research in Accounting Regulation*, Vol. 29, No. 2 (2017), pp. 109-118.

[171] Hébert, B., Schreger, J., "The Costs of Sovereign Default: Evidence from Argentina", *American Economic Review*, Vol. 107, No. 10 (2017), pp.

3119-3145.

［172］Heilpern, E., et al., "When It Comes to the Crunch: What Are the Drivers of the Us Banking Crisis?", *Accounting Forum*, Vol. 33, No. 2 (2009), pp. 99-113.

［173］Hillegeist, S. A., et al., "Assessing the Probability of Bankruptcy", *The Review of Accounting Studies*, No. 9 (2004), pp. 5-34.

［174］Hirsch, W. Z., Rufolo, A. M., *Public Finance and Expenditure in a Federal System*, San Diego: Harcourt Brace Jovanovich, 1990, p. 484.

［175］Hoggarth, G., et al., "Output Costs of Banking System Instability: Some Empirical Evidence", *Journal of Banking and Finance*, Vol. 26, No. 5 (2002), pp. 825-855.

［176］Honohan, P., Klingebiel, D., "The Fiscal Cost Implications of an Accommodating Approach to Banking Crises", *Journal of Banking and Finance*, Vol. 27, No. 8 (2003), pp. 1539-1560.

［177］Honohan, P., "Cross-country Variation in Household Access to Financial Services", *Journal of Banking & Finance*, Vol. 32, 2008, pp. 2493-2500.

［178］Hur, S., et al., "Optimal Bailouts in Banking and Sovereign Crises Technical Report", National Bureau of Economic Research, 2021

［179］Huo, Xuling, et al., "The Impact of Fiscal Decentralization and Intergovernmental Competition on the Local Government Debt Risk: Evidence from China", *Frontiers in Environmental Science*, 2023.

［180］IMF, "From Banking to Sovereign Stress: Implications for Public Debt", IMF Policy Paper, 2015.

［181］Inman, R. P., "How to Have a Fiscal Crisis: Lessons from Philadelphia", *The American Economic Review*, Vol. 85, No. 2 (1995), pp. 378-383.

［182］Itamar, D., et al., "A Model of Monetary Policy and Risk Premia", *The Journal of Finance*, Vol. 73, 2018, pp. 317-373.

［183］Joffe, M. D., "Rating Government Bonds: Can We Raise Our Grade?", *Econ Journal Watch*, Vol. 9, No. 3 (2012), pp. 350-365.

［184］Jordà, "When Credit Bites Back: Leverage, Business Cycles and Crises", National Bureau of Economic Research, No. 8678, 2011.

[185] Kahn, M. E., et al., "Long-Term Macroeconomic Effects of Climate Change: A Cross-country Analysis", NBER Working Paper No. 26167, 2019.

[186] Kalbaska, A., Gatkowski, M., "Eurozone Sovereign Contagion: Evidence from the CDS Market (2005-2010)", *Journal of Economic Behavior & Organization*, Vol. 83, No. 3 (2012), pp. 657-673.

[187] Kalemli-Ozcan, S. et al., "Leverage across Firms, Banks, and Countries", *Journal of International Economics*, Vol. 88, No. 2 (2012), pp. 284-298.

[188] Kaminsky, G, et al., "Leading Indicators of Currency Crise", *Palgrave Macmillan Journals*, Vol. 45, No. 1 (1998), pp. 1-48

[189] Kaminsky, G. L., Reinhart, C., "The Twin Crises: The Causes of Banking and Balance-of-Payments Problems", *The American Economic Review*, Vol. 89, No. 3 (1999), pp. 473-500.

[190] Kaminsky, G. L., Reinhart, C. M., "Bank Lending and Contagion: Evidence from the Asian Crisis", *NBER EASE*, Vol. 10, No. 2 (2001).

[191] Kaufman, Daniel M., "Coupled Principles for Computational Frictional Contact Mechanics", Rutgers University, 2009.

[192] Keynes, J. M., *The Great Slump of 1930* (First Edition), London: The Nation & Athenæum, 1930.

[193] Kindleberger, C., *Manias, Panics, and Crashes: A History of Financial Crises*, New York: Basic Books, 1978.

[194] Klomp, J., "Causes of Banking Crises Revisited", *The North American Journal of Economics and Finance*, Vol. 21, No. 1 (2010), pp. 72-87.

[195] Kollmann, R., Roeger, W., "Fiscal Policy in a Financial Crisis: Standard Policy versus Bank Rescue Measures", *American Economic Review*, Vol. 102, No. 3 (2012), pp. 77-81.

[196] Kornai, J., "The Soft Budget Constraint", *Kyklos*, Vol. 39, No. 1 (1986), pp. 3-30.

[197] Kornai, J., *Economics of Shortage*, Amsterdam: North-Holland, 1980.

[198] Krishnamurthy, A., et al., "ECB Policies Involving Government Bond Purchases: Impact and Channels", *Review of Finance*, Vol. 22, No. 1 (2018), pp. 1-44.

[199] Kurtzman, R., et al., "Did QE Lead Banks to Relax Their Lending Standards? Evidence from the Federal Reserve's LSAPs", *Journal of Banking and Finance*, Vol. 138, 2022.

[200] Kuvshinov, D., Zimmermann, K., "Sovereigns Going Bust: Estimating the Cost of Default", *European Economic Review*, Vol. 119, 2019, pp. 1-21.

[201] Laeven, L., Valencia, F., "Resolution of Banking Crises: The Good, the Bad, and the Ugly", IMF Working Paper, No. 146, 2010.

[202] Laeven, L., Valencia, F., "Systemic Banking Crises Database", *IMF Economic Review*, Vol. 61, No. 2 (2013a), pp. 225-270.

[203] Laeven, L., Valencia, F., "Resolution of Banking Crises", in *Handbook of Safeguarding Global Financial Stability*, 2013b, pp. 231-258.

[204] Lane, P. R., "The European Sovereign Debt Crisis", *Journal of Economic Perspectives*, Vol. 26, No. 3 (2012), pp. 49-67.

[205] Livshits, I., Schoors, K., "Sovereign Default and Banking", mimeo, 2009.

[206] Lopez-Salido, D., Nelson, V., "Postwar Financial Crises and Economic Recoveries in the United States", MPRA Paper, 2010.

[207] Lutkepohl, H., *New Introduction to Multiple Time Series Analysis*, Berlin: Springer, 2005.

[208] Loviscek, A. L., "Seigniorage and the Mexican Financial Crisis", *The Quarterly Review of Economics and Finance*, Vol. 36, No. 1 (1996), pp. 55-64.

[209] Lowe, P., Borio, C., "Asset Prices, Financial and Monetary Stability: Exploring the Nexus", Bis Working Papers, No. 114, 2002.

[210] Magkonis, G., Tsopanakis, A., "The Financial and Fiscal Stress Interconnectedness: The Case of G5 Economies", *International Review of Financial Analysis*, Vol. 46, 2016, pp. 62-69.

[211] Mallucci, E., "Natural Disasters, Climate Change, and Sovereign Risk", *Journal of International Economics*, Vol. 139, 2022.

[212] Marcel, M., Tokman, M., "Building a Consensus for Fiscal Reform: The Chilean Case", *OECD Journal of Budgeting*, Vol. 2, No. 3 (2002), pp. 35-56.

[213] Martínez, J. A., "Essays on the Sovereign-Bank Feedback Loop and the European Banking Union", Universidad de Navarra, 2019.

[214] Maximilian, P., et al., "The Evolution of the Financial Technology Ecosystem: An Introduction and Agenda for Future Research on Disruptive Innovations in Ecosystems", *Technological Forecasting & Social Change*, No. 151 (2020).

[215] McKinnon, R., Nechyba, T., "Competition in Federal Systems: The Role of Political and Financial Constraints", in *The New Federalism: Can the States be Trusted*, 1997, pp. 38-43.

[216] McQuown, J. A., "A Comment on Market vs. Accounting Based Measures of Default Risk", Research Report, Moody's KMV, 1993.

[217] Mendoza, E. G., Yue, V. Z., "A General Equilibrium Model of Sovereign Default and Business Cycles", *Quarterly Journal of Economics*, Vol. 127, No. 2 (2012), pp. 889-946.

[218] Merton, R. C., "On the Pricing of Corporate Debt: The Risk Structure of Interest Rates", *The Journal of Finance*, Vol. 29, 1974, pp. 449-470.

[219] Ministry of Finance of Chile, "Annual Report of Sovereign Wealth Fund", http://www.hacienda.cl/english/sovereign-wealth-funds.html, 2008.

[220] Minsky, H. P., *John Maynard Keynes*, Columbia University Press, 1975.

[221] Minsky, H. P., "Can 'it' Happen Again? A Reprise", *Challenge*, Vol. 25, No. 3 (1982), pp. 5-13.

[222] Minsky, H. P., "The Financial Instability Hypothesis", The Levy Economics Institute, Working Paper, 1992.

[223] Mitchener, K. J., Trebesch, C., "Sovereign Debt in 21st Century: Looking Backward, Looking Forward", NBER Working Paper Series, No. 28598, 2021.

[224] Mody, A., Sandri, D., "The Eurozone Crisis: How Banks Came to be Joined at the Hip", IMF Working Paper, No. 269, 2011.

[225] Moody's, "European Sovereign Debt and Banking Crises: Contagion, Spill overs and Causality", Moody's Investors Service, Credit Policy, 2014.

[226] Morelli, J., et al., "Global Banks and Systemic Debt Crises", NBER

Working Paper No. 28892, 2021.

[227] Musgrave, R. A., *The Theory of Public Finance: A Study in Public Economy*, New York: Mc Graw-Hill Book Company, 1959.

[228] Noyer, C., "Sovereign Crisis, Risk Contagion and the Response of the Central Bank", mimeo, 2010.

[229] Obstfeld, M., "Financial Flows, Financial Crises, and Global Imbalances", *Journal of International Money and Finance*, Vol. 31, No. 3 (2012), pp. 469-480.

[230] O'Connor, James, *The Fiscal Crisis of the State*, Transaction Publishers, 1974.

[231] Ohlson, J. A., "Financial Ratios and the Probabilistic Prediction of Bankruptcy", *The Review of Accounting Studies*, Vol. 18, No. 1 (1980), pp. 109-131.

[232] Oates, W. E., *Fiscal Federalism*, New York: Harcount Brace Jovanovich, 1972.

[233] Ouyang, Alice Y., Li, Rui, "Fiscal Decentralization and the Default Risk of Chinese Local Government Debts", *Contemporary Economic Policy*, Vol. 39, No. 3 (2021).

[234] Paltalidis, N., et al., "Transmission Channels of Systemic Risk and Contagion in the European Financial Network", *Journal of Banking & Finance*, Vol. 61, 2015, pp. S36-S52.

[235] Plekhanov, A., Singh, R., "How should Subnational Government Borrowing be Regulated? Some Cross-country Empirical Evidence", *IMF Staff Papers*, Vol. 53, No. 3 (2006), pp. 426-452.

[236] Popov, A. A., Van Horen, N., "Exporting Sovereign Stress: Evidence from Syndicated Bank Lending during the Euro Area Sovereign Debt Crisis", *Review of Finance*, Vol. 19, No. 5 (2015), pp. 1825-1866.

[237] Qian, Y., Roland, G., "Federalism and the Soft Budget Constraint", *American Economic Review*, Vol. 88, No. 5 (1998), pp. 1143-1162.

[238] Qian, Y., Weingast, B. R., "Federalism as a Commitment to Preserving Market Incentives", *Journal of Economic Perspectives*, Vol. 11, No. 4 (1997), pp.

83-92.

[239] Reinhart, C. M., Rogoff, K. S., *This Time Is Different: Eight Centuries of Financial Folly*, Princeton and Oxford: Princeton University Press, 2009.

[240] Reinhart, C. M., Rogoff, K. S., "From Financial Crash to Debt Crisis", *American Economic Review*, Vol. 101, No. 5 (2011), pp. 1676-1706.

[241] Reinhart, C., Sbrancia, B. M., "The Liquidation of Government Debt", *Economic Policy*, Vol. 30, No. 82 (2015), pp. 291-333.

[242] Revelli, F., "On Spatial Public Finance Empirics", *International Tax and Public Finance*, Vol. 12, No. 4 (2005), pp. 475-492.

[243] Rochet, J., "Macroeconomic Shocks and Banking Supervision", *Journal of Financial Stability*, Vol. 1, No. 1 (2004), pp. 93-110.

[244] McKinnon, Ronald I., Pill, H., "Credible Liberalizations and International Capital Flows: The 'Overborrowing Syndrome'", National Bureau of Economic Research, 1996.

[245] Sachs, J., et al., "The Mexican Peso Crisis: Sudden Death or Death Foretold", *Journal of International Economics*, Vol. 41, 1996, pp. 265-283.

[246] Sahoo, P., et al., "Infrastructure Development and Economic Growth in China", Institute of Developing Economies, 2010.

[247] Salo, Hämäläien, "On the Measurement of Preferences in the Analytic Hierarchy Process", *Journal of Multi-Criteria Decision Analysis*, Vol. 6, No. 6 (1997), pp. 309-319.

[248] Schabert, A., van Wijnbergen, S., "Sovereign Default and the Stability of Inflation Targeting Regimes", Tinbergen Institute Discussion Papers, 11-064/2/DSF20, 2011.

[249] Schularick, M., Taylor, A. M., "Financial Crises, Credit Booms, and External Imbalances: 140 Years of Lessons", NBER Working Paper, 2010.

[250] Schuler, P., et al., *Managing the Fiscal Risks Associated with Natural Disasters*, Fiscal Policies for Development & Climate Action, 2019, pp. 133-153.

[251] Schwert, G., "Tests for Unit Roots: A Monte Carlo Investigation", *Journal of Business and Economic Statistics*, Vol. 7, No. 2 (1989), pp. 147-159.

[252] Sgherri, S., Zoli, E., "Euro Area Sovereign Risk during the Crisis", IMF Working Paper, 2009.

[253] Sharpe, W. F., "Capital Asset Prices: A Theory of Market Equilibrium under Conditions of Risk", *Journal of Finance*, Vol. 19, No. 3 (1964), pp. 425–442.

[254] Shin, H. S., "Procyclicality and the Search for Early Warning Indicators", IMF Working Paper, No. WP/13/258, 2013.

[255] Singh, M. K., et al, "Sovereign-Bank Linkages: Quantifying Directional Intensity of Risk Transfers in EMU Countries", *Journal of International Money and Finance*, Vol. 63, 2016, pp. 137–164.

[256] Song, Z., et al., "Growing Like China", *The American Economic Review*, Vol. 101, No. 1 (2011), pp. 196–233.

[257] Sosa-Padilla, C., "Sovereign Defaults and Banking Crises", *Journal of Monetary Economics*, Vol. 99, 2018, pp. 88–105.

[258] Stanga, I., "Sovereign and Bank Credit Risk during the Global Financial Crisis", *SSRN Electronic Journal*, 2011.

[259] Strawczynski, M., Zeira, J., "Cyclicality of Fiscal Policy: Permanent and Transitory Shocks", SSRN Working Paper Series, 2009.

[260] Ter-Minassian, T., Craig, J., "Control of Subnational Government Borrowing", in *Fiscal Eederalism in Theory and Practice*, 1997, pp. 156–172.

[261] Thukral, M., "Bank Dominance: Financial Sector Determinants of Sovereign Risk Premia", mimeo, 2013.

[262] Tiebout, C. M., "A Pure Theory of Local Expenditures", *Journal of Political Economy*, Vol. 64, No. 5 (1956), pp. 416–424.

[263] Titman, S., Tsyplakov, S., "A Dynamic Model of Optimal Capital Structure", *Review of Finance*, Vol. 11, No. 3 (2007), pp. 401–451.

[264] Trebesch, C., Zabel, M., "The Output Costs of Hard and Soft Sovereign Default European", *Economic Review*, Vol. 92, 2017, pp. 416–432.

[265] Trebesch, Christoph, "Sovereign Debt in the 21st Century: Looking Backward, Looking Forward", CEPR Discussion Papers, No. 15935, 2021.

[266] Tresch, R. W., *Public Finance*, Business Publications, 1981.

[267] Upper, C., Worms, A., "Estimating Bilateral Exposures in the German Interbank Market: Is there a Danger of Contagion?", *European Economic Review*, Vol. 48, No. 4 (2004), pp. 827-849.

[268] Van der Kwaak, C. G. F., Van Wijnbergen, S. J. G., "Financial Fragility, Sovereign Default Risk and the Limits to Commercial Bank Bail-outs", *Journal of Economic Dynamics &Control*, Vol. 43, 2014, pp. 218-240.

[269] Vassalou, M., Xing, Y., "Default Risk in Equity Returns", *The Journal of Finance*, Vol59, 2004, pp. 831-868.

[270] Veld, J., et al., "International Capital Flows and the Boom-Bust Cycle in Spain", *Journal of International Money and Finance*, Vol. 48, 2014, pp. 314-335.

[271] Vergote, O., "Credit Risk Spillover between Financials and Sovereigns in the Euro Area, 2007-15", *Journal of Network Theory in Finance*, Vol. 2, No. 1 (2016), pp. 33-66.

[272] Visco, I., "Banks' Sovereign Exposures and the Feedback Loop between Banks and Their Sovereigns", Speech on Banca d' Italia, 2016.

[273] Wildasin, D. E., "Introduction: Fiscal Aspects of Evolving Federations", *International Tax and Public Finance*, Vol. 3, No. 2 (1996), pp. 121-135.

[274] Woodford, M., "Fiscal Requirements for Price Stability", *Money Credit Bank*, Vol. 33, No. 3 (2001), pp. 669-728.

[275] Xu, S., et al., "Systemic Risk in the European Sovereign and Banking System", *Quantitative Finance*, Vol. 17, No. 4 (2017), pp. 633-656.

[276] Yu, S., "Sovereign and Bank Interdependencies---Evidence from the CDS Market", *Research in International Business and Finance*, Vol. 39, 2017, pp. 68-84.

[277] Zenios, S. A., "The Risks from Climate Change to Sovereign Debt in Europe", *Bruegel Policy Contribution*, No. 16 (2021).

[278] Zhu, X., "Understanding China's Growth: Past, Present, and Future", *The Journal of Economic Perspectives*, Vol. 26, No. 4 (2012), pp. 103-124.

[279] Zilibotti, F., "Growing and Slowing Down Like China", *Journal of the*

European Economic Association, Vol. 15, No. 5 (2017), pp. 943-988.

［280］Zoli, E., "Cost and Effectiveness of Banking Sector Restructuring in Transition Economies", IMF Working Papers, No. WP/01/157, 2001.

［281］Bohn H., "The behavior of US public debt and deficits." *The Quarterly Journal of Economics*, Vol. 113, No. 3 (1998), pp: 949-963.

［282］Gertler M, Karadi P., "A model of unconventional monetary policy". *Journal of monetary Economics*, Vol. 58, No. 1 (2011), pp: 17-34.

［283］Amaglobeli, David, et al. "From Systemic Banking Crises to Fiscal Costs: Risk Factors." IMF Working Papers. No. 166 (2015).

［284］Escolano, J. et al. "The Puzzle of Persistently Negative Interest-Rate-Growth Differentials: Financial Repression or Income Catch-Up?" *Fiscal Studies*, Vol. 38, No. 2 (2017), PP: 179-217.

［285］白彦锋、乔路：《防范系统性财政风险的财政治理研究》，《财政研究》2016年第1期。

［286］曹婧等：《城投债为何持续增长：基于新口径的实证分析》，《财贸经济》2019年第5期。

［287］陈志勇等：《地方政府性债务的期限错配：风险特征与形成机理》，《经济管理》2015年第5期。

［288］陈志刚：《金融市场联动与系统性风险》，《中国金融》2018年第3期。

［289］陈启清：《以系统性策略防范系统性金融风险》，《经济日报》2019年4月30日。

［290］陈建宇、张谊浩：《政府债券、宏观效应与政策调节——基于规模和流动性双重视角的DSGE效应分析》，《财政研究》2020年第5期。

［291］陈思萌：《论金融机构道德风险的有效防范化解》，《湖北经济学院学报（人文社会科学版）》2023年第9期。

［292］陈少凌等：《中国系统性金融风险的高维时变测度与传导机制研究》，《世界经济》2021年第12期。

［293］程鹏、吴冲锋：《上市公司信用状况分析新方法系统工程理论方法应用》，《系统管理学报》2002年第2期。

［294］丁骋骋、傅勇：《地方政府行为、财政—金融关联与中国宏观经济

波动——基于中国式分权背景的分析》,《经济社会体制比较》2012年第6期。

[295] 封北麟:《地方政府投融资平台的财政风险研究》,《金融与经济》2010年第2期。

[296] 傅勇、李良松:《金融分权影响经济增长和通胀吗——对中国式分权的一个补充讨论》,《财贸经济》2017年第5期。

[297] 傅志华、陈少强:《美国防治地方财政危机的实践与启示——以宾夕法尼亚州为例》,《国际经济评论》2004年第4期。

[298] 高培勇:《从结构失衡到结构优化——建立现代税收制度的理论分析》,《中国社会科学》2023年第3期。

[299] 高旸等:《金融危机的原因和后果:我们学到了什么?》,《国际经济评论》2021年第4期。

[300] 龚强等:《财政分权视角下的地方政府债务研究:一个综述》,《经济研究》2011年第7期。

[301] 郭平、李恒:《财政风险的金融视角:共生性及其破解》,《广东金融学院学报》2005年第6期。

[302] 郭玉清:《逾期债务、风险状况与中国财政安全——兼论中国财政风险预警与控制理论框架的构建》,《经济研究》2011年第8期。

[303] 关飞:《税收非均衡增长中的财政风险甄别与防范》,《财经问题研究》2011年第4期。

[304] 胡书东:《经济发展中的中央与地方关系》,上海三联书店、上海人民出版社2001年版。

[305] 胡竹枝、李明月:《国有企业负债与预算软约束》,《中央财经大学学报》2002年第9期。

[306] 胡援成、张文君:《地方政府债务扩张与银行信贷风险》,《财经论丛》2012年第3期。

[307] 黄海南、钟伟:《GARCH类模型波动率预测评价》,《中国管理科学》2007年第6期。

[308] 洪源等:《财政压力、转移支付与地方政府债务风险——基于央地财政关系的视角》,《中国软科学》2018年第9期。

[309] 何德旭等:《全球系统性金融风险跨市场传染效应分析》,《经济研究》2021年第8期。

［310］郝俊等：《基于溢出效应的金融危机早期预警方法研究》，《中国管理科学》2023年第4期。

［311］后小仙：《地方政府债务风险的生成机理与审计防控》，《经济与管理评论》2016年第2期。

［312］黄少安、韦倩：《引入制度因素的内生经济增长模型》，《学术月刊》2016年第9期。

［313］韩立岩等：《基于真实分布和期权评价的市政债券信用风险模型》，《国灾害防御协会——风险分析专业委员会第一届年会论文集》，2004年。

［314］贾俊雪、张晓颖、宁静：《多维晋升激励对地方政府举债行为的影响》，《中国工业经济》2017年第7期。

［315］贾康、白景明：《县乡财政解困与财政体制创新》，《经济研究》2002年第2期。

［316］金旼旼、许多：《各方解读欧盟峰会 欧债危机或迎来转折点》，《中国财经报》2012年7月3日。

［317］江雪：《银行集中度与银行业风险关系研究》，博士学位论文，中央财经大学，2019年。

［318］蒋忠元：《地方政府债券发行过程中的信用风险度量和发债规模研究——基于KMV模型分析江苏省地方政府债券》，《经济研究导刊》2011年第19期。

［319］冀云阳等：《地区竞争、支出责任下移与地方政府债务扩张》，《金融研究》2019年第1期。

［320］孔宪遂、陈华：《全球财政风险、财政危机及财政平衡与治理》，《财政研究》2014年第7期。

［321］刘尚希、赵全厚：《政府债务：风险状况的初步分析》，《管理世界》2002年第5期。

［322］刘尚希：《财政风险：一个分析框架》，《经济研究》2003年第5期。

［323］刘尚希：《财政风险：防范的路径与方法》，《财贸经济》2004年第12期。

［324］刘尚希：《地方政府性债务的法治之举》，《中国财政》2015年第1期。

［325］刘尚希：《论政府的公共主体身份与财政风险的两个层次》，《现代

财经—天津财经学院学报》2005年第6期。

［326］刘尚希等:《高度警惕风险变形 提升驾驭风险能力——"2017年地方财政经济运行"调研总报告》,《财政研究》2018年第3期。

［327］刘尚希等:《公共风险视角下的财政事权与支出责任划分——基于贵州、陕西的调研报告》,《财政科学》2018年第3期。

［328］刘蓉等:《金融风险与财政分担:基于激励相容的视角》,《财经科学》2015年第5期。

［329］刘慧芳:《财政机会主义与完善地方政府或有债务预算管理》,《地方财政研究》2013年第5期。

［330］李建强等:《政府债务何去何从:中国财政整顿的逻辑与出路》,《管理世界》2020年第7期。

［331］李建英、于科鹏:《地方政府财政危机国际经验综述》,《国际经贸探索》2007年第10期。

［332］李琦:《美国地方政府财政危机原因探析》,《兰州学刊》2013年第1期。

［333］李玉龙:《地方政府债券、土地财政与系统性金融风险》,《财经研究》2019年第9期。

［334］李香花等:《影子银行的经济后果研究综述》,《财会月刊》2021年第22期。

［335］李洋等:《经济政策不确定性与系统性金融风险传染——基于中国上市金融机构微观数据的经验证据》,《金融经济学研究》2021年第4期。

［336］李吉栋:《地方政府债务风险管理与融资创新》,经济管理出版社2017年版。

［337］李永友、张帆:《垂直财政不平衡的形成机制与激励效应》,《管理世界》2019年第7期。

［338］李腊生:《我国地方政府债务风险评价》,《统计研究》2013年第10期。

［339］罗党论、佘国满:《地方官员变更与地方债发行》,《经济研究》2015年第6期。

［340］马君潞等:《中国银行间市场双边传染的风险估测及其系统性特征分析》,《经济研究》2007年第1期。

[341] 马建堂等：《中国的杠杆率与系统性金融风险防范》，《财贸经济》2016年第1期。

[342] 马海涛等：《后金融危机时期我国地方政府投融资管理机制问题研究》，《经济研究参考》2010年第10期。

[343] 马恩涛、任海平、孙晓桐：《源于自然灾害的财政风险研究：一个文献综述》，《财政研究》2023年第7期。

[344] 马恩涛、于洪良：《财政分权、地方债务控制与预算软约束》，《管理评论》2014年第2期。

[345] 马恩涛等：《货币危机、银行业危机与主权债务危机：一个文献研究》，《财贸研究》2019年第12期。

[346] 马恩涛：《金融风险和财政风险间的"反馈循环"》，《贵州省党校学报》2020年第5期。

[347] 马恩涛：《我国银行业政府或有债务研究》，人民出版社2021年版。

[348] 马万里、张敏：《中国地方债缘何隐性扩张——基于隐性金融分权的视角》，《当代财经》2020年第7期（2020a）。

[349] 马万里、张敏：《地方政府隐性举债对系统性金融风险的影响机理与传导机制》，《中央财经大学学报》2020年第3期（2020b）。

[350] 马亭玉、刘泽龙：《基于改进的KMV模型的地方政府债券信用风险的度量的研究》，《中国外资》2012年第20期。

[351] 毛捷等：《分税的事实：度量中国县级财政分权的数据基础》，《经济学（季刊）》2018年第2期。

[352] 毛锐等：《地方政府债务扩张与系统性金融风险的触发机制》，《中国工业经济》2018年第4期（2018a）。

[353] 毛锐等：《地方债务融资对政府投资有效性的影响研究》，《世界经济》2018年第10期（2018b）。

[354] 缪小林、伏润民：《地方政府债务风险的内涵与生成：一个文献综述及权责时空分离下的思考》，《经济学家》2013年第8期。

[355] 缪小林、伏润民：《权责分离、政绩利益环境与地方政府债务超常规增长》，《财贸经济》2015年第4期。

[356] 苗文龙等：《全球系统性金融风险跨市场传染效应分析——基于货币市场/外汇市场金融网络的视角》，《金融监管研究》2021年第7期。

[357] 倪健惠、阮加：《影子银行对系统性金融风险的影响机理与传导机制》，《统计与决策》2023年第19期。

[358] 潘俊、杨兴龙、王亚星：《财政分权、财政透明度与地方政府债务融资》，《山西财经大学学报》2016年第12期。

[359] 庞保庆、陈硕：《央地财政格局下的地方政府债务成因、规模及风险》，《经济社会体制比较》2015年第5期。

[360] 彭俞超、黄志刚：《经济"脱实向虚"的成因与治理：理解十九大金融体制改革》，《世界经济》2018年第9期。

[361] 钱丽华等：《高水平开放背景下的中国金融风险：测度、影响因素与防范对策》，《经济体制改革》2023年第4期。

[362] 秦海林：《金融风险财政化的理论框架与实证分析》，《财贸经济》2014年第7期。

[363] 沈悦等：《系统性金融风险动态测度及其非线性经济效应研究》，《经济体制改革》2023年第4期。

[364] 沈沛龙、樊欢：《基于可流动性资产负债表的我国政府债务风险研究》，《经济研究》2012年第2期。

[365] 宋井源：《对地方财政风险形成原因的分析》，《河南财政税务高等专科学校学报》2004年第1期。

[366] 宋玉臣、吕静茹：《国际金融风险传染演化趋势与应对策略——来自股票市场的证据》，《学习与探索》2021年第9期。

[367] 司海平等：《地方政府债务融资的顺周期性及其理论解释》，《财贸经济》2018年第8期。

[368] 孙国峰、贾君怡：《中国影子银行界定及其规模测算——基于信用货币创造的视角》，《中国社会科学》2015年第11期。

[369] 史亚荣、赵爱清：《地方政府债务对区域金融发展的影响——基于面板分位数的研究》，《中南财经政法大学学报》2020年第1期。

[370] 尚航：《财政限制下政府债务与通货膨胀研究》，《财经理论与实践》2016年第5期。

[371] 田洪昌：《金融危机中的政策选择与启示》，《深圳社会科学》2022年第1期。

[372] 佟欣等：《金融危机救助政策效果仿真模拟研究》，《管理评论》

2020年第7期。

[373] 汪峰、熊伟、牧扬等：《严控地方政府债务背景下的PPP融资异化——基于官员晋升压力的分析》，《经济学（季刊）》2020年第3期。

[374] 吴盼文等：《我国政府性债务扩张对金融稳定的影响——基于隐性债务视角》，《金融研究》2013年第12期。

[375] 魏加宁：《地方政府债务风险化解与新型城市化融资》，机械工业出版社2014年版。

[376] 卫志民：《中国地方政府性债务：风险、成因与防范》，《河南大学学报（社会科学版）》2014年第5期。

[377] 王佳妮、李文浩：《GARCH模型能否提供好的波动率预测》，《数量经济技术经济研究》2005年第6期。

[378] 王道平、范小云：《现行的国际货币体系是否是全球经济失衡和金融危机的原因》，《世界经济》2011年第1期。

[379] 王叙果、张广婷、沈红波：《财政分权、晋升激励与预算软约束——地方政府过度负债的一个分析框架》，《财政研究》2012年第3期。

[380] 王术华：《财政压力、政府支出竞争与地方政府债务——基于空间计量模型的分析》，《经济与管理评论》2017年第5期。

[381] 王贤彬、徐现祥：《地方官员晋升竞争与经济增长》，《经济科学》2010年第6期。

[382] 王静国、田国强：《金融冲击和中国经济波动》，《经济研究》2014年第3期。

[383] 汪峰等：《严控地方政府债务背景下的PPP融资异化——基于官员晋升压力的分析》，《经济学（季刊）》2020年第3期。

[384] 王永钦、陈映辉、杜巨澜：《软预算约束与中国地方政府债务违约风险：来自金融市场的证据》，《经济研究》2016年第11期。

[385] 王永钦、戴芸、包特：《财政分权下的地方政府债券设计：不同发行方式与最优信息准确度》，《经济研究》2015年第11期。

[386] 魏加宁：《地方政府债务风险化解与新型城市化融资》，机械工业出版社2014年版。

[387] 魏杰：《中国经济的未来：热点、难点、增长点》，中信出版社2019年版。

［388］吴小强、韩立彬：《中国地方政府债务竞争：基于省级空间面板数据的实证研究》，《财贸经济》2017年第9期。

［389］吴勋、王雨晨：《官员晋升激励、国家审计免疫与地方政府债务——基于省级面板数据的实证研究》，《华东经济管理》2018年第9期。

［390］吴艳艳、俞冬来：《美国政府救助金融市场的手段分析》，《江苏商论》2009年第7期。

［391］熊琛、金昊：《地方政府债务风险与金融部门风险的"双螺旋"结构——基于非线性DSGE模型的分析》，《中国工业经济》2018年第12期。

［392］薛惠元、王雅：《机关事业单位养老保险隐性债务与转制成本测算》，《保险研究》2020年第4期。

［393］徐军伟等：《地方政府隐性债务再认识——基于融资平台公司的精准界定和金融势能的视角》，《管理世界》2020年第9期。

［394］徐长生等：《地方债务对地区经济增长的影响与机制——基于面板分位数模型的分析》，《经济学家》2016年第5期。

［395］徐忠：《新时代背景下中国金融体系与国家治理体系现代化》，《经济研究》2018年第7期。

［396］许友传等：《中国政府对上市银行的隐性救助概率和救助成本》，《金融研究》2012年第10期。

［397］许友传、何佳：《不完全隐性保险政策与银行业风险承担行为》，《金融研究》2008年第1期。

［398］肖潇：《"十四五"时期中国财政风险的衡量、识别与测算》，《宏观经济研究》2022年第8期。

［399］谢平、易诚：《建立我国存款保险制度的条件已趋成熟》，《金融时报》2004年11月4日。

［400］阎坤、陈新平：《我国当前金融风险财政化问题及对策》，《管理世界》2004年第10期。

［401］杨志勇：《地方政府债务风险：形势、成因与应对》，《人民论坛》2023年第9期。

［402］杨志勇、张馨：《公共经济学》（第四版），清华大学出版社2018年版。

［403］杨子晖等：《经济政策不确定性与系统性金融风险的跨市场传

染——基于非线性网络关联的研究》,《经济研究》2020 年第 1 期。

［404］杨秀云等:《KMV 模型在我国商业银行信用风险管理中的适用性分析及实证检验》,《财经理论与实践》2016 年第 1 期。

［405］杨绍基:《我国国债政策和财政风险的实证研究》,《华南理工大学学报(社会科学版)》2001 年第 3 期。

［406］杨继梅:《欧元区国家银行风险与主权风险的关联性研究》,《当代财经》2016 年第 10 期。

［407］杨林、侯欢:《新型城镇化进程中地方政府债务风险的再思考》,《财经论丛》2015 年第 5 期。

［408］杨晓艳:《美国金融危机对我国出口贸易的影响及对策建议》,《经济师》2009 年第 2 期。

［409］杨艳、刘慧婷:《从地方政府融资平台看财政风险向金融风险的转化》,《经济学家》2013 年第 4 期。

［410］杨星、张义强:《中国上市公司信用风险管理实证研究——EDF 模型在信用评估中的应用》,《中国软科学》2004 年第 1 期。

［411］杨友才、俞宗火:《制度与经济增长的实证研究经典文献回顾与述评》,《理论学刊》2013 年第 3 期。

［412］严文浩:《当前地方政府债务所蕴藏的金融风险及其防范措施》,《经济研究导刊》2017 年第 1 期。

［413］岳红举、王雪蕊:《中央与地方政府间事权与支出责任划分的制度化路径》,《财经科学》2019 年第 7 期。

［414］张春霖:《如何评估我国政府债务的可持续性?》,《经济研究》2000 年第 2 期。

［415］张帆:《美国州和地方政府债务对中国地方债问题的借鉴》,《国际经济评论》2016 年第 3 期。

［416］张晓朴:《系统性金融风险研究:演进、成因与监管》,《国际金融研究》2010 年第 7 期。

［417］张甜、曹廷求:《地方财政风险金融化:来自城商行的证据》,《财贸经济》2022 年第 4 期。

［418］张路:《地方债务扩张的政府策略——来自融资平台"城投债"发行的证据》,《中国工业经济》2020 年第 2 期。

[419] 张秀茹：《深化我国预算管理制度改革的路径探析》，《地方财政研究》2023年第7期。

[420] 张海星、靳伟凤：《地方政府债券信用风险测度与安全发债规模研究——基于KMV模型的十省市样本分析》，《宏观经济研究》2016年第5期。

[421] 张建波、马万里：《地方政府行为变异：一个制度软约束的分析框架》，《理论学刊》2018年第6期。

[422] 张同功：《新常态下我国地方政府债务风险评价与防范研究》，《宏观经济研究》2015年第9期。

[423] 张军：《地方政府行为与金融资源配置效率》，《经济问题》2016年第12期。

[424] 张平：《我国影子银行风险助推了地方政府债务风险吗？——风险的传导机制及溢出效应》，《中央财经大学学报》2017年第4期。

[425] 张平、王楠：《PPP视阈下我国地方政府隐性债务风险的空间分布测度与防范对策》，《当代财经》2020年第12期。

[426] 周工：《资本账户开放、资本流向与金融风险》，博士学位论文，中央财经大学，2017年。

[427] 周世愚：《地方政府债务风险：理论分析与经验事实》，《管理世界》2021年第10期。

[428] 周陈曦：《政府债务扩张导致通货膨胀的若干路径探究》，《时代金融》2016年第6期。

[429] 周飞舟：《分税制十年：制度及其影响》，《中国社会科学》2006年第6期。

[430] 周明、王满仓：《全球化背景下的财政危机风险分析与我国对外投资的启示》，《经济问题探索》2019年第4期。

[431] 中国银行间市场交易商协会教材编写组：《金融市场风险管理：理论与实务》，北京大学出版社2019年版。

[432] 郑振龙、黄薏舟：《波动率预测：GARCH模型与隐含波动率》，《数量经济技术经济研究》2010年第1期。

[433] 郑培：《政府间事权划分的主要构想》，《经济研究参考》2012年第36期。

[434] 祝继高等：《地方政府财政压力与银行信贷资源配置效率——基于

我国城市商业银行的研究证据》,《金融研究》2020年第1期。

［435］祝小宇:《地方投融资平台公司金融风险防范与化解》,《经济体制改革》2014年第1期。

［436］卓娜:《软预算约束视角下的中国金融风险成因与防范研究》,博士学位论文,中央财经大学,2015年。

［437］赵静梅、吴风云:《非理性的博弈:行为金融学视角的证券监管》,《宏观经济研究》2008年第12期。

［438］赵建、王静娴:《过度金融化、全球金融危机与中国金融治理体系的现代化》,《经济研究参考》2022年第2期。

［439］邹建军等:《GARCH模型在计算我国股市风险价值中的应用研究》,《系统工程理论与实践》2003年第5期。

后　记

经过近两年的深入调查和研究，由我主持的国家社科基金一般项目《我国财政风险和金融风险"反馈循环"及其协同治理研究》（项目编号：21BJY003）于 2023 年 1 月顺利通过了全国哲学社会科学工作办公室的验收并被鉴定为"良好"。该项目的一些阶段性成果也发表于《财贸经济》《财政研究》《南开经济研究》和《管理评论》等期刊上。通过对该项目研究报告的进一步丰富、充实和扩展，我的第四部著作《我国财政风险与金融风险"反馈循环"及其协同治理研究》也要马上面世了，倍感激动。

自 2004 年于厦门大学师从我国已故著名财政学家邓子基教授后，我一直以政府债务作为自己的研究方向并坚持到今，博士期间还以《中国经济转型中的政府或有债务》作为自己的学位论文题目。2007 年，博士毕业后我有幸进入原山东经济学院（后与山东财政学院合并为山东财经大学）工作，成为一名令人艳羡的高校教师。2010 年，在对原博士论文进行更新和扩充的基础上，我的第一部著作《中国经济转型中的政府或有债务研究》（经济科学出版社，2010 年 10 月）出版了，至今我还记得在打开样书时所闻到的淡淡墨香味以及当时无比激动的心情。其后，在全国哲学社会科学工作办公室的支持下，我又相继出版了第二部著作《中国地方政府融资平台转型与地方政府债务风险防范研究》（经济科学出版社，2017 年 2 月）和第三部著作《我国银行业政府或有债务研究》（人民出版社，2021 年 8 月），这两部著作也都是在国家社科基金项目研究报告的基础上进一步丰富、充实和扩展而来。在上述三部著作中，《中国经济转型中的政府或有债务研究》获得了教育部第六届高等学校科学研究优秀成果奖（人文社会科学）三等奖和财政部第五次全国优秀财政理论研究成果奖三等奖，《我国银行业政府或有债务研究》获得了山东省第三十六届社会科学优秀成果奖一等奖。

  时过境迁，转眼间我已经四十有八，而在山东财经大学也已经工作了17个年头，如果从1996年我入学原山东财政学院算起，我与山东财经大学已有近30年的感情，回想过去也是感慨万分，在此有太多的人需要感谢。首先要感谢我的家人，感谢我的父母，是他们养育了我、教导了我，培养了我乐观积极的态度和坚忍不拔的品格。看着父母日渐老去，心中总有一种莫名的心酸。感谢我的岳父母，感谢他们将自己的心肝宝贝送到我的手里。尽管他们也年事已高，却还要帮我和妻子照顾孩子甚至是照顾我们。感谢我的妻子和一双儿女，妻子和女儿在我工作中给予的理解和支持是我一往无前的动力，乖巧的儿子给我们带来了无尽的快乐。当然，其中照顾两个孩子的艰辛也只有当母亲的能够切身体会到。其次要感谢山东财经大学的各位领导和老师。无论是在原山东财政学院求学期间还是在进入原山东经济学院工作期间以及2012年两校合并为山东财经大学后，历届校院领导和老师们无微不至的关心和支持促成了我个人的成长和发展，使得我一步步从讲师到副教授再到教授，正是这种关心和支持也使得我在工作和学习中不敢懈怠，唯有以更大的成绩回报各位领导和老师对我的殷殷期望。也感谢学界前辈师长的培养和提携以及学界同人的帮助和认可。还要感谢王杰茹、刘媛、杨璇、陈媛媛、姜超、代旭和任海平等，在本著作的写作过程中，他们也给予了很多帮助。最后感谢人民出版社的曹春编辑，本著作的出版包含了她的辛勤付出。

  本著作有关参考资料和文献已经在正文、脚注以及参考文献中得到体现，不当之处敬请谅解。由于本人学识水平有限，著作中难免有不妥及错漏之处，希望同行及读者批评指正。

马恩涛
2024年4月于济南

责任编辑：曹　春
封面设计：汪　莹

图书在版编目(CIP)数据

我国财政风险与金融风险"反馈循环"及其协同治理研究 / 马恩涛著. -- 北京 : 人民出版社，2024.12.
ISBN 978－7－01－026949－8

Ⅰ. F812；F832.5

中国国家版本馆 CIP 数据核字第 2024B5W868 号

我国财政风险与金融风险"反馈循环"及其协同治理研究
WOGUO CAIZHENGFENGXIAN YU JINRONGFENGXIAN FANKUI
XUNHUAN JIQI XIETONG ZHILI YANJIU

马恩涛　著

人民出版社 出版发行
(100706　北京市东城区隆福寺街 99 号)

北京建宏印刷有限公司印刷　新华书店经销
2024 年 12 月第 1 版　2024 年 12 月北京第 1 次印刷
开本：710 毫米×1000 毫米 1/16　印张：24
字数：332 千字

ISBN 978－7－01－026949－8　定价：128.00 元

邮购地址 100706　北京市东城区隆福寺街 99 号
人民东方图书销售中心　电话 (010)65250042　65289539

版权所有·侵权必究
凡购买本社图书，如有印制质量问题，我社负责调换。
服务电话：(010)65250042